KB196843

너와 나의 대화:
상호문화 실천

사회통합 총서 18
너와 나의 대화:
상호문화 실천

2024년 9월 20일 초판 인쇄
2024년 9월 25일 초판 발행

지은이 | 김영순·임재해·최병두·박충구·장성민·홍은영·김진희·
       오정미·김진선·황해영·장현정·김도경·문희진
펴낸이 | 이찬규
펴낸곳 | 북코리아
등록번호 | 제03-01240호
주소 | 13209 경기도 성남시 중원구 사기막골로 45번길 14
      우림2차 A동 1007호
전화 | 02-704-7840
팩스 | 02-704-7848
이메일 | ibookorea@naver.com
홈페이지 | www.북코리아.kr
ISBN | 979-11-94299-05-9 (94300)
       978-89-6324-636-9 (세트)

값 28,000원

* 이 저서는 2022년 대한민국 교육부와 한국연구재단의 일반공동연구지원사업의 지원을 받아 수행된
  연구임(NRF-2022S1A5A2A03052175).

사회통합 총서 18

너와 나의 대화: 상호문화 실천

김영순 · 임재해 · 최병두 · 박충구 · 장성민 · 홍은영 · 김진희 ·
오정미 · 김진선 · 황해영 · 장현정 · 김도경 · 문희진

북코리아

서문:
상호문화 실천을 위한 너와 나의 대화

　"내가 그의 이름을 불러주기 전에는//그는 다만//하나의 몸짓에 지나지 않았다//내가 그의 이름을 불러주었을 때//그는 나에게로 와서//꽃이 되었다." 이 시구는 김춘수의 「꽃」이라는 시의 일부이다. 대부분 사람들은 이 구절을 두고 내가 타자인 그의 이름을 불러주는 것, 즉 호명해야 비로소 그가 '꽃'의 의미를 '갖게' 되었다고 읽는다. 그러나 내 문해는 이와 다르다. 나는 '내가' 그의 이름을 불러주기 전에도 '이미' 그는 의미를 지닌 존재로 있었고, 그 의미는 '시시때때'로 변하고 있으며, 그는 '나'와의 '관계'에서만 '꽃'이라고 읽는다. 내가 중심이 아니라 너 중심에서 바라본 객체지향의 문해력은 주체 중심의 사고에서 벗어나 타자 중심의 사고로 전향하도록 돕는 렌즈다. 이 책의 제목이 『너와 나의 대화』인 것은 바로 나와 너의 위치를 바꾸어 '너'가 주체가 되는 대화의 시작을 해보고자 하는 데 있다.

　나와 그, 나와 너, 나와 타자 사이에서 호명은 양자 간 관계 맺기의 시작이다. 또한 호명은 둘의 대화가 시작되는 출발점이기도 하다. 내가 너와, 네가 나와 대화한다는 것은 상호 호명의 관계가 구성되어 있음을 의미하기도 한다. 그렇지만 우리는 상호 호명하기 이전에 나와 '너'가 주체로서 자신의 이름을 이미 갖고 있었음을 잊지 말아야 한다. 부버(Martin Buber)는 1923년 『나와 너』(Ich und Du)라는 저서를 통해 인간은 나로서만 존재하지 못한다고 강조하면서 '대화의 철학'이라는 종교적 실존주의 철학을 소개했다. 그는 인간을 일종의 '사이(between)' 속에서 살아가는, 즉 관계의 존재라고 규정했다. '나'라는 개체는 독자적으로 존재할 수 없고 항상 타자와 함께하기 마련이다.

그러면서 인간이 세계를 대하는 태도에는 두 가지 방식이 있는데, '나-너(I-Thou)' 관계와 '나-그것(I-It)' 관계라고 한다. 이때 '너' 혹은 '그것'은 인간일 수도 있고 사물일 수도 있다. 행위자인 '나'는 타자가 '너'인지 혹은 '그것'인지에 따라 변한다. '나-너' 관계에서는 자신의 전 인격을 기울여 상대방과 마주 대한다. 두 존재는 순수하고 진실하게 만나는 상호적인 대화적 만남으로서 가장 깊고 의미 있는 관계다. 대화적 만남은 관념에 의해 조작되지 않으며 또한 상대방이 객체화되지도 않는다. 그냥 너와 내가 호명되지 않아도 주체로서 존재한다. 인간은 '너'와 대면하는 것에서만 참된 '나'가 된다. 반면에 '나-그것' 관계에서는 상대방이 관념적 표상으로 대상화되어 존재한다. 그 대상이 자신의 관심사에 어떻게 도움이 될 것인지의 측면에서 관계를 맺는다. 이는 자기중심적인 만남이며 일방적인 독백의 만남이다.

우리 저자들은 이 책에서 지속가능한 이주사회를 위한 너와 나, 나와 너의 대화를 위한 상호문화 실천을 말하려고 한다. 상호문화 실천은 '나-너' 관계로 회복하기 위한 방편이다. 한번 대화의 한 종류인 면담이라는 개념을 생각해보자. 면담은 질적 연구자에게 현장에서 자료수집 방법으로 활용되는 연구기법이다. 면담은 말 그대로 대면하여 대화하는 것을 의미한다. 면담은 영어로 'Interview'이다. 단어 Interview는 Inter(~사이에서) + view(보다)로 이루어져 있다. 직역해보면 '너와 나 사이에서 보다'라는 뜻이다. 도대체 너와 나 사이에서 무엇을 본다는 말일까?

우선 두 사람이 대화하는 과정을 떠올려보자. 면담하려면 면담자와 피면담자가 서로 마주 보고 있을 것이다. 그냥 단순히 마주 보는 상황을 'Inter' 된 상황이라 말할 수 있을까? 절대 그렇지 않을 것이다. 단순히 마주 보는 것을 넘어서서, 두 사람이 서로 진심으로 이야기를 주고받을 준비가 되어 있어야만 진정으로 Inter 되었다고 할 수 있다. 누구 하나가 경계심이나 적개심을 갖고 있다면, 절대로 두 사람 사이에는 함께할 수 있는 공간 'Inter'가 생기지 않는다. 그렇게 두 사람이 서로를 있는 그대로 온전히 받아들일 준비가 되어 너와 나 사이에 Inter 공간이 생겨야만 두 사람이 본격적으로 대화를 시작할 수 있다.

대화는 너와 나 사이 Inter 공간에 서로의 단어를 채우는 것이다. 마치 실뜨기를 하는 것처럼 '네'가 만들어놓은 모양을 이어받아 '내'가 모양을 만들고, '내'가 만든 모양을 이어받아 '네'가 또 모양을 만드는 과정을 반복하면서 그렇게 하나둘씩 너의 단어와 나의 단어가 Inter 공간에 채워진다. Inter 공간은 서로의 단어들로 채워지고 연결되어 만들어진 넓디넓은 조각보라 할 것이다. 그렇기에 진정한 대화를 이어나가기 위해서는 서로의 단어를 맞춰가는 과정이 필요하다. 그럼으로써 너와 나의 대화가 우리의 대화가 되고 '우리'의 모습이 보이기 시작한다. 그렇게 서로를 이해하기 시작한다. 이것이 진정한 대화의 본질이자 얼굴을 맞대고 대화하는 면담의 본질 아닐까? 상호문화 실천은 너와 내가 대화하는 상호 면담의 행위이다.

이 책은 다양성이 급증하는 이주사회에서 시민으로 살아가기 위한 상호문화 실천의 이론과 실제에 관한 숙고를 담고 있다. 이 책의 원고는 인하대 다문화융합연구소가 2022년부터 2025년까지 한국연구재단 일반공동과제로서 가족센터 구성원의 상호문화 실천에 관한 융합적 연구를 수행하면서 수집된 것들이다. 매달 상호문화 실천 콜로키움에 초대된 연구자들의 발표문을 완성된 원고로 받았고, 이를 『너와 나의 대화: 상호문화 실천』이라는 이름을 달아 사회통합 총서 18권으로 엮어냈다.

이 책은 모두 3부로 구성되었다. 1부 '상호문화 실천의 철학적 이념'은 공존 실천에 대한 논의를 포괄적으로 다루고 있다. 1장 '공존의 생태학적 인식과 인간 다양성 소통'에서는 인간종 다양성 시대의 인간 공동체를 넘어서는 상생과 소통에 대해 논의했고, 2장 '공존인간학을 위한 타자와 상호주관성의 역동'에서는 타자에 대한 여러 학자의 논의를 실천적 환대로 승화시킨다. 3장 '다문화사회의 윤리적 개념들'에서는 다문화사회로 전환되는 국제·국내 상황들 속에서 다양한 문화들의 인정과 공존을 기존의 경계를 넘어선 사회적·공간적 윤리와 규범으로 확장시킨다. 4장 '다문화사회 상호문화 실천의 개념과 영역'에서는 국내 학자들과의 논의를 통해 상호문화 실천의 내용으로 개인적인 실천, 공익적인 실천, 글로벌 공간에 대한 실천을 제안했다.

2부 '상호문화 실천의 이론적 토대'는 상호문화 실천에 관한 이론과 방법론을 제시했다. 5장 '다문화사회와 상호문화 감수성'에서는 사회구성원의 상호문화 감수성의 여러 요인에 대한 실증적 탐구를 위해 상호문화적 감수성 발달 척도와 상호문화 감수성 측정도구를 제시했다. 6장 '다문화 사회와 상호문화 역량'에서는 국내외 상호문화 역량 연구를 종합하여 이론과 적용을 설명하고 상호문화 역량 증진을 위한 새로운 방향성을 모색했다. 7장에서는 '상호문화주의와 이주교육학'에 관한 논의를 통해 다문화사회에서 교사, 교육자, 교육실천가가 자신이 위치 지어지는 사회적 제반 조건과 차별의 메커니즘을 읽어내야 함을 주장했다. 8장 '편견과 차별구조의 해체'에서는 독일의 다문화정책과 시민교육을 소개하고 독일 정치교육 교과서 분석을 통해 정치교육이 민주시민적 능력을 배양함으로써 편견을 넘어서 평화로운 공존을 추구함을 밝혔다.

3부 '상호문화 실천의 내용과 실행'에서는 국내 다문화 구성원의 접촉과 교류가 가장 많이 이루어지고 있는 가족센터에서 상호문화 실천이 어떻게 이루어지고 있는지에 대해 문헌연구와 실증연구를 진행했다. 9장 '이주민을 위한 가족센터 교육프로그램의 상호문화 실천'에서는 지역센터별과 교육 사례별로 교육프로그램을 검토하고 미래 방향을 제시했다. 10장 '가족센터 상호문화 소통 경험 연구분석'에서는 기관운영자와 사용자 간의 상호문화 소통 경험을 타자 지향적 자기 성찰과 상호소통으로 분석했다. 11장 '상호문화 감수성 향상을 위한 다문화 교육프로그램'에서는 소통 중심 다문화교육의 구성요소와 교육프로그램의 원형을 제시했다. 12장 '가족센터 상호문화 실천 프로그램의 운영실태와 요구'에서는 가족센터 기관운영자들의 프로그램에 대한 요구조사를 통해 현재 진행 중인 프로그램의 개선 방향을 논의했다.

이 책은 국내에서 관련 연구가 미흡한 가운데 상호문화 실천이론에 관한 최초의 문헌일 것이다. 주로 해외에서 유입된 이론으로 일관해온 상호문화교육에 관한 학계의 관행에 대해 우리의 작업은 파란이 될지 모른다는 미묘한 기대를 갖는다. 따라서 이 책은 상호문화의 실천적 측면에 관심을 지닌 연구자와 대학원생 모두에게 호기심의 선물이 될 것이다.

이 책이 나오기까지 인하대 다문화융합연구소 모든 연구진이 기여했다. 콜로키움을 기획하고 강연자들을 섭외하며 출판 책임을 맡아 수고해준 우리 연구소 황해영 연구교수, 연구소 세계시민교육센터장이신 장성민 교수, 연구기획실장 오영섭 교수, 지역사회협력실장 박주현 교수께 감사함을 표한다. 끝으로 원고집필과 강연 그리고 집필과 교정 작업이 진행된 그간 2년여 동안 수고를 아끼지 않으신 이 책의 저자분들께 무어라 감사할지 모르겠다. 이제 우리 사회에 나와 너의 대화를 넘어 너와 나의 대화가 진지해지길 희망한다.

2024년 8월
연구자와 집필자를 대표하여
인하대 다문화융합연구소장 김영순

CONTENTS

CONTENTS

CONTENTS

CONTENTS

1부

상호문화 실천의
철학적 이념

1장

공존의 생태학적 인식과
인간 다양성 소통

1.
공존을 위한 원심력적 탈중심주의 세계관

　　우리가 지금 여기서 진지하게 논의하고 대안을 찾아 실천해야 할 과제는 자연과 인간이 조화롭게 공생하는 길이다. 왜냐하면 지금 우리 시대는 자연 생태계가 심각한 위기에 처해 있기 때문이다. 지구 가열화와 기후 비상사태로 인류의 지속 가능성이 어느 때보다도 위협받고 있다는 사실을 환기하는 것은 새삼스러운 일이 아니다. 코로나19로 팬데믹 현상을 초래한 것도 인간이 저지른 생태계 질서의 교란에서 비롯된 것이다. 앞으로 생태계 파괴에 따른 인류의 재앙 또는 지구촌의 황폐화는 명약관화한 현실처럼 보인다. 그러므로 우리는 가장 거대한 문제를 해결하기 위해 지금 서둘러 이 문제부터 안고 뒹굴어야 할 것처럼 보인다. 그러나 생태학적 공생 못지않게 시급한 것은 인간 사회의 공존이다. 인간이 자연과 공생하기 위해서도 우선 인간 사회부터 공존을 이루어야 한다. 모든 공존과 공생은 인간 사회 내부로부터 출발한다. 인간들끼리 불화하면서 자연과 공생한다는 것은 사실상 자가당착이다. 인간을 사랑하는 마음이 없는 사람이 자연을 사랑하기 어렵다. 생태적으로는 자연과 공생한 결과 인간이 사회적으로 공존할 수 있게 되었지만, 문화적으로는 인간이 공존을 이루어야 인간 외의 다른 종들과도 공존할 수 있다.

　권력자나 금력자가 독재하는 사회는 구조적으로 공존이 불가능하다. 사회적 공존이 이루어지지 않는 체제에서 자연과 공생이 온전하게 이루어질 수 없다. 북한 생태계가 상대적으로 남한 생태계보다 건강하지 못한 사실이 그러한 보기다. 유럽 국가들이 한국보다 기후 위기에 더 적극적으로 대처하는 현상도 그러한 사실을 뒷받침한다. 그러므로 권력이든 금력이든 독점하려는 자는, 사람에게도 그랬던 것처럼 생태계도 권력과 금력의 수단으로 이용할 가능성이 크다. 집권자나 기업주가 '내가 모든 사람들을 먹여 살린다'는 '나뿐인' 생각을 하면 자기중심주의에 빠져서 독재자가 된다. 그것은 피라미드의 제일 정상부의 돌이 자기 덕에 자기 아래에 있는 모든 돌이 안전하게 제자리를 지킨다고 착각하는 것이나 다르지 않다. 그러나 피라미드의 제일 윗돌은 아래의 수많은 돌들이 제자리에서 힘을 받쳐주기 때문에 그 자리에 안전하게 놓이게 된 것이다. 꼭대기에 놓인 돌보다 아래를 구성하고 있는 여러 돌들의 역할이 더 크고 중요하다. 그러므로 꼭대기의 돌이 '나뿐'이라는 생각은 얼마나 자기중심주의적 착각인가 알아차려야 한다.

　객관적으로 보면 피라미드는 거대한 사각뿔 모습을 하고 있을 뿐 꼭대기에 있는 돌의 존재는 특별하게 인식되지 않는다. 꼭대기의 돌은 피라미드를 이루는 하나의 꼭짓점일 뿐이다. 그 꼭짓점을 위해 수많은 돌들이 일정하게 연대하고 이어져서 하나의 거대한 피라미드를 이룬다. 피라미드를 구성하는 돌은 개체이지만 개체로서보다 피라미드의 일부로서 존재하는 까닭에 피라미드가 피라미드답게 존재하는 것이다. 그러므로 개체로서 '나'라는 돌이 사라질수록 피라미드라는 구조물이 하나의 실체로서 오롯이 존재한다. 피라미드가 안전한 구조물을 이루고 지속 가능한 것은 피라미드를 구성하는 모든 돌들이 '나뿐'이라는 생각을 하지 않고 '나뿐인 것'처럼 행동하지 않기 때문이다. 인간 사회도 피라미드와 같은 유기적 구성체라면 '나뿐'이라는 생각을 버리고 '나뿐인 것'처럼 행동하지 않아야 안전한 상태로 지속 가능한 사회를 만들어갈 수 있다. '나뿐'이라는 독재자와 독재 정권에 의해 인민들이 수난당하는 것은 물론, '자국뿐'이거나 '자민족뿐'이라는 국수주의 또는 제국주의에 의해 지구촌은 전쟁의 몸살을 앓고 막대한 희생을 치르며 국제사회가 요동치게 된다.

자연 생태계도 마찬가지다. 지구촌에서 인간이 '나뿐'이라는 인간중심주의에 사로잡혀 있는 까닭에 자연을 정복의 대상으로 삼고 생태계를 함부로 훼손해왔다. 그 결과 환경오염과 자원 고갈, 기후 비상사태를 빚어서 인류 괴멸의 위기를 자초하고 있다. 따라서 '나뿐'이라는 이기적 자기중심주의가 가장 위험한 생각이자 가장 나쁜 행위를 조장한다는 사실을 알아차려야 성찰과 대안이 가능하다. 그러면 인류사회가 공존하고 자연 생태계와 공생하려면 어떤 생각과 사상을 가져야 할까? 생태학적으로 하나의 지구촌을 이루고, 사회학적으로 인류의 안전과 지속을 소중한 가치로 여긴다면, '나'에 대한 집착으로부터 벗어나야 한다. 인류의 지속 가능성과 지구촌 생태계를 하나의 전체로 보면 '나'란 존재는 사실상 없는 것이나 다름없다. 피라미드를 하나의 실체로 인식하듯이 지구촌을 하나의 실체로 인식한다면, 지구는 하나의 점이거나 큰 물방울일 뿐이다. 피라미드에서 벗어나야 피라미드가 제대로 보이는 것처럼 지구촌을 벗어나서 지구촌을 보아야 지구촌이 제대로 포착된다. 그렇게 보면 지구촌은 태양계를 이루는 하나의 푸른 행성일 따름이다.

푸른 행성 지구의 실체를 객관적으로 포착하면, '나뿐'인 생각을 버리고 '나 없는' 생각을 가져야 합리적이다. '나뿐'인 시각에서 보면 '나 없는' 생각은 극단적 비약이자 나라는 존재를 말살하는 자학 행위처럼 보일 수도 있다. 그러나 '나 없는' 생각은 나를 부정하거나 말살하는 것이 아니라 더 큰 나를 긍정하고 살아있게 하는 '참나'를 추구하는 것이다. 나의 존재감을 무화시킴으로써 내가 구성하고 있는 더 큰 실체의 존재를 살리는 데 힘을 보태는 자의식이 '참나'다. 따라서 자기중심주의적 집착에서 벗어나 객관적으로 존재하는 더 큰 세계를 진정한 나로 인식하는 것이 긴요하다. 그러므로 '나 없는' 생각은 단순히 나의 실체를 무화시키는 것이 아니라, 더 큰 실체를 나의 진정한 실체로 인식하는 대승적 자의식이라 할 수 있다.

'나 없는' 생각은 '나뿐'인 생각의 상대적인 개념으로서 불교의 '무아' 개념과는 다르다. 불교에서는 자아의 고정된 실체를 부정하며 무상한 존재로 인식하는 까닭에 '무아'를 표방한다. 무아는 나의 실체만 부정하는 것이 아니라, 나 아닌 다른 모든 것들도 실체가 없어서 무상하다는 것을 뜻한다. 나와 모든 존재가 무상함을 알아차려서 세상의 속박과 고통으로부터 자유롭게 해방되는 수련의 개념이 불교의 '무아'다. 따라서 상대적으로 나보다 더 큰 실체를 진정한 나로 긍정한다는 점에서 '나 없는' 사상은 '무아' 사상과 다르다. 나보다 더 큰 실체가 작게는 가족이고 크게는 민족이다. 가족이 나보다 큰 나이고 민족은 가족보다도 더 큰 나라고 생각하면 삶이 달라진다. 그들은 '나'를 버려서 가족을 살리고 때로는 가족까지 버려서 민족을 살리려고 한다.

따라서 진정한 나는 누구인가 물었을 때 자기 자신일 수도 있지만, 자기가 속해 있는 공동체일 수도 있다. 공동체를 곧 '나'라고 생각한 사람들은 상대적으로 대승적 자의식을 지닌 사람들이다. 그러므로 작은 나로서 소아(小我)보다 큰 나로서 대아(大我)를 진정한 '참나'로 인식하는 것이 중요하다. 소아에 매몰되어 있는 사람이 소인배라면, 대아에 더 골똘한 사람은 대인배다. 달리 말하면 나의 이익보다 공동체의 이익을 더 우선하는 사람이 대인이자 군자이며 영웅이다. 모든 영웅들과 위인들은 공동체를 위해 몸을 바친 사람이다. 민족공동체를 위해 자신을 희생시킨 독립지사들은 유관순이나 안중근처럼 젊은 나이에 자기 목숨을 바쳤다. 그러나 그들은 대아를 위해 소아를 희생시킨 까닭에 결코 사라지지 않는다. 민족사가 지속되는 한 역사적으로 살아 있기 마련이다. 그러므로 '나 없는' 의식은 새삼스러운 가치관이 아니라, 위인들이 실천해온 적극적인 '공동체 의식'이라 할 수 있다.

공동체 의식의 범주는 일반적으로 최대한 크게 잡아도 민족 또는 국가 단위의 한계를 지니고 있다. 그러나 공존의 문제는 민족과 국가의 범주를 넘어서야 실현될 수 있다. 특히 다국적 사회, 다인종 국가를 넘어서 지구촌 시대로 가고 있는 사회에서는 종래의 공동체 범주와 논리로 대응하기 어렵다. 공동체의 개념을 아무리 확장해도 인간 사회를 넘어설 수 없는 한계가 있다. 국제적인 공동체도 인간종을 넘어서지 않는다. 따라서 인간과 자연이 공생하는 생태학적 가치를 실현하려면 인간종 중심의 공동체 개념으로는 논의의 확장이 불가능하다. 그러나 '나 없는' 사상은 상대적으로 나보다 더 큰 실체를 아무런 제약 없이 확장시킬 수 있으므로 유용하다. 자연히 '나'를 중심으로 구심력을 지닌 공동체주의보다 '나'로부터 벗어나는 원심력적 탈중심주의가 더 설득력을 지닌다. 공동체주의는 구심력에 따라 구체적으로 집약되지만, 탈중심주의는 원심력을 지니므로 무한하게 열린 세계로 확대될 수 있다. 그러므로 우리는 공동체의 공존을 넘어 공생을 위한 탈중심주의가 필요하다.

2.
특이점시대 신인류의 출현과 알고리즘 공동체

　내가 모든 사람들을 먹여 살린다는 '나뿐'인 이기적 독선과 반대로, 모든 사람들이 나를 먹여 살린다는 의식을 지니고 있는 사람은 '나 없는' 이타적 공동체주의자다. 옳고 그름의 가치를 떠나서 어느 쪽이 진실일까. 특정 개인이 모든 사람들을 먹여 살리는가, 아니면 모든 사람들이 우리 개인들을 먹여 살리고 있는가. 어느 쪽이 진실인가 따져보면, 뒤의 '나 없는' 가치관이 더 진실이다. 왜냐하면 어떤 영웅이라도 혼자서 모든 사람들을 먹여 살리는 사람은 없기 때문이다. 대단한 가장이라도 가족을 먹여 살리는 수준에서 머문다. 그러나 가족들도 가장의 노동과 수익에 전적으로 의존하지 않고 일정한 가사노동으로 협력하기 마련이다. 작은 기업주도 노동자에게 일자리를 주어서 노동으로 벌어먹고 살도록 하지만, 사실 노동자들의 노동으로 기업주는 더 많은 이익을 챙기기 마련이다. 따라서 노동자들은 임금보다 더 많은 수익을 창출하여 기업주에게 더 큰 기여를 한다. 그러므로 자선행위를 특별히 하지 않는 한, 일방적으로 다른 사람을 먹여 살리는 사람은 없다.

우리는 누구든 다른 사람들의 도움 속에서 살아가고 있다. 인간은 태어나서 죽을 때까지 다른 사람들과 서로 의존하며 협력하는 가운데 사회적 소속감과 안정감으로 삶의 의미를 실현한다. 인간만 그런 것이 아니라, 다른 생명들도 상호의존하며 서로 돕는 가운데 자기 삶을 누리게 마련이다. 어떤 생명도 자기만으로는 살아갈 수 없다. 따라서 인간종 외에 어떤 생물종도 '나뿐'이라는 착각을 하지 않고 그렇게 살지도 않는다. 다만 인간 사회의 극단적 독재자만이 '나뿐'이라고 착각하며 전횡을 할 뿐 실제로는 어느 누구도 '나뿐'으로는 살아가지 못한다. 사람들이 번영을 이루고 문화를 누리며 살 수 있는 것은 공동체 생활을 하기 때문이다. 그러나 이러한 생각은 인간 중심적 생각이다. 공동체를 이루어도 인간종만으로는 결코 삶을 지속할 수 없다. 사람들이 살 수 있는 것은 전적으로 자연환경 덕분이다. 인류가 공동체를 이루어 서로 공존하며 역사를 이어갈 수 있는 것은 자연 생태계가 안정된 상황을 이루고 있는 까닭이다. 만일 생태계가 지진과 화산, 가뭄, 홍수, 기후 위기 등으로 격렬하게 요동치면 인간의 공존은커녕 인간종의 괴멸이 우려된다. 그러므로 인류사회의 공존과 지속을 위해서도 자연생명과 공생하지 않을 수 없다.

자연생명과 공생하는 것은 전혀 새로운 문제가 아니다. 이미 인류가 지구상에 출현하면서부터 자연과 공생해왔다. 따라서 인류는 오랫동안 공생의 지식을 쌓아오고 공생의 지혜를 슬기롭게 발휘해왔다. 그러나 '인류세(人類世, Anthropocene)' 이후 환경 상황은 크게 달라졌다. 환경학자 폴 크루츠(Paul Crutzen)는 지구 환경이 인간의 영향으로 기존의 지질학적 시대에서 벗어나 새로운 시대 곧 '인류세'에 진입했다고 주장했다. 인간이 자연 생태계를 끊임없이 정복하고 파괴한 탓에 최근까지 인류가 진화하며 안정적으로 적응해온 환경 체계가 급변함으로써 전 지구적 재앙과 맞서 싸

우지 않으면 안 되는 위기에 직면해 있는 상황이다. 다시 말하면 인간이 지구환경에 심각한 영향을 미쳐서 인류 괴멸의 위기를 초래하고 있는 시대가 인류세다. 말이 좋아 '인류세'이지 사실은 '인류 종말세'라 할 수 있다. 인류세의 위험한 도래에 이어서 또 다른 위기가 몰려오고 있다. 이른바 '특이점(特異點, Singularity)'의 도래다. 특이점은 "기술 변화의 속도가 매우 빨라지고 그 영향이 매우 깊어서 인간의 생활이 되돌릴 수 없도록 변화되는 시기를 뜻한다."(Kurzweil, R. 2007: 23-24) 『특이점이 온다』의 저자 레이 커즈와일(Raymond Ray Kurzweil)이 제기한 특이점은 인공지능의 능력이 기술적으로 과도하게 발전하여 인간지능으로는 제어할 수 없는 수준으로 증폭되는 분기점을 말한다. 인류세가 자연환경의 위기라면 특이점은 과학기술의 위기다. 그러나 모두 인간에 의해 저질러진 결과로서 인간이 자초한 인간종의 위기라는 점에서는 서로 다르지 않다.

이미 우리 사회는 인공지능 챗봇(Chatbot) 챗(Chat) GPT의 출현으로 놀랄 만한 충격을 겪고 있다. 인공지능이 인간의 능력을 압도하고 인간지능의 노력을 무의미하게 만드는 시기가 눈앞에 닥쳤다. 특이점에 이르면 인공지능은 초인적 능력으로 기하급수적 고속 성장을 하여 세상의 모든 지식을 습득하는 것은 물론, 새로운 과학기술까지 창출하게 된다(Kurzweil, R. 2007: 357). "하나의 강력한 AI는 곧 수많은 강력한 AI들을 낳을 것이고, 그들은 스스로의 설계를 터득하고 개량함으로써 자신보다 뛰어나고 지능적인 AI로 빠르게 진화할 것이다."(Yuval Noah Harari, 2015: 23). 인공지능이 인간지능을 비약적으로 능가하는 걷잡을 수 없는 사태가 특이점이다. 예측대로 2045년 무렵에 특이점이 오면, 인간의 유한성을 전제로 성립된 인류의 종교와 윤리, 문화 등은 한순간에 의미가 없어질 수 있을 뿐 아니라, 인간종을 넘어선 신인류가 등장할 가능성이 있다(Yuval Noah Harari, 2007: 482-483). 그렇게 되면 인간의 의지와 상관없이 한 번도 만나지 못한 낯선 세계로 급격하게 편입될 위험이 있다. 인간이 일터에서 쫓겨나는 것은 물론, 인공지능 사이에 분쟁이 일어나면 인간은 고래 싸움에 새우 등 터지는 격이 될 수도 있다. 따라서 인간종들의 공동체는 크게 위협받게 된다. 왜냐하면 인간의 신체나 인지 능력을 넘어서는 새로운 존재 또는 인간의 진화된 형태인 포스트휴먼(Post Human)이 출현하여 초능력을 발휘하게 되는 까닭이다. 포스트휴먼 시대가 되면 인간은 더 무력해지고 더 소외되어 점점 존재감이 사라지기 때문이다.

특이점에 이르면 사실상 포스트휴먼 시대가 열리게 된다. 포스트휴먼은 생물학적 인간의 한계를 극복하고 인간의 능력을 기술적으로 확장한 새로운 존재의 인간이다. 생체공학과 인공지능의 발전에 의해 인간의 정체성이 변화하여 인간과 기계, 인간과 인공지능의 관계가 모호하게 된다. "인공장기나 인공지능으로 개조되어 상상을 초월할 정도로 성능이 증강된 포스트휴먼에게는 죽음이라는 운명도 사라질 것"이라는(이종관, 2017: 38) 예측이 가능하다. 이러한 예측은 인간을 불멸의 존재로 상정하기에 이른다. '나'라는 존재가 데이터에 불과하고 더 좋은 하드웨어로 복사할 수 있다면, '나'는 불멸하게 될 뿐 아니라 더 좋은 하드웨어의 도움으로 인간의 한계를 넘어선 초월적 존재가 될 수 있다. 유발 하라리(Yuval N. Harari)는 이러한 존재를 살아 있는 인간신이라는 뜻으로 '호모 데우스(Homo Deus)'라고 명명했다. 앞으로 "인류가 할 일은 인류를 신으로 업그레이드하고, '호모 사피엔스'를 '호모 데우스'로 바꾸는 것"이라는(Yuval Noah Harari, 2007: 39) 청사진을 펼쳤다. 그것이 사람들을 행복하게 만드는 청사진일 수 있는가 하는 것은 더 따져봐야 할 일이다.

종래에 남성과 여성으로 구성된 호모 사피엔스의 사회에서, 사이보그(Cyborg) 인간*과 안드로이드(Android) 인간**이 공존하는 호모 데우스의 사회로 바뀌게 된다. 지금의 생물학적 인간이 1.0버전이라면, 1.0을 생체공학 기술로 증강시킨 2.0버전 인간이 출현하고, 특이점 시대에는 2.0에서 1.0의 생물학적 실체를 완전히 배제시킨 3.0버전 인간이(Kurzweil, R, 2007: 426) 인공지능 로봇으로 출현하게 된다. "3.0버전 인체는 지금의 우리가 봐도 인간답다고 여기는 형태를 유지"할 뿐 아니라, 인체를 자유자재로 변형하는 융통성까지 발휘할 것이다(Kurzweil, R, 2007: 427). 외형은 물론 인간적 감성조차 1.0버전의 호모 사피엔스와 3.0 버전의 로봇인간은 분별되지 않는다. 2020년대 말에 인간을 완벽하게 모방하는 하드웨어와 소프트웨어가 모두 갖추어지면, 컴퓨터가 '튜링 테스트(Turing Test)'***를 통과할 수 있어서, 더 이상 생물학적 인간과 로봇인간을 구별할 수 없게 된다(Kurzweil, R, 2007: 47). 따라서 "특이점 이후에는 인간과 기계 사이에, 또는 물리적 현실과 가상현실 사이에 구분이 사라질 것"으로(Kurzweil, R, 2007: 27) 예측된다.

자연히 가까운 미래사회에는 공동체의 구성부터 크게 달라진다. 버전이 서로 다른 인간종들이 공존하게 되는 까닭에, 지금까지 인간이 누려온 세계와 전혀 다른 세계에서 다른 차원의 인간종들과 공동생활을 할 수밖에 없다. 그것이 구체적으로 어떤 사회인가 알 수 없지만, 현재와 전혀 다른 구성의 사회라는 것은 틀림없다. 그러므로 누구와 어떤 사회를 만들

---

* 인간의 뇌와 기계가 신체의 일부처럼 결합되어 있는 인간으로서 육체적 기능이 증강되어 있으며 쉽게 교체할 수 있다.

** 인간과 구별할 수 없을 정도로 똑같은 모습을 지닌 인공지능 로봇이다. 사이보그 인간이 1.0의 생물학적 인간에서 업그레이드 된 2.0버전이라면, 안드로이드 인간은 3.0버전의 완전한 인조인간인 셈이다.

*** 1950년 영국의 수학자 앨런 튜링(Alan Turing)이 1950년에 제안한 인공지능 판별법이다. 컴퓨터나 인공지능, 기계인간, 로봇 등을 가려놓고 질문과 대화를 통해 인간인가 아닌가를 구별하는 방법이다. 인간의 반응과 구별할 수 없다면 '튜링 테스트'를 통과하게 되며, 인간처럼 사고하는 존재로 인정받게 된다. 영화 〈엑스 마키나〉에서 튜링 테스트의 실제 상황을 잘 묘사하고 있다.

어갈 것인가 하는 문제보다 생물학적 인간이 사이보그나 안드로이드와 평화롭게 공존할 수 있을까 하는 문제가 더 현실적이다. 만일 빅데이터를 장악한 초능력 안드로이드 인간이 '나쁜'이라는 생각으로 '빅 브라더(Big Brother)'* 구실을 한다면, 인간 독재자가 저지른 그동안의 횡포는 비교도 되지 않을 정도로 가혹할 것이다. 각종 AI 기술을 동원한 감청과 모니터링으로 사람들의 일거수일투족을 감시하고 정보를 조작하는 가운데 행동의 자유는 물론 생각의 자유까지 통제하고 억압할 수 있기 때문이다.** 게다가 인간의 지능과 힘으로는 도저히 상대할 수 없어서 시민혁명과 같은 인간에 의한 혁명도 불가능하다. 만일 더 강력한 안드로이드 인간이 나타나 '나쁜'인 안드로이드 제국을 무너뜨린다고 하더라도 인간에게 빛을 주는 것은 아니다. 인간의 생활세계는 여전히 그들에게 예속되어 있을 수밖에 없다. 그것은 그들 사이에서 벌어지는 권력 투쟁일 뿐 인간을 위한 투쟁이 아니기 때문이다. 그것은 마치 인간 사회의 권력투쟁이 '동물권(動物權)'***을 위한 것이 아닌 것과 같다. 시민혁명으로 독재정권을 무너뜨려도 동물권은 보장되지 않았다.

인간과 동물의 존재처럼, 인간과 안드로이드도 생물학적으로 서로 다른 종이자 현저한 지능 차이가 있는 존재다. 인간이 동물을 지배할 수 있는 힘은 동물보다 우월한 지능에서 비롯된 것이다. 인공지능을 탑재한 안드로이드도 인간지능보다 탁월하게 우월한 까닭에 인간을 마음대로 지

---

* 빅 브라더는 조지 오웰의 소설 『1984년』에 나오는 독재체제의 수장으로서 모든 사람들의 일상생활을 철저하게 감시하고 관리하며 복종하게 만드는 거대한 기술적 체제를 장악한 존재다.

** 지금 우리는 이미 인공지능의 조작에 의해 일방적으로 제공하는 정보를 보고 듣고 있다. 인터넷이나 유튜브에서 제공하는 광고는 물론 정보들이 소비자에 따라 일정한 경향성으로 선별되고 조작되어 제공되고 있는 까닭이다.

*** 동물권은 인간도 동물이라는 사실을 자각하면서 인간 아닌 동물의 생존권을 인권처럼 존중하는 것이다. 동물들이 고통받지 않고 학대당하지 않을 권리를 인정하는 것이 동물권이다.

배할 가능성이 있다. 인간의 신체적 한계와 지능 수준으로 안드로이드를 상대한다는 것은 불가항력적이다. 다행히 인공지능의 알고리즘(Algorithm)은 인간이 만드는 것이다. 인간의 프로그래밍에 따라서 알고리즘의 작동이 결정된다. 따라서 안드로이드도 '나쁜'이라는 인식으로 엉뚱한 판단을 하지 않도록 프로그래밍 해야 한다. 모든 인공지능은 호환가능한 체제의 알고리즘으로 서로 연결되도록 함으로써 모든 정보와 데이터를 서로 공유하도록 만들어서, 어느 특정 안드로이드가 제멋대로 횡포를 부리거나 반란을 일으킬 수 없도록 구조화시킬 필요가 있다. 다시 말하면 '나 없는' 인공지능 알고리즘 체제, 곧 '알고리즘 공동체'를 만든다면 '빅 브라더'와 같은 나쁜 안드로이드의 출현을 막을 수 있다. 따라서 포스트휴먼의 특이점 시대에도 공동체의 가치는 여전히 추구되어야 '나쁜'인 안드로이드의 독재를 막을 수 있다. 인공지능끼리 상호의존적이어서 어느 한 안드로이드가 빅 브라더가 되지 않도록 상호 견제하도록 프로그래밍하는 것이 대안이다. 그러나 인간이 알고리즘을 통제할 때는 가능하지만, 특이점이 되면 인공지능 스스로 더 탁월한 알고리즘을 만들 가능성이 있기 때문에 여전히 위험하다. 더 위험한 것은 알고리즘공동체가 결탁하여 인간에게 공동으로 반란하는 일이다. 안드로이드가 집단적으로 반란하면 인간은 속수무책이다.

3.
포스트휴머니즘 시대 인간의 비약과 비극 상황

　　포스트휴먼 시대에는 인종 다양성에서 인간종 다양성 사회를 이루게 된다. 인간과 기계 인간 또는 인조인간이 공존하는 것이다. 생물학적 인간과 안드로이드 인간 사이에 여러 층위의 사이보그 인간이 존재할 수 있다. 사이보그가 후기 인간이자 반인간(半人間)이라면, 안드로이드는 탈인간(脫人間)이자 비인간(非人間)이어서 인간과 전혀 다른 종이다. 그럼에도 인간에 의해 인간을 보기로 만들어져서 인간 형상을 하고 인간처럼 행동하는 까닭에 인간종 가운데 하나라 할 수 있다. 따라서 안드로이드를 인조인간 또는 전자인간이라고 일컫는다. 그러므로 이제 인간이라는 말이 딱 부러지게 생물학적 인간, 호모 사피엔스를 뜻하는 시대는 저물고 있다. 사이보그가 기계를 보조장치로 쓰고 있는 '반인간'인 반면에, 안드로이드는 공산품으로 만들어진 인조인간, 곧 비유기체로 만들어진 인공지능 로봇이다. 포스트휴먼 시대가 진행될수록 인간의 사이보그화는 물론, 점차 로봇화가 급속하게 진행되어 안드로이드의 비중이 높아져가는 사회가 될 것이다. 다시 말하면 가까운 미래 사회는 인간에서 반인간, 탈인간으로 점점 비인간화 사회로 가게 된다는 말이다.

이미 우리는 누구나 어느 정도 사이보그화되어 있다. 보청기나 콘택트렌즈를 끼고 임플란트를 한 사람이면 비록 의족이나 의수를 하지 않고 인공심장 이식을 하지 않아도 사이보그 인간에 한 걸음 다가갔다고 할 수 있다. 그러나 포스트휴먼 시대 사이보그 인간은 지금 우리처럼 질병이나 신체적 결함을 치료하기 위해 보철하거나 기계적 구조물을 삽입하는 수준이 아니다. 인간의 손발 기능을 증강시키기 위해 인공 수족을 할 수 있고 타고난 두뇌의 능력을 증진시키기 위해 인공지능 두뇌로 업그레이드할 수 있다. '20세기의 의학은 병든 몸의 건강한 치유가 목표였지만 21세기의 의학은 건강한 사람의 성능을 높이는' 사이보그가 목표다. 병든 몸을 치유하는 평등주의 의학에서 점차 건강한 몸을 증강시키는 엘리트주의 의학으로 가게 된다(Yuval Noah Harari, 2017: 477). 왜냐하면 초인과 불사를 꿈꾸는 인간의 오랜 욕망이 생체과학의 발전에 기름을 붓고 있는 까닭이다. 모든 사람이 누구나 공유하는 보편적인 몸을 거부하고 독점적 우위를 점유하는 특수한 몸을 욕망하게 되면 사이보그화가 과도하게 진전될 수밖에 없다. 몸뿐만 아니라 뇌도 증강시킬 수 있다. 집중력 헬멧을 쓰면 정해진 업무에 더욱 집중하고 의사결정 속도를 높일 수 있다. 두뇌에 컴퓨터 칩을 삽입하면 효과적으로 데이터를 저장하고 처리하며 전달하는 능력이 인공지능처럼 높아지게 된다. 그러나 마음에서 일어나는 의심과 고민과 숙고와 상상은 사라질 것이다. "몸과 뇌를 업그레이드하는 데는 성공한다 해도, 그 과정에서 마음을 잃게 될 것"이기 때문이다(Yuval Noah Harari, 2017: 477).

결국 능력이 증강된 기능적 인간이 만들어지는 순간, 인간적 심싱과 마음을 갖춘 양심적 인간, 또는 숙고하는 인간은 소외될 수밖에 없다. 약자에 대한 배려가 사라지고 도덕적 양심이 배제된 채 처리 속도의 빠르기와 정보량의 크기가 모든 가치에 우선할 가능성이 높다. 누구든 압도적 능력을 발휘하는 존재가 되면 자기도 모르게 교만하게 되고, 어떤 정보든 종횡무진으로 처리할 수 있게 되면 사려 깊지 못한 일 처리를 하게 마련이다. 따라서 사이보그의 등장은 건강한 보통 사람들을 모두 허약하고 무능한 존재로 주변화시키고 종속화시킬 가능성이 높다. 건강한 몸을 증강시키는 엘리트주의 의학이 허용되면, 마치 입시경쟁처럼 무분별한 사이보그화가 급속하게 진행될 것이다. 종래에는 의수나 의족을 한 것이 장애자로 폄하되었지만, 앞으로는 의수와 의족이 고급 성형을 한 것처럼 몸의 사치가 되는 시대가 오게 될 수 있다. 용모와 지능, 신체 역량은 태어나는 것이 아니라 첨단의술에 따라 만들어지는 시대로 가고 있는 까닭이다.

결국 인간의 우열을 결정하는 것은 그러한 의술의 혜택을 누리게 하는 자본의 힘이다. 부유한 사람일수록 더 나은 신제품 인공신체로 업그레이드 경쟁을 벌이게 되면, 경제력에 따라서 신체적 불평등과 지능 차이가 결정되는 사회가 될 수밖에 없다. 그러면 배금주의와 물질만능주의에 빠지게 되어 인간성은 더욱 피폐하게 마련이다. 과도한 사이보그화를 막기 위해서라도 평등주의 의학 윤리가 적용되어야 한다. 따라서 질병이나 장애에 의하지 않은 장기나 몸의 일부를 인공신체로 교체하는 것은 금지될 필요가 있다. 그러자면, 치료 목적이 아닌 생체공학과 증강형 사이보그 기술은 일정한 수준으로 통제되어야 할 것이다.*

그러나 안드로이드가 본격적으로 출현하면 사이보그도 밀려나게 된

---

* 성형수술은 원래 치료를 위해 생겨난 의술이지만 최근에는 치료보다 미용을 위한 성형수술이 대세를 이루게 되었다. 이런 사실을 볼 때, 증강형 사이보그 의술도 국가 단위가 아니라 국제적 규약으로 법제화하여 규제하지 않으면 사실상 통제하기 어려울 것처럼 보인다. 올림픽 출전 선수들에게 도핑테스트로 약물검사를 하여 자격을 박탈하는 것처럼, 일정한 사회화 과정에서 사이보그 검사를 실행하면 통제 가능하다.

다. 성능 좋은 AI를 장착한 안드로이드는 데이터 처리 속도나 일을 수행하는 능력, 정확한 판단력이 탁월한 까닭만은 아니다. 안드로이드는 지치지도 않고 잠도 자지 않으며 간식도 먹지 않고 고민에 빠져서 일을 소홀히 하지도 않는다. 따라서 쉬어야 하고, 먹어야 하고, 잠을 자야 하는 인간은 더욱 쓸모없게 된다. 인간은 안드로이드에 비해 "한물간 알고리즘"일 뿐이다(Yuval Noah Harari, 2017: 522). 그러므로 비유기체로 구성된 증강된 신체까지 갖춘 인공지능 안드로이드가 인간을 수단화하기 시작하면 인간은 노예처럼 종속될 수밖에 없다. 인간의 과학기술이 비약적으로 발전한 성과로 나타난 사이보그와 안드로이드가 오히려 인간을 소외시키고 인간종을 몰락하게 만들 위험 요인이 되고 있다. 산업화의 비약적 성장이 기후 비상사태를 초래한 상황도 같은 맥락에 있다. 인류세와 특이점 모두 인간이 만들어낸 시대 상황이다. 따라서 위기 상황을 조성한 인간이 스스로 성찰하고 삶의 방식과 태도를 바꾸지 않으면 인류의 미래는 없다. 근본 원인은 '인간뿐'이라는 인간중심주의다. 인간중심주의가 자연환경을 망치고 편의적 과학기술을 과도하게 추구한 탓이다. 인간의 욕망과 오만이 빚어낸 업보다. 이 과보로부터 벗어나려면 인간중심주의부터 극복해야 한다.

인간이 인공지능의 지배를 받지 않으려면 인간 스스로 다른 종 위에서 군림하는 것을 멈추어야 한다. 우선 지능이 높다고 지능이 낮은 동물을 제멋대로 지배한 잘못을 반성하고 동물권을 인권과 같은 맥락에서 인정할 필요가 있다. 남녀 차별이나 신분 차별, 인종 차별처럼 지능 차별도 극복해야 마땅하다. 그래야 딥 러닝(Deep Running)을 하는 인공지능이, 하위지능의 동물을 지배하지 않는 인간의 태도를 익혀서 지능이 낮다는 이유로 인간을 지배하지 않을 것이다. 그러나 이러한 발상 또한 인간이 위기를 모면하려는 알량한 짓이자 인간중심주의다. 인간이 인공지능의 지배로부터 살아남기 위한 수단으로 동물권을 인정한다면, 인간은 여전히 '인간뿐'인 세계, 곧 인간중심주의에서 벗어날 수 없다. '인간뿐'인 세계는 '나뿐'인 세계를 확대한 나쁜 세계에 지나지 않는다. 인류세와 특이점과 같은 전 지구적 위기를 극복하려면 '나 없는' 세계를 확대하여 '인간 없는' 세계로 나가야 한다. 실제로 인간은 없을수록 지구촌은 더 건강한 생태계를 유지할 수 있다. 그건 사실이지만 그렇다고 인간이 모두 사라진 세계를 지향하는 것이 아니라 오히려 인간의 지속 가능성을 보장하기 위해 '인간 없는' 세계를 지향하는 것이다. 인간이 없는 것처럼 지구 생태계가 건강해지려면, 만물의 영장으로서 다른 생명 위에서 군림하는 인간은 사라져야 한다. 따라서 인간 없는 세계는 만물이 모두 대등한 생명이라는 대동세계를 말한다. 고전 개념의 대동세계로는 설명이 한참 모자라는 까닭에 이 문제를 다시 톺아볼 필요가 있다.

'나' 없다는 것은 '너'가 없다는 것이다. 너도 나이고, 나도 너이기에 '나'도 없고 '너'도 없다. '나' 없다는 것은 '나' 아닌 것이 없으므로 우리 모두가 '나'라는 말이다. 따라서 '나뿐'이라는 것은 '나' 아닌 모두가 '너'인 반면, '나 없는' 세계는 모두가 '나'여서 너도 없고 나도 없는 '우리'의 세계를 추구하는 것이다. 따라서 우리는 낱낱의 나로서 '소아'가 아니라 낱낱이 모여서 이루는 공동체가 하나의 진정한 나로서 큰 나, 곧 '대아'라고 하는 것이다. 우리 세계에서 가장 큰 대아는 지구촌이다. 여기에 이르면 지구도 하나의 살아있는 생명체다. 실제로 가이아(Gaia) 이론을 수립한 제임스 러브록(James Lovelock)은 지구 자체를 생명체로 포착할 뿐 아니라, 지구 위에 존재하는 모든 생명체를 유기적으로 얽혀 있는 공동생명체로 규정한다(James Lovelock, 1995: 11). 결국 생태계가 문제인 것은 인간들이 제멋대로 군림하며 무리를 저질러서 지구촌이 몸살을 앓고 있는 까닭이다. 지구촌의 몸살을 자신의 아픔으로 느낄 때 비로소 대아를 자각하는 깨달은 인간이라 할 수 있다. 그러나 인간은 그동안 살아온 방식이나 상투적 생각 탓에 대아를 자각하기 어렵다.

그 결정적인 원인은 자기중심주의 곧 '나뿐'이라는 나쁜 생각 탓이다. 피라미드를 '나뿐'의 시각으로 보면 정상의 꼭짓점 하나만 중요하게 보이지만, '나 없는' 시각으로 보면 피라미드 전체가 하나의 구조물로 포착된다. 지구촌을 꼭짓점 중심으로 볼 것인가, 전체로서 하나의 피라미드로 포착할 것인가에 따라 세계 인식의 수준이 달라진다. 나무를 볼 것인가 숲을 볼 것인가 하는 문제와 다르다. 부분과 전체의 문제를 넘어서 주관과 객관의 문제이기 때문이다. 피라미드를 보는 것처럼 지구촌도 객관적으로 보자는 것이다. 피라미드를 객관적인 눈으로 보기 때문에 전체가 하나로 쉽게 포착되지만, 지구촌은 우리가 그 속에서 살고 있기 때문에 객관적으로 포착되지 않아서 자기 세계 중심의 부분만 보인다. 우리가 피라미드를 제대로 보려면 피라미드에서 일정한 거리를 떨어져서 봐야 한다. 지구촌도 이와 같이 지구를 벗어나서 우주적 거리를 두고 보게 되면 지구촌이 하나의 실체로 보인다. 그러나 자기중심으로 세계를 인식하게 되면 하나로 존재하는 지구촌은 결코 포착되지 않는다.

인간중심주의적 시각 때문에 사람들은 지구촌을 곧 인간세상으로 착각하기 마련이다. 지구촌을 인간세상으로 인식하는 것은 심각한 오류이자 명백한 착각이다. 왜냐하면 '인간뿐'인 세계에 매몰되어 있기 때문이다. 인간세상에서 벗어나야 객관적 실체를 제대로 포착할 수 있다. '나뿐'인 세계가 존재할 수 없는 것처럼 '인간뿐'인 세계도 존재할 수 없다. 지구촌에서 인간이라는 존재는 피라미드를 구성하는 하나의 돌에 지나지 않는다. 지구촌을 하나의 피라미드처럼 구성해나가려면 인간이라는 돌과 대등한 수많은 종의 돌이 '우리'로서 공존해야 한다. 그러므로 '인간뿐'인 세계의 오류를 바로잡고 '인간 없는' 세계를 올바르게 만들어가려면, 지구촌을 구성하는 모든 존재가 서로 대등한 '우리'라는 세계관적 인식과 실천이 필요하다. 인간이 먹이사슬의 꼭짓점에 있는 시대는 지났다. 만물의 영장이라는 자존심도 내려놓아야 한다. 특이점이나 포스트휴먼이라는 두 개념 모두 인간의 능력을 하찮게 만들거나 인간의 존재감을 소외시키는 상황을 반증하는 것이다. 따라서 인간이 다문화가족이나 다른 인종과 공존한다고 해서 인류의 평화가 이루어지지 않는다. 외계인들과 공존하는 우주사회처럼 포스트휴먼 시대에는 인간종과 전혀 다른 차원의 인공지능 로봇들과 공존해야 한다. 사이보그나 안드로이드와 공존하지 못하면 인간의 비약적 발전이 오히려 비극적 몰락으로 이어질 가능성이 크다.

4.
인간종 다양성 사회의 상생과 인문학적 성숙

인간종 다양성 사회에서는 인간이 원하든 원하지 않든 인간중심주의를 포기해야 한다. 인간의 지능과 능력으로써는 인공지능을 탑재한 안드로이드를 도구화하거나 지배할 수 없기 때문이다. 그것은 낮은 지능의 동물이 인간 위에서 군림할 수 없는 것과 마찬가지다. 지능 차별이 현저한 인간과 동물의 관계를 통해서 인간과 안드로이드의 관계도 추론적으로 설정할 수 있다. 아르헨티나 작가인 루이스 보르헤스(Louis Borges)가 동물과 인간의 관계를 셋으로 나누어서 대조적 인식을 일깨워주었는데, 하나는 텔레비전을 같이 보는 동물, 둘은 잡아먹는 동물, 셋은 무서워하는 동물이다(Rosie Braidotti, 2015: 92). 그러나 동물들의 위계가 이렇게 정해져 있는 것은 아니다. 다만 사람들이 동물을 대하는 태도의 위계일 따름이다. 안드로이드와의 관계도 거칠게 셋으로 나눌 수 있다. 하나는 가족처럼 대등한 관계를 이루는 안드로이드, 둘은 하인처럼 마구잡이로 부리는 안드로이드, 셋은 무서워서 피하는 안드로이드다. 안드로이드는 다르지 않지만 사람들이 안드로이드를 대하는 태도에 따라 가족과 노예, 폭도로 갈라질 수 있다. 그러므로 문제는 사람의 태도가 결정적이다.

　그럼에도 안드로이드는 사람의 태도에 반하는 행동을 할 수 있다. 반려견이 주인을 물거나 이웃을 공격하는 경우가 있는 것처럼, 안드로이드도 인간을 공격하거나 반란을 시도할 수 있다. 그러나 가족처럼 지내는 반려견이 주인을 공격하지 않듯이, 가족 관계를 맺고 있는 안드로이드가 가족을 공격할 아무런 이유가 없다. 게다가 안드로이드의 지능은 사람보다 훨씬 뛰어나므로 사려 깊지 못하게 돌발적 행동을 할 까닭이 없다. 오히려 노예처럼 마구잡이로 부리거나 공연히 폭도로 여겨서 두려워하면, 안드로이드가 제멋대로 행동할지 모른다. 그러므로 포스트휴먼 시대로 갈수록 진정한 인간성 회복과 인도주의가 필요하다. 안드로이드와 인도주의적 관계를 이루어야 하는 것은 안드로이드가 두려워서가 아니라 사람들이 더 인간다워지기 위해서다. 안드로이드가 비록 사람과 같은 감정이나 의식을 갖지 않는다 하더라도 인간적 지위를 부여하고 인도적으로 대할 때 사람들이 더 인간다워진다. 아이들이 인형을 밟거나 칼로 찌르는 행동이 바람직하지 않은 것처럼, 안드로이드를 학대하는 것도 인성 형성에 바람직하지 않다. 인간이 아닌 생명은 물론, 인간이나 생명을 닮은 존재를 학대하는 것은 생명경시 풍조를 조장하여 결국 인간도 경시하는 데까지 이를 수 있기 때문이다.

　반려견을 사랑하는가 학대하는가 하는 것은 반려견의 자질이나 의식 문제가 아니라 인간성의 문제다. 포악한 인간은 반려견뿐만 아니라 인간에게도 폭력을 휘두르기 일쑤다. 그러나 바람직한 인성을 갖춘 사람은 반려견이나 안드로이드를 인간처럼 배려하고 사랑으로 대할 것이다. 반려견의 죽음을 슬퍼하고 장례까지 치르는 것처럼, 영혼이 없는 것을 알면서도 안드로이드의 죽음을 슬퍼하고 명복을 빌어줄 수 있는 것이 인간의 마음이다. 바느질하다가 부러진 바늘의 죽음을 추모하고 스스로 미망인이 되어 조침문(弔針文)*을 쓴 유씨 부인(兪氏夫人)이야말로 가장 인간다운 인간이자, 포스트휴먼 시대의 진정한 휴머니즘이다. 짐승처럼 네 발로 걷는 보행로봇을 만든 회사 보스턴 다이내믹스에서 로봇이 넘어지지 않는다는 것을 입증하기 위해 발로 걷어차는 행위를 거듭 보여준 일이 있다. 그러자 이 동영상을 본 사람들은 '로봇 학대를 멈춰라', '로봇의 생명도 중하다!'는 캠페인을 벌였다. 로봇은 고통을 느끼지 못하는 기계이자 학대에 대한 의식이 없는 존재이지만 로봇을 공연히 가해하는 것이 인간답지 못했던 까닭이다.

인간다운 인간이 되기 위해서도 사람들은 안드로이드가 실제로 무엇이든 간에 인간처럼 존중할 필요가 있다. 첫째, 인간 스스로 도덕적 인성을 갖추기 위해서이고, 둘째, 안드로이드도 인간다운 정체성을 갖추도록 하기 위해서이며, 셋째, 포스트휴먼 사회의 공존과 평화를 위해서다. 한마디로 인간성을 잃지 않기 위해 노력하고 새로운 사회를 조화롭게 구성해 나가기 위해서다. 따라서 안드로이드에 대한 인도적 태도는 안드로이드에 대한 시혜가 아니라, 그들과 함께 가는 호혜적 공존의 길이자 진정한 인간성 회복의 길이다. 포스트휴먼 시대의 인간이 휴머니즘 시대보다 더 인간적이고 더 인문학적으로 성숙되어야 하는 까닭이다. 안드로이드와 공존하기 위해 더 인간적이 되고 인문학적으로 더 성숙하게 되면 인간과 안드로이드의 관계는 사실상 공생을 넘어 상생에 이를 수 있다. 인간이 성숙한 만큼 안드로이드도 딥 러닝으로 더욱 성숙해지기 때문이다. 인간과 자연이 상호작용하면서 공존하는 것이 생태학적 공생이라면, 인간과 인

---

* 조선 순조 때 유씨 부인이 지은 수필로서 부러진 바늘을 의인화하여 쓴 제문(祭文)이다.

공지능이 상호작용하면서 함께 성숙하는 관계는 인문학적 상생이다. 그러므로 안드로이드와 지혜로운 공존을 하게 되면, 자연과 공생하는 것보다 더 적극적인 단계의 상생에 이를 수 있다.

인간은 자연으로부터 큰 혜택을 받지만 자연은 인간으로부터 혜택을 받는 것이 없다. 따라서 공생이라 하는 것도 따져보면 인간 중심의 인식일 따름이다. 인간은 자연으로부터 생겨나서 자연의 일부로 살아갈 뿐 아니라, 사실상 거대한 자연에 붙어서 기생하는 존재다. 따라서 자연 중심으로 말하면 인간은 자연과 공생하는 것이 아니라 자연에 기생한다고 하는 것이 더 적절하다. 인간이 자연의 산물이자 자연적인 존재인 반면, 안드로이드는 인간의 작품이자 인공적인 존재다. 안드로이드는 인간에 의해 인간처럼 만들어지고 인간의 지식과 정보를 습득해서 인간 이상의 능력을 발휘하며 인간의 일을 대신 처리할 수 있는 인공지능 인간이다. 지식과 정보처리를 두고 인간과 인공지능이 상호작용하면서 함께 성장하고 번영하는 관계를 이루고 있다. 그러므로 인간이 성숙할수록 안드로이드와 더 상생 관계를 이룰 수 있다. 인공지능 시대로 갈수록 인간은 더 성숙하지 않으면 비참해지게 된다. 산업화 시대의 인간처럼 더 좋은 일자리를 차지하려고 경쟁하고 부를 축적하여 더 큰 집과 자동차를 소유하는 데 집착해서는 꿈을 이룰 수 없다. 왜냐하면 대부분의 일자리는 인공지능을 탑재한 로봇인간이 차지하기 때문이다. 일자리 경쟁은커녕 아예 일자리에서 쫓겨나 대량 실업사태에 직면하게 된다.

옥스퍼드대학의 미래학자 칼 베네딕트 프레이(Carl Benedikt Frey)와 마이클 오스본(Michael Osborne)이 펴낸 「고용의 미래」(Frey, C. B., & Osborne, M. A, 2017)라는 보고서를 보면, 앞으로 20년 안에 대부분의 일자리가 인공지능 로봇으로 대체된다는 예측이다. 미국의 경우 2033년에 이르면, 텔레마케터와 보험업자들이 일자리를 잃게 될 확률이 99%이고 스포츠 심판은 98%, 계산원은 97%, 요리사는 96%, 웨이터와 물리치료사는 94%, 관광가이드는 91%다. 제빵업자와 버스기사는 89%, 건설노동자는 88%, 수의사 조수는 86%, 경비원은 84%, 항해사는 83%다(Yuval Noah Harari, 2017: 446). 구체적인 데이터가 제시되지 않은 직업들도 마찬가지다. AI 의사가 진료하고 AI 법률가가 법조업무를 하며 자율 운전 자동차가 널리 보급되면, 의사나 변호사, 운전기사 자리도 위협받기 마련이다.

　　포스트휴먼 시대에는 인간의 일자리가 사라지고 인간이 할 일을 안드로이드가 대부분 석권하게 된다. 대량 실직 상황은 불행일 수밖에 없지만, 인문학적으로 성숙한 사람은 인간다운 삶의 가치를 재인식하고 오히려 다행으로 여길 수 있다. 동물과 안드로이드는 변함없지만 인간의 태도에 따라 그들이 가족이자 친구가 될 수 있는 것처럼, 일자리가 사라지는 상황도 인간의 인식 태도에 따라 상반된 결과에 이른다. 같은 상황이지만 생각에 따라 인공지능에게 일자리를 빼앗겼다고 생각하는가 하면, 인공지능 덕분에 일자리에서 해방되었다고 생각할 수도 있다. 인문학적으로 성숙한 사람은 일자리를 빼앗기고 직장에서 쫓겨나는 사람이 아니라, 일자리를 기꺼이 내주고 일의 감옥에서 주체적으로 해방되는 사람이다. 일하지 않는 삶의 여유를 누리며 새로운 보람과 행복을 찾아야 진정한 인간 해방을 이룰 수 있다. 그동안 사람의 신분을 결정하는 것은 일자리였다. 사람의 됨됨이와 상관없이 어떤 일자리에서 일하는가 하는 것이 곧 그 사람의 자질이었다. 그러나 인문학적으로 성숙한 사람은 일자리에 연연하지 않는다. 옛 선비들이 일자리가 없었던 것처럼 작가나 예술가, 철인(哲人)들은 특별한 일자리가 없기 일쑤다. 일자리에서 해방된 사람들이 진정한 인문학도이자 예술가들이다.

근대 산업사회의 생존경쟁은 사실상 일자리 투쟁이었다. 산업화와 함께 자급자족 노동은 사라지고 누군가에게 고용되어야만 살아갈 수 있게 되었다. 생존을 위해 생산품을 자급하는 노동에서 상품소비를 위해 임금노동을 하는 소비적 인간으로 삶의 가치가 떨어지게 된 까닭이다(신상욱 외, 2020: 191). 그런데 인공지능이 일자리를 차지함으로써, 사람들은 업주에게 고용되어 임금을 받고 일하는 고용노동에서 해방될 수 있게 되었다. 고용노동이 없으면 실업자도 없다. 그러므로 일자리에 얽매이지 않는 노동해방이 진정한 인간해방이라는 성숙한 자각이 필요하다. "스티글레르 (Bernard Stiegler)는 실업을 없애는 가장 좋은 해결책이 바로 고용을 없애는 것"이라고 했다(김재희, 2020: 195). 고용노동이 사라지는 것이야말로 노동해방이다. 노동해방을 누리려면, 인공지능이 하지 않되 인간은 즐기면서 할 수 있는 일을 해야 한다. 그것은 고용노동이 아니라 '자족노동'*을 말한다. 임금을 받는 고용노동이 소비자의 수요를 겨냥하여 판매가능한 상품 생산에 몰입해왔다면, 자족노동은 스스로 하고 싶은 일을 찾으면서 일의 의미와 가치를 통해 성취의 기쁨을 누리고 다른 사람들에게도 어떤 기여를 할 수 있는 창의적인 일을 말한다.

인공지능 로봇이 일자리를 차지하면 생산성은 증대되지만 임금제 고용노동은 사라지게 된다. 그러면 임금소득으로 살아가는 사람들의 생계비 해결이 문제다. 로봇은 일정한 에너지만 공급하면 되므로 임금을 지급할 필요가 없다.** 따라서 생산 자동화로 증대된 수익은 로봇에 의해 일자리를 잃은 사람들에게 나누어주면 문제가 없다. 생산자도 그렇게 해야 생

---

* 자족노동은 이 글에서 처음 쓰는 말이다. 임금을 받고 하는 고용노동과 상대적인 개념이다. 임금이나 소득과 무관하게 자족적 성취감을 위해 자발적으로 하는 의미 있는 일이다.

** 자동차를 사용하는 데 기름만 넣어주면 되지 자동차에게 임금을 주지는 않는 것과 같다.

산과 소비의 순환이 가능해진다. 이런 상황에서 주어지는 돈은, 더 이상 고용도 실업도 없기 때문에 임금도 실업수당도 아닌 '기여소득'이라 한다 (Bernard Stiegler, 2018: 117). 일자리에 밀려난 사람들은 기여소득이 있으므로 더 이상 임금을 받기 위해 노동할 필요가 없다. 일이 고통스러운 것은 임금을 받기 위해 고용되어서 하는 타율성 때문이다. 의미 있는 일을 자발적으로 하는 일은 노동이기 전에 놀이일 수 있다. 꽃밭을 만들기 위해 스스로 삽질을 하고 꽃씨를 심으며 땀을 흘리는 것은 일이면서 놀이다. 취향에 따라 그림을 그리고 노래를 부르며 글을 쓰는 일도 놀이이자 예술활동이다. 이러한 일을 통해서 전에 없던 성취감을 느끼는가 하면 미래에 대한 기대에 마음이 설렐 수 있다.

'인간은 미래에 대한 기대를 현재에 실현함으로써 살아가는 존재다. 따라서 일 있는 삶이 필요하다. 다만 '더 적은 노동이 아니라 더 좋은 노동'이 필요하다(인문브릿지연구소, 2020). 아무것도 할 일 없는 노동해방보다 더 좋은 자족노동이야말로 진정한 노동해방이다. 고용노동에서 자족노동으로 가는 것이 원시 노동이자 포스트휴먼 시대의 '좋은 노동'이다. 인공지능의 자동화 시스템에 따라 일자리에서 해방된 시간은 단순 휴식이나 레크리에이션이 아니라, 진정한 의미에서 여가이자 자유로운 배움의 시간이다. 다음 일을 위한 체력 비축 시간으로서의 휴식이 아니라, 그 자체로 마음껏 누릴 수 있는 여가이자 자기를 실현할 수 있는 여유 시간이다. 진정한 여가는 '문화적 유산의 상속과 새로운 가치생산을 할 수 있도록, 책을 읽고 사색하고 글을 쓰며 평화롭게 대화하는 유유자적의 시간을 누리는 것'이다(김재희, 2020).

포스트휴먼 시대의 인간은 효율성을 추구하는 일은 모두 인공지능에 맡기고, 의식과 정서에서 비롯되는 가치를 추구하는 일에 관심을 쏟아야 더 인간답다. 자본에 고용되고 일자리에 갇힌 '일하는 인간'에서, 일자리에서 놓여나 '놀이하는 인간', '예술하는 인간', '사색하는 인간'으로 나아가면서 인간다운 삶을 마음껏 누리는 것이다. 일이 놀이이고 예술이자 보람이며 성취가 되는 인문학적 여가생활이 긴요한 이유다. 경쟁력보다 협력을, 생산성보다 창의성을, 성장보다 성취를, 차별보다 포용을(이종관, 2017: 401), 위계성보다 다양성을 추구해야 인공지능과 다른 인간으로서 존재감을 확보할 수 있다. 따라서 인간다운 삶을 누리려면 수동적으로 일자리를 빼앗길 것이 아니라 오히려 능동적으로 일자리를 걷어찰 필요가 있다. 인간이 해오던 모든 일을 인공지능과 만물 인터넷에 넘겨주고 넉넉한 여가시간에 인간만이 할 수 있는 일거리를 찾아서 일을 놀이처럼 즐기며 보람을 누릴 일이다. 신속성과 정확성이 뛰어난 인공지능과 달리 느리게 살기, 어긋지게 놀기에 창의성을 발휘하고 거기에 성취감을 느낀다면, 포스트휴먼 시대는 인간과 로봇이 상생하는 관계를 이룬다고 할 수 있을 것이다.

5.
인간 공동체를 넘어선 인간종 '공다체' 인식

    지구촌은 인간을 기준으로 크게 두 유형의 존재들로 구성된다. 하나는 인간으로 태어난 자연생명의 존재이고, 둘은 인간이 만들어낸 인공생명의 존재다. 인간은 지금까지 자연과 생태학적 공생을 중요한 가치로 추구해왔고 앞으로도 그런 길로 가야 한다. 그러나 앞으로는 자연과 공생하는 것은 물론, 포스트휴먼인 인공생명과 사회학적 상생을 이루는 것이 또 하나의 과제다. 인간이 인권을 가지고 동물이 동물권을 가지는 것처럼 모든 생물도 생명권을 가진다는 것을 인정해야 공생할 수 있다. 태양계를 하나의 완결된 생명체로 규정하는 물리학자 장회익의 온 생명론에 따르면, 생물뿐 아니라 태양계를 이루는 무생물도 보생명(補生命)으로서 온전하게 보존되어야 한다(장회익, 1998: 167-197). 무생물도 보생명으로서 생명권을 인정해야 하는데, 하물며 인간의 모습으로 인간 이상의 지능을 가지고 인간처럼 활동하는 인공생명의 인권을 인정하지 않을 수 없다.

    2017년 벨기에 브뤼셀에서 열린 유럽의회에서는 인공지능에 인격을 부여하고 인공지능 로봇을 전자인간(Electronic Personhood)으로 호명하며 법적 지위를 인정했다. 따라서 안드로이드도 인간처럼 재산권을 행사하고 인격으로서 일정한 권리를 가질 수 있게 되었다. 모든 존재에 생명권을 인정하고 안드로이드에게도 인격권을 인정하면 지구촌을 구성하는 모든 종의 존재는 서로 대등한 관계에 놓이게 될 것이다. 자연의 생명권과 인조인간의 인격권은 모든 사람의 인권을 대등하게 인정하는 민주주의의 다른 버전이라 할 수 있다. 인간 사회의 민주주의가 1.0이라면, 자연 생명권을 인정하며 인간과 자연이 공생하는 생태민주주의는 2.0이고, 전자인간의 인격권을 인정하며 인간과 전자인간이 상생하는 포스트휴먼 민주주의는 3.0이다. 1.0은 이미 어느 정도 실현되었고 2.0은 지금 실천운동이 전개되는 중이며, 3.0은 앞으로 이루어가야 할 긴요한 과제다. 2.0의 실천운동이 성과를 내려면 사람 중심의 민주주의나 인간해방에서 벗어나 생태민주주의와 생명 해방을 추구해야 한다. 2.0 체제가 이루어져야 1.0 체제도 지속 가능하다. 따라서 인간 사회의 민주주의를 생태학적으로 확장하고 재구성함으로써, 인간평등에서 생명평등 사회로, 국민윤리에서 생명윤리를 실천하는 생태주의 체제로 가야 한다(임재해, 2006: 147-178). 그러므로 민주주의에서 생태주의로 가는 변혁운동이 필요하다.

생태주의 실현을 위한 변혁은 민주주의 실현을 위한 변혁보다 더 힘들다. 민주주의를 위한 변혁운동은 비민주적 지배계층에 대한 시민들의 비판과 저항, 투쟁 등으로 가능했다. 독재자를 향해 삿대질하는 것은 대상이 분명할 뿐 아니라 투쟁에서 얻는 성취도 분명하다. 그러나 생태주의를 위한 변혁운동은 대상이 따로 없다. 굳이 변혁의 대상을 찾으려면 인간 자신이 바로 변혁 대상이다. 인간이 가졌던 자연에 대한 모든 특권을 스스로 내려놓고 그동안 인간들이 마음대로 자연에 대해 저질렀던 행위들을 금지해야 한다. 그렇게 한다고 해서 당장 자기에게 돌아오는 성취도 분명하지 않다. 오히려 그동안 누렸던 자유만 크게 제약된다.

지배계급의 특권을 끌어내리는 것이 민주적 변혁이라면, 생태적 변혁은 인간 누구나 누렸던 특권을 스스로 포기하는 것이다. 따라서 생태주의에 대한 가치관이 확립되지 않으면 실천하기 어렵다. 상대에게 특권을 내려놓으라고 하는 것은 쉬워도 스스로 특권을 내려놓는 일은 쉬우면서도 어렵다. 스스로 하는 일이어서 쉽지만, 특권을 누리려는 욕망에 사로잡혀서 끝까지 버티기 일쑤다. 그러므로 지금까지 자발적으로 특권을 내려놓은 독재자는 전혀 없었다고 해도 지나치지 않다. 역사적으로 민중 혁명이 거듭될 수밖에 없었던 이유다. 민주적 변혁이 인간 내부의 모순을 해결하는 작은 변혁이라면, 생태적 변혁은 전 지구적 생존의 문제를 총체적으로 아우르는 큰 변혁이다. 생태적 변혁은 규모가 커서 큰 변혁이 아니라, 변혁의 대상이 자기 자신이어서 큰 변혁이다. 자기 스스로 변혁을 실천해야 하는 자기로부터의 변혁운동이라는 점에서 기존의 변혁에 비해 큰 변혁이다. 왜냐하면 남의 기득권에 저항하며 삿대질하는 것은 쉽지만, 스스로 누리고 있는 기득권을 포기하는 일은 여간 어렵지 않기 때문이다(임재해, 2002: 45-16).

그러나 그 어려운 일을 실천하지 않을 수 없게 되었다. 피해자인 자연현상이 가해자인 인간에게 기득권을 내려놓으라고 아우성치며 삿대질하는 까닭이다. 인간 사회에 대한 자연의 폭동이 점점 가속화되고 있으므로 생태주의 체제로 가지 않을 수 없다. 생태주의 체제는 사람 사회의 울타리 안에 갇힌 현재의 인간계를 확장시켜, 태어나지 않은 미래세대까지 염두하며 말 못 하는 생명과 자연의 목소리를 두루 듣고 그들을 '우리'로 받아들여서* 지구공동체의 생명윤리를 실현하는 체제다(구도완, 2018). 그러

---

* 　 구도완, 『생태민주주의』, 한티재, 2018, 6쪽에서 "모두가 자유롭고 평등하게 좋은 삶을 위해 미래세대와 자연을 '우리'로 받아들이는 정치"로서 현대사회의 현실적 문제와 생태위기를 극복하

자면 '나 없는' '우리'의 범주는 인간을 넘어서 지구촌의 삼라만상을 모두 끌어안는 데까지 확장되어야 할 것이다.

'나 없는' 세계를 이룩하는 데는 공동체가 대안일 수 있다. 그러나 '인간 없는' 세계를 이룩하는 데는 인간들로 구성되는 '공동체'로서는 한계가 있다. 공동체는 지역사회 중심의 가까운 친밀성과 문화적 공유의 범주로 이루어진다. 따라서 민족 단위만 하더라도 공동체 개념은 부정된다. 실제로 미국 정치학자 베네딕트 앤더슨(Benedict Anderson)은 『상상의 공동체』를 통해 민족을 실재하는 공동체로 보지 않고 자본주의가 발달한 시기에 문화적으로 구성된 조형물이자 상상에 의해 발명된 가상의 공동체라고 보았다(Benedict Anderson, 2006). 그런데 국가와 민족은 물론 인류를 넘어서 지구촌을 구성하는 모든 존재를 하나의 공동체로 묶는 것은 공동체 개념을 지나치게 확장함으로써 결국 공동체의 본디 개념을 무화시키는 결과에 이른다. 모든 것을 묶어서 공동체라 하는 것은 사실상 공동체가 없는 것이나 다르지 않기 때문이다. 게다가 공동체는 인간 집단을 전제로 한 개념이어서 '인간 없는' 세계를 지향하며, 인간 외의 다른 종들과 공존하거나 공생하는 논의에는 적절하지 않은 개념이다.

우선 공동체는 특정한 문화를 공유하는 집단인데, 국가나 민족마다 서로 다른 문화를 누릴 뿐 아니라, 인간과 다른 종에 대해서 인간이 누리는 문화 개념을 적용할 수조차 없다. 따라서 인간중심의 공동체 개념을 혁파해야 한다. 다른 종들의 특수성을 제각기 인정하지 않고 서로 같다고 하며 모두 하나로 아우르려고 하는 것은 인간 중심의 또 다른 우격다짐이다.

기 위한 정치담론으로 생태민주주의를 표방했다. "생태민주주의는 인간이 만든 하나의 정치 형태인 민주주의가 갖고 있는 문제를 고쳐서 자연과 인간이 함께 잘 사는 세상을 만들기 위한 생각이고 실천이다."(195쪽)

부부를 일심동체(一心同體)라고 하는 것도 아내의 독자적 개성을 인정하지 않는 전근대적 남성주의적 횡포다. 남편이 부인을 자기 생각에 맹목적으로 따르도록 하는 것이 일심동체 논리다. 엄정하게 말하면 부부는 일심동체가 아니라 이심이체(二心二體)다. 서로 다른 인격 주체를 인정하고 상호 존중해야 부부로서 온전하게 합일될 수 있다. 따라서 부부는 일심동체가 아니라 이성합일(二性合一)이자 음양합일(陰陽合一)이라는 인식을 해야 서로 의존하고 협력하며 상호이익을 누리는 상생적 부부관계를 이룰 수 있다. 부부를 일심동체로 간주하면 음이든 양이든 하나로 획일화되지만, 음양합일로 인식하면 음과 양이 어울려 새로운 세계를 이룬다. 음극과 양극이 어울려 제3의 태극을 이루는 것이 음양의 조화이자 상생이다. 음양의 두 실체를 따로 인정하면서 하나로 합일시켰을 때 태극이 창출되는 것이다. 따라서 음양합일은 음양이 서로 다른 둘이자 태극으로서 하나이며, 음과 양, 태극은 제각기 의미기능을 하는 실체로서 셋이다. 그러므로 태극은 서로 다른 음양이 자기 개성을 뚜렷하게 가지면서 서로 어울려 하나를 이루는 까닭에 상생관계를 이룬다.

부부도 음양의 대립관계가 합일을 이루어서 상생관계에 이르는 것처럼, 공동체도 서로 다른 성원들의 공존을 지향해야 한다. 모두 '함께한다'는 '공존체'라는 인식보다 서로 같다고 하는 '동일체'라는 점에 치우치게 되면, 사실과도 맞지 않을뿐더러 다양성을 소거하고 획일성에 매몰될 가능성이 높다. 이른바 상명하복의 '검사동일체'가 그런 모순이다. 민족공동체도 상상된 허구로 규정되는데, 지구촌의 삼라만상을 지구공동체라는 이름으로 아우르는 것은 한갓 관념론에 그칠 뿐 아니라, 공동체 이론과 성합성을 이루는 것도 아니다. '나뿐'인 소인배들은 동이불화(同而不和)를 조장하기 마련이다. 그러나 '나 없는' 대인배들은 화이부동(和而不同)의 대동

세계를 이룰 수 있다. 공자는 "군자가 화이부동하는 반면에 소인배는 동이불화한다"*라고 했다. 군자가 추구하는 화이부동의 세계는 공동체가 아니라 공이체(共異體) 또는 공다체(共多體)의 세계다. 공다체의 세계는 하나의 동일체로서 닫힌 세계가 아니라, 태극처럼 다양성과 역동성을 발휘하는 창조적으로 열린 세계다. 서로 다르기 때문에 함께할 필요도 있고 서로 어울릴 가치도 있는 것이지, 만일 서로 같다면 굳이 함께하지 않아도 그만이다. 우리가 공존을 실현하려는 것은 다양성이 존재하기 때문이다. 그러므로 다양성의 폭이 클수록 공존의 필요성과 가치도 커지는 것이라 할 수 있다.

단순히 논리적 합리성 때문이 아니라 미래 세계의 현실성 때문에 공다체의 세계를 지향하지 않을 수 없다. 왜냐하면 공다체의 세계로 나아가야, 포스트휴먼 시대의 사이보그와 안드로이드 등 인간과 다른 별종의 인간들이 서로 대등한 인간종으로서 공존하며 상생할 수 있기 때문이다. 당연히 로봇인간의 인권도 호모 사피엔스와 대등하게 인정하고 상생의 대상으로 관계를 맺어야 한다(임재해, 2019: 50-51). 그래야 포스트휴먼 세계의 3.0 민주주의를 이룰 수 있다. 포스트휴먼 시대에 이르면 인간이 로봇인간의 인격권을 무시하는 일보다 오히려 로봇인간이 지능이 낮은 인간의 인권을 존중해줄 것인가 하는 것이 더 문제적이다. "인공지능이 자유의지를 갖게 되면 인간의 명령을 거부할 수 있으며, 그럴 경우 인간은 인공지능을 통제할 수 없는 상황에 놓인다."(인문브릿지연구소, 2020: 150)

이러한 위기의 실효적 대안은 가치 학습뿐이다. "초지능 AI가 인간이 추구하는 가치를 스스로 학습하는 방법이다."(홍성욱, 2019) 인간 상호간은 물론 다른 대상을 보호하는 인간의 호혜적 태도와 도덕적 가치를, 인공지

---

* 『論語』, 子路篇, "子曰 君子和而不同, 小人同而不和."

능이 긴요한 정보로 인식하고 학습하게 하는 것이 해법이다. 인간이 인공지능에게 이런 가치를 심어주려면, 인간을 공격하지 않는 한 인간세계의 삼라만상은 모두 인간으로부터 보호되어야 하고 실제로 보호되고 있다는 사실을 보여주어야 한다. 그러면 인간으로부터 이러한 가치 학습을 한 안드로이드들도 자신을 공격하지 않는 한 인간을 보호하게 될 것이다. 그러므로 탈인간의 포스트휴먼 시대일수록 휴머니즘의 진정한 가치가 더욱 존중되는 생태학적 휴머니즘의 시대가 열리고 최종 버전인 3.0 체제의 포스트휴머니즘 민주주의가 이루어질 수 있다.

6.
생태학적 변혁과 상생으로 가는 소통의 전망

생태학적 휴머니즘 시대를 열어가려면 인간 스스로 변혁하는 수밖에 없다. 인간이 세계의 주체이자 존재의 중심이라는 생각을 버리고 모든 존재와 사물이 서로 맞물려서 공존한다는 탈중심주의 세계관으로 의식 전환을 해야 한다. 우선 그동안 인간으로서 누렸던 모든 특권을 내려놓아야 된다. 그것은 소극적으로 다른 존재에 대한 모든 가해를 멈추어야 한다는 뜻이지만, 적극적으로는 로봇인간에게 인격권을 부여한 것처럼 다른 존재를 인격으로 인정하는 데까지 나아가야 하는 것이다. 로봇인간을 인격으로 대하고 대등한 관계를 맺게 되면 서로 혜택을 누리는 상생을 이룰 수 있다. 그러나 말은 쉽지만 실천하기 어렵다. 아니 실천할 수도 없다. 어떻게 동물이나 식물을 인격으로 대할 수 있단 말인가. 가능하다면 진작 그렇게 했을 것이다. 지레짐작으로 불가능하다고 손절할 수 있다. 그러나 가족처럼 함께 텔레비전을 보는 반려견을 생각해보자. 어떤 사람은 자기 가족보다 반려견을 더 잘 챙기는 경우도 있다. 개인적인 성격이나 취향도 중요하지만, 반려견과 서로 소통가능하면 상대적으로 더 친밀한 관계를 맺기 마련이다. 말귀를 잘 알아듣는 반려견을 학대하는 경우는 드물다. 만일 반려견도 의사표현을 구체적으로 한다면 더욱 친밀해질 것이다. 그러므로 상호소통이 중요하다.

사람들도 서로 화합하고 공존하려면 소통을 해야 한다. 서두에서 다룬 것처럼 우리 사회가 극단적 대립을 이루는 것도 소통의 부재 탓이다. 집권자가 대화보다 일방적으로 주장하고 소통보다 지시와 명령을 일삼으면 대립과 갈등이 고조되기 마련이다. 바람직한 소통은 대등한 관계에서 양방향 소통을 하는 것이다. 그러나 권력자는 오히려 소통을 자제해야 한다. 자기가 말하기보다 많은 사람들로부터 많은 말을 듣는 것이 민주적 권력자의 진정한 소통이다. 그런데 독재체제일수록 권력자의 말만 난무한다. 그러므로 공존과 화합은커녕 극단적 대립이 첨예하게 지속된다. 인간과 인공지능의 상생 가능성이 높은 것은 양방향 소통이 가능하다는 사실에 근거를 둔다. 왜냐하면 인간이 로봇인간과 소통하는 일은 이미 실현되고 있기 때문이다. 인공지능은 문자 텍스트를 읽고 문자로 답할 수 있는 능력을 진작 갖춘 것은 물론, 사람처럼 인간의 말을 알아듣고 인간의 말을 할 수 있는 능력도 갖추었다. 인간이 말을 많이 걸수록 말을 알아듣는 인공지능의 능력이 높아지고, 인공지능의 능력이 높아질수록 인간 또한 말을 많이 걸게 된다. 그러므로 인간과 인공지능이 서로 소통이 잦을수록 대등한 화합과 상생의 길이 더 크게 열리게 마련이다.

모국어 중심의 인간보다 세계 각국어에 두루 능통한 로봇이야말로 미래형 인간이다. 인간과 자유롭게 소통하는 "미래의 로봇은 비록 생물이 아닐지라도 변함없이 인간적이다. 왜냐하면 인간과 양방향 소통이 가능할 뿐 아니라, 로봇의 비생물학적인 지능 또한 생물학적 설계에서 파생되어 나올 것이기 때문이다. 따라서 우리의 문명은 여전히 인간적일 것이며,

미래문명은 현재보다 더 인간적인 전형이 될 수도 있다"(Ray Kurzweil, 2007: 53). 그러므로 지능차별에 따른 인공지능의 일방적 횡포를 막아주는 호혜적 장치가 소통 가능성이라 할 수 있다. 문제는 로봇인간이 아니라 로봇동물이다. 4족 보행 로봇처럼 다양한 로봇이 등장할 수 있다. 로봇강아지와 로봇고양이에서부터 로봇거미와 로봇금붕어, 그리고 로봇벌과 로봇독수리까지 가능하다. 따라서 서로 소통하는 능력은 인간종에만 국한되지 않는다. 인간의 형상을 하지 않은 모든 로봇도 포함된다(Rosie Braidotti, 2015: 81). 로봇인간이 로봇사냥개나 로봇독수리를 대량으로 생산하여 일정한 알고리즘으로 통제한다면, 인간으로서 어찌할 것인가. 대처할 방법이 없다. 그러나 실제 동물과 달리 사람들과 대화가능한 인공지능이 탑재된 로봇동물은 상황이 다르다. 형상은 비록 동물이지만 인간과 소통가능한 인공지능을 지녔기 때문이다. 그러므로 양방향 소통으로 상생의 길을 트는 수밖에 없다.

인간과 자연의 생태학적 공존을 위해서도 소통을 적극적으로 모색할 필요가 있다. 반려동물을 사랑하는 사람들은 개, 고양이, 말을 가리지 않고 사람처럼 이름을 지어주고 말을 붙인다. 그리고 동물의 소리와 행동거지를 보고 그 뜻을 읽는다. 행동으로 무엇을 말하는지 알아차리려고 애쓴다. 말 없는 말을 알아차리는 것이 언어를 넘어선 아름다운 소통이다. 말 못 하는 아기들의 뜻을 예민하게 알아차리고 보살피는 것이 어머니 마음이다. 그러나 '나쁜'인 사람들은 다른 존재는 물론 다른 사람들의 말조차 귀 기울이지 않는다. 말을 제대로 듣지 않는 것은 말하는 사람을 무시하기 때문이다. 사람을 차별하는 사람일수록 소통도 차별한다. 아랫사람들의 말은 아무리 간절해도 무시하는 반면, 높은 사람의 말은 아무리 쓰잘머리 없는 말이어도 민감하게 듣고 반응한다. 독재자는 사람들이 집단적으로 아우성을 쳐도 못 들은 척 깔아뭉개버린다. 말할 자유는 '나뿐'이라는 생각에 도취되어 있는 자가 바로 독재자다.

인간과 자연의 소통도 마찬가지다. 인간이 자연생명과 대등하게 공존하려면 소통을 할 수 있어야 한다. 못 알아듣는다고 생각하지 말고 사람처럼 다정하게 말을 건네고, 말 못 하는 존재라는 선입견을 버리고 뭔가 의사표현을 하고 있다고 여기며 그 뜻을 헤아려야 한다. 실제로 일부 전문가는 오랜 연구와 훈련 끝에 짐승의 말을 알아듣는 능력을 갖추고 있다. 강아지 전문 사육사는 개가 짖는 소리를 듣고 대충 무슨 말인지 알아듣는다. 설화에서는 짐승의 말을 알아듣는 사람의 이야기들이 있고, 그런 사람을 '대인(大人)'이라 일컬었다(조동일·임재해, 1980: 678). 실제로 중국 작가 초오보밍(曹保明)*은 새의 언어를 아는 '옌푸싱'과 짐승의 언어를 아는 '진쉐텐'을 알게 되어, 그들과 함께 생활하며 산과 초원에서 새와 짐승이 대자연에게 부여하고 있는 기묘한 경험과 사실을 기록하여, 『새와 짐승의 말을 알아듣는 사람』(초오보밍, 2017)이라는 책을 저술했다. 국제사회에서 이 책은 아주 특별한 저술로 평가되고 있다.

그런가 하면, 한 낚시꾼이 잉어를 살려주고 용왕국에 가서 얻어온 신기한 보자기가 있는데, 이 보자기를 덮어쓰면 짐승의 소리를 인간의 말로 바꾸어 들려준다고 하는 설화도 있다(성기열, 1982: 520-524). 마치 번역기를 귀에 걸면 외국어가 번역되는 것과 같은 보자기 이야기다. 짐승의 말을 알아듣는 능력도 외국어처럼 배우고 익혀서 갖출 필요가 있다. 이 능력을 갖춘 전문가는 동물어 통역사로 직업적 활동을 할 수 있을 것이다. 짐승의 말을 번역해주는 보자기 설화처럼, 최근에는 강아지 말 번역기가 나왔다. 개가

---

* 초오보밍은 중국 통화사범대학원(通化師範大學院) 객좌교수로서 저명한 문학가이자 중국전통문화추진위원회 위원이며, '중국 문화유산 보호 10대 걸출한 인물'로 선정되었다.

짖는 소리를 번역해서 문자로 보여주는 애견 통역기 '바우링걸(bowlingual)'이 상품화되어 있다.* 이러한 문제의식과 기술을 발전시키면 관련 번역 앱 개발도 가능하게 될 것이다. 사람의 능력으로는 오랜 연구가 소요되지만 인공지능을 이용하게 되면 쉽게 가능할 수 있다.

따라서 인간만이 의사소통을 한다는 고정관념에서 해방되어야 한다. "모든 동물은 언어를 구사한다. 벌이나 개미 같은 곤충도 복잡한 의사소통을 하는 능력을 갖추어 먹을 것이 있는 위치를 서로에게 알려준다."(Yuval Noah Harari, 2015: 45) 유인원과 원숭이의 모든 종은 물론 영장류도 목소리로 표현하는 언어를 사용한다. 동물학자들은 녹색 원숭이의 의사소통을 연구한 결과 특정 울음소리가 "조심해! 독수리야!"라는 뜻이고, 조금 다른 소리는 "조심해! 사자야!"라는 뜻이라는 사실을 밝혀냈다. "학자들이 녹음으로 처음 소리를 들려주었더니 원숭이들이 공포에 질려 하늘을 쳐다보았고, 두 번째 소리를 들려주었더니 급히 나무 위로 피신했다"고 한다 (Yuval Noah Harari, 2017: 45).

그러므로 앞으로는 강아지뿐만 아니라 소와 닭, 거위, 양, 염소 등 가축들의 말을 알아듣는 앱을 개발해서 누구든 쉽게 주위의 가축들과 소통할 수 있도록 해야 인간문명이 한 단계 비약할 것이다. 짐승과 상호소통을 하려면 짐승도 인간의 말을 알아들을 수 있도록 짐승 소리로 바꾸어주는 번역 앱을 개발해야 할 것이다. '짐승 → 인간'은 물론 '인간 → 짐승'의 양방향 소통이 함께 추진되어야 한다는 말이다(임재해, 2020: 44). 짐승의 말과 함께 식물의 말도 알아듣는 기술개발의 꿈도 가져야 한다. 식물은 소리를 지를 뿐 아니라, 사람의 말을 알아듣고 반응한다. 따라서 모내기 노래

---

* 강아지 음성 번역기 관련 유튜브 영상(https://www.youtube.com/watch?v=QQXfKFo56cY&feature=youtu.be)도 있다.

는 실제로 모가 자라는 데 도움을 주게 된다. 적절한 음악이나 민요를 들려주었더니 농작물이나 화초가 잘 자란다고 하는 것은 새삼스러운 일이 아니다. 토마토에 브람스 음악을 들려주면 더 잘 자란다고 하는 구체적인 연구들이 발표되고 있다. 식물이 음악을 듣고 잘 자란다는 것은 곧 식물도 사람의 말을 알아들을 수 있다는 것이다. 실제로 식물이 사람의 말을 알아듣는다는 실험도 다각적으로 이루어졌다(Peter Thompkins, Christopher Bird, 1992: 35-53).

그런가 하면 나무도 소리를 내서 의사표현을 한다. 700살 먹은 용계 은행나무*는 큰일이 있을 때마다 울어서 알려주었다고 한다. 날이 흐려지려고 하면 '똑 또르르'하고 울고, 모진 일이나 나라에 큰일이 터지려고 하면 '윙~윙~' 하면서 운다는 것이다. 병자호란과 한일합병 때 은행나무가 울었다는 이야기가 전하고, 6·25전쟁 때와 아웅산 폭발사건 때는 은행나무가 우는 것을 마을 사람들이 직접 들었다고 말한다(임재해, 1992: 185). 소리가 잠깐 들리고 마는 것이 아니라 하루 종일 우는가 하면, 문고리와 문풍지가 떨릴 정도로 울어서 누구나 알아차릴 수 있었을 뿐 아니라, 마을사람들이 나무 밑에 가서 발을 구르면 잠시 멈추었다가 다시 울었다고 했다(임재해, 1992: 185). 상황에 따라서 달라지는 울음소리까지 의성어로 분별하고 있다. 용계마을 주민들은 은행나무의 소리를 듣고 나무가 말하는 정보를 해석할 수 있었다.

그러나 가청주파수 범주 안에서 나는 소리는 알아들을 수 있지만, 그 범주 밖에서 나는 소리는 알아들을 수 없다. 따라서 식물의 소리를 들으려면, 인간의 가청주파수 밖에 있어서 들리지 않는 소리까지 들을 수 있는 기술을 연구해야 한다. 인간이 보고 듣는 것은 모두 가시광선이나 가청

---

* 안동 길안면 용계리 744번지 임하댐 수몰지역에 있는 수령 700년의 은행나무다. 천연기념물 175호로 지정되어 보호되고 있다.

주파수 안에 있는 빛과 소리들이다. 그러므로 나무의 소리를 귀로 들을 수 없다고 해서 나무는 소리를 내지 못한다는 선입견을 극복해야 한다. 빛의 다양한 색깔을 보려면 프리즘과 같은 도구가 필요한 것처럼, 식물의 소리를 들으려면 가청주파수로 바꾸어주는 장치가 필요하다.

전기기술자 조지 로렌스(George Lawrence)는 식물 조직이 식물의 소리를 더 민감하게 받아들인다는 사실을 발견하고 원통형 패러데이 상자(Faraday Cage)* 안에 살아 있는 식물조직을 비치하여 나무의 소리를 듣는 장치를 만들었다. 이 소리감지기 장치를 한적한 숲속에 설치하고 나무에 자극을 주자, 그때마다 휘파람 소리와 닮은 소리를 들을 수 있었다(Peter Thompkins, Christopher Bird, 1992: 71-73). 로렌스는 이 실험으로 식물이 외치는 소리를 과학적으로 검증한 셈이다. 우리가 진정으로 동식물과 '공다체'를 이루고 2.0의 생태민주주의를 실현하려면, 짐승은 물론 식물과 대화하는 소통 장치를 일상화할 수 있어야 한다. 니코스 카잔자키스(Nikos Kazantzakis)의 소설『그리스인 조르바』의 한 대목이다.

"대장, 우리가 돌과 꽃, 그리고 비가 뭐라 말하는지 알아들을 수 있다면 얼마나 좋겠소? 아마도 우리에게 소리를 치는데 우리는 알아듣지 못하는 게 아닐까요? 그리고 우리가 무슨 말을 해도 이것들이 못 알아듣고요. 대장, 언제나 이 세상의 귀들이 뚫릴까요? 언제나 우리 눈이 열려 사물들을 보게 될까요? 언제 우리가 팔을 벌려 돌과 꽃과 사람이 서로 껴안게 될까요?"(Nikos Kazantzakis, 2018: 172)

---

* 외부 정전계(靜電界)의 영향을 차단하는 상자로서 물리학의 실험도구다.

작가 니코스 카잔자키스는, 작품의 주인공 '조르바'의 입을 빌려서, 동물과 식물은 물론 무생물과도 서로 소통하는 아름다운 세상을 꿈꾸고 있다. 문학적 창조력과 인간적 상상력은 과학자들로 하여금 동식물의 소리를 듣는 연구를 하고 자연생명과 소통하는 꿈을 실현하도록 촉구하고 있다. 그러자면, 소통의 세계를 인간에서 자연으로 확대하여 생태민주주의를 실현하고 기술개발의 영역과 수준도 새로운 영역으로 확대해야 할 것이다(임재해, 2020: 44-46). 생태학적 변혁은 사회과학적 변혁과 함께 기술 개척의 변혁도 촉발한다.

7.
양방향 소통의 합일 기능과 탈중심주의 가치

    소통은 인간 사회의 화합은 물론 다른 존재와 평화롭게 공존하는 데에도 긴요하다. 옆집 사람이라도 서로 소통하지 않으면 남이나 다름없다. 그러나 다른 지역에 살아도 서로 소통하는 사람은 친구가 된다. 같은 아파트 같은 라인에 살아도 소통이 없으면 서로 누군지 모르지만, 다른 나라에 살아도 페이스북으로 늘 소통하는 관계라면 서로 친구다. 따라서 이웃사촌이라는 말은 이제 옛말이다. 이제는 핸드폰 번호를 공유하고 있는 '폰사촌'이나 페이스북에 자기 글과 사진을 공유하며 가까운 관계를 유지하는 '페이스북 친구'라는 말이 더 실감난다. 말귀를 알아듣는 반려견이 가족 이상으로 친밀한 것은 소통 가능하기 때문이다. 양방향 소통이 이루어지는 관계라면 서로 다른 종이라도 같은 종 못지않게 가까워질 수 있다.

    용계마을 사람들은 은행나무를 당나무처럼 위하고 섬기며 보살펴왔다. 일찍이 행정계(杏亭契)를 조직하여 정기적으로 은행나무 관리와 축대 보수 작업을 하고 관련 내력을 기록하여 『행정수계목록』(杏亭修契禊目錄)을 남겼으며, 은행나무를 기리는 선비들은 시를 지어 『행정시첩』(杏亭詩帖)을 문집으로 발간했다(임재해, 1984: 45-70). 아마 한 그루 나무를 두고 읊은 시를 모아서 시집을 간행한 것은 처음이 아닌가 한다. 마을과 나라의 큰일을 미리 알려주는 나무인 까닭에 주민들은 은행나무를 한갓 나무로 여기지 않고 위인(偉人)처럼 모시고 기리는 시를 지었던 것이다. 그러므로 용계 사람들에게 은행나무는 사실상 주민들보다 더 귀한 존재로 인식된 셈이다. 용계사람들과 용계은행나무의 양방향 소통은 '사람과 나무'를 상생의 합일에 이르게 만든 훌륭한 보기다. 마을이 임하댐으로 수몰되어도 막대한 예산을 들여서 은행나무는 살려놓을 수 있었던 것도* 이러한 소통의 결과다. 이처럼 인간이 자연과 상호 소통이나 교감으로 합일을 이루는 뿌리 깊은 전통이 물아일체(物我一體)의 천인합일(天人合一) 사상이다.

천인합일이 총론이라면 각론으로 신인합일(神人合一)의 전통도 뿌리 깊다. 철학적으로 인내천(人乃天) 사상이 있는가 하면, 문화적으로는 무당의 빙의 현상이 있다. 무당이 신통력을 발휘하는 것은 영매로서 신과 소통하기 때문이다. 신이 내려서 무당에게 지피게 되면 신인합일을 이루면서 신과 소통하는 능력을 발휘한다. 신의 공수를 통해서 인간의 힘으로 풀 수 없는 문제를 해결하는 것이 영매로서 무당의 신통력이자 굿의 영험이다. 그러므로 인간과 다른 종의 소통은 인간의 한계를 극복하는 초월의 계기가 된다. 포스트휴먼 시대에는 인간과 기계의 합일이 새로운 조류가 될 것이다. 인간과 기계가 유기체로 만나는 것이 사이보그이고, 인간과 기계가 개체로서 만나는 것이 안드로이드다. 사이보그는 인간의 신체에 기계를 결합시킨 것이고, 안드로이드는 기계에 인공지능을 부여한 것이다. 둘 모두 인간의 한계를 초월하려는 꿈의 실현이다. 지금 우리는 신인합일의 꿈

---

* 임하댐 조성으로 은행나무도 마을과 함께 수몰될 위기에 처했으나, 12억 원의 예산을 들여서 은행나무를 옮기지 않고 제자리에서 위로 들어 올려 북을 돋우는 방법으로 살려냈다.

에서 기인합일(機人合一)의 꿈으로 가고 있다.

인간 속에 내재된 신성을 자각하는 신인합일처럼, 인간 속에 내재된 알고리즘을 기계의 알고리즘과 결합하는 것이 기인합일이다. 인간의 초월을 꿈꾸는 신인합일 사상은 여전히 문화적 전통으로 이어지고 있으며, 생체공학의 발전으로 인체가 기계와 결합함으로써 또 다른 초월을 꿈꾸는 것이 기인합일이다. 앞으로 기인합일은 사이보그 시대를 열고 안드로이드 사회를 만들어갈 것이다. 초월을 꿈꾸는 인간이 신인합일의 깨달음을 얻는데 머물지 않고, 기인합일의 과학기술을 개척하는 데까지 나아감으로써 포스트휴먼 세계를 창출하게 되었다. '나 없는' 대아를 자각하게 되면, 범아일여(梵我一如)의 경지에 이르게 되어 사실상 인간은 무수한 존재와 합일의 상태에 놓여 있다는 사실을 알아차리게 된다.

형이상학적 신인합일과 형이하학적 기인합일만 현실이 아니라, 눈에 보이지 않는 미생물과의 합일도 현실이다. 이미 우리 체내에는 엄청난 수의 세균들이 살고 있다. 그 가운데에는 유익균도 있고 유해균도 있다. 이 미생물들은 인간이 소화하고 흡수한 양분으로 살아가며, 인간도 이러한 미생물의 작용에 의해 건강하게 살아간다. 이런 사실은 장내 세균학이 발전되면서 비로소 알게 된 사실이다. 따라서 우리는 미처 알지 못하는 사이에 균인합일(菌人合一)의 관계를 이루며 지금껏 상생해왔고 앞으로도 상생해야 삶을 누릴 수 있다는 것을 뒤늦게 알아차린 셈이다. 인간은 알게 모르게 내적으로 균인합일의 세계를 이루어서 건강하게 살아온 것처럼, 외적으로도 천인합일의 세계를 이루어서 현재까지 인류가 번성할 수 있었다. 미래에도 이러한 양극의 합일관계는 변함없이 지속되어야 하는데 인간중심주의 탓에 위기를 조성하게 된 것이 현재적 상황이다.

균인합일에서부터 천인합일까지 삶의 실상을 되짚어보면, 인간중심주의가 얼마나 잘못된 것인가 새삼스럽게 포착된다. 인간은 자연과 공생하는 존재가 아니라 자연에 기생하는 존재라는 사실을 알아차린 것처럼, 인간이 체내의 미생물에 의존해서 살아가는 존재라면 인간과 미생물의 관계도 재인식되어야 마땅하다. 미생물 덕분에 인간이 생존가능할 뿐 아니라 미생물에 의해 인간의 두뇌가 영향을 받는다고 한다면* 인간은 미생물에 기생하는 존재로 봐야 하지 않을까. 그러나 미생물 또한 인간 체내에서 기생하는 존재인 까닭에, 인간은 미생물과 '상호기생'**하는 관계라 하겠다. 인간이 미생물과 상호기생하는 존재라면 인간이나 미생물이나 피장파장이어서 우열이 없다는 말이다. 생리학적으로 미생물과 상부상조하지 않으면 인간의 삶은 지속 불가능하다. 따라서 인간이 만물의 영장이라는 생각은 오만을 넘어서 심각한 착각이자 판단 오류다. 인간은 가장 작은 생명인 미생물과, 가장 큰 생명인 지구 생태계에 기생하는 존재라는 것이 정확한 자리매김이다. 이러한 기생 관계를 탈중심주의 관점에서 인식했을 때 비로소 '합일'이라 할 수 있는 것이다. 그러므로 다양한 합일의 세계상은 기생으로 존재하는 인간으로서는 매우 과분한 일로 여겨야 할 일이며, 인간의 지속 가능성을 위해 앞으로 추구해야 할 탈중심주의적 미래 가치라 하지 않을 수 없다.

---

* 최근 연구에 의하면, 소화 흡수를 돕는 것으로만 알려져 있던 장내 미생물이 비타민을 합성하고 면역력을 강화시킬 뿐 아니라, 장내 미생물에 따라 우울증을 앓거나 뇌 대사물질이 변화되어 자폐스펙트럼 장애를 유발한다고 알려졌다(천종식, 「장내 미생물은 저 멀리 뇌에도 영향 미친다」, 한겨레, 2019, 4월 8일자 참조, https://www.hani.co.kr/arti/science/science_general/889000. html).

** 상호기생은 상생과 다르다. 상생은 공존하는 대상이 없어도 독자적인 생존이 가능할 뿐 아니라, 공존 대상과 협력하므로 더욱 번성하는 관계다. 그러나 기생은 공존하는 대상이 없으면 독자적 생존이 불가능한 관계다. 따라서 인간과 체내 세균은 제각기 독자 생존이 불가능하므로 상호기생 관계에 있다.

2장

공존인간학을 위한
타자와 상호주관성의 역동

1.
공존인간학을 위한 전제

상호문화 실천의 목적은 무엇인가? 그것은 바로 우리가 높낮이 없이, 편견 없이 다양성이 공존하는 사회를 건설하는 것이다. 공존의 사전적 의미는 "함께 존재하다"이다. 이렇게 보면 '함께'는 시간적 의미를 가지고 있다. 그런데 공존의 의미에는 이 시간적인 것을 포함하여 공간적 의미로 '같은' 공간의 의미를 갖게 된다. 다시 말해 공존은 '같은' 시간과 '같은' 공간에 '함께' 존재하는 것이라고 볼 수 있다. 문제는 여기서 공존이 어떤 상태로 이루어지고 있는, 이 공존을 위해 사회구성원들이 어떤 태도를 보이고 행동해야하는지를 밝히고 있지 않다는 점이다.

이 글에서는 기존의 공존 개념에다가 사회적 상호작용이 작동하는 상태를 대입하고자 한다. 우리가 생각하는 공존이 서로 '평화로운' 상태로 존재하는 정적인 상태가 아니라 사회적 상호작용인 경쟁, 갈등, 교환, 협동이 존재하는 역동적인 과정으로 볼 것이다. 즉 공존을 정적인 머무름의 '상태'가 아니라 동적인 '과정'으로 상정하려 한다. 그 이유는 다문화사회 구성원들 간 다양성의 공존은 결코 평화로운 상태로 주어지는 것이 아니기 때문이다. 이 다양성을 근거로 구성원들 간 경쟁, 갈등, 교환, 협동의 역동이 사회구조 변화를 혁신적으로 이끄는 데 기여하게 된다. 나아가 이러한 공존의 역동은 다문화사회 구성원이 지녀야 할 윤리인 셈이다.

그렇다면 다문화사회의 윤리라고 할 수 있는 공존 윤리는 과연 선천적으로 주어진 것인가? 아니면 사회적으로 구성되거나, 후천적으로 학습되는 것일까? 이에 대한 답은 이 두 가지로 내재·외재적 측면을 모두 포함하고 있다고 본다. 내재적으로 공존 윤리는 '영성'이라는 인간 본연에 주어진다. 물론 영성은 절대자로부터 외부에서 주어진 것으로 이해되기도 한다. 그렇지만 이 글에서 영성은 인간 자체의 내재적 측면으로 간주한다. 외부적으로 공존 윤리는 '실천'과 '학습'이 전제되어야 한다.

김영순(2021)은 사회구성원의 공존 윤리 성립을 위해 인간 자체가 공존체임을 전제해야 한다고 가정한다. "인간은 그 자체가 공존체다"라고 주장하기 위해 '인간은 어떤 존재인가?', '인간을 구성하는 요소들은 무엇인가?'라는 질문을 먼저 제시해본다. 인간은 남녀의 성스러운 행위의 결과로 몸을 가지고 태어난다. 이 몸이란 육신에 영혼을 담고 있음은 의심할 여지가 없다. 이런 맥락에서 유기체로서 인간은 정신과 육체의 이분법으로 논의하기도 하고, 영·육·혼을 구분하여 삼분법으로 나타내기도 한다.

우선 영의 영역은 절대자인 신과 교섭하는 영역이며, '영성'이라고 표현하는 영역이다. 혼은 정신적인 부분으로 감정의 영역이며, 육은 생리적인 욕구와 관련된 일상생활의 육체적인 부분이다. 그런데 이 세 가지 부분이 각개 별도로 존재하는 것이 아니라 총체적으로 작동한다. 이 중에 혼의 영역은 지성, 감성, 의지라고 표현되는 감정의 문제다. 우리가 나쁜 감정을 가질 때 영이 풍성해질 수 없다. 그래서 감정을 잘 조절해야 한다. 혼이 어떻게 되느냐에 따라 육으로 가거나 영의 영역으로 갈 수 있다. 혼을 매개로 인간은 영과 육의 두 가지 요소를 가지고 있다. 그러나 인간 자체에서 이들은 분리되지 않고 통일체로서 존재한다.

인간을 구성하는 요소에 관한 논쟁은 오랜 세월을 거쳐왔다. 육을 영의 반대 개념으로 구분하는 것은 물질로 구성된 육체와 영혼이 분리되어 있다고 보는 관점이다. 실제로 영과 육은 한 인간을 이룬 인격체에 포함되어 있다. 인간이 생존하는 한 인간 자체는 영과 육의 하나의 통일적 인격체로 존재하는 것이다. 영이 없는 육체나 육이 없는 영으로 분리해서 인간을 이해해서는 안 된다. 이런 영육 간의 비분리 및 통합의 관점은 인간 자체의 내적 공존 개념에 다다른다. 다시 말해 공존체로서 인간은 육신과 영과 혼이 서로 분리되어 있지 않다는 것이다.

우리가 어머니 뱃속에서부터 탄생하는 순간 육신을 가지고 태어나는데, 이때 영과 혼도 함께 존재의 상태에 있다는 것이다. 우리 몸속에 영과 혼이 들어와 있다는 논리다. 인간이 죽게 되면 육신과 영과 혼은 분리가 된다. 육신이 땅으로 들어가고 영과 혼은 종교에 따라서, 문화에 의한 의례에 따라 그 소멸의 통로는 각각 다르다. 그렇지만 중요한 것은 인간이 한 개체 속에서 영과 육체의 동일체라는 사실이다. 인간이 육체적인 생명을 유지하는 한 영·육·혼이 완벽하게 존재하는 공존체로 구성된다. 다시 말해 인간은 몸을 가지고 있을 때 영혼이 같이 걸어다닐 수 있는 공존체라고 볼 수 있다. 이런 맥락에서 보자면 한 인간의 개체 속에 육체, 영과 혼이 함께 구성된다. 그래서 인간은 영·육·혼으로 이루어진 존재, 즉 조화로운 존재인 셈이다. 이미 인간은 선천적으로 공존의 능력을 지니고 있다는 의미다. 그러므로 영·육·혼을 지닌 인간은 다른 영·육·혼을 지닌 인간들과 공존할 능력을 부여받은 공존체라는 결론에 이르게 된다.

우리는 어떻게 다른 사람들과 살아야만 할까? 나아가 우리 인간 존재들이 비인간 존재들과 더불어 살아야 할까? 내가 구상하는 공존의 인간학이란 인간과 인간의 관계의 학문과 철학을 넘어, 비인간 존재로까지 그 대상이 확대된 존재론이다. 내가 의미하는 비인간 존재란 하늘과 땅은 물론 인간을 둘러싼 자연물과 그 자연 속에 존재하는 모든 생명체를 포괄한다.

자연과 인간의 공존에 대해서 우리는 〈윤리와 사상〉 교과서에 흔하게 등장하는 '경천애인' 개념을 만날 수 있다. 이는 "하늘을 경외하고 사람을 사랑하라"라는 뜻이다. 전통적으로 우리나라에서는 하늘을 존경하는 전통윤리가 발전하고 있었다. 하늘은 모든 사물의 으뜸으로써, 모든 사물을 관장한다. 우리 선조들은 하늘이 모든 사물을 탄생시키고, 또 모든 사물을 길러주는 근원적인 힘을 가지고 있다고 믿었다. 그러므로 하늘 아래 존재하는 인간은 하늘의 이치에 따라 순리적으로 행해야 하며, 하늘을 거슬러서는 안 된다. 따라서 만물의 근원인 하늘은 인간에게도 지대한 영향을 미치며, 만물의 어버이로서 인간도 그 섭리 속에 포섭된다고 보았다. 따라서 인간은 하늘을 닮아 도덕적으로 선하게 살 것을 강조하며, 인간끼리는 서로 다툼 없이 상생하며 돕고 사랑을 나누며 살아야 한다고 보았다.

인간은 하늘을 닮아야 하기에 도덕적으로 행동해야 하며, 스스로 윤리 의식을 강화해야 한다. 인간이 세상의 중심이지만 하늘을 다루고 하늘 아래 있기에 인간은 모두 하늘의 섭리에 충실한 존재이며, 하늘이 한 사람, 한 사람을 태어나게 하고 길렀듯이 인간도 마찬가지로 인간을 서로 사랑해야 한다. 따라서 경천애인 사상은 자연의 섭리에 충실하면서도 인간 존중의 이념을 내포하고 있다.

우리 선조들은 이미 인간과 자연의 공존이라 할 수 있는 경천사상을 삶 속에서 실천해왔다. 이를 까치 감의 예에서 단적으로 살펴볼 수 있다. 시골에 가게 되면 늦가을에 단풍과 나뭇잎이 다 떨어진 감나무, 이 가지만 앙상한 나무에 빨간 감들이 걸려 있는 것을 볼 수 있다. 이게 겨울 때까지 가는 경우가 있는데 이 이유는 까치가 추운 겨울에 굶어 죽지 말라고 감을 남겨놓는 것이다. 이런 풍습은 까치와 같이 아무리 미물이라도 존중해야 할 가치가 있다는 공존의 모습을 보여준다. 이렇게 우리 선조들은 자연과 공존했던 지혜로운 민족이었다. 공존의 방법을 자연으로부터 터득했고 또 실천했다고 볼 수 있다. 자연과 인간의 공존을 이루어왔기 때문에 인간과 인간 공존 역시 충분히 가능할 것이다.

경천애인과 더불어 대구를 이루는 또 한 가지의 인간 윤리는 '홍익인간'이다. "널리 인간을 이롭게 한다"라는 개념은 역시 우리나라 교육의 최고 이념으로 삼아왔다. 그것은 한 인간이 어떤 인간에게 공존의 관계를 맺는 최고의 철학(Philosophy)이라고 생각한다. 이러한 철학들은 다행히도 공존 윤리의 실천과 학습 영역인 우리나라 교육과정에 반영되어 있다. 어떻게 보면 이미 우리의 제도 속에서 인간과 인간의 공존은 이미 명시화되고 있는데도 아직 생활세계의 실천 영역으로 작동을 제대로 못 하고 있다. 이것은 체제와 제도의 문제인가, 생활세계의 주체인 우리들의 문제인가라는 질문을 제기할 수 있다.

다양성이 증폭하는 다문화사회에서 함께 살아가기 위한 시민의 윤리는 무엇일까? 이 질문은 이 글에서는 핵심적인 답변 사항이다. 그러면서 이 글은 공존이라는 개념을 정적인 상태로 간주하지 않고 역동적인 과정을 포함하는 변증법적 변화로 설명했다. 아울러 공존체로서 인간을 위한 구성 원리는 인간 자체의 공존, 인간과 자연의 공존, 인간 대 인간의 공존으로 기술했다. 정작 공존의 인간학을 실천하는 데 우선적으로 필요한 것은 우리가 타자와 타자성을 이해하는 것이라는 점이다.

2.
타자에 관한 오디세이

타자에 관한 논의는 고대 서양철학의 주체-객체 논의와 궤를 같이한다. 주체 대 객체의 이원론적 사유에서 타자관이 형성되었는데, 타자는 주체라는 동일적 일자(一者)에 대립되는 다(多)를 지칭하는 개념이다. 타자가 현실적으로 거론된 것은 칸트(Kant)와 피히테(Johann Gottlieb Fichte) 등의 사회계약론자들의 논의에서 찾아볼 수 있다. 그런데 자아와 구별된 타인으로서의 타자의 문제가 철학적 주제로 등장한 것은 헤겔 이후라고 볼 수 있다.

헤겔(Hegel, 1975)은 타자를 부정자적 범주에 두었는데, 이는 그가 주장한 변증법의 기본구조에서 유래한다. 헤겔은 타자에 대한 논의를 '그 자신의 타자'로서 정립하고자 했다. 이 타자는 주체의 저편에 있는 '두 번째 것'으로서 '첫 번째 것의 부정자'로서 위상을 지닌다. 그런데 통상적으로 변증법의 결과로 '무'가 아니라 첫 번째 것의 타자이자 '직접적인 것'의 부정자로 규정한다. 그런 까닭에 이 타자는 매개하는 것이며, 자기가 무관심하게 존재하는 것의 타자가 아니라 그 자신에서의 타자, 다시 말해 타자의 타자다. 그런 까닭에 그 자신의 타자를 자기 안에 포함하는 모순으로서 정립된 변증법이라고 볼 수 있다.

헤겔에게 있어 '현존재 하는 것'은 모두 타자에 대한 '어떤 것'으로 존재하는 유한한 것이다. 그러나 타자도 그 자신이 '다른 어떤 것'이며, 이에 대해 '어떤 것'은 그 자신이 타자에 다름 아니다. '어떤 것인 것'과 '타자인 것', 이를테면, '타자 존재'는 제삼자적인 외적 비교를 넘어선다. 즉 '어떤 것'은 타자 없이 간주될 수 없는 것이며, '대타존재' 내지 자기부정의 계기를 지니고, 내재적으로 그 자신 자체에서(an sich) '그 자신의 타자'다. '유한한 것'은 '어떤 것'인 동시에 그 타자라는 모순으로서 '변화하는 것'에 다름 아니다. 그럼에도 불구하고 '정신'은 타자에서 자기 자신과의 동등성을 보장하는, 즉 자기 자신 곁에 있는 병립적 존재이며, 이것이 '신의 본성'이라고 본다. 신이 '정신'인 것은 자기 자신의 분리, 영원한 창조의 성질을 지니기 때문이다. 나아가 타자의 창조가 자기 자신으로의 귀환이라는 것을 유추해야 한다. 순수한 자기인식을 이해하기 위해서는 절대적인 타자 존재를 인정할 때만 가능하다. 인격적 타자를 반성적으로 경유하는 것은 자기동일성을 획득하고 그것을 부단히 확증하는 기반이며, 사회적으로 '인정'된 자기 존재의 가능성을 확인하는 조건인 셈이다.

헤겔이 타자를 부정자로 위치시키고 이를 변증법적으로 보아 주체로의 귀환으로 기술했지만, 후설은 지향성으로 타자를 파악하고자 했다. 후설의 타자 개념을 이해하기 위해서는 자아의 현상학적 환원을 이해할 필요가 있다. 이 현상학적 환원을 통해 드러난 순수의식에 있어서 자아는 통각을 토대로 밝혀지는 타자, 특히 다른 자아와 함께 세계를 경험한다. 이 세계에서 만나는 타자의 육체는 나의 신체와의 유사성을 통해 통각적으로 전이된다. 이는 타자를 나와 동일한 것으로 파악하는 것이 아니라 간접적으로 경험하게 된다. 통각에서 타자의 육체가 지각된 육체인 신체로서 파악된다는 것을 '유비적 통각'이라 부른다. 우리는 통각에서 미리 주어져 있는 일상세계의 대상들을 확증적으로 파악한다. 후설은 통각 발생에 있어서 자아는 통각 자체의 주체로서 규정된다고 한다. 여기서 주체는 추상적인 자아이며 세계의 사물과 관계할 뿐만 아니라, 이러한 주위세계를 포함한 주체이며 능력의 주체이기도 하다.

후설(Husserl, 1973)에 의하면 의식의 담지자로서 신체를 지닌 인격적 자아는 공동체 삶을 살아간다고 했다. 아울러 상호소통이 가능한 공동체에 대한 현상학적 해명을 하고자 노력했다. 후설은 무엇보다 주위세계와의 상관관계에서 변화하면서도 일관성 있게 정체성을 유지하는 인격적 자아의 본질을 파악하고자 했다. 신체를 지닌 인격적 자아는 자유롭게 움직임으로써 주위에 대해 보다 능동적이고 적극적으로 관여하게 된다. 인격적 자아는 변화하는 세계와 지속적인 상관관계를 맺게 되며, 이 세계와 함께 변화를 경험할 수밖에 없다. 세계는 구조를 지녀야만 하고 자아는 획득해야 할 성격을 잠재적으로 내포해야만 한다. 왜냐하면 세계에 존재하는 나-자기-주체에게 있어서 세계의 모든 존재자는 나-자기-주체의 지향성으로만 드러나기 때문이다. 인격적 존재는 단순히 현재에서만 존재하는 것이 아니라, 시간의 흐름에 따라 지속된 삶을 영위하며 살아간다. 이성적 동물로서의 인간은 본능적으로 무엇인가에 대한 지향성을 갖는다. 왜냐하면 인간은 이러한 본능이나 충동과 같은 수동적 지향성을 반복함으로써 능동성으로의 지속적인 변화를 수행할 수 있기 때문이다.

인식론적 타자의 개념에서 존재론적 타자의 개념 전환에 하이데거가 위치한다. 하이데거(Heidegger, 1996)에 의하면 타자는 세계-내-공동존재로 간주되었다. 그의 논의에 의하면 인간은 홀로 세상에 태어났기에 나를 제외한 다른 모든 이들은 타자가 된다. 현존재는 '세계-내-존재'이므로, 무세계적 주관은 결코 있을 수 없다. 그러나 타자 없는 고립된 자아도 있을 수 없다. 그러기에 현존재에게는 항상 타자와의 관계 설정이 문제시된다. 그러나 일상적 자기-주체로서 살아가는 현존재와 타자-객체 사이에는 건널 수 없는 가교가 존재한다. 가교의 존재 유무는 우리가 타자와 만나는 일상적 방식과 관련이 있다. 이를테면 제품은 불특정의 타자-객체를 대상으로 소구된다. 우리는 제품의 재료를 통해서도 타자를 만나게 된다. 재료의 생산자와 공급자도 서로 간 타자다. 이처럼 용재자를 통해서 만나는 타자가 전재자(前在者)도 아니고 용재자도 아니다. 그들도 나와 같은 현존재다. 그들도 나처럼 현존재이며 세계-내-존재로서 용재자를 배려하며 실존한다. 또한 이러한 불특정의 타자 가운데 나도 포함된다. 그래서 하이데거의 의미에서 타자란 나를 제외한 나머지 사람들을 일컫는 이름이 아니다. 세계 속에서 나도 타자로 존재한다. 타자란 세계 안에서 서로 구별되지 않고 뒤섞여 살아가는 우리들 모두가 된다. 그렇기에 현존재의 세계가 공동 세계라면, 타자로서의 우리는 공동 현존재가 된다.

하이데거의 세계-내-존재 해석을 통해 우리는 세계 없는 단순한 주관이란 존재하지도 않고, 결코 주어져 있지도 않다는 사실에 이른다. 마찬가지로, 결국 타자 없이 고립된 자아도 존재하지 않는다. 타자들이 이미 세계-내-존재 층위에 함께 현존재하기 때문이다. 나와 타자는 현존재이면서 '가능존재(Seinkönnen)'로서 실존한다. 나뿐만 아니라 타자도 자신을 자기 것으로 하고, 자신의 본질상 가능적인 본래적인 자로서 자기 자신을 획득할 수도 있다. 또한 비본래적으로 상실할 가능성도 지니고 있다. 하이데거는 우리에게 "일상세계에서 타자 내지 타자들을 어떻게 만나면서 이해하는가?"라는 질문을 제시한다. 이에 대한 대답은 위에 제시한 '전재자-용재자' 논의에 찾을 수 있다. 우리는 타자를 '전재하는 인격적 사물들(vorhandene Persondinge)' 혹은 '인간사물(Menschending)'로 간주한다. 현존재는 그저 타인들과 함께 있음이며, 그래서 함께 있음 속에서 비로소 세계 내 사물들을 만나게 되는 것도 아니다. 오히려 타자와 함께 있음은 다른 세계 – 내 – 존재와 함께 있음을 말한다. 여기에서 공동 – 세계 – 내 – 존재(Mit-in-der-Welt-sein)가 성립된다. 공동존재로서의 현존재는 '일상적 상호존재'다. 여기에는 자기와 타자가 모두 속해 있다. 이 둘의 관계는 지배와 예속의 관계를 지닐 수 있다. 나의 현존재가 자기로서 존재하지 못하고 타자들, 즉 세상 사람에게 예속되어 있다. 여기서 주체의 현존재도, 타자-객체의 현존재도 공히 자기의 존재를 탈취당하고 있는 셈이다. 하이데거에 의하면, 타자는 세인의 방식으로 존재하는 나이기도 하다. 세인의 존재방식 속에서는 자기와 타자의 진정한 모습은 사라지고 만다. 일상적 현존재는 바로 세인이며, 이 세인은 '아무도 아닌 자'이며, 모든 현존재는 서로 섞여 있어서 그때마다 이미 자기를 그 아무도 아닌 자에게 넘겨주게 된다.

사르트르(Sartre, 1956)에 따르면 "나 자신이 유일하게 존재할 때 내가 곧 시선이고 관점이다"라고 했다. 그래서 '나'는 절대적 주체로 존재하게 된다. 그러나 각자 서로 절대적인 주체성을 가진 '나-주체'와 '타자-객체' 사이에 관계가 성립하는 경우, '나'는 타자의 시선 혹은 주체적인 판단에 의해 존재론적 지위 변화가 일어난다. 그러므로 '나'는 절대성을 잃고 객관화되고 정형화된다. 다시 말해 나는 타자의 세계에 정의된 하나의 대상, 외부의 힘에 의해서 판단되고 결정되는 비주체적인 대상으로 전락한다. 이런 점에서 사르트르는 인간관계에 의한 경험을 '수치'와 다른 바가 없다고 말한다. 다른 사람의 시선에 의해 인간은 겁쟁이, 위선자, 착한 사람, 훌륭한 사람 등으로 규정된다. 이는 곧 우리가 잉크병이나 탁자와 같은 사물을 대하는 방식과 같은 것이다. 그러므로 인간실존에 대한 수치이며, 인간만이 자신이 사물로 환원되는 수치를 느낄 수 있다. 인간은 타자와 함께 세계에 존재하기 때문에 종종 자기 자신을 사물화하는 타자의 시선을 느낀다. 이 시선에 의해 인간은 소외적인 존재, 즉 즉자 존재가 될 수밖에 없다. 사르트르가 의미하는 실존은 자기 자신만의 절대적인 주체성인데, 실존은 바로 타자가 존재하지 않을 때만 가능하다. '나'와 '타자'의 관계는 결코 동등해질 수 없으며, 이 양자는 반드시 주체-대상의 관계를 맺는 것이다. 그러나 타자는 필연적으로 존재하는 존재자다. 이에 따라 나의 실존은 언제나 필연적으로 와해될 수밖에 없다.

사르트르는 인간이 대자존재로서 직접적으로 자기 자신의 존재근거를 산출할 수 없다고 한다. 그 때문에 인간은 반드시 타자를 필요로 한다. 자기 자신의 실존이 타인에 의해 와해됨과 동시에 실존의 근거가 된다. 이는 자신의 존재가 타인에 의해 객체화되고 즉자화되는 것을 의미한다. 이런 맥락에서 인간은 객체화되고 즉자화되기를 원하지 않으면서 동시에 타인에게 시선을 끊임없이 받는 존재라는 결론에 다다른다.

레비나스에게 있어서 타자 논의는 후설과 하이데거의 현상학적 사유에서 출발한다. 현상학적 접근이란 의식이 어떻게 투사되는지와 같은 의식의 소여방식을 기술한다. 레비나스는 하이데거의 영향을 받으면서 후설의 지향성 개념을 수정한다. 지향성은 자기 현존을 확정할 수 없으며, 그 자신과 그 자체 바깥에 있는 것에 대한 자기충족적인 소유를 중단하도록 한다. 지향적 의식이란 후설이 주장하는 것처럼 존재에 머물러 있는 것이 아니라 존재로부터 출현하는 이차적인 것이다. 의식은 실존에 토대를 두고 있다. 레비나스는 하이데거와는 달리 시간을 존재와는 다른 어떤 것과 만나는 조건으로 이해한다. 레비나스는 익명적 존재의 익명성에서부터 의식의 홀로서기를 표현하고, 주관이 전적인 낯설고 동화될 수 없는 어떤 것과의 만남에 이르는 과정을 기술한다. 이런 과정의 설명은 결국 레비나스를 존재를 넘어서 타자 사유로 인도하는 계기가 된다.

레비나스(Levinas, 1986)는 '타자성의 현상화'에서 주관 밖에 있는 어떤 것과 만남을 기술하고자 한다. 여기서는 소유, 특성, 이해의 개념은 접근, 근접성, 돌봄, 생산성의 개념으로 대치된다. 이러한 개념의 대치는 윤리적 정향을 의미한다. 이 윤리적 정향이란 기존의 서구철학이 자아 탐색에 기초한 사고와의 결별을 시도하면서 무한자 개념을 제시한다. 무한자는 역사의 구체적인 사건 속에서 다가오는 타자의 얼굴을 통해서 구체화된다. 얼굴 현상학은 다른 사람의 얼굴을 체험하고 타자의 근접성으로부터 시작한다. 레비나스에 의하면 사유의 모든 행위는 주체성을 극복하고 객관으로 전향한다. 그리하여 초(超)주관성은 사유의 본질적인 특성이다. 현상학을 자신이 자발적인 존재이거나 자율적인 존재라고 생각하면 윤리학은 성립되지 않는다. 타자와의 관련 속에서 나 자신을 파악할 때 비로소 윤리학이 시작된다. 이 타자가 나의 자율성이나 자유행동 능력을 제한하고 심문한다. 그 때문에 타자성을 의식하는 것이 제1의 윤리학이라 할 수 있다.

레비나스는 타자와의 관계를 '책임'의 관계로서 설명했다. 타자를 대면하면서 우리는 그에 대한 우리의 책임감을 인지한다. 얼굴을 대면한다는 것은 순수하고 단순하게 그것을 인식하는 것을 의미한다. 달리 말해 타자를 내 것으로 만들기 위해 나아가는 지향적 활동을 뜻하지는 않는다. 타자가 나를 바라보기 때문에, 내가 타자의 얼굴을 보았기 때문에 나는 그에게 책임을 진다. 그 때문에 타자와의 관계는 본질적으로 윤리적일 수밖에 없으며, 무엇보다 그 관계를 통해 우리는 자신이 가진 이기주의를 넘어선다. 우리에 대한 타자의 요구는 끝이 없는지라 타인과의 관계는 상호호혜적인 관계가 아니라 절대자의 명령으로 이해할 수 있다. 이런 측면에서 레비나스의 타자 개념은 절대 타자론으로 간주된다.

3.
타자를 대하는 윤리

타자의 존재는 어떻게 내 앞에 개시되는가? 이런 타자에 대한 질문에 하이데거는 의외로 단순하게 "우선 배려하는 고려에서 개시되어 있다"라고 답변한다. 고려는 실존개념으로서 공동존재로서의 현존재적 존재 틀이다. 현존재적 존재와의 관계 맺음의 존재 양식을 고려라 한다. 타자들을 만날 때 고려의 형태로 나타나는데, 이를테면, 돌보고 보살핌으로 나타나기도 하고, 고려의 결손적 형태, 무차별적 형태로 나타날 수 있다. 공동 현존재로서의 타자는 배려의 대상이 아니라 고려의 대상이다. 여기서 고려는 실존 범주이며 존재 성격이다. 고려는 서로 협력하고, 반목하고, 무시하고, 그냥 지나치고, 서로 모르는 체하는 것 등이 이에 해당한다. 고려라는 타자와의 관계 맺음의 양식은 두 가지의 모습으로 나타난다.

본래적으로는 타자의 존재를 존재하도록 돌봐주고 보살펴주는 것이다. 비본래적으로는 타자의 존재를 지배하고, 그 존재를 상실하도록 침해한다. 고려하는 현존재는 공동존재 때문에 존재한다. 나는 고려를 통해 타자 존재를 일깨우기도 하고, 타자 존재를 상실하게도 하며, 역으로 타자도

나의 존재를 일깨우기도 하고, 상실하게도 한다. 나는 타자를 사물이나 도구처럼 대할 수 있고, 상대방도 마찬가지다. 이 경우 고려는 결손된 변양태로 작용한다. 이런 점에서 나와 타자는 공동존재로서, 각자의 존재에 상호적인 책임을 져야 하는 존재자들이다. 서로 실존적으로 존재할 수 있도록 마음을 써주고, 돌봐주고, 보살펴주는 본래적인 고려를 통해 관계를 맺어야만 하는 것이 공통적인 과제에 속한다. 이로써 하이데거의 윤리는 배려를 토대로 하며, 배려는 타자 존재 회복의 길로 간주된다.

배려를 포함하여 타자 철학에서 거론되는 타자에 대한 윤리적 태도는 관용, 책임, 환대 그리고 인정 등이다. 이들 개념은 보편적 윤리관을 비판하며 타자를 보호하려는 공통된 태도이기도 하다. 타자에의 윤리적 태도로서 '관용'은 16세기 프랑스의 종교갈등 시기에 종교적 차이로 인한 갈등을 막기 위해서 나타났다. 당시는 차이에 대한 관용 개념으로 이해된다. 관용에는 몇 가지 조건이 있다. 첫째, 관용은 타자인 관용의 대상이 누릴 수 있는 권리와 자유의 확대와 깊은 관련이 있어야 한다. 관용은 강자의 윤리에 기반을 둔 시혜가 아니라 상호 평등한 관계에서 타자의 자유와 권리를 확대하는 데 목적을 둔다. 이러한 이유로 관용의 대상에 부도덕한 행위는 포함되지 않는다. 둘째, 관용의 대상은 반대하거나 싫은 것이어야 한다. 관용의 문제는 갈등 관계에 있는 대상에 대해서만 발생한다. 셋째, 관용은 힘의 행사를 자발적으로 중지할 수 있는 능력을 말하는 것으로 강제적인 시인이나 묵인과는 다르다(조영제 · 김용환, 2000).

관용은 동기가 어찌 되었든 나와 다르고 이질적인 낯선 타인들이 그들의 생활방식과 정체성에 따라 살아가도록 하는 것이다(Walzer, 1997). 그러나 관용은 경쟁의 규칙을 어기거나 공동의 질서를 파괴하는 것에는 적용되지 않는다. 또한, 차이에 대해 관용이 적용될 뿐 차이를 지지하는 것은 아니다. 이러한 이유로 관용은 17세기 이후 서양의 자유민주주의 사회를 가능하게 만들었으며, 현대 다원주의 사회의 기초 개념으로 알려져 있다 (조영제·김용환, 2000). 특히 관용은 다원주의 사회에서 서로 다른 타자가 다름에 초점을 맞추기보다는 공존을 위해 어떻게 함께할 것인가에 초점을 맞추는 것이다.

앞선 절에서 살펴본 레비나스는 기존 서양철학에서 자아 중심적인 자발성에 대한 의문을 제기하며 타자에 대한 윤리적 태도로서 '책임'을 주장했다. 타자에 대한 책임은 타자, 타자의 얼굴, 타자와의 근접 관계에서 도출된다고 볼 수 있다. 타자에 대한 책임이란 나와 상관없는 자, 또는 나를 보지 않는 자인 타자에 대한 책임을 말한다. 그 책임은 내가 하는 일이나 나의 행위를 넘어선다. 레비나스는 구체적으로 타자를 약하고 가난한 과부와 고아라고 말하는데, 이러한 타자에 대해 나는 빚을 지고 있다. 이러한 타자에 대한 책임의 무게에 나는 고통받을 뿐만 아니라 나는 타자에게 무한 책임을 진다. 이와 같은 타자에 대한 책임을 레비나스는 시간의 통시성으로 설명했다. 시간은 비가역적이고 회복할 수 없는 통시성을 가지는데, 나와 무관해 보이는 타자의 불행은 과거의 통시성에 묶여 있고, 나는 과거의 통시성에서 자유롭지 않기 때문이다(김연숙, 2001).

내가 지니는 타자에 대한 책임은 무한한 책임인데 타자의 얼굴은 다른 타자의 존재를 계시한다. 즉 나는 타자와 조우함에 따라 책임져야 하는 또 다른 타자가 무한히 존재함을 발견하게 된다. 이에 따라 타자의 얼굴은 나에게 보편적인 인간성을 열어준다. 즉 타자의 얼굴에 응답하는 나는 보편적 결속과 평등의 차원으로 들어간다. 이는 타자의 얼굴을 마주함으로써 나는 시간, 지역, 세대의 제약을 뛰어넘어 모든 사람을 만나기 때문이다. 레비나스의 타자는 주체의 존재가 성립하기 전에 먼저 있었고, 주체는 바로 이런 타자를 통해 탄생할 수 있었다. 즉 타자에 대한 책임은 주체가 탄생하기 이전에 이미 자리하고 있었다는 논리다. 이러한 타자에 대한 책임에서 자아의 주체성이 탄생한다. 자신 안에서 나와 타자의 상호적 관계가 형성되고 이를 통해 나는 비로소 나에 대한 인식이 가능해진다.

이에 레비나스는 고통받는 타인에 대한 책임감을 갖는 것을 형이상학적 의미에서 절대자로 향하는 자기 초월로 이해했다. 레비나스는 나 주체가 지닌 절대자로의 초월 욕망과 타인에 대한 책임을 연결 지었다. 레비나스에 따르면, 인간은 향유적 존재이기 때문에 자기중심적 내면성을 형성하며, 타인과 분리되어 자기 자신에만 전념한다. 또한, 이를 초월하여 동시에 자기와는 동일화할 수 없는 자기 밖의 절대적 타자를 욕망한다. 여기에서 타자는 자아에 의해 지배되지도 않으며, 자아에 통합될 수도 없으므로 이러한 욕망은 결코 충족될 수 없다. 따라서 절대적 타자에 대한 욕망은 무한히 열린 것이기 때문에 타인의 호소에 귀를 기울이고 그의 요청을 받아들일수록 자기 초월은 더욱 강해지며 타인에 대한 책임감도 커진다. 따라서 타자에 대한 책임은 각자가 서로를 인식하거나 향유의 대상으로 환원하지 않으며 서로의 고유성이 실현될 수 있도록 지원하는 상호적 인간관계를 함축한다고 할 수 있다. 즉 레비나스는 생의 경험을 통해 깨달은 타자에 대한 윤리적 책임에서 사람답게 사는 삶을 발견하고 타자 중심의 책임 윤리학을 주장한 것이다.

이러한 이유로 이성희(2021)는 다문화공동체로의 변화가 불가피한 현대사회에서 타문화에 대한 배척이 아닌 다름의 인정과 존중을 위해서는 타자 윤리의 책임이 전제되어야 함을 피력했다. 또한, 손재현(2021)은 이주민의 증가에 따라 소외당하는 이주민에 대한 불안이 증가하고 있으므로, 이의 해결을 위해서는 정책적 협약만이 아닌 윤리적·철학적 접근의 필요성을 제기했다. 즉 레비나스의 타자에 대한 책임 윤리학을 통해 소외당하는 이들의 권리가 존중받을 수 있기를 기대했다.

다른 한편으로 타자에 대한 윤리적 태도로서 '환대'가 있다. 환대란 자신의 공간(집, 시민사회, 국가 등)에 찾아온 손님에게 문을 열어젖히고 받아들여 호의를 베푸는 의식과 행동이다. 타자성에 관한 논의에서 환대와 책임을 살펴보면, 책임은 타자를 자기동일성의 영역으로 환원시키지 않고, 타자와의 차이, 절대적 차이, 타율성을 보존하는 방식이다. 반면 환대는 주체와 완전히 분리되는 형태의 타자를 거부하고 자아와 타자가 관계를 형성하며, 마치 씨실과 날실에 의해 짜이는 직물처럼 서로를 대리 보충하는 연결고리 형태를 지니는 것으로 볼 수 있다. 즉 환대는 자아와 타자가 서로 오염되고 오염시킬 수 있는 관계로 설명된다(노상우 · 안오순, 2008).

이처럼 손님 또는 이방인을 맞이하는 동시에 자기의 경계를 허무는 열린 자세는 관용이 갖는 폐쇄성을 극복할 수 있는 열린 발상이 된다(최샘 · 정채연, 2020). 이때 손님 또는 이방인은 외국인이나 소수자, 난민, 망명자 등으로 확장할 수 있다. 이방인의 개념을 단순히 혈연에 결부된 출생의 권리로서 갖게 되는 국적 또는 시민권이 없는 자에게 한정할 것이 아니라 모든 인간으로 확장할 것을 제안했다. 이러한 의미에서 보면, 우리는 모두 이방인이기 때문에 이방인에 대한 문제는 인간 모두에 대한 문제로 확장될 수 있다고 했다.

리쾨르(Ricoeur, 1981)에게 있어 타자에 대한 윤리는 주체-타자의 문제로 소급된다. 이 문제는 관념론적 사유를 뛰어넘어, 실재하는 삶의 문제이고, 경험하는 육체를 동반하는 주체에 대한 실문이기도 하다. 그는 주체 문제 해결을 위해 이성을 지닌 인간으로서 반성철학에, 현재 시점에 사는 존재로서 실존철학에, 몸을 지니고 삶을 경험하는 존재로서 현상학에 기대고 있다. 그뿐만 아니라 육체를 지닌 존재로서 생물학을, 의식뿐만 아니라 비의식 세계가 존재하는 주체로서 정신분석학을, 말하며 표현하는 존재로서 언어학과 기호학을, 세상 속에서 타인과 어우러져 사는 존재로서 윤리학을 포괄한다. 이렇게 보면 리쾨르의 주체-타자에 대한 연구는 학문적 둘레가 없다고 볼 수 있다. 리쾨르에게 반성 및 사고의 영역이 중요한 위치를 차지하지만 '의지'의 영역은 그것을 앞선다. 끊임없이 욕구하는 의지적 인간은 무엇을 할 수 있고, 무엇이 제한되어 있는지 반성한다. 또한 의식에서 무의식의 세계로, 주체성은 타자성을 만나고 제도의 문제로 이어진다. 좁은 의미의 주체는 '자기'로 한정되지만, 나아가 '자기-주체'는 '타자-개체'로 확장된다. '나'의 세계는 '너'의 세계와 조우하기에, '너'는 나와 다르지만 나와 닮기도 했다. 타자 속에서 타자와 같은 나를 발견한다. 이 2인칭의 타자는 3인칭으로 확대되면서 제3의 주체를 만나게 된다. 리쾨르는 그것을 '제도'라고 한다. 이처럼 리쾨르에게 있어서 나-주체의 문제는 타자성뿐만 아니라 사회제도를 포함하면서 윤리의 문제로 확장된다.

리쾨르의 철학적 인간학에서 강조하는 바는 '삶에 대한 긍정'이다. 자신의 의지와 상관없이 '주어진 상황'을 받아들이고 인정하는 작업이 선행된다. 인정의 과정에서 자기에 대한 신뢰감이 형성된다. 이를테면, 주체는 세상의 환경이 어떠하든 그것을 인정하고 받아들이면서 미래의 삶을 열어간다. 주체는 그 자체로서 유일하고 완전한 창조물이지만, 유아독존적 자아가 아닌, 타자들 속에 존재하는 하나의 자기다. 또한 여러 창조물 가운데 한 일원으로서의 자기가 된다. 이런 맥락에서 리쾨르는 자신이 정립한 윤리 사상에 핵심적인 주제로서 '자기존중', '타인을 위한 배려', '타인들과 함께 살기 위한 정의로운 제도에 대한 기대'를 포함시켰다. 이것은 모든 사람에게 적용되는 '공통의 윤리'인데, 여기에 자기존중, 배려, 정의,

책임 등을 위치시켰다.

데리다(Derrida, 2005)의 경우 손님을 구분하여 환대한다. 그는 타자가 자신이 누구임을 밝힐 뿐만 아니라 나의 말을 알아듣고, 환대받을 자격이 있음을 증명할 때 환대는 이루어진다. 이처럼 환대는 권리와 의무 관계가 상호적 조건에서 이루어지기 때문에 조건적 환대로 규정한다. 조건적 환대에 대한 대립으로 무조건의 환대가 있다. 무조건적 환대는 내 집을 개방하고 성(Family Name)이 다르거나 외국인 등의 사회적 지위를 가진 이들뿐만 아니라 이름도 없는 미지의 절대적 타자에게 머무를 곳을 내어주고 머무는 장소를 소유하도록 내어두는 것이다. 또한, 계약체결을 통해 기대되는 상호성을 요구하거나 그들의 이름을 묻지도 않고 그들을 받아들이는 것이라고 했다. 초대받지 않았거나 절대적으로 낯선 이방인의 예측하지 못한 방문에 대해 어떠한 물음이나 조건도 없이 문을 열고 집을 개방한다는 의미에서 이는 '방문의 환대'가 된다. 다양성이 존중받아야 하는 다문화사회에서 이방인의 다름을 존중하며 환영하는 무조건적 환대는 이방인에 대한 타자성이고, 의무다(최샘·정채연, 2000). 즉 무조건적 환대는 상대방에 대해 누구인지를 묻지 않는다. 데리다는 두 가지 환대의 대립을 전하며 상호 침투를 원했다. 따라서 그가 주장하는 타자에 대한 환대는 나와 타자 간의 역동적 관계 속에서 생성된다. 즉 조건적 환대가 환대로서의 정당성을 갖기 위해서는 무조건적 환대에 의해 인도되고 고쳐되어야 한다고 했다.

데리다의 환대에는 환대받지 못한 사람들 또는 동일화 폭력에 시달리는 타자의 저항을 포착하는 개념 틀은 존재하지 않는다. 데리다의 환대는 왈쩌의 관용처럼 동일한 문제를 갖고 있는데, 더 이상 돌아가지 않고 나의 거주지에 살아가는 타자는 손님이 아니다. 이에 따라 타자와 자아의 공동생활을 위해서는 환대와는 별개의 윤리적 원칙이 필요하다. 즉 환대는 타자와 내가 공존하게는 하지만 공존 속에서 필연적으로 발생할 수밖에 없는 갈등을 해결할 수는 없다. 따라서 환대는 관용과 같이 공존을 위한 전제일 뿐 공동생활을 규율하는 윤리적 규범은 될 수 없다.

타자에 대한 윤리적 태도로 거론될 수 있는 또 다른 개념에는 '인정'이 있다. 호네트(Axel Honneth)는 인정을 인간이 자기 삶을 성공적으로 실현할 수 있는 사회적 조건이라고 했다(Honneth, 2011). 즉 인정은 개인이 긍정적인 자기의식을 가지게 하는 심리적 조건으로 개인의 자기 자신에 대한 긍정적인 관계다. 호네트가 주장하는 상호인정은 다음과 같은 세 가지 형태의 개념으로 이해된다. 첫째, '사랑'의 형태 속에 상호인정 관계가 있다. 이 관계에 해당하는 사람들의 정서적 욕구는 사랑을 통해 인정되며, 사랑을 통해 충족된다. 둘째, 이 관계에 해당하는 사람들 간의 동등한 '권리'의 인정을 통해 상호인정은 형성된다. 이를 통해 각 개인은 도덕적이고 자주적 판단능력이 있는 존재로 인정된다. 셋째, 상호인정 관계는 사회적 '연대'에 있다. 각 개인의 인정은 자기 자신만의 특수한 속성을 지닌 존재일 때 형성된다. 이러한 세 가지 인정을 통해서 비로소 개인은 한 공동체의 완전한 구성원이 된다.

호네트는 미드(Mead, 1938)의 사회심리학에서 개인의 '정체성' 형성과정에 주목했다. 그의 정체성 형성과정에서 '주격 나(I)'는 타인이 나에게 갖는 어떤 기대나 상을 인지하면서 '목적격 나(Me)'에 대한 심상을 얻는다. 나에 대한 타인의 관점이 나에게 내면화되면서 자기 관계는 가능하다. 그러나 이 관계는 자발성에서의 '주격 나'와 사회적으로 규정된 '목적격 나'의 긴장관계를 전제한다. 호네트(Honneth, 2011)는 인정투쟁을 이러한 긴장관계 속에 엮어놓는다. 즉 사회적으로 규정된 '목적격 나'는 '주격 나'와는 다른 어떤 부분을 인정받으려는 투쟁에 서 있다는 것이다. 또한, 이때의 인정을 위한 투쟁은 전 사회 영역으로 확산하며, 그 형태 또한 조직화하고 집단화된다(Honneth, 2011: 15).

　호네트는 윤리를 개인의 삶을 보호하는 일종의 '보호 장치'로 보았다. 나아가 호네트는 개인의 자아실현이 긍정적인 자기 자신에 대한 태도를 통해 가능하다고 했다. 이러한 긍정적 자기 관계는 타인의 긍정적 반응이나 평가에 의존한다. 개인은 타인과의 관계에서 항상 긍정적인 평가나 반응을 기대한다. 이것이 좌절될 경우, 심리적 상처를 받게 되어 자신에 대한 긍정적 관계를 형성할 수 없게 된다. 이에 따라 결국 적극적인 자아실현이 불가능하게 된다. 인간의 삶은 타인과의 관계에서 언제나 훼손될 수 있으므로 개인의 삶을 보호하기 위해서는 보호 장치가 필요하다. 호네트에서 인정이란 타인에 대한 긍정적 평가나 반응을 총칭하는데, 이는 해당 개인의 긍정적 자기의식을 형성시킬 뿐만 아니라 적극적 자아실현을 가능하게 한다. 따라서 인정은 개인의 적극적 자아실현의 가능 조건이자, 개인의 삶을 보호하기 때문에 윤리적 정당성을 갖는다. 이를 타자에 적용해 보면, 타자에 대한 윤리적 태도는 그의 정체성을 평가하는 것이며, 그것은 그를 인정하는 것이다. 반면 인정은 타자에 대한 자아의 일방적 행위만을 의미하지 않는다. 자아 또한 적극적 자아실현을 위해서는 타자의 인정을 해야 하고, 자아는 타자에게 또한 타자이기 때문에 인정 윤리는 타자에 대한 인정이 아니라 자아와 타자 간의 상호인정이 된다.

4.
공감적 경험과 상호문화 실천

앞에서 살펴본 타자의 모습과 그에 대한 윤리적 태도는 다양하다. 타자는 우리에게 때로는 '부정자'로서, '지향의 목표'로, '세계-내-공동존재'로, '지옥'으로, '절대자'로 갖가지 얼굴을 가지고 다가온다. 이런 모습은 주체의 수만큼이나 다양해질 수 있다. 모두 다 다른 천 개의 얼굴, 그렇지만 총체적으로 개념화된 타자의 '얼굴'은 천 한 개의 모습을 한 개다. 한 타자의 얼굴을 우리는 늘 일상에서 마주친다.

이미 타자는 우리의 의식 속에 자리하고 있다. 대화할 준비가 되어 있는 나-주체는 타자-객체의 목소리에 귀를 기울이고 내가 스스로 타자의 경험 속의 주체가 된다. 우리가 만들어내는 자신의 개인 생애 내러티브는 주체의 경험만으로 이루어지지 않는다. 주체와 객체, 나와 타자 사이의 상호작용 경험이 전제되어야 한다.

인간 유기체는 경험으로 존재하고 있으며, 개인은 그 경험 속의 의미를 발견하기 위해 그 경험으로 되돌아가게 되기도 한다(Gendlin, 1961). 이러한 과정에서 타자와 더불어 특정한 순간에 '느껴지는 의미'라 할 수 있는 공감적 경험에 대해 생각할 필요가 있다. 공감적 경험을 논의할 때 인용할 만한 철학은 현상학적 구상이다. 후설에 의하면 모든 경험의 흐름은 그것이 의식에 나타나는 그대로 존중되어야 한다고 보았다. 경험의 흐름 그 자체가 존재를 표상하기 때문이다. 이런 관점에서 우리는 의식과 존재의 관계를 인식론적으로 논의할 수 있을 것이다. 현상학에서 우리가 경험을 나누는 공동의 세계는 1인칭 나-개인-주체를 중심으로 3인칭으로서의 타자-객체를 지향하는 상호주관성을 내포하고 있다(Zahavi & Gallagher, 2008). 상호주관성의 출발은 우선 한 개인-주체의 주관성을 전제로 한다. 이 개인-주체의 주관은 다른 주관과의 관계에서만 비로소 본질적인 주관으로 드러나고 현실화될 수 있다.

현상학에서 주장하는 의식은 인간의 내적 심리를 다루는 심리학적 대상으로서의 의식이 아니다. 대상과 함께 드러남이 가능하게 하는 선험적 조건으로서의 의식을 의미한다. 개인-주체를 둘러싼 세계에 대한 지각이 의식을 드러나게 하고, 이 의식은 세계 속에 존재하는 것이다. 각 개인 간의 주관이 바로 상호주관성이고, 공감적 경험은 이 상호주관성을 내포한다.

상호주관성은 사회적 활동에 참여하여 상호작용하는 둘 혹은 그 이상의 사람들 간의 소통과정에서 발생하는 공유된 이해를 뜻한다. 공유된 이해는 해당 사회구성원들의 상호작용으로 서로 다른 수준과 범위에서 이해하고 있던 서로의 관점을 이해하고, 나아가 서로 의견을 조정해나가면서 의사소통을 행하는 것을 말한다. 이렇게 보면 상호주관성이란 여러 사람이 가진 주관성이 공유되는 주관성으로 사람들 간의 공유된 경험을 말한다.

인간이란 독자적으로 존재하는 것이 아니라 항상 타자와의 공존적 관계 속에서 존재한다. 이것은 관계 즉, 상호성을 포함하지 않는 것은 존재하지 않는다는 것이다. 그래서 우리 인간은 경험되지 않은 것은 공감할 수 없다. 이 공감되는 경험은 그 사람이 1인칭으로 겪는 경험으로 주어진다. 이렇게 자기는 경험적 자기를 옹호하고 있고, 이 경험적 자기는 타자와의 경험, 즉 상호주관성으로서의 공감에 의지하고 전제된다는 것을 이해해야 한다(Zlatev, 2014). 더 나아가 개인으로서 나의 존재는 나 자신과 타자가 맺은 '의사소통적 결합'의 결과로서, 나와 너, 우리 그리고 세계는 함께 묶여 있다. 따라서 만남은 '나'와 '너'의 존재론적 '사이'가 성립하며 이 '사이'에서 서로가 전 존재를 거는 행위자로서 경험하기 때문에 이러한 상호관계를 '상호주관성'이라고 했다(Buber, 1970).

상호문화 실천이란 바로 앞서 논의한 상호주관성을 구성하는 과정에서 나타날 수 있는 이념의 형성과 사회적 행위를 의미한다. 상호문화 실천의 주체는 자기라고 불리는 개인-주체이고 대상은 타자라는 등식은 성립되지 않는다. 후설의 상호주관성 개념을 소환한다면 왜 상호문화 실천이 자기지향적이 아닌지를 쉽게 알 수 있다. 후설은 상호주관성을 상호(Inter)와 주관성(Subjective)의 결합개념으로 보았다. 다시 말해 주관들 사이의 관계에 대한 개념으로 상정한다. 즉, 타자를 전제하는 나의 경험들과 더불어 다른 주관과의 관계에 대한 나의 경험을 말하는 것이다(Zahavi, 2003).

인간은 상대적 주관으로 타자-객체의 주관과의 관계 속에서만 비로소 주관으로 실재한다. 그래서 주관은 오직 상대적 주관으로의 '상호주관성'이다. 후설의 현상학에서 '객관적'이라는 말 역시 자기 인식적 타인에 대한 경험과 떼어놓고 생각할 수 없다. 우리가 흔히 "객관적이다"라고 말하는 것은 "상호주관적으로 구성되어 있음"과 같은 뜻으로 이해할 수 있다. 그래서 후설의 논의는 타자지향적으로 숙고해야 이해될 수 있다. 후설은 상호주관성의 구성과정을 다음과 같이 다섯 단계로 구분하고 있다 (Theunissen, 1977).

첫째, 개인-주체로서 나 자신의 신체적인 유추에 근거하여 타자의 신체를 지각한다. 둘째, 이렇게 하여 타자의 심리적 삶을 경험하고, 더 나아가 타자의 자아를 경험한다. 셋째, 자아의 일차적 세계와 타자의 일차적 세계의 동일성에서 객관적 세계를 구성한다. 넷째, 객관적 세계에서 타자를 그 자체로서 완전하고 시공간적으로 위치한 통일적인 대상으로 경험한다. 다섯째, 객관적 통일체로서의 인간 존재라는 의미를 나 자신에게 전이한다.

현상학에서 공감적 경험이 중요한 것은 바로 상호문화 실천의 핵심이기 때문이다. 공감은 지각적 특성, 직관적 특성을 모두 내포하고 있다. 따라서 공감의 전제로서 인간의 경험은 의식으로서의 경험 즉, 현상으로 기술될 수 있다. 현상학의 기본 개념인 의식적 지향성은 대상에 대해 함께 나타나는 작용적 지향성을 말한다. 이 작용적 지향성은 경험 세계에 대한 의미와 관련이 있다. 즉, 모든 현상은 그것을 바라보는 의식의 행위에 관련해서 이해되어야 하며, 이와 같은 상호관계가 현상에 내포된 의미를 형성하는 것이다. 신체로서 하나의 표현된 통일체인 타자의 심리적 의미는 그 타자의 몸짓, 억양, 표정 속에 있는 생각, 느낌, 욕구에 내재된 의미를 직관적으로 이해하고 파악하는 것이다.

그러므로 현상학에서는 개방적 태도를 강조한다. 이 태도는 사회과학 전반에서도 연구자의 바람직한 태도로 강조되고 있다. 개방적 태도는 폐쇄된 자아중심적 태도에서 비롯되는 선입관이나 신념 체계에 대해 의식적으로 판단을 중지하고 무의식적인 믿음 체계와 배경, 그리고 어떠한 가정들로부터 영향을 받지 않도록 주의하는 것으로 이루어진다. 이처럼 공감을 위한 마음의 개방적 태도는 현상학적 관점의 판단중지가 이루어질 때 가능하다(김영진, 2016).

판단중지란 누군가가 기존의 신념 체계의 타당성을 중립화시키고 자신이 지닌 그 신념을 무력화시키는 것을 의미한다. 이와 같은 판단중지는 선입견에서 벗어나 '사태 자체로' 귀환하는 작업을 가능하게 하는 것인데, 이를 소위 '현상학적 환원'이라고 부른다. 이렇게 될 때 상호주관적인 것에서의 객관성이 드러나게 되고, 타자 이해의 직관적 경험으로 어떤 선입견이나 전제에도 방해받지 않고 '있는 그대로의 현상'이 드러나고, 이를 받아들일 수 있게 된다(이남인, 2004). 인간의 지각을 통해 떠오른 의식은 선입견이나 편견에 의해 조정되기도 한다. 그러나 그 이전에 현상의 본질에 대한 직관적인 태도로서 현상을 주체적으로 포착할 필요가 있다. 이때 주체는 대상의 본질로서의 공감적 타자 이해에 다가갈 수 있다.

공감적 타자 이해는 의식의 지향적 관점에서 시작된다. 공감이 구성되려면 지각이 우선되어야 한다. 지각이란 인간 개체와 직접적으로 관계를 맺을 수 있도록 하는 경험의 한 형태다. 그래서 인간의 모든 인식 활동의 일차적인 초석이다. 타자에 대한 구체적 경험은 신체화된 주관들 사이의 관계 속에서 타자를 경험하고, 이 주관성의 특징 중 하나는 세계 속에서 지각을 통한 행위로써 드러나게 된다(Zahavi, 2003). 이렇게 드러난 표현은 주체 내부의 심리적 상태와 주체 외부의 신체적 행동 사이를 좁혀주는 단순한 교량 역할을 넘어선다. 또한 다른 사람들의 행위와 표현을 수반한 움직임을 보면서 그 움직임의 의미를 파악한다. 그렇게 표현된 행동은 마음의 '의미'로, 그렇게 드러난 표현들은 우리의 마음을 드러내 보이게 한다(Zahavi & Gallaghrt, 2008). 이렇게 타자를 대하는 경험의 구체성은 언제나 신체적으로 드러나게 되는데, 그것으로 우리에게 다른 주관성을 인식하게끔 한다.

현상학적 공감은 자기-주체의 신체적 동질성으로 타자-객체에 대한 지각적 특성을 가진다. 이 지각적 특성은 공감의 조건으로 나타나는데, 여기에는 감정이입과 상호주관성의 추구가 구성된다. 먼저 후설에 따르면 감정이입적 타자 이해는 직접적인 지각으로서 외적인 신체 지각을 토대로 한다. 그래서 우리가 다른 사람을 공감하고 이해하는 것은 자신과 타자가 이미 공유하고 있는 세계에 주의를 기울여야 한다는 것으로 의도성을 포함한다는 것을 말해준다(박인철, 2012: 118). 즉, 타자들의 표현적 행동과 유의미한 행위에서 그들의 정신적 삶에 접근할 수 있는 능력의 문제라는 것을 깨달아야 한다(Zahavi & Gallaghrt, 2008).

여기서 감정이입은 타자가 되어보는 경험으로 어떤 인식 주체가 타자의 감정, 사유나 관점을 자신의 것으로 확인하는 정체성 확립을 뜻한다. 모방, 상상, 가정을 통해 자신이 어떤 타자가 되어보는 경험을 할 수 있다. 그리고 감정이입이라 할 수 있는 공감은 타자와 마주침을 함으로써 일어나는 의식의 독특한 양상을 포함하고 있다. 이 마주침은 주체의 지각을 통한 감정이입적 태도와 상호주관성으로 경험을 공유케 한다. 이때 주체와 타자 간의 공감적 이해가 이루어진다. 우리는 타자의 마음을 직접 볼 수 없다. 그 때문에 자기와의 동일성을 기반으로 타자의 신체를 통해 지각적 경험을 한다. 이로써 타자의 내적 심리상태를 유추하고, 이를 바탕으로 주체의 주관성에 기초를 둔 타자에 대한 짝 지음(Paarung)을 행한다. 바로 이 짝 지음이라는 개념으로 타자를 이해하게 된다. 이는 주체의 육체를 통한 감각이 타자에게도 동일하게 존재할 것이라는 경험을 전제하고, 이를 통해 타자를 이해하는 것이다.

우리는 다른 사람을 지각할 때, 공명 과정이 작동되는 마주침으로 먼저 타자들에 대한 지각을 만들어내고 타자를 인식한다(Zahavi & Gallaghrt,

2008). 이때 지각 경험은 자신과 타자와의 마주침이며, 이 지각을 통해 대상에 대한 직접적인 경험이 가능하게 한다. 이러한 지각은 감각 자극 층위가 아니라 감각-운동 협응의 층위에서 시작된다. 1차적인 것은 운동이고, 2차적인 것은 감각이다. 감각의 경우 몸과 머리와 눈 근육의 움직임 등 신체의 운동이 지각 경험되는 것에 의해 결정된다. 예를 들어, 소리는 단적인 감각이라기보다 일종의 자극이다. 즉 의식활동인 행위다. 무서운 소리에 도망가는 것이 그 소리에 대한 반응이듯, 소리의 감각이 운동 반응에서 일어난다고 말한다(Dewey, 1896). 이렇게 자기-주체와 타자-객체 상호 간의 운동인 움직임과 그것을 지각하는 감각의 마주침으로 공감적 지각이 이루어진다. 이러한 인간의 공감 지각은 주체의 세계와 타자의 세계가 함께 만나는 과정을 통해 변화하는 세계를 만들어낸다. 세계를 변혁시키는 것은 결국 자기-주체와 타자-객체가 만나는 공감적 경험이고, 이런 경험은 궁극적으로 상호문화 실천의 기초가 된다.

메를로퐁티(Merleau-Ponty, 1962)도 감각 주체와 세계와의 만남을 추동하는 것이 바로 지각이라는 원초적인 활동이라고 설명한다. 그에 의하면 세계는 고정된 대상으로 인식될 수 있는 것이 아니라 끊임없이 변화하고 생성되는 것이며, 이렇게 지각되는 의식은 끊임없이 세계와 관계를 맺고 변화하는 것이다. 우리가 감각적인 것에 지각할 때 단순하게 대상을 번역하고 해석하는 것이 아니라, 매번 새로운 의미와 형태를 자기와 타인 그리고 세계라는 지각의 장(場)에서 생성해내는 것이다(이진아, 2015). 의식 속에서 끊임없이 변화하는 세계를 '지각'으로 관계를 맺으면서 의미를 부여해야 한다. 이러한 지각을 끌어내는 일을 행하는 것은 우리에게 행위 하는 타자다. 공감적 경험은 행위 하는 타자를 필요로 한다.

후설의 타자에 대한 논의는 인식 주체가 어떻게 타자의 마음을 이해하는지에 초점이 맞추어져 있는 것이 아니다. 오히려 타자가 단순히 물리적 대상이 아닌 자신과 같은 동등한 인식 주체로 자리매김한다는 데 초점이 맞추어져 있다(이진이, 2015). 그래서 타자 이해를 하기 위해서는 타자의 경험을 함께 나누려는 의지가 필요하다. 그리고 이러한 '의지적 타자이해'는 신체 지각을 기반으로 이해할 수 있고, 주체와 타자 간 상호적 공유성을 지니게 된다. 이렇게 각 주체는 타자에 의해 형성된 주관적 경험인 공동마음을 지니는데 이것이 바로 상호주관성이다. 후설에 따르면, 우리가 소유한 지각들은 우리에게만 존재하는 것이 아니라 모두에게 실재하는 존재로서 주관성을 제시하고, 이는 대상들, 사건들, 행위들을 사적인 것이 아닌 공공의 것, 함께 경험하는 것으로서 상호주관성을 설명한다(Zahavi, 2003). 즉, 후설의 상호주관성은 자아 혹은 개인적 의식이 아닌 공동체적 의식 혹은 공동체적 자아를 의미한다. 그뿐만 아니라 그는 인간을 출생과 동시에 상호주관적 존재로 설명한다.

상호주관성은 정서의 공유, 인식의 공유, 의도의 공유를 포함한다. 상호주관성의 핵심에는 감정의 소통이 있다. 상호주관성은 타자-객체와 '함께 있어주기'라는 비언어적인 감각으로 이해된다. 그래서 몸짓과 움직임, 감각과 정서 등의 상호조절로써 공명이 일어난다. 감정의 소통은 공유와 공명을 야기하며, 이로써 우리 자신이 타인과 의사소통을 가능하게 한다. 타인의 경험을 공유하고 공명한다는 것은 각 개인이 속한 세계의 지평을 확대시켜나갈 수 있음을 시사한다. 인간은 이러한 상호주관적 관계를 형성하기 위한 '서로 함께하는 실존'으로서 공유를 경험한다(Heidegger, 1996). 이러한 경험이 바로 공존의 토대가 된다. 자기-주체가 타자와 공감적 이해를 통한 공유와 참여를 행한다. 자기와 타인 사이의 상호주관성은 '너'와 '나'의 진정한 대화의 출발점이 되고, 인간이 상호교류적 존재라는 점을 설명한다(Buber, 1947).

공감적 경험은 곧 상호주관적 경험이고 이 경험을 통해서 우리는 서로의 정서적 삶을 확인하고, 조절하고 표현할 수 있게 된다. 그러한 경험들을 통해 타자를 향한 공감을 발달시킬 수 있으며, 사회적인 경험과 사건에 성공적으로 참여할 수 있다. 상호주관성을 통해 자기-주체의 생각, 소망, 의도를 표현할 수 있는 것처럼, 타자의 생각, 소망, 의도를 이해할 수 있다. 이를 우리는 코드체계로 표현하거나 문화의 공유적 특성이라고 달리 표현하기도 한다. 타자의 내적 세계는 개인-주체 자신의 내적 세계에 중요한 부분이 되어, 주체-타자 각각의 내적 세계를 공유할 수 있다. 그 결과 우리의 주관적 세계를 더욱 활기 있고 흥미로운 것으로 만들 수 있다. 이러한 공유는 이 세계 내에서 그리고 이 세상과 세계에 대해 효과적으로 관계를 맺게 해준다(Hughes, 2011).

5.
상호문화 실천: 환대와 대화

　이 글의 목적은 '상호문화 실천의 목적은 무엇인가?'라는 질문에 답을 제시하는 것이었다. 이에 대한 적절한 답으로 높낮이와 편견 없는 다양성 공존의 사회 건설을 위해 필요한 공존의 인간학을 제안했다. 공존의 인간학 구성을 위해 타자 철학에서 강조하는 공감적 경험이라 할 수 있는 상호주관적 경험을 설명했다. 상호주관적 경험은 자기-주체와 타자-객체 간의 소통 가능성을 열고 있다.

　일찍이 소크라테스는 "너 자신을 알라"라는 말씀을 통해 자신이 변화해야 함을 강조하고 자기-주체와 타자-객체 간의 소통 가능성에 호소했다. 그는 아테네 시민들에게 다음과 같이 외쳤다. "저는 나이가 벌써 칠십인데 법정에 출두해보기는 오늘이 처음입니다. 여기서 쓰이는 말은 저에게는 외국 말 같습니다. 그런데 만일 제가 외국 사람이라면 제가 자랄 때에 배운 말로 이야기하고 그 말투로 이야기한다 해도 여러분은 사정을 아시고 저를 용서해주실 것입니다. 저는 지금 바로 이와 같은 것을 부탁드리려고 하는데, 이것은 부당한 일이 아니라고 생각합니다. 아마 제 말버릇은

좋지 못할지도 모르고 혹은 괜찮을지도 모르겠습니다. 그런 것은 문제 삼지 마시고 오직 한 가지 일, 즉 제가 말하는 것이 옳은지 옳지 않은지 하는 것만을 주의해 생각해주시기 바랍니다." 소크라테스와 같은 당대 최고의 지식인이 자신과 동질적인 공동체의 일원이라기보다는 외국인, 말을 더 듬거리는 자로서 역할을 수행하고 있다.

소크라테스는 한 집단의 세련된 말로 이야기를 나누지 못하는 자, 외국인처럼 말을 더듬거림으로써 자신의 사정을 호소하려는 자는 당연히 이질적인 객체다. 이런 대상이 바로 타자이다. 소크라테스는 자신의 운명이 위태롭다는 것을 호소하는 불법체류 외국인과 같은 모습으로 나타난다. 그는 무엇이 정의로운지 그렇지 않은지의 관점에서만 평가해달라고 호소하고 있다. 어쩌면 이런 소크라테스의 변명은 우리 사회에서 견고하게 구축된 동질적인 문화라는 높은 담벼락을 넘지 못하고 밖에 머무는 이민자들 혹은 난민들을 연상하기에 충분하다. 이들은 사회적 소수자들로서 담장 안의 사람들이 쓰는 말을 쓰지 못하거나 이해하지 못한다. 그렇다면 이들이 살고 있는 해당 공동체 안에서의 소통 가능성은 어떻게 보장될 수 있는 것일까? 우리 사회에서 이주민이라는 이질적인 자들이 출현하고, 이들을 위해 고려되어야 할 유일한 희망으로서 정의는 존재해야 한다. 우리 사회에는 타자로서 이주민들에 대한 냉랭한 기운이 있음은 부인할 수 없는 사실이다. 이런 타자의 호소는 주체의 지각인 울림과 떨림으로 몸 안에 스며들어온다. 이런 맥락에서 타자를 이해하는 것, 타자를 더듬는 것은 환대를 위한 몸짓 그 이상의 것이 된다.

일단 타자를 환대 차원으로 상정한 레비나스(Levinas, 1986)를 소환해보면 타자는 내 테두리 밖에 있는 존재이기에 '낯선 자'이지만 내 옆에 붙어 있고 항상 나에게 다가온다. 그 때문에 타자는 '이웃'이다. 레비나스는 항상 타자의 호소에 대한 응답은 곧 책임이라고 강조한다. '나는 내가 무언가를 소유하고 나의 혹은 우리의 테두리가 있으니까'라고 생각하면 타자와의 관계는 끊기고 자신은 테두리 안에 매몰된다. 레비나스에 의하면 이것은 죽은 삶이기에, 이에 유일한 소통은 '응답'하는 것이라고 한다. 내 집 밖에 서성이는 타자를 내 집에 반갑게 맞아들이고 음식을 나누는 것, 이것이 환대다. 이 환대가 우리 삶의 근본적인 자세이고 윤리라고 언급한다. 레비나스의 환대 개념은 지극히 타자중심적이라고 절대 타자론으로 언급되기도 한다. 특히 칸트의 '환대' 개념과의 비교를 통해 레비나스 환대 개념을 조명할 필요가 있다. 칸트는 환대를 '상호적 관계'에서 찾는다. 타자가 내 집을 방문하면 '환대'하듯이 나도 남의 집에 가면 '환대'받을 권리가 있다는 '권리의 측면'에서만 말한다. 이를 쉽게 이해하면 역지사지의 개념이다. 누군가에게 환대받고 싶으면 네가 먼저 환대하라는 말이다. 이것은 조건이 붙은 한계적 환대다.

이런 맥락에서 레비나스의 환대는 데리다(Derrida, 2005)의 환대에서와 같이 무조건적 환대다. 마치 부모가 자식에게 무조건적인 지원을 하는 것과 같다고 볼 수 있다. 레비나스는 타자를 환대해야 하는 근거는 내가 태어나 이 세상 안에서 내 집이 나를 받아주는 것처럼 안락함으로 받아주는 세계가 있기 때문이라는 것이다. 그렇듯이 타자를 맞이해야 한다고 한다. 레비나스는 만약 타자가 약자의 얼굴로 호소해온다면 우리는 거기에 응답해야 할 '무한한 책임'의 주체가 되어야 한다고 주장한다. 이때 주체는 지배하는 주체가 아니라 응답해야만 하는 주체다. 따라서 주체는 호소하는 타자에게 반드시 응답해야만 하고 호소하는 자와 관계하는 주체이고, 더 나아가 타자에 의해 형성된 주체다.

부버(Buber, 1970)는 세상을 '나와 그것'이 아닌 '나와 너'의 관계로 만들자는 대화의 중요성을 강조했다. 즉 격리되고 대립된 이기적인 인간들이 서로 대화하고 이해하며 진실한 관계 속에 삶을 나누자는 의미를 담는다. "말의 위기는 신뢰의 위기와 밀접하게 관련된다"라는 부버의 지적은 언어가 지닌 참된 의미에서 출발했다. 참된 대화에서 각자는 상대와 반대 견해일지라도 상대를 '함께 사는 인간'으로 마음으로 긍정하며 승인할 수 있다. 대립을 없앨 수는 없어도 참된 대화를 통해 그 대립을 중재할 수 있다.

부버가 꿈꿨던 진정한 인격공동체는 '나-너'의 근원어에 바탕을 둔, 참다운 대화가 이루어지는 공동체다. '나-그것'의 근원어에 바탕을 둔 주체와 타자의 공동체는 오로지 독백만이 이루어지는 집단적 사회다. 즉 타자를 자기의 욕망을 충족시키기 위한 수단, 곧 '그것'으로밖에는 보지 않는 공동체는 비인격 공동체다. 우리 모두 인격공동체를 이루고 살고 싶지 아니한가. 그러기 위해서는 타자로서 이주민들의 이야기에 주목하고 그들의 목소리를 경청해야 한다. 대화를 위한 전제는 주목하고 경청하고 환대하는 데 있다.

타자를 위해 우리는 어떤 환대와 대화를 준비할 것인가. 타자들의 호소에 어떻게 응답하고 어떻게 관계할 것인가. 우리가 타자를 환대하고 타자와 함께 대화하며, 타자의 이야기를 만들고 그 경험들을 공유해야 할 것이다. 이것이야말로 상호문화 실천을 강조하는 공존 인간학의 본모습일 것이다.

3장

다문화사회의
윤리적 개념들

이 장은 최병두(2017), 「다문화사회의 윤리적 개념들과 공간」, 한국지역지리학회지, 23(4), 694-715; 최병두(2018), 『초국적 이주와 환대의 지리학』, 푸른길, 384-427에 게재 및 재게재된 원고를 수정·보완한 것이다.

1.
다문화사회로의 전환과 윤리적 논의

우리 사회는 지난 30여 년간 국제 이주자들의 대규모 유입으로 다양한 문화들이 혼재하는 사회, 즉 다문화사회로 급속하게 전환하고 있다. 1990년대 이후 촉진된 지구화 과정 속에서 상품과 자본, 정보기술의 세계적 순환, 그리고 관광과 문화 교류 등의 목적과 함께 노동이주, 결혼이주, 난민 등의 이유로 사람들의 국제적 이동이 급속히 증가하게 되었다. 이로 인해 우리 사회에도 커다란 사회공간적 변화가 추동되고 있다. 이러한 현상은 세계적 규모로 발생하고 있으며, 이로 인해 한 사회나 국가 내에 다양한 문화가 혼재하는 현상, 즉 지구적 다문화 현상은 피할 수 없게 되었다. 하지만 이러한 현상에 대한 평가는 이중적이다. 인종·문화적 혼합에 따라 개인적으로 새로운 삶의 기회를 얻을 수 있으며 창의적 능력을 실현할 수 있게 되었다는 평가와 더불어, 이로 인해 발생할 수 있는 사회공간적 불평등과 갈등의 문제들은 현대사회에서 새롭게 관심을 요구하는 논제가 되었다.

좀 더 최근 상황을 보면, 2008년 글로벌 금융위기와 2010년대 격화된 미·중간 무역충돌 등으로 드러난 신자유주의적 지구화 과정의 한계와 2020년에 발발한 코로나19 팬데믹으로 인한 국내외 이동의 통제는 이러한 국제(또는 초국적)이주를 일시적으로 축소시킨 것으로 추정된다.* 앞으로 미·중 간 경제적 마찰과 더불어 우크라이나-러시아 전쟁처럼 지정학적 불균형에 따른 대립과 혼란 등으로 개별 국가의 국민 관리와 영토 통제는 과거 신자유주의적 지구화 시기보다는 좀 더 엄격해질 것으로 추정된다.** 하지만 자본주의 경제의 세계적 팽창과 더불어 교통통신 기술의 급속한 발전은 사람들의 국제적 이동을 지속적으로 확대시키고, 이에 따라 개별 국가 차원뿐 아니라 세계적 규모로 문화의 다양화 추세는 거스르기 어려운 경향이라고 하겠다. 이에 따라 서로 다른 문화의 담지자들 간 관계에서 발생하는 긴장과 갈등을 완화하고, 다양한 문화들의 상호인정과 공존을 위한 정부정책을 추진하기 위해 새로운 사회(공간)적 규범과 윤리의 재정립이 지속적으로 요청되고 있다.

물론 그동안 진행되어온 다문화사회로의 전환과 관련하여 서구에서는 이와 관련된 다양한 윤리적 개념들이 제시되었고, 우리나라에서도 이들에 관한 논의가 상당히 적극적으로 이루어져왔다. 예로 '다문화주의(Multiculturalism)'는 이러한 논의에서 대표적인 개념으로, 다문화사회를 위한 이론적 규범 및 정책적 모형으로 원용되어왔다. 그러나 이에 대한 많은

---

* 우리나라에서도 국내 체류 외국인 수는 지속적으로 증가하여 2019년 250만명을 넘어 전체인구 대비 4.87%를 차지했지만, 2020년 203만 6천 명, 2021년 195만 7천 명(전체인구 대비 3.79%)으로 감소했다(법무부, 출입국통계).

** 그러나 지난 10여 년 동안 지정학적 불균형으로 유발된 시리아 내전과 남수단 내 부족 간 갈등, 미얀마 군부 쿠데타와 소수민족 탄압, 남미 베네수엘라의 정치적 혼란과 경제침체, 그리고 우크라이나와 러시아 간 전쟁으로 인해 고향을 떠난 난민이 급증하면서, 2022년 중반 세계난민(국내 실향민 포함)의 수는 1억명에 달하게 되었다(UNHCR, 2022). 이에 관한 논의로 최병두(2023) 참조.

논의에도 불구하고, 이 개념이 정확히 무엇을 의미하는가에 대한 합의가 없을 뿐 아니라 다문화주의를 표방한 정책들이 사회정치적 통합을 명분으로 실제 기존 권력에 의한 지배관계를 유지하기 위해 이주자들을 사회공간적으로 주변화시키고 있다는 점이 지적되기도 한다(최병두, 2009; 최선영, 2022). 사실 다문화주의는 여러 이론적 전통이나 배경 속에서 다양하게 정의되고 있으며, 때로 대립적인 입장들(예로 자유주의와 공동체주의) 간에 논쟁을 유발하기도 했다. 또한 서구 사회에서 그동안 시행되었던 다문화주의 정책이 실패했다는 점이 부각되면서, 그 원인과 새로운 정책(예로 상호문화주의)에 대한 논의들도 활발하게 전개되어왔다.

이와 같이 다문화주의는 동화주의나 차별적 배제주의를 반대하면서 인종이나 문화의 차이로 차별화된 소수집단들의 정체성이나 권리를 강조한다는 점에서 유의성을 가짐에도 불구하고, 이론적·정책적 한계에 봉착함에 따라, 다문화사회의 윤리를 위한 다양한 대안적 개념들이 논의되게 된 것이다. 예로, 관용, 인정, 환대, 시민성의 개념들이 기존의 다문화주의와 일정한 관계를 가지면서도 그 한계를 넘어서거나 또는 완화시킬 수 있는 대안으로 제시되고 있다. 관용(Tolerance)의 개념은 자유주의적 다문화주의에서 차이에 대한 대응 방식으로 새롭게 재론되고 있으며, 인정(Recognition)의 개념은 공동체주의적 다문화주의의 연장선상에서 대안적 개념으로 이해되기도 한다. 인정(Recognition)의 개념도 여러 철학적 배경을 가지지만, 공통적으로 다문화사회의 윤리는 타자에 대한 무시와 억압을 비판적으로 성찰하고, 나아가 집단들 간 다양성과 차이에 대한 상호인정을 전제로 '인정의 정의'를 추구하며 이를 실현하기 위한 '인정의 정치'를 실천하고자 한다.

그러나 인정의 개념에 바탕을 둔 다문화주의는 문화적 측면에서 소수집단의 정체성과 가치관, 생활양식 등을 강조하지만, 물질적 차이(사회경제적 차별)를 해소하기 위한 재분배의 문제를 간과하고 있다는 점이 지적되었다. 그뿐만 아니라 인정의 개념에 근거한 다문화주의는 초국적 이주의 문제가 지구화 과정에서 새롭게 제기되는 보편적 권리와 국가 주권 간에 발생하는 긴장과 갈등에 기인한다는 점을 제대로 파악할 수 없다. 이러한 점에서 세계시민주의(Cosmopolitanism)에 바탕을 둔 환대(Hospitality)의 개념이 대안으로 논의된다. 특히 칸트에 의하면 이주자가 가지는 환대의 권리는 인간의 보편적 권리와 특정 정치공동체로서 국가 주권 사이의 경계공간에서 발생하는 것으로 이해된다. 환대의 개념과 이 개념이 근거하는 세계시민주의 역시 논쟁적으로 논의되고 있다. 특히 공동체에 피해를 주지 않는 범위 내에서 이방인을 환대해야 한다는 칸트의 조건부 환대 개념과 타자의 자격을 따지지 않고 무조건 환대해야 한다는 데리다의 절대적 환대의 개념이 그러하다.

이와 같이 기존의 다문화주의에 대한 대안적 개념들 역시 논쟁적이며, 또한 일정한 한계를 내포하고 있다는 점에서, 또 다른 대안적 개념이나 이론이 요청되거나 또는 이에 관한 기존 논의들에서 간과된 측면들, 예로 공간적 측면에서 이들을 재검토할 필요가 제기된다. 이 장에서 우리는 다문화사회의 윤리와 관련된 다양한 개념들의 유의성을 고찰하는 한편, 기존의 논의들에서 간과되고 있는 지리적 또는 공간적 측면을 부각하고자 한다. 다문화사회로의 전환을 유발하는 초국적 이주와 체류는 기본적으로 국경을 가로지르는 지리적 이동과 다른 지역사회에서의 재정착, 그리고 국지적 일상생활과 더불어 초국적 네트워크의 다규모적 구축 등 여러 공간적 요소들을 내포하고 있다. 따라서 다문화사회의 윤리적 개념들도 분명 공간적 함의를 가지고 있음에도 불구하고 이에 관한 명시적 논의가 미흡했다는 점이 지적된다.

　이러한 점에서 우리는 이 장에서 다문화사회의 원활한 전환을 위한 윤리적 개념으로 다문화주의 및 세계시민주의에서 논의된 관용, 인정, 환대 등의 개념을 공간적 또는 지리학적 측면에서 재고찰하고자 한다. 특히 이러한 개념들이 가지는 철학·이론적 함의가 매우 포괄적이기 때문에, 이를 어느 정도 한정하기 위해 '시민성'*의 관점에서 이들이 가지는 유의성과 논쟁점들을 살펴보고자 한다. 외국인 이주자의 출입국 관리와 지역사회 정착 과정에서의 의무와 권리 등을 조건 짓는 시민성의 개념은 그 자체로 하나의 윤리적 요소가 될 수 있지만, 국가 시민성을 넘어서는 새로운 이주자 시민성의 개념을 정당화하기 위해 기존의 다문화주의와 세계시민주의에서 제시된 윤리적 개념들과 관련시켜 논의될 수 있다. 특히 이주자 시민성에 관한 새로운 개념은 공간적 측면을 보다 명시적으로 드러낸다는 점에서 다문화사회의 윤리를 구축하기 위한 담론화에 유의한 기여를 할 것이라고 주장된다.

---

*　'Citizenship'은 흔히 '시민권'으로 번역되지만[예로 킴리카(Will Kymlicka), 2010 참조], 단지 법·정치적 권리의 문제뿐만 아니라 정체성 등 사회문화적 측면을 포괄한다는 점에서 '시민성'으로 번역되기도 한다. 여기서는 권리와 관련될 경우 시민권으로, 사회문화적 측면에서는 시민성으로 혼용하고자 한다.

2.
다문화사회에서 관용과 인정

1) 다문화사회의 윤리로서 다문화주의

인종·문화적으로 상이한 외국인 이주자들의 급속한 유입과 이들의 사회(공간)적 혼합으로 촉진되는 다문화사회로의 전환은 기존의 가치체계나 사회질서가 근거했던 규범이나 윤리에 혼란을 초래하게 된다. 즉 다문화사회로의 전환은 상이한 정체성이나 생활양식을 가진 이주민과 기존 주민들 간 마찰과 소요 사태를 일으키면서, 그대로 방치할 경우 심각한 사회공간적 문제들을 유발할 가능성을 내재한다. 이러한 점에서 외국인 이주자들의 유입 국가는 이들의 정체성이나 문화를 가능한 한 통제하여 기존 사회에 포섭하거나 주변화시키고자 한다.

하지만 외국인 이주자의 입장에서 보면, 이들은 인종·문화적 차별과 더불어 저임금과 불법체류 등으로 인해 인권과 복지의 사각지대에 놓이게 되고 또한 모호한 소속감(또는 성원성)과 소외의식으로 인해 정신적 긴장과 갈등에 쉽게 노출되게 된다. 이로 인해, 서구 사회에서 흔히 발생하고 있는 것처럼, 외국인 이주자들을 위한 다문화주의 정책이 외형적으로 이들의 정체성과 문화를 인정하고 있는 것처럼 보이지만, 실제 외국인 이주자들은 이를 자신들을 통제하거나 방치하는 정책으로 간주하고, 이에 대해 불만과 심각한 소요사태를 유발하기도 한다. 이러한 점에서 서구의 다문화(주의) 정책은 실패한 것으로 평가되고, 새로운 정책 기반이 될 대안적 윤리의 재정립이 요청되고 있다.

　　윤리란 사회생활을 유지하기 위해 지켜야 할 규범이나 도덕의 본질을 의미하며, 일상생활에서 개인이 어떤 의사결정이나 행동을 수행하고자 할 때 판단의 근거가 되거나, 또는 타인의 행동을 판단하고 평가하기 위해 원용되는 가치체계를 의미한다. 고대 그리스-로마 시대부터 철학의 한 분야로 발달한 윤리학은 흔히 시공간을 초월한 보편적 가치체계의 추구와 관련된 것처럼 보이며, 오늘날에도 예로 데리다(Derrida)가 주장하는 무조건 환대의 개념처럼 현실세계에서 실현될 수 있는 가능성의 조건으로서 절대적 윤리가 제안될 수 있다. 하지만 현실세계에서 보편적 가치나 절대적 윤리의 완전한 실현은 불가능할 뿐 아니라, 철학적 전통 속에서도 하이데거(Heidegger)나 레비나스(Levinas)가 주장한 바와 같이 타자와의 윤리적 관계는 인간 삶의 시간성(그리고 공간성)과 더불어 성립하는 것으로 이해된다(문성원, 2011). 즉 윤리란 시공간적으로 구성되는 경험적 현상과는 다르지만, 인간 삶의 시공간적 조건 속에서 논의될 때 그 의미를 가지게 된다. 특히 초국적 이주는 상이한 윤리체계를 가진 국가나 지역의 경계를 가로지르는 지리적 이동과 이에 따른 삶의 배경의 사회적 및 시공간적 변화를 전제로 하며, 이에 따른 이주자의 삶과 다문화사회는 혼종성과 탈/재영토화의 관점에서 기존의 경계를 뛰어넘는 새로운 사회공간적 윤리를 요청한다고 하겠다.*

이와 같은 다문화사회의 윤리적 문제에 관심을 가진 많은 연구자들은 다양한 개념들을 제안하거나 새로운 개념들을 모색하고 있다. '다문화주의'는 다문화사회의 윤리적 문제뿐만 아니라 다문화사회로의 전환 과정에서 전개되는 외국인 이주정책의 규범적 성향(또는 모델)을 논의하기 위해 제시된 대표적 개념 또는 이론이다. 이에 관한 논의는 물론 다양한 철학적 전통 속에서 이루어져왔으며, 이로 인해 다문화주의는 매우 다양하게 개념화 또는 해석되고 있다. 그뿐만 아니라 다문화주의 이론이 가지는 유의성과 한계를 논의하는 과정에서 이와 관련된 여러 윤리적 개념들, 예로 관용, 인정, 환대 등의 개념이 관심을 끌고 있다. 다문화주의 및 이와 관련된 여러 개념들은 이론적으로 복잡하게 얽혀 있으며 다양한 철학적 전통 속에서 논쟁적으로 논의되고 있기 때문에, 제한된 지면에서 이들을 모두 깊이 있게 살펴보기는 어렵다. 이러한 문제점을 어느 정도 완화하기 위해, 이들을 '시민성'과 직·간접적으로 관련시켜 간략히 소개하는 한편 지리학적 관점에서 그 함의를 살펴보고자 한다.

시민성이란 좁은 의미의 시민권, 즉 특정 공동체의 구성원을 규정하는 일단의 권리와 의무(책임)와 관련되지만, 최근에는 이를 단순히 정치적 측면에서 나아가 사회문화적이고 실천적으로 규정하고자 한다(조철기, 2015). 전통적 의미에서 시민성은 국가 시민성, 즉 모든 국민들이 공통적으로 가지는 권리 및 의무와 관련된다. 통일된 정치공동체로서 근대 국민국가는 주권, 즉 일정한 영토 내에 거주하는 구성원으로서 국민들의 시민성

---

*　예로 최종렬(2009: 54)에 의하면, "오늘날 지역은 자기완결적인 폐쇄적 공간이 아니라 지구적인 것과 연계되어 있어 지역적인 것과 지구적인 것을 더 이상 구분하는 것이 어려워지게 된 지구 지방화된(Glocalized) 네트워크"라는 점이 강조되며, 이러한 지구 지방화된 세계 속에서 초국적 이주자들의 탈영토화와 재영토화의 관점에서 다문화주의를 새롭게 이해해야 한다고 주장한다. 그의 연구는 공간의 다규모성을 간과하지만 공간적 관점에서 다문화주의를 이해하고자 한다는 점에서 유의하다고 하겠다.

을 관리·통제하는 권한을 가지며, 국민들은 자신의 정치적 소속과 자격으로서 국적과 이에 따른 권리 및 의무를 가지게 된다. 그러나 시민성이란 단순히 '시민의 의무와 권리'라는 좁은 의미가 아니라 보다 넓게 시민적 정체성이나 시민다운 덕성 등을 포괄하는 개념으로 이해될 수 있다. 특히 오늘날 지구화 과정에서 국민국가의 주권과 영토성이 완화되고, 인종·문화적으로 상이한 외국인 이주자들의 유입이 증대함에 따라, 시민성은 국가적 차원에서의 정치적 문제를 넘어서 보다 포괄적이고 복잡한 문제를 내포하는 개념이 되고 있다. 다문화주의를 둘러싼 논의는 이러한 시민성의 개념 규정을 위한 주요한 이론적 배경이 되며, 또한 킴리카(Kymlicka, W, 2005: 307)가 주장하는 것처럼 시민성은 여러 갈래의 다문화주의에 관한 논의들을 비교·통합하는 요소가 될 수 있다.

다문화주의는 기본적으로 한 사회에 존재하는 상이한 소수집단들의 다양성과 차이를 규범적으로 인식하고 대응함으로써 사회적 통합을 이루고자 하는 이념이나 정책의 바탕이 되고 있다. 다문화주의는 1960년대 말 서구 사회에서 시민권 운동이 전개되는 과정에서 다인종적 사회구성을 둘러싸고 소수인종의 정체성과 권리를 어떻게 설정할 것인가를 둘러싸고 논의되기 시작했다. 그 이후 다문화주의는 서구 사회에서 인종이나 민족뿐만 아니라 계층, 젠더, 성 등과 같은 사회적 범주화에 따른 소수집단들의 사회공간적 문제가 표면화되면서 보다 활발하게 논의되게 되었다 (Kymlicka, 2010). 다문화주의는 흔히 다양한 문화적 주체들 또는 소수자들이 자신의 고유한 생활양식과 정체성을 가지고 삶을 영위할 수 있는 자유와 권리를 보장해야 한다는 점에서 강조되어왔다. 우리나라에서도 이 개념은 1990년대 이후 외국인 이주자가 증가하고 이들이 미치는 사회공간적 영향이 확대하게 됨에 따라 이에 대처하기 위한 정책·학술적 용어로 도입되었다(오경석, 2007). 이러한 다문화주의는 이전의 단일문화 단일민족을 추구하는 동화주의나 차별적 배제의 관점에 대한 대안으로, 소수집단(특히 외국인 이주자)의 권리와 정체성을 인정하기 위한 학문적 논의뿐 아니라 이들과 관련된 정책을 수립하기 위한 기본적 성향이나 지침의 한 유형으로 자리를 잡게 되었다.

그러나 다문화주의의 철학적 배경이나 개념 정의 및 정치적 지향은 상당히 다르며, 때로는 같은 용어로 반대되는 의미를 드러내기도 한다. 이러한 점에서 다문화주의는 근대 국가체제 '이후'의 탈전통적인 사회 공동체의 구성을 전망하는 철학, 이론, 사회 운동론을 아우르는 키워드라고 할 수 있지만, 지극히 논쟁적인 개념으로 이해되고 있다(오경석, 2007: 25). 특히 학술적 측면에서 다문화주의의 개념이 이를 논의하는 철학적 및 사회 이론적 배경에 의해 매우 다양한 의미를 가지게 됨에 따라, 이 의미들을 구분하기 위한 다문화주의의 유형화가 여러 학자들에 의해 시도되었다.* 이와 같이 다양하게 유형화될 수 있음을 전제로, 다문화주의는 정치 철학적 전통에 근거하여 〈표 3-1〉과 같이 기본적으로 자유주의적 다문화주의와 공동체주의적 다문화주의로 구분될 수 있다(김남준, 2008; 손철성, 2008 등 참조).

---

*   예로, 구견서(2003)는 다문화주의를 자유주의적 다원주의, 조합주의적 다원주의, 급진적 다원주의, 연방제 다원주의, 분리 독립 다원주의 등으로 구분할 수 있다고 주장한다. 강휘원(2006)은 관련 정책 유형에 따라 자유주의적 다문화주의, 조합적 다문화주의, 급진적 다문화주의 등으로 나눈다. 또한 정책 모형으로서 다문화주의를 동화주의와 차별적 배제 모형과 구분한 마르티엘로(Martiniello, M. 2002)에 의하면, 다문화주의는 온건한 다문화주의, 정치적 다문화주의, 강경한 다문화주의로 구분된다. 이와 유사한 맥락에서 조철기(2016)는 시민성의 유형을 자유주의, 공화주의, 탈세계 시민주의 등으로 구분한다. 다른 한편, 한승준(2008)은 다문화주의에 관한 논의를 공간적 측면에서 구분하여, 세계적 차원, 지역적 차원(예로 유럽 통합), 그리고 국내적 차원으로 유형화한다.

<표 3-1> 다문화주의의 정치철학적 유형 구분

구분	주요 특성	차이 대응	주요 학자
자유주의적 다문화주의	자유, 평등의 보편적 가치와 권리 존중(공동체와 분리된 개인의 특성 불인정), 모든 소수자들은 보편적 인권과 가치를 향유, 집단적으로 차등화된 시민권 인정	차등원칙, 관용	롤스(J. Rawls), 킴리카(W. Kymlicka)
공동체주의적 다문화주의	소수집단의 권리 인정 및 보호(개인이 아니라 집단이 고유의 정체성 가짐), 소수집단의 문화와 정체성 존중, 문화적 공동체의 자립성과 다문화적 시민성 강조	상호인정, 인정투쟁	테일러(C. Taylor), 호네트(A. Honneth)

물론 이러한 구분에서 각 유형의 다문화주의 개념은 다시 세분될 수 있으며, 또한 각 유형에 속하는 이론가들이라고 할지라도 각각 나름대로 그 특성을 가진다. 그뿐만 아니라 기존의 정치 철학적 틀에 근거한 이러한 이분법적 구분에서 벗어나기 위해, 예로 전형권(2014: 252)은 "기존의 정치 사상적 프레임보다는 인정, 정의, 소통과 같은 새로운 다문화적 쟁점을 준거"로 재유형화할 필요가 있음을 강조하기도 한다. 또한 예로 자유주의적 다문화주의의 대표적 이론가라고 할 수 있는 킴리카의 주장에 관한 집중적 검토(예로, 최종렬, 2014; 김병곤·김민수, 2015 등) 또는 공동체주의의 입장에서 관용에 관한 이해(이용재, 2010; 김선규, 2015 등), 공동체주의적 다문화주의의 연장 선상에서 호네트의 인정투쟁 개념에 관한 고찰과 같이 특정 다문화주의적 이론의 의의와 한계가 연구되기도 했다(문성훈, 2011).* 나아가 기존의 다문화주의 개념에서 벗어나, 예로 세계시민주의와 데리다의 환대 개념을 다문화사회의 새로운 윤리 개념이 논의되기도 한다(최병두, 2012; 김종훈, 2016 등). 그

---

* 특히 문성훈(2011)은 책임, 관용, 환대와 같은 윤리적 입장들이 "타자에 대한 폭력의 근원인 주체-객체라는 주관주의[적 이분법]의 틀을 벗어나지 못하고 있다는 점에서 한계를 갖는다"고 주장하고, 그 "대안으로 상호주관주의적 입장을 전제로 한 타자에 대한 인정"을 제시하고 있다.

외에도 다문화주의에 관한 기존 논의에서 자유주의와 탈자유주의, 그리고 공동체주의와 탈공동체주의가 혼종되어 있으며, 이러한 점에서 상호 대화와 상호인정이라는 쌍(또는 다)방향적 개방성으로 견지하면서 상호문화성과 상호정체성을 현실화하는 대안이 필요하다고 주장되기도 한다(이정은, 2017).

이러한 점에서, 자유주의적 다문화주의와 공동체주의적 다문화주의에 관한 좀 더 심도깊은 논의에 들어가기 전에 다문화주의와 상호문화주의의 연속적 변화과정과 차이를 간략히 살펴볼 수 있다. 상호문화주의는 다문화주의와 마찬가지로 사회구성에서 인종·문화적 다양성을 강조하지만, 다문화주의가 이러한 다양성을 어떻게 함양하고 실천할 것인가의 문제를 간과하고 외국인 이주자들의 사회적 주변화와 공간적 분리를 조장하거나 방치했다고 비판한다. 대신 상호문화주의는 이러한 사회공간적 격리를 극복하고, 문화·인종적 다양성의 의미를 적극적으로 실천하기 위한 방안들, 예로 상호행동(접촉 또는 만남)의 장려와 이를 위한 공적 공간의 활성화 등을 강조한다. 상호문화주의의 등장은 현실적으로 신자유주의적 지구화와 국가 역할의 위축(특히 복지분야)으로 인해 외국인 이주정책이 동화주의나 차별적 배제 전략으로 후퇴하는 조짐을 보이면서, 다문화주의 정책이 실패 또는 퇴조한 것과 관련된다.

현실 사회에서 상호문화주의 정책은 국가적으로 영국적 정체성이 강한 캐나다에서 프랑스 문화와 정체성을 가진 퀘벡주에서 외국인 이주자들에 대한 다규모적 정책으로 시작했으며(고종환, 2020; Safdar et al., 2023), 유럽통합 이후 유럽연합은 이러한 상호문화주의를 회원국들에 확산시키고, 이를 정책적으로 실행하도록 상호문화정책, 특히 상호문화도시 프로그램을 개발하여 시행하고 있다(최병두, 2014). 상호문화주의는 여러 이론·윤리적 논의들에 의해 뒷받침될 수 있으며, 특히 상호주관성(최재식, 2017)이나 상호인정의 개념과 밀접한 관계를 가진다(이정은, 2017; 김정현, 2017). 이러한 점에서 일단 기존의 정치철학적 전통에 바탕을 둔 자유주의적 다문화주의와 공동체주의적 다문화주의를 간략히 살펴보고, 나아가 관용, 인정, 환대의 개념 등이 다문화사회의 윤리로서 시민성의 설정에 어떻게 기여하고 또한 한계를 가지는가를 논의하고자 한다.

2) 자유주의적 다문화주의와 관용

우선 자유주의적 다문화주의에 의하면, 모든 개인은 동등한 권리와 자유를 가진다. 따라서 인종과 문화가 다른 외국인 이주자라고 할지라도 보편적 권리와 자유가 보장되어야 한다고 본다. 자유주의적 다문화주의는 계몽주의적 입장에서 근대성이 성취한 두 원리, 즉 자유와 평등의 원리를 국민국가에 의해 배제되어왔던 소수집단들에게 확대하고자 한다. 여기서 이러한 자유와 평등 원칙의 적용은 보편적이기 때문에, 개인이 지닌 고유한 가치가 무엇이든 사람들은 이러한 보편·규범적 원칙을 따라야 한다고 주장된다. 이러한 주장은 공동체로부터 해방된 원자적 개인을 가정하며, 출신 성분과 무관하게 모든 개인은 권리를 보장받아야 함을 의미한다. 이와 같이 개인의 권리를 보장하는 것은 타자의 입장에서 보면, 관용으로 간주된다. 여기서 관용은 강자의 윤리 또는 통치권자의 시혜라기보다는 자신의 신념을 포기하지 않으면서 타자의 차이와 다양성을 수용하는 자세를 의미한다. 이러한 자유주의적 다문화주의의 개념화에 영향을 미쳤거나 직접 주창한 대표적인 학자는 롤스(John Rawls), 킴리카 등이다.

　롤스(2003)의 자유주의적 정의론은 복잡한 논리구조를 가지고 있지만, 기본적으로 '원초적 입장'에 있는 계약당사자들이 사회적 기본가치로서 정의의 원칙을 합의함에 있어 '평등한 자유'의 원칙(제1의 원칙)과 '차등의 원칙'(제2의 원칙)을 선택하게 된다는 주장에서 출발한다. 원초적 입장에서 사회 구성원들은 자신의 재능, 지위, 정체성을 알지 못하는 '무지의 베일' 이면에 있으며, 이들은 자신의 이익을 극대화하고 타인의 이해관계에 대해서는 상호무관심한 합리적 존재로 설정된다. 이러한 원초적 입장에서 각 개인은 평등한 기본적 자유와 권리를 가지지만(제1원칙), 최소수혜자에게 최대의 이익이 될 경우 불평등이 허용된다는 점(제2원칙)에 합의하게 된다. 이러한 롤스의 정의론을 다문화주의의 개념화에 원용하면, 인종, 젠더, 성 등에 의한 사회적 소수자들(개인 또는 집단)에 대한 자의적인 차별이나 불이익은 불공정하며, 따라서 보상을 받거나 제거되어야 한다. 달리 말해, 외국인 이주자들도 평등한 기본적 자유와 권리를 가지며, 또한 이들과 원주민들 간에 차등을 두는 것은 이들의 이익을 최대화함으로써 사회 전체의 발전과 정의의 실현에 기여할 수 있다는 점에서 정당화된다.

　킴리카(2010)에 의하면, 다문화주의는 "자유민주주의에 대한 광범위한 합의와 지지가 선결된 조건에서 다양한 문화적 주체들의 특수한 삶의 권리에 대한 제도적 보장"으로 정의된다. 전통적으로 자유주의는 정치철학의 관점에서 논의되지만, 킴리카는 문화적 관점에서 문화적 다원성이 보장되는 상황에서 개인의 자율성 보장을 전제로 권리와 책임에 따른 삶을 제도적으로 보장하는 사회를 정당화할 수 있는 자유주의적 논리를 구축하고자 한다. 특히 그는 개인주의적 권리와 자격이라는 자유주의적 이념에 바탕을 두고 시민권을 개념화하면서, 소수자 집단에게 보편적 시민권을 넘어서는 차별화된 권리를 부여할 수 있다고 주장한다(Kymlicka, 2005: 471-475). 즉 사람들이 각자 자신의 방식으로 문화적 정체성을 유지하는 것은 매우 중요한 일이며, 이를 위해 소수자 집단에게 특별한 권리를 부여하는 것은 자유주의 원칙에 어긋나지 않는다고 말한다(손철성, 2008: 16). 이러한 점에서 킴리카는 시민권을 보편성에 기초한 개념, 즉 '공통적 시민권(Common Rights of Citizenship)'이 아니라 본질적으로 집단-차별적 시민권'(Group-Differentiated Citizenship)으로 이해한다. 킴리카는 이러한 집단 차별적인 시민권의 개념과 관련하여 롤스의 '차등의 원칙'을 거론하기보다 영(Young)이 명명한 '차등적 시민권'과 같은 어떤 형식이 요구된다고 주장한다. 그러나 "차등적 시민권을 통해서 이러한 사회적 소수집단의 사람들을 공통의 국민문화로 수용하는 것이 최선의 방법"(Kymlicka, 2005: 458)이라는 주장은 롤스의 '차등의 원칙'과 유사한 맥락에서 이해될 수 있다.

롤스의 정의론이나 킴리카의 다문화주의는 자유주의적 전통의 연장선상에 있지만, 순수한 의미의 자유주의에서 상당히 '완화된' 이론이라고 할 수 있다. 전통적 의미에서 자유주의는 자유와 평등이라는 보편적 권리를 강조하며, 따라서 외국인 이주자들이 보편적 인권을 누려야 한다는 점을 정당화할 수 있지만, 이들이 왜 집단적으로 차등적인 특별 대우를 받아야 하는가를 설명할 수 없다. 그러나 롤스나 킴리카에 의하면, 외국인 이주자를 포함하여 사회적 소수자들은 보편적인 자유와 권리를 가질 뿐 아니라, 이들이 사회적 차별을 받는 것은 불공정하며, 따라서 이들에게 차별적 권리를 부여하는 것은 부정의한 것이 아니라 자유주의의 원칙과 부합한다. 즉 다문화주의와 관련된 이들의 주장은 다문화주의에서 전제되는 개인이나 집단들 간의 차이에 대응하기 위해 자유주의적 전통에서 강조되는 보편적 자유와 권리를 어떻게 재개념화할 것인가에 관한 의문을 논의한 것이라고 할 수 있다. 그러나 이들의 주장이 소수집단의 구성원들이 전체 공동체의 다수 구성원들과는 달리 하위 집단적으로 특수한 형태의 지위와 정체성을 가지며, 따라서 이들을 차별적으로 대우하고 차등화된 시민권을 부여해야 한다는 점을 정당화하는 데 아무런 문제점이나 한계가 없는 것은 아니다.

롤스나 킴리카의 이론은 많은 연구자들에 의해 검토되고 그 문제점이나 한계들이 지적되었지만, 공간적 (또는 지리학적) 관점에서 이들의 이론을 재검토해볼 수 있다. 예로, 롤스의 자유주의적 정의론에 대한 비판으로 자유주의-공동체주의 논쟁을 불러일으켰던 샌델(Sandel, 1992)에 의하면, 롤스적 자아는 어떤 의도나 목적에 선행하여 독립적으로 존재하는 '무연고적 자아(Unencumbered Self)'라는 점이 지적된다. 즉 무지의 베일 뒤에 있는 자아의 정체성은 아무런 의도나 목적을 가지지 않으며, 따라서 내가 누구인가 또는 내가 무엇에 가치를 두는가 등에 대해 아무런 의식을 가지지 않는 존재로 간주된다. 그러나 샌델이 주장하는 바와 같이, 현실적으로 인간은 태어나면서부터 사회(또는 어떤 정치공동체)의 한 구성원이며, 이로인해 '무연고적 자아'가 아니라 한 사회 내에 시공간적으로 처한 '상황적 자아(Situated Self)'의 특성을 갖고 있다. 만약 롤스의 입장에 따르면, 국가와 같은 어떤 공동체는 상호무관심한 개인들이 자신의 이익을 위해 상호 협동사업을 벌이는 '우연적 공간'에 불과하게 된다(김남준, 2008: 157). 이러한 우연적 공간에서 무연고적 자아가 자신과 무관한 다른 사람들에게 어떤 종류의 의무를 갖거나 또는 그들과 이익을 재분배하려고 하지 않을 것이다. 이러한 점에서 롤스의 정의론에서 제2원칙, 즉 차등의 원칙은 사실 인간은 무연고적 자아 이상의 존재로서 자신의 이익뿐 아니라 사회전체의 이익에 관심을 가지고 다른 구성원들의 이익과 운명에 개입하고자 한다는 점을 함의한다.

다른 한편, 킴리카는 기존의 자유주의 이론들과는 달리, 문화가 개인에게 의미 있는 선택지를 제공할 뿐만 아니라 자아정체성을 형성하는데도 핵심적 역할을 한다는 점을 인정한다. 그러나 그의 다문화주의는 기본적으로 개인의 보편적 자유와 평등에 대한 광범위한 합의와 지지가 선결된 조건을 전제로 '주체들의 특수한 삶의 권리' 보장을 추구한다는 점에서 여전히 자유주의적 다문화주의를 추구하며, 이러한 점에서 공동체주의적 다문화주의와는 구분된다. 그렇지만 킴리카의 다문화주의적 시민권 개념은 이주민의 시민권을 효과적으로 다루지 못하고 있다는 점이 지적된다. 왜냐하면, 우선 그는 오늘날 초국적 이주가 국제적 자원 배분이 개선되면 점차 사라지게 될 것이라는 입장을 가지고 있기 때문이다.* 또한 그에 의하면, 이주자 시민권은 기본적으로 국민국가라는 정치적 공동체를 전제로 하며, 오늘날 발생하는 초국적 이주 문제는 기존의 영토적 경계와 국민국가라는 정치적 틀 내에서 관리될 문제로 간주된다. 즉 킴리카의 입장은 초국적 이주의 탈국가적 맥락을 간과하고, "민족[국민]국가라는 정치적 단위가 여전히 최종적인 문제 해결의 장소이고, 자유와 정의와 같은 자유주의적 가치의 담지체"라고 생각한다(김병곤·김민수, 2015: 308).

킴리카에 의하면, 집단-차별적 권리를 뒷받침하는 개념은 관용이다. 관용이란 넓은 의미로 타자에 대한 배려를 의미하며, 자신의 가치관이나 정체성과 다르더라도 타자의 권리를 용인하거나 존중하는 태도로 표현된다(김남준, 2008). 이러한 관용은 약자에 대한 관대함에 그치는 것이 아니라

---

* 즉 킴리카(2010: 203)에 의하면, "나는 만약 국제적 자원분배가 정의롭다면, 이민자들은 새로운 나라에서 그들의 사회 고유문화를 재창조하기 위한 요구를 할 타당한 정당성을 가질 수 없을 것이라고 생각한다. 그러나 국제적 자원 분배가 정의롭지 못하다면, 이러한 부정의가 바로잡힐 때까지는 아마도 빈국에서 온 이민자들은 더 강력한 요구를 할 수 있을 것이다. 반면에, 유일한 장기적 해결책은 정의롭지 못한 국제적 자원 분배를 개선하는 것뿐이다."

자기중심주의를 포기하고 싫어하거나 미워하는 타자의 자연적 권리를 인정하는 것이다(이용재, 2010). 킴리카는 집단의 특수한 권리의 목적이 '내부적 제재'인지 아니면 '외부적 보호'인지를 구분하고, 후자의 관점에서 자유주의적 다문화주의를 정당화하면서 이를 관용의 개념과 관련시킨다(Kymlicka, 2010, 제8장). 여기서 '내부적 제재'란 구성원 개인의 기본적인 시민·정치적 권리를 제한하려는 소수집단 문화의 요구를 의미하며, '외부적 보호'란 전체 사회의 결정에 대한 소수집단의 취약성을 축소시킬 목적으로 시행된다(Kymlicka, 2010: 313). 킴리카에 의하면, 인종차별정책과 같이 한 집단이 다른 집단을 억압·착취하는 권리를 수용할 수 없지만, 특정 집단 구성원들의 불이익이나 취약성을 완화시키고 집단들 간 평등을 향상시킬 목적의 외부적 보호는 정당성을 가진다(김선규, 2015). 달리 말해, 비자유주의적 방식으로 사회고유문화를 유지하려는 내부적 제재는 자유주의의 원리와 부합할 수 없으며, 외부적 보호를 위한 관용은 자유주의적 가치들과 모순되지 않는다고 주장된다.

이러한 킴리카의 주장에 따르면, 관용은 문화적 정체성 유지와 연관된 모든 요구에 적용되지 않는다는 점, 즉 내부적 제재에는 적용될 수 없으며 단지 외부적 보호에만 한정되며, 이를 평가하기 위해 관용을 위한 보편적 기준이 필요하다는 점이 강조된다. 이러한 제한적 관용의 개념은 자유주의적인 보편적 가치를 중시하면서도 집단의 특수한 권리를 보장해주는 것으로 간주된다. 그러나 이러한 제한된 관용의 원리는 자유주의가 추구하는 보편주의 또는 가치중립성의 원칙과는 대립된다는 주장은 제외하고라도, 여전히 자아정체성의 문제와 문화적 상대주의에 빠질 수 있다(김남준, 2008). 예로, 자신이 옳다고 확신하는 가치관이나 신념에서 볼 때 도덕적으로 옳지 않다고 생각되는 것을 관용한다면, 이는 관용이라기보다 타자의 가치관이나 신념에 무관심하거나 또는 자신의 정체성을 약화시키는 것이며, 결국 자신의 도덕적 평가나 판단을 무의미하게 만드는 상대주의에 빠질 수 있다. 이러한 점에서 "자유주의에서 일반적으로 채택하고 있는 문화 중립성은 '선의의 무관심'이라는 개념과 밀접한 연관성"이 있지만, "문화의 근원성을 인정하는 '다문화주의'와 문화 중립성 내지는 '반문화주의'를 표현하고 있는 선의의 무관심은 양립"할 수 없기 때문에 "자유주의 내에서 선의의 무관심이라는 개념"은 "한계와 문제점"을 가진다고 주장된다(김선규, 2015). 이를 인식한 킴리카는 관용의 한계를 설정하면서, 자발적 선택권(즉 자율성)과 같은 보편적 권리를 중시하지만, 자신이 인정하는 것처럼 관용과 자율성 중 어느 쪽이 더 근본적인 가치인지를 명확하게 규정하지 않는다.

킴리카가 자유주의적 다문화주의를 뒷받침하기 위해 제시한 관용의 개념에서 또 다른 문제는 '내부적 제재'와 '외부적 보호'를 구분하는 문제, 즉 집단의 내부와 외부를 규정하는 안과 밖의 구분 문제다. 예로, 어떤 (소수)집단(인디언 부족집단 또는 이슬람 종교집단)이 내적으로 여성의 교육이나 투표권을 제한할 경우, 외부의 다른 집단이 이 소수집단의 내적 제재를 부정의한 것으로 판단하고 이에 개입하는 것이 정당한가의 문제가 발생할 수 있다. 이러한 사례는 킴리카(2000: 313)의 주장, 즉 소수집단 내의 자유와 (소수와 다수) 집단들 간 평등의 원칙이 적용되기 어려운 딜레마가 초래될 수 있음을 보여준다. 이러한 딜레마는 킴리카의 관용 개념이 집단들이 사회공간적으로 다규모적으로 구성된다는 사실을 간과하기 때문에 초래된 것이라 할 수 있다. 다수집단이 소수집단의 내부에서 이루어지는 어떤 행위에 대해 부정의하다고 평가할 수는 있겠지만, 이에 대한 개입은 이 집단들이 평등한 관계에서 이러한 행위가 부정의하다는 합의를 전제로 한다. 그러나 소수집단이 내적으로 이러한 행위를 지속하고자 하는 한, 이러한 행위가 부정의하다고 합의하는 것은 불가능하거나 모순적이다.

　이러한 문제와 관련하여, 공동체주의적 관점에서 관용을 논의한 마이클 왈쩌(Michael Walzer)는 문화적 상대주의의 딜레마를 피하기 위해 '시민적 최소주의'로서 모든 공동체가 준수해야 할 대략적인 보편적 원칙이 필요하다고 주장한다(손철성, 2008). 왈쩌에 의하면 이주자 자녀의 계승어 교육과 같이 하위 공동체(이주자 집단)의 문화 재생산 교육과 사회 전체적 통합을 추구하는 국가와 같은 상위공동체의 문화적 재생산 교육 간에 대립과 갈등을 낳을 수 있기 때문에, 문화적 권리를 어디까지 수용할 것인가라는 관용의 문제가 발생한다. 이러한 문제를 해결하기 위해, 그는 집단의 다원주의적 분화가 필요하다고 주장한다. 왜냐하면 집단의 다원주의는 관용의 정신을 강화하는데 도움을 줄 뿐 아니라 하위 공동체(이주자 집단)에 대한 적극적인 참여와 관심 증가는 상위 공동체(예로 국가)에 대한 참여와 관심 증가로 이어질 수 있기 때문이다(Walzer, 2004: 171).

　왈쩌가 제시한 집단의 다원주의화는 현대 사회에서 정치, 경제, 사회, 문화 영역의 확장과 이에 따른 각 영역에서의 새로운 가치관의 형성과 관련된다. 이용재(2010: 23)의 해석에 의하면, "영역의 확장은 가치관의 확대를 가져오며, 가치관의 확대는 새롭게 자유로운 공간을 지속적으로 생성함으로써 전반적 사회진보의 속도를 촉진할 수 있다. 오늘날 관용은 이러한 영역의 생성 및 확장과 밀접한 관계를 가진다. 즉 영역이 확장된다고 할지라도 영역들 간에는 경계가 존재하지만, 이 경계들은 다중적 교차로 인해 점차 흐려지며, 이로 인해 안과 밖, 자아와 타자, 포섭할 자와 포섭낭해야 하는 자가 불분명해진다. 이러한 경계의 이완 또는 다중적 교차는 오늘날 관용이 작동할 수 있는 가능성을 확대시켜준다." 이와 같이 왈쩌의 관용 개념은 "개인주의가 확산되고 공동체가 해체되고, 사회가 급변하는 시대상황에서 정치적 실천을 이끌어내고 함께 공존할 수 있는 새로운 공간을 형성할 수 있는 유력한 대안"으로 강조될 수 있다. 그러나 이러한 왈쩌의 주장도 영역의 확장과 다원화로 인해 안과 밖의 경계가 불분명해졌다고 할지라도, 영역 간의 관계가 어떻게 설정되어야 할 것인가(나아가 어떻게 중층적으로 구성되어 있는가)에 대한 설명을 남겨두고 있다

관용은 기본적으로 개인의 자유와 평등에서 출발한다는 점에서 자유주의적 개념이다. 자유주의는 개인의 자율성과 국가의 중립성을 전제로 다양한 가치들의 공존을 수용하기 위해 '관용의 정치'를 지향한다(김남준, 2008: 15). 이용재(2010)가 주장하는 바와 같이 오늘날 관용의 개념은 개인들 간 힘의 불균형, 소극적 불간섭, 시혜적 성격 등에 따라 다양성을 단일성으로 포섭하거나 타협하고자 하는 강자의 사회적 구성 형식(소극·구성적 관용 개념)에서 나아가, 평등한 관계, 적극적 간섭, 호혜적 성격 등에 따라 다양성이 공존하면서 사회 동력이 지속적으로 생성되는 사회적 통합 형식(적극·통합적 관용 개념)으로 이해될 수 있다. 그러나 이러한 관용의 재인식이 정치적 실천을 이끌어내고, 공존할 수 있는 자유로운 공간을 생성할 수 있는 한 방안이 될 수는 있겠지만, 유력한 대안이라고 주장하기는 한계를 가진다. 이러한 다문화사회의 윤리에 관한 많은 연구자들은 자유주의적 관용의 개념에서 공동체주의적 다문화주의에서 강조하는 인정의 개념으로 전환하거나 다문화주의를 넘어서는 세계시민주의의 환대(특히 데리다의 무조건적 환대)의 개념으로 나아갈 것을 요청하고 있다.

3) 공동체주의적 다문화주의와 인정

공동체주의는 계몽주의 이후 오랜 정치철학적 전통 속에서 형성된 자유주의에 대한 비판과 대립적 관점에서 흔히 이해된다(Kymlicka, 2005 등 참조). 자유주의는 자율적이고 독립적인 개인을 전제로 이들의 기본적 권리와 책임을 중시한다. 즉 개인의 정체성이나 자아의 형성은 개인의 자율적인 선택에 의해 결정되어야 하며, 개인의 삶의 방향 설정이나 개인적 가치나 덕목의 선택에 국가가 개입해서는 안 된다는 점을 강조한다. 그러나 이러한 개인의 자율성과 국가의 불간섭 원칙은 사회통합의 문제와 더불어 소수집단의 권리 보장 문제를 제대로 대처할 수 없다는 점이 지적된다. 이러한 점에서 공동체주의는 개인의 자율성 원칙에 의문을 제기하며, 인간을 사회적 역할과 관계성에 연계된 존재로 이해한다. 이에 따라 공동체주의는 국가나 집단과 같은 공동체의 적극적인 역할과 연대감을 중시한다. 공동체주의는 자유주의에서 전제되는 개인의 자율성을 '원자론적' 또는 '무연고적' 자아관이라고 비판하고, 진정한 자아는 공동체의 전통이나 가치, 덕목, 역사, 사회적 책무 등을 적극적으로 고려하는 가운데 형성되어야 한다고 주장한다. 이러한 공동체주의의 관점에서 다문화주의를 이해하는 대표적인 학자는 테일러(Taylor)와 호네트 등이다.

자유주의와 공동체주의에 대한 이러한 비교로 보면, 다문화주의는 소수자 집단이 자신들의 정체성과 문화를 보호받을 권리가 있음을 강조하면서 차별화된 집단적 권리와 문화 공동체를 중시한다는 점에서 자유수의보다 공동체주의에 더 친화적일 것처럼 보인다(손철성, 2008). 그러나 앞서 논의한 바와 같이 자유주의적 입장의 킴리카 등은 자유주의가 다문화주의를 더 잘 포용할 수 있다고 주장한다. 물론 킴리카의 자유주의적 다문화주의는 순수한(또는 보다 엄격한) 자유주의보다는 많이 '완화된 자유주의'라고 할 수 있다(손철성, 2008). 그러나 다문화주의에 관한 논의들은 강조하고자 하는 논점들을 둘러싼 논쟁이 유발되기도 했다.* 예로 테일러와 같은 공동체주의자들은 원자론적 개인의 관념과 계약주의적 사회 구성 등 이른바 '자유주의적 기획'을 거부하고 개인의 자유와 평등의 보호, 민주적 연대성 등을 위한 공동체 문화의 중요성을 강조한다. 반면 킴리카와 같은 자유주의자들은 문화의 핵심적 역할은 개인의 자율적 삶을 구성할 수 있는 자원을 제공해주는 것이라고 역설한다.

이와 같이 자유주의와 공동체주의로 대별되는 다문화주의 논쟁은 다양한 쟁점들에 따라 논의될 수 있겠지만, 여기서는 특히 개인의 정체성과 자유, 권리 등에 관한 보편성과 (집단-차별적) 특수성에 각각 근거하여 관용과 인정 간의 개념적 구분과 연계성에 주목하고자 한다. 공동체주의자인 테일러(Taylor, 1997)는 보편적 이성이나 가치에 호소하기보다, 문화적으로 특정한 공동체의 가치가 더 실질적이라고 주장한다.** 즉 자유주의적 다문화주의가 내세우는 관용 담론은 개인의 보편적 정체성에 근거하기 때문에 사회 구성원들 간 상호 관심과 이에 바탕을 둔 집단적 정체성이나 사회 통합에 관한 논의에 부적절하다고 비판된다. 이러한 문제를 해소하기 위해 테일러는 개인이나 집단의 정체성의 확립에 전제가 되는 인정의 개념을 중시한다. 즉 한 개인의 정체성은 타자로부터 동등하고 가치 있는 존재로 인정받는 과정을 통해 획득되며, 이러한 점에서 주체와 객체 간에 진

---

* 다른 한편, 여러 논평가들은 이러한 다문화주의 자체에 대해 또 다른 관점들, 예로, 배리(Barry)의 자유주의적 평등주의(설한, 2014a)에서부터 지젝(Zizek)의 마르크스주의(최병두, 2009)에 이르기까지 다양한 관점들에서 비판을 제기하기도 했다.

** 이러한 점에서 테일러는 다문화주의 또는 상호문화주의를 이해하고자 할 때 이들이 특정 지역에서 선호되는 이유를 역사적 맥락에서 고찰할 필요가 있다는 점을 강조한다(김정현, 2017).

행되는 상호인정 과정으로서 '인정의 정치'가 강조된다. 인정의 정치란 개인이나 집단의 정체성이나 문화에 어떤 차이가 있든지 간에 그 차이를 인정하면서 자신의 정체성을 계발할 수 있는 기회의 균등성을 요구하는 것이다. 다문화주의의 쟁점에 관해, 테일러(Taylor, 1994: 38)는 인간의 동등한 존엄성을 지향하는 정치는 보편적 가치, 즉 자유, 권리 등을 보장하는 데 기여하고, 문화적 차이를 강조하는 정치는 역사·문화적 공동체에서 고유한 자아정체성(또는 우리-정체성)을 형성하는 데 기여한다고 요약한다.

　　이러한 테일러의 다문화주의는 다문화사회의 구성원들이 공존의 방법을 모색하기 위해 "우리는 어떻게 다문화사회에서 개인의 자유와 권리, 그리고 인간 존엄성의 존중이라는 보편성과 자아정체성의 근거가 되는 문화적 특수성(차이성)을 관계 지을 것이며, 더 나아가 차이와 자아정체성은 어떤 관계에 있는가?"라는 물음을 주제화시킨 것이라고 할 수 있다(김남준, 2008: 160). 테일러의 관점에서, 다문화주의를 위해 필요한 것은 자유주의로 대변되는 문화의 보편화와 차이에 대한 무관심 또는 관용이 아니라, 타자의 정체성과 타문화와의 차이에 대한 가치평가를 통한 인정이다.

　　그러나 김남준(2008: 161)이 지적한 바와 같이, 여러 연구자들은 이와 같은 테일러의 다문화주의 관점이 자유주의에 대한 반대라고 보기 어렵다고 주장한다. 예로 정미라(2005)는 다문화주의가 "보편성에 근거하고 있는 자유주의가 간과하고 있는 특수성의 권리에 대한 인정을 요구함으로써 오히려 자유주의가 지향하는 이념에 구체적 현실성을 부과"하는 것으로 이해한다. 사실 테일러 자신도 이러한 이해를 가능하게 하는 주장을 한 것처럼 보인다. 즉 그에 의하면, 인간은 당연히 받아야 할 인정의 복구를 지닌 존재이며, 문화의 동등한 가치에 대한 인정은 곧 인간의 평등함에 대한 인정이다(Taylor, 1997: 253; 전형권, 2014: 257). 그러나 이러한 주장에서 테일러가 강조하고자 하는 점은 인간은 당연히 서로 평등한 존재이지만, 이러한 평등성은 보편적으로 주어지는 것이 아니라 인정의 정치를 통해 실천적으로 획득되는 것이라는 점이라고 하겠다. 즉 인간사회의 보편적 이상은 합리적 이성이나 선험적 자아로 주어지는 것이 아니라 차별성(특수성)의 인정을 통해 보편성을 지향하는 정치적 실천을 통해 실현되는 것으로 이해되어야 할 것이다.

이러한 보편성과 특수성을 둘러싼 논쟁은 다문화주의에 관한 논쟁뿐만 아니라 서구 철학 및 사회이론 전반에 걸쳐 오래된 것이다. 자유주의자들은 전체 사회를 하나의 통합된 체계와 가치를 부여하는 보편성에 기초한 반면, 공동체주의자들은 개인의 자유와 평등은 보편적으로 주어지는 것이 아니라 개인들이 속해 있는 특정 공동체의 구성원들 간 합의에 의해 부여되는 것으로 이해한다. 특히 다문화주의와 관련된 이 논쟁은 근대 이후 형성된 국민국가의 기능이 최근 지구화 과정에서 점차 변화하면서 부각된 문제, 즉 정치적 공동체의 구성 범위와 이에 따른 시민성과 권리의 문제와도 관련된다. 자유주의적 다문화주의는 보편성을 강조함으로써 이주민과 원주민 간의 차이뿐만 아니라 지역·(국민)국가적 조건의 상이성을 간과하게 된다. 이러한 점에서 공동체주의적 다문화주의는 특정한 지역사회나 국가에서 구성되는 공동체를 전제함으로써 이주자(개인 및 집단)의 권리를 인정하고 공동체의 사회공간적 통합을 정당화할 수 있다고 주장한다. 그러나 이러한 공동체주의적 다문화주의는 흔히 기존의 정치공동체를 대표하는 국민국가 단위를 전제로 함으로써 오늘날 초국적 이주가 이루어지는 탈경계화 또는 탈영토화된 공간을 제대로 이해하지 못하는 한계를 가진다(최종렬, 2009). 이러한 점에서 초국적 이주자들이 처해 있는 특수성과 보편성 간의 관계에 관한 논의는 세계시민주의적 관점에서 제기된 환대의 개념화로 이어진다.

　다른 한편, 호네트의 인정의 개념은 테일러의 다문화주의나 영(Young, 1990)이 제시한 포스트모던 정의론*에서 나아가 마르크스와 헤겔까지 소급된다. 헤겔에 의하면, 인간의 역사는 '자아정체성을 상호인정하기 위한 주체들 간 투쟁의 역사'로 간파된다. 즉 호네트의 해석에 의하면, 헤겔은 "개인의 자유를 보장하기 위한 제도를 실천·정치적으로 관철하려는 사회 내적 동력이 바로 자신의 정체성을 상호적으로 인정받기 위한 주체들의 투쟁에서 비롯"된다고 생각했다(Honneth, 2011: 33). 여기서 인정이란 타자와의 대상적 관계 속에서 자신의 정체성을 획득하는 상호보완적 과정이며, 자아의식은 타자와의 상호보완적 행동의 구조 속에서 '인정을 위한 투쟁'의 결과로 이해된다.

　만약 이러한 투쟁에서 상호인정이 아니라 타자의 삶을 억누르고 거부하게 되면, 자아는 자기 삶의 불충분성, 즉 자신으로부터의 소외를 경험하게 된다. 즉 타자로부터 자신의 주체가 상호 인정되는 것은 단지 호의를 주고받는 것이 아니라 왜곡되지 않은 자아와 주체성을 확보하기 위한 필수적 조건이며 존재를 위한 절대적 요구로 이해된다. 이러한 사고는 마르크스(Karl Heinrich Marx)의 노동 개념에 암묵적으로 이어진다. 즉 노동은 노동의 대상이 자연뿐만 아니라 노동에 참여하는 사람들 간의 상호행위를 전제로 한 공동주체 간의 관계로 이해된다(Honneth, 2011: 272). 그러나 오늘날 자본의 지배하에서 소외된 노동은 이러한 상호인정을 상실했으며, 따라

---

*　테일러의 인정의 정치 개념은 인정의 개념에 근거한 영(Young, 1990)의 포스트모던 정의론과 유사하다. 영은 가부장적 억압과 같은 사회·문화적 억압을 극복하기 위해 차이에 대한 인정과 이를 위한 정치가 중요하다고 주장한다. 그녀의 주장에 의하면, 사회는 다양한 정체성을 가지는 이질적인 사람들로 구성되며, 이러한 '이질적 공중'이 자율성을 가지고 공적 영역에 참여할 수 있어야 하며, 이를 위해 차이의 정치 또는 인정의 정치가 중요하다고 강조된다.

서 자본의 지배로부터 벗어나기 위해 자연과의 관계에서뿐만 아니라 타자들과의 관계에서 상호인정의 회복이 필요하다는 점이 강조되고 있다.

이러한 점에서 다문화주의에 함의된 인정의 개념과 인정의 정치는 단순히 인종·문화적 차이의 승인에서 나아가 이러한 차이를 사회구조적으로 억압하는 기제에 대한 거부도 포함한다. 이러한 인정투쟁이 전개되고 이를 통해 형성된 공간은 '인정의 공간'으로 지칭될 수 있을 것이다. 이러한 인정의 공간은 서구 자본주의 발달과 근대성의 전개 과정에서 중요한 역할을 담당한 것으로 하버마스(Habermas)가 개념화한 '공적 영역(Public Sphere)'과 관련된다. 이러한 점에서 상호인정을 전제로 형성된 공간은 물신화된 자본주의 경제메커니즘과 근대 국민국가의 지배권력의 억압으로부터 벗어나기 위한 인정의 정치가 전개되는 장으로 이해될 수 있다.

최병두(2009)에 의하면, 이러한 인정의 공간 개념은 인정의 정치를 위한 공간적 특성을 규명할 수 있도록 한다. "첫째, 인정의 정치는 공적 영역과 사적 영역들 간 역(閾)공간(Liminal Space)[또는 사이공간(In-Between Space)]에서 등장하는 것으로 이해된다. 부분적으로 이는 인정을 위한 많은 투쟁들이 이두 가지 영역들 사이의 경계에 초점을 두고 있기 때문이다. 둘째, 인정의 정치운동은 국가와 제도 권력의 중심에서 떨어진 주변적 공간들에서 등장한다. 이 공간들은 국가와 자본주의적 힘이 느슨하게 조직된 곳으로, 빈민지역이나 인종적 공동체에서 흔히 제기된다. 셋째, 인정의 정치는 지구화된 세계에서 인종, 계급, 성의 차이에 기초한 사회적 배제를 해소하고 사회적 평등과 정의를 실현할 수 있는 윤리를 제공한다."

이처럼 인정의 개념과 인정의 정치에 기반한 다문화사회의 윤리는 공간적 측면에 대한 관심을 통해 보다 구체화된다. 물론 다문화사회의 윤리를 반영한 인정공간은 단순히 다문화적 이주자들이나 행위 주체들이 혼재되어 있다고 구축되는 것은 아니다. 인정공간은 공적 공간에 주체적으로 참여하여 문화적 차이에 따른 사회적 차별의 철폐를 주장하고, 나아가 상호주관적 관계를 통한 개인적 및 집단적 정체성의 상호인정을 요구하는 실천을 통해서만 형성되고, 유지될 수 있다. 이러한 점에서 김영옥(2010)은 언어소통의 문제만이 아니라 가부장적 전통문화와 신자유주의적 자본주의 체제하에서 결혼이주여성들은 자신의 정체성을 억압당하고 지속적인 고립과 사회적 불안을 겪을 확률이 높음을 지적하고, 상이한 국가 출신의 이주여성들과의 만남을 통해 '우리 이주여성'이라는 집단적 정체성을 구성해나가는 한편 지역사회 활동가와 시민사회 의제를 논의하고 신념을 공유함으로써 자아의식을 일깨우는 공간, 즉 '인정의 공간'의 구축이 중요함을 강조한다.

> "[이러한 인정의 공간]은 '이주여성'이나 '다문화 가정'이라는 기호의 해석을 독점하는 주류사회에 대항해 상징적·문화정치학적 투쟁이 벌어지는 공간이며, 구체적이고 물질적인 만남과 행위가 실천되는, 다시 말해 다문화적 태도가 학습되고 체화되는 장소이다. 모든 이주여성공동체가 이런 공간/장소가 될 수 있는 것은 아니다. 그러나 의식의 지향성과 심리적 애착이 동시에 뿌리내릴 수 있는 이런 공간/장소로 기능하는 이주여성 공동체는 결혼이주여성을 비롯해 이주민의 인정투쟁이 벌어지고 역량강화가 이루어지는 적합한 문화적·정치적 장이 될 수 있다."(김영옥, 2010: 31)

자유주의의 관점에서 볼 때 다문화공간이 아무리 보편적인 규범성을 함의하고 있다고 할지라도, 그리고 공동체주의의 관점에서 이러한 다문화공간이 근대 이후 국민국가의 개념으로 제도화되었다고 할지라도, 그 규범적 가치는 보편적으로 또는 국가에 의해 주어지는 것이 아니라 끊임없는 실천적 투쟁을 통해 생성되고 유지되어야 한다. 그렇지 않을 경우, 다문화공간과 이에 함의된 다문화주의는 초국적 자본과 제국적 권력 또는 자본주의 국가의 지배권력이 자신들의 이해관계를 실현하기 위한 공간으로 전락하게 된다.* 이와 같은 인정공간의 개념은 기존의 공동체주의적 다문화주의가 가지는 한계, 즉 어떤 정치적 공동체가 주어진 것이라는 전제의 한계를 벗어나도록 한다. 자아정체성뿐 아니라 공동체 역시 선험적으로 주어지는 것이 아니라 처한 상황에서 인정의 정치를 통해 형성되는 공간, 즉 인정투쟁의 공간으로 이해되어야 할 것이다. 달리 말해 인정의 정치는 어떤 주어진 공동체 내에 한정되는 것이 아니라, 인정의 공간으로서 공동체를 스스로 형성하는 것을 전제로 한다.**

그뿐만 아니라 인정공간의 개념은 인정의 정치가 전개되는 지역사회의 국지적 또는 미시적 공간의 수준을 벗어날 필요가 있다. 기존의 다문화주의 논쟁(자유주의이든 공동체주의이든지 간에)에서 공동체의 정치적 단위는 흔히 국민국가와 그 영역으로 설정되지만, 이는 현실적으로뿐만 아니라 이론

---

* 이광석·이정주(2017)는 이러한 입장에서 한국의 지역사회에서 보이는 다문화 현상을 인정과 인정투쟁의 개념에 바탕을 두고 이해하고자 한다. 그러나 이들의 연구는 인정투쟁의 과정에서 사회적 연대성을 발휘해 온 전통을 엉뚱하게 '새마을운동'과 연계시키고 있다.

** 또한 인정의 개념과 이를 원용한 인정공간의 개념은 문화·인종적 차이와 다양성에 대한 인정을 요구할 뿐 아니라 물질적 재분배에 대한 요구도 고려해야 한다는 점이 지적된다(최병두, 2009). 프레이즈(N. Fraser)에 의하면, 지구화 또는 초국적 이주의 시대에 정의의 문제는 세 가지 차원에서 재구성되어야 한다고 주장한다. 여기서 세 가지 차원이란 사회정치적 활동이 국민국가를 넘어서 전 지구화되는 상황에서 사람들의 정치적 성원권을 재구성하는 '시민권의 정치', 동등한 사회정치적 참여를 가로막는 자원의 불균등 분배와 관련된 '재분배의 정치', 그리고 사회정치적 의식을 차별화하는 문화적 정체성의 불인정을 해소하기 위한 '인정의 정치' 등이다(Fraser & Honneth, 2003; 최종렬, 2015).

적으로도 한계를 가진다. 자유주의가 기반하는 보편성은 계층·민족적 조건이나 지역·국가적 조건이 상이한 현실을 무시한다(손경원, 2013). 공동체주의 역시 일차원적 공동체 개념으로 인해 '자기 모순적이고 자기 파괴적인' 결과를 초래할 수 있다. 왜냐하면 "특정 공동체가 다문화주의 관점을 수용하여 그 내부에 이질적인 하위 공동체를 허용한다면 이것은 특정 공동체의 연대성과 통합성을 약화시키는 결과를 낳을" 수 있기 때문이다(손철성, 2008: 12). 한 개인이 구성원으로서 속하는 공동체의 사회공간적 규모의 문제는 자유주의와 공동체주의 양자 모두의 한계이지만, 초국적 이주와 다문화사회의 윤리에 관한 논의에서 불가피하게 발생하는 것이다.

오늘날 지구-지방화 과정 속에서 증가하는 초국적 이주는 국민국가의 경계가 사라진 것이 아니라고 할지라도 이미 상당히 완화되었음을 보여준다. 이러한 상황에서 초국적 이주 문제는 이주자들의 지역사회 생활에서 인정투쟁을 통한 인정공간의 구축과 관련될 뿐만 아니라 지구적 차원에서 보편적 권리로서 공간적 이동과 국가의 영토주권 간 경계 영역 간에 발생하는 것으로 이해될 수 있다. 이러한 문제는 보편적 가치나 권리 또는 상호인정이나 이를 원용한 인정공간의 개념을 능가하는 어떤 논의, 예로 세계시민주의와 환대의 개념에 관한 논의를 요구한다.

3.
세계시민주의와 환대

    다문화주의는 그동안 여러 연구자들이 참여하는 논쟁을 통해 기존의 논리적 한계들을 해소하기 위해 전통적 이론의 엄격한 틀을 벗어나 '완화된' 입장으로 전환하게 되었다. 하지만 여전히 안고 있는 여러 문제점을 해결하기 위한 추가적 논의, 특히 공간적 측면에서의 논의가 필요한 것처럼 보인다. 그뿐만 아니라 한국보다 앞서 다문화사회로의 전환을 경험한 서구 사회에서 새로운 인종·문화적 갈등이 야기되고, 이로 인해 이주자 집단들 자체나 이들에 대한 원주민들의 불만이 심화되고 소요사태가 빈번하게 발생하고 있을 뿐 아니라 심지어 사회 전체가 다른 인종·문화(종교)집단에 의해 심각한 테러의 위험에 노출되게 되었다. 이에 따라 지난 20년간 다문화주의 정책이 실패한 것이 아닌가를 의문시하게 되고, 이를 둘러싼 문제의 원인과 대안 모색의 필요성이 심각하게 논의되고 있다. 이에 관한 논의 역시 여러 관점에서 이해될 수 있겠지만, 자유주의적 및 공동체주의적 다문화주의의 한계를 보여주고 있다.

    예로 서구 사회의 다문화주의 정책의 실패와 관련하여, 설한(2014b)은 자유주의적 "다문화주의와 문화 개념은 그 자체에 불확실성과 모호함이 내재되어 있으며, 그들의 다문화주의 이론은 문화의 규범적 정당화에 있어서 논리의 비약과 모순을 드러내고 있다"고 해석하면서, 여기서 다문화주의의 이론적 퇴조가 싹트게 되었다고 주장한다. 또한 김병곤·김민수(2015: 296)는 자유주의적 "다문화주의 시민권이 사회통합과 이주민들의 권리 보장에서 모두 문제를 보이고 있는 것은 분명"하다고 주장한다. 유사한 맥락에서 김선규(2015: 247)는 "최근 서구에서 다문화주의의 실패를 선포하고 사회통합을 주장하는 것은 그들의 관용이 소극적 방식으로 치우친 결과"이며 "이런 방식의 관용은 진정한 공존을 위한 다양성의 인정이 아니라, 부정적 차이로 이끄는 정체성만을 강화시킨다"고 주장한다.

하지만 이에 대한 반론적 견해로, 이용재(2010)는 "다문화주의 정책하에서 관용보다는 인정과 정체성의 정치가 주목"을 받았지만 "오늘날 다문화주의가 위기를 맞이하면서 인정과 정체성의 정치가 가지는 현실적 효용성에 대해 일부에서 의문을 제기하고 있다"고 지적하고, 관용 개념의 재이해를 통해 "현실의 위기를 실천적으로 대응할 수 있는 실천·도덕적 방안이 모색되어야 한다"고 주장한다. 킴리카와 그 외 자유주의적 다문화주의자들은 다문화주의 정책의 실패에 관한 담론이 과장된 것이며, 실제로는 다문화주의 시민권 정책이 많은 효과를 보여주었다고 반박한다(Kymlicka, 2014).[*]

이와 같이 다문화주의를 둘러싼 이론적 논쟁뿐만 아니라 이를 반영한 정책의 실패 여부와 그 배경에 대한 논의에서도 자유주의와 공동체주

---

[*] 그리고 실제 서구에서 다문화주의 정책의 실패와 이에 대한 대안으로 제시된 '상호문화주의'에 관한 논의에서, 상호문화주의가 다문화주의를 대체한 것이 아니라 그 한계를 보완한 것이며, 서구 사회의 한 예로 "네덜란드 사회가 가진 수용성, 즉 뿌리 깊은 관용의 정신이 흔들림 없이 여전히 작동하고 있다"는 점이 강조되기도 한다(김문정, 2016: 33).

의는 서로 충돌하는 것처럼 보인다. 그러나 중요한 점은 기존의 전제가정이나 이론적 틀에 바탕을 두고 자유주의냐, 공동체주의냐를 논의하기보다는 다문화사회의 윤리적 개념들을 어떻게 설정하고 재구성할 것인가의 문제라고 할 수 있다. 자유주의적 다문화주의자들뿐 아니라 일부 공동체주의적 다문화주의자들도 제시하는 관용의 개념은 개인이나 집단들 간 불균등하고 시혜적인 관계에서 상호 대등하고 호혜적인 관계로 관심을 옮겨가게 되었으며, 이러한 관계에 바탕을 둔 사회적 통합과 내적으로 '자유로운 공간'의 구성을 가능하게 한다고 할지라도, 여전히 집단(공동체)들 간 평등한 관계는 어떻게 이해될 수 있는가의 문제를 남겨두고 있다.

공동체주의적 다문화주의의 입장에서 인정의 개념은 한 개인이나 집단의 정체성 또는 자유와 권리가 타자나 다른 집단과의 차이를 상호 인정함으로써 형성된다는 점을 강조한다. 특히 기존의 공동체주의에서 주어진 것으로 간주되었던 공동체는 인정의 정치를 통해 구축되어야 할 '인정의 공간'으로 이해될 수 있음을 보여준다. 그러나 관용과 인용의 개념 양자 모두는 초국적 이주에 함의된 공간적 다규모성과 이에 따른 윤리의 문제를 제대로 이해할 수 없다는 한계를 드러낸다. 세계시민주의에 바탕을 둔 환대의 개념은 이러한 문제를 해결하는데 상당한 시사점을 제공하는 것처럼 보인다.

세계시민주의는 흔히 한 지방이나 국가에 대한 한정적 소속감이나 인종적 편견을 초월하여 모든 인류를 하나의 시민으로 포괄하는 세계적 공동체를 추구하는 이념으로 인식된다. 즉 세계시민주의는 어떤 개인이 여러 공동체 가운데 한 공동체에 속해야 한다는 전통적인 관점을 거부하고, 우리 모두가 세계적 시민성을 가진다고 생각한다. 이러한 세계시민주의는 고대 스토아 철학에까지 소급된다. 고대 그리스인들은 인간을 그리스인과 야만인으로 구분하고 자신들을 세계시민이라고 칭하면서 그들의 폴리스가 세계 전체인 것처럼 인식하는 경향이 있었다. 그러나 스토아 철학자들은 이러한 인식에 반대하고, 인간은 원래 모두 한 형제이며 따라서 인간으로서 권리와 보편적 가치를 가진다고 주장했다.

칸트의 세계시민주의나 오늘날 여러 학자들에 의해 재론되고 있는 세계시민주의는 이러한 스토아학파의 순수한 윤리적 세계시민주의와는 다소 다르다. 예로 에피아(Appiah, 2008: 22)에 의하면, 세계시민주의 개념에는 두 가지 요소가 서로 얽혀 있다. 하나는 우리에게 타자에 대한 포괄적 의무, 즉 개인적인 혈연적 유대나 형식적인 시민적 유대를 넘어서 더욱 확장된 의무가 있다는 점이며, 다른 하나는 우리는 보편적인 인간의 삶뿐 아니라 특수한 삶의 가치까지 진지하게 고려해야 한다는 점이다. 백(Beck, 2006)은 이러한 세계시민성(또는 세계시민주의화)은 "보편적인 것과 특수한 것, 유사한 것과 상이한 것, 지구적인 것과 지방적인 것이 문화적 극단들로 간주되는 것이 아니라 서로 연계되고 상호 침투하는 원칙으로 간주되는 비선형적 변증법적 과정"으로 이해되어야 한다고 주장한다.

오늘날 세계시민주의는 다양한 관점에 따라 재구성되고 있지만, 기본적으로 논의 배경은 경쟁을 통해 보편성보다는 차별화를 심화시키는 자유주의 시장 원리 그리고 명시적 또는 암묵적으로 배타적인 국민주의와 계급권력에 기반을 둔 국민국가의 정치에 대한 도전으로 등장한 것이라고 할 수 있다. 이러한 점에서 누스바움(Nussbaum, 2006)은 지구적 민주주의와 거버넌스를 위한 통합적 전망으로 세계시민주의에 대한 관심을 촉구하고, 세계인들의 새로운 존재 방식으로서 세계시민적 도덕성으로의 복귀를 주창한다. 그러나 뉴욕이나 싱가포르와 같은 도시를 '세계시민적 도시'로 개념화하려는 사례에서 볼 수 있는 것처럼, 세계시민주의는 흔히 초국적으로 빈번하게 이동하는 전문직이나 임원계급의 글로벌리즘과 같은 것으로 인식되거나, 심지어 "보편적 선에 관한 이론과 결부된 것처럼 보이도록 겉으로 꾸민 채, 그 바탕에는 편견에 따라 배제하는 수많은 특권을 허용하고 심지어 정당화"하기 위한 담론으로 비판될 수도 있다(Harvey, 2009, Ch.1 참조). 이처럼 세계시민주의 담론이 다문화주의 담론이나 윤리적 개념들처럼 사회적 지배 이데올로기로 동원될 수 있다고 할지라도, 이론적 논의는 다문화사회의 윤리를 마련하는 데 많은 유의성을 가진다. 이러한 점에서 우리는 최근 새롭게 관심을 끌고 있는 칸트의 세계시민주의와 환대의 개념 및 그 비판적 연장선상에서 제시된 데리다의 무조건 환대의 개념을 논의해볼 수 있다.

칸트는 서구열강의 식민지 쟁탈전이 치열하게 전개되고 있던 18세기말 출간된 『영구평화론』에서 세계시민주의에 근거한 세계연방제를 제시하면서, 세계가 어떻게 영구평화를 이룰 수 있는가라는 의문에 답하고자 했다. 여기서 칸트는 공동체(국가)의 경계를 넘나드는 개인들에 적용되는 도덕·법적 관계에 주목하면서 세계시민적 권리에 관하여 논의했다(Benhabib, 2004; Harvey, 2007; 김애경, 2008; 최병두, 2012 등 참조). 칸트의 세계시민권은 모든 사람들이 타자의 영토를 방문했을 때 그들로부터 적으로 간주되지 않고 환대받을 수 있는 권리이며, 그런 한에서 어떤 한 문화나 종교 그리고 인종적 장벽이라는 제약을 넘어 여행하고 임시로 체류할 수 있는 자유와 권리를 포함한다. 이방인이 이러한 환대의 권리를 가지는 것은 모든 인간에게 보장된 '친교의 권리'를 가지기 때문이며, 또한 지표면이 절대적으로 한정되어 있기 때문이다(최병두, 2012). 즉 "사람들은 지표면 위에 무한정하게 산재해 있을 수 없으며 따라서 결국 다른 사람의 출현을 받아들이지 않을 수 없기 때문에, 모든 사람은 지표면의 공동 점유의 덕분으로 이러한 환대의 권리를 가진다"(Benhabib, 2004: 27).*

벤하비브(Seyla Benhabib)의 지적에 의하면, 칸트가 제시한 이러한 '환대의 권리'는 다소 특이한 개념이다. 왜냐하면 권리란 한 국가가 가지는 권리(주권) 또는 한 국가 내 국민들이 가지는 권리(즉 국가적 시민권)를 의미하지만, '환대의 권리'는 국가의 주권 개념과는 대립될 뿐 아니라 특정 정치공동체 구성원들의 권리를 규정하는 것도 아니기 때문이다. 다른 한편으로 환대는 어떤 공동체에 속하든지 간에 모든 인간은 자신의 땅이 아닌 다른 곳에 평화적 목적으로 방문하여 자신의 이해관계를 증진하기 위해 체류할 수 있는 보편적 권리로 이해될 수 있지만(김병곤 · 김민수, 2015: 312),** 칸트의 입장에서 환대의 권리란 모든 인간들에게 주어지는 보편적 권리 자체는 아니다. 환대의 권리란 오히려 각기 다른 정치적 공동체에 속하면서 경계 지어진 공동체의 변경에서 마주치는 개인과 공동체 간의 관계를 규정하는 것이다. 즉 벤하비브(Benhabib, 2004: 27)에 의하면, "환대의 권리는 인간권리와 시민 권리 사이, 인격에 기초한 인간의 권리와 우리가 특정한 공화국의 구성원이라는 점에서 가지는 권리 사이에 있는 공간에서 제기된다". 달리 말해 환대의 권리는 완전한 한 인격체로서 인간의 보편적 권리와 한 공동체의 성원으로서 시민의 특정한 권리 사이에서 제기되는 권리라고

---

* 칸트가 이러한 환대의 불가피성을 주장하는 배경으로 지표면의 절대적 한정보다는 친교의 권리가 더 중요하다는 점이 주장되기도 한다. 예로 벤하비브의 같은 문단의 해석에서 김병곤 · 김민수(2015: 311-312)는 다음과 같이 서술한다. 즉 "벤하비브에 따르면, 칸트에게 있어서 환대의 권리는 지구라는 구체성(Sphericality) 때문에 발생하는 소극적 의미의 권리가 아니라, 자유를 확대하고자 하는 개인들에게 필요한 적극적 권리이며, 언젠가는 국경을 가로질러 동료 인간을 만나는 상황에서 세계시민들의 상호 교류를 평화롭게 보장하는 도덕적 의무로 작용하게 된다".

** 이러한 해석상의 오류는 국내 연구자뿐 아니라 서구의 저명한 연구자들의 주장에도 나타난다. 예로, 샌델에 의하면, 세계시민주의는 더 포괄적인 공동체가 더 지역적인 공동체에 항상 우선해야 하며, 보편적 정체성은 특수한 정체성보다 항상 우선해야 한다고 주장하기 때문에 문제가 있다고 비판한다(손철성, 2008: 5에서 인용).

할 수 있다.

데리다(Jacques Derrida, 2004)는 이러한 칸트의 환대 개념을 비판적으로 재구성하여 '무조건적 환대'의 개념을 제시한다. 그의 주장에 따르면, 칸트가 제시한 세계시민적 전통에서 환대의 권리는 일정한 조건 내의 이방인, 예로 자신의 정체성과 소속을 밝힐 수 있는 이방인에게만 한정된다. 이러한 조건적 환대는 "타자가 우리의 규칙을, 삶에 대한 규범을 나아가 우리 언어, 우리 문화, 우리 정치체계 등등을 준수한다는 조건을 내걸고 환대를 제의"하는 것이다(Giovana Borradori, 2004: 234).

이러한 조건부 환대는 내 영토에서의 순응을 조건으로 이방인을 나의 공간으로 '초대'하는 것이다. 데리다는 이러한 조건적 환대 또는 초대의 환대 대신 무조건적 환대 또는 방문의 환대를 제시한다(최병두, 2012: 27). 조건부 환대가 이방인의 언어, 전통, 기억이나 그가 속한 영토의 법률과 규범들에 순응하는 것을 전제로 한다면, 무조건적 환대는 "기대되지도 초대되지도 않은 모든 자에게, 절대적으로 낯선 방문자로서 도착한 모든 자[일어난 모든 것]에게, 신원을 확인할 수 없고 예견할 수 없는 새로운 도착자에게" 아무 조건 없이 개방적으로 이루어지는 것으로 이해된다. 데리다는 이러한 무조건적 환대에 기초한 새로운 세계시민주의적 공동체의 이념을 9·11 테러와 같이 자가-면역 증상인 지구적 테러리즘의 완전한 해체를 위해 절대적으로 필요한 가능성의 조건으로 제시한다(Giovana Borradori, 2004: 47-234).

세계시민주의에 대한 논의에서 칸트는 인간의 보편적 권리와 공동체 구성원으로서 가지는 권리를 구분하고, 이방인의 환대를 이들 사이에 위치짓고자 했지만, 데리다는 이러한 칸트의 권리 개념 역시 조건적 권리라고 주장하고, 인간이 가지는 보편적 권리를 무한히 확장한 무조건적 환대의 개념을 제시한다. 그러나 데리다의 이러한 무조건적 환대 개념은 현실 세계에서 실현될 수 있는가, 또는 법제화될 수 있는가의 의문을 유발한다. 이러한 의문에 대해 데리다는 자신이 제시한 절대적 환대 개념은 실제 조 건적 환대의 제도화나 관용의 의무와 권리를 부정하는 것이 아니라, 이러 한 제도화를 '가능하게 하는 조건'이 된다고 주장한다(김진, 2011). 국내 연구 자들은 이러한 환대의 개념을 강조하면서, 다양한 분야에 이를 원용하고 자 한다. 특히 다문화사회의 윤리로서 환대에 대한 관심은 칸트보다 데리 다에게 더 많이 주어진다. 예로 김종훈(2016)은 데리다의 환대의 철학은 제 한적이고 조건적인 관용을 넘어 무조건적이고 절대적인 환대를 실천하기 위해 끊임없는 시도가 필요하다는 점에서 다문화사회에서 평등과 사회적 정의의 실현과 관련하여 한국 사회에 중요한 시사점을 준다고 주장한다.

칸트와 데리다의 견해 차이와 이에 내포된 함의는 여러 관점에서 해 석될 수 있지만(예로, 김애령, 2008; 구자광, 2008; 최병두, 2012; 서윤호, 2019), 기본적으로 환대 권리의 상대성과 절대성, 또는 특수성과 보편성 간의 차이로 이해할 수도 있을 것이다. 즉 칸트의 조건부 환대 개념은 이방인으로서 초국적 이 주자의 권리를 제도화하기 위한 현실적 관점이라면, 데리다의 무조건 환 대 개념은 이러한 환대 권리의 제도화를 위한 절대적 조건으로 이해될 수 있다. 또한 칸트의 환대 개념은 기본적으로 이방인과 비이방인(원주민) 간 구분을 전제로 하지만, 데리다의 환대 개념은 "이방인/비이방인에 대한 관념과 양자 간의 경계를 해체함으로써 기존의 환대에 내재된 한계를 극 복"한 것으로 이해될 수 있다(김종훈, 2016: 119). 칸트의 환대 개념은 고정된 (국가)경계를 두고 이방인/비이방인, 안/밖의 구분을 전제로 한나는 점에서 분명 한계를 가진다. 그러나 데리다의 무조건 환대는 칸트가 환대의 권리 를 개념화하면서 확인한 어떤 딜레마, 즉 공간적 상위성으로 인해 발생하는 권리의 문제를 무시했다는 점에서 또 다른 한계를 가진다.

벤하비브가 지적한 바와 같이, 칸트의 환대 개념은 분리된 어떤 한 차원(또는 공간적 규모)에서 발생하는 절대성과 보편성 간의 문제라기보다 공간적 차원 간의 상위적 관계에서 발생하는 딜레마를 내재한다. 즉 칸트가 주장하는 환대의 권리는 모든 인간에게 주어지는 보편적 권리도 아니지만, 또한 어떤 정치적 공동체에 속함으로써 얻게 되는 성원적 권리도 아니며, 이들 간의 경계에서 발생하는 것이다. 데리다의 무조건적 환대 개념과는 달리, 칸트의 조건적 환대 개념에서 주요 과제는 외국인 이주자가 하나의 인격체로서 가지는 보편적 권리와 함께 지역 또는 국가 차원의 정치공동체의 한 구성원으로 가지는 특정한 권리를 어떻게 결합시킬 것인가라는 의문에 답하는 것이다. 이에 답하기 위해, 세계시민적 권리는 아래에서 논의할 바와 같이 절대적 공간에서 구분되는 안/밖의 경계를 무시 또는 초월하는 것이 아니라, 관계적 공간에서 중층적 권리들의 다규모적 결합, 즉 지구-지방적 시민성으로 이해될 필요가 있다.

4.
지구 지방적 시민성과 다규모의 정치

    킴리카(2005: 397)에 따르면, 보편적 자유와 평등에 기반한 개인주의
적 권리를 주장하는 자유주의와 특정 정치공동체에의 성원성(Membership)
을 강조하는 공동체주의 간 논쟁이 심화됨에 따라, "이러한 대립을 초월
해서 자유주의적 정의와 공동체적 멤버십의 요구들을 통합하려는 시도로
나아가는 것을 피할 수 없게" 되었고, "이러한 작업을 수행할 하나의 확실
한 후보가 바로 시민권 개념"이다. 왜냐하면 "시민권은 한편으로는 개인
주의적 권리와 자격(Entitlements)이라는 자유주의적 개념과 친밀하게 연결
되어 있고, 다른 한편으로는 특정한 공동체의 멤버십과 복속이라는 공동
체주의적 개념들과도 연결되어" 있기 때문이다. 이러한 점에서 시민권에
대해 관심이 새롭게 제기되고 있다.* 물론 시민권에 관한 논의는 오랜 전

---

*   킴리카에 의하면, 이러한 시민권 이론이 정의론을 대체하기보다는 필연적 보완물로 간주된다.
    즉 "시민권에 대한 '새로운' 논의들은 흔히 정의에 대한 '오래된' 논의들이 새로운 옷을 입은 것
    에 불과하다"(킴리카, 2005: 400). 이러한 점에서, 여기서 제시된 시민권 관련 논의는 앞서 논의
    했던 자유주의적 및 공동체주의적 다문화주의의 핵심을 이루는 관용이나 인정의 개념 또는 세
    계시민주의에 바탕을 둔 환대의 개념을 대체하기보다는 이들에 관한 보완적 설명이라고 할 수
    있다.

통을 가지지만, 20세기 중반 이후 일련의 권리와 의무로 규정되는 단순한 법적·정치적 지위에서 나아가 교육, 보건의료 등과 정체성에 대한 사회·문화적 권리를 포함하게 되었다. 이와 같이 시민권 영역의 확장에도 불구하고, 최근까지도 시민권에 관한 논의는 시민들 간 일종의 공통적 정체성 또는 시민의식을 전제로 하고 있었다.

그러나 이러한 '공동의 권리'로서 시민권의 개념은 초국적 이주자들을 포함하여 다양한 소수집단들(예로 여성, 장애인이나 인종·종교·성적 소수자들)의 권리문제를 다루기 부적합하다는 점이 지적된다. 이들은 공동의 시민적 권리를 가지고 있음에도 불구하고 여전히 사회문화적 차이로 인해 억압과 소외감을 느낀다. 이러한 점에서 영이나 킴리카 등은 '차등적 시민권'을 제시하게 된 것이다. 그러나 앞서 논의한 바와 같이 킴리카가 제시한 집단-차별적인 다문화주의적 시민권의 개념은 여전히 자유주의의 연장선에 있다. 그뿐만 아니라 다문화사회에 관한 그의 문제의식은 국가의 역할을 전제로 한다. 즉 다문화사회로의 전환에서 국가가 어떻게 과거 단일문화의 전통 속에서 형성된 동질성의 신화에서 벗어나 다양한 정체성을 가진 소수집단들의 인종·문화적 다원성을 인정하면서 이들이 처한 문제를 관리할 것인가? 즉 변화하는 현실에도 불구하고 킴리카는 기존의 국민국가를 여전히 최종적인 문제해결의 장소이고, 자유와 정의와 같은 자유주의적 가치의 담지체로 이해한다(김병곤·김민수, 2015).

반면 벤하비브는 초국적 이주와 같은 탈영토화된 문제의 등장으로 국민국가 중심의 해결책이 더 이상 근본적 해법이 되지 못하게 되었음을 인식하고, 국민국가 체계에 바탕을 둔 근대 민주주의의 한계 또는 이에 내포된 모순들을 성찰하고, 국민국가를 넘어서는 권리의 문제, 즉 지구적 차원에서 작동하는 보편적 권리와 정치공동체로서 여전히 지배적인 국민국가의 주권 간에 나타나는 세계시민적 시민권의 특성을 논의하고자 한다. 이 논의에서 핵심적 준거는 칸트의 환대 개념과 아렌트(Arendt)의 '권리를 가질 권리'(The right to have rights) 개념이다. 앞서 논의한 바와 같이, 칸트가 제기한 환대의 권리는 완전한 인격체로서 인간의 보편적 권리와 한 공동체의 성원으로서 시민의 특정 권리 간에서 제기되는 권리다. 그러나 벤하비브 자신은 세계시민적 권리의 보편성을 강조하기보다는 국민국가에 기반하는 민주적 과정과 제도들이 세계시민적 권리와 맺고 있는 역설적 관계에 초점을 두고 있다는 점에서 기존의 세계시민주의 이론과는 다르다고 주장한다(Benhabib, 2006 참조).* 즉 그는 정치적 성원권에 초점을 두고 정치적 공동체의 경계 공간에서 발생하는 문제를 고찰하고자 한다.

벤하비브가 이와 같이 국민국가를 능가하지만 또한 국민국가의 성원성에 여전히 기반을 두는 이유는 한편으로 국민국가의 '영토성의 위기(Benhabib, 2004: 4-6)에 관한 현실 인식, 즉 "기존의 [국가]시민권 제도가 해체되고 있지만 국가 주권은 점점 더 강조되고 있으며, 국가 하위단위에서뿐만 아니라 국가 상위단위에서 민주적 연대와 민주적 기구의 활동 여지가 넓어지고" 있기 때문이다. 다른 한편 벤하비브에게 보편적 인권의 한계와 국민국가의 민주적 역할의 필요성을 주목하도록 한 것은 아렌트가 제시한 '권리를 가질 권리' 개념이다. 아렌트는 전체주의에 관한 연구에서 전체주의의 희생자들, 즉 국적을 박탈당하고 추방된 대규모 무국적 난민들의 비참한 상황을 설명하면서, 이들의 인권을 보호해줄 어떤 정치공동체

---

* 서윤호(2014)의 연구는 "국가의 영토 주권과 보편적 인권 원칙 사이에 존재하는 구성적 딜레마"를 벤하비브를 중심으로 자유주의, 공동체주의 그리고 세계시민주의 관련 연구자들과 비교 논의한다는 점에서 의의를 가진다. 그러나 그는 벤하비브가 "인권과 주권이라는 두 항에서 보편 인권을 중심으로 구체적인 현실성을 확보하고자 하는 전략을 취하고 있다"고 이해하고, 공동체주의적 관점에서 대안을 모색하는 것처럼 보인다(서윤호, 2014: 215).

에 속할 권리, 즉 권리를 가질 권리가 필요하다고 주장한다(Benhabib, 2004, Ch.2). '권리를 가질 권리' 개념은 한편으로 인간의 근본적 권리이지만, 이 권리는 어떤 정치공동체에 속하지 않고서는 보호되지 못하는 권리다. 이 개념은 "보편적 권리의 정당한 제한을 넘어서서 보편적 권리의 보장이 개별 공동체의 주권에 의존한다"는 점을 보여준다(김병곤·김민수, 2015: 312).

　벤하비브가 칸트의 '환대' 개념과 아렌트의 '권리를 가질 권리' 개념을 통해 지적하고자 하는 것은 공동체를 떠나 다른 공동체에 속할 수 있는 권리, 즉 이주의 권리가 인간으로서의 존엄성과 자유를 보장받기 위한 보편적 권리이면서도, 동시에 개별 정치공동체와 그 성원들이 가지는 주권에 의해 제한되거나 또는 심지어 보호되어야 한다는 근대 자유 민주주의의 딜레마라고 할 수 있다. 하비(Harvey, 2009)는 이와 같은 보편적 권리와 국가-특정적 권리 사이에 발생하는 긴장관계 또는 내적 모순에 관심을 집중한 벤하비브의 연구를 긍정적으로 평가하면서, 그녀의 문장을 인용한다. 우리의 운명은 "보편적인 것에 대한 전망"과 "특수한 문화·국가적 정체성"에 대한 애착 사이에 벌어지는 "끝없는 다툼에 사로잡혀 살아가는 것"이라고 서술한다(Benhabib, 2004: 16; Harvey, 2009: 10). 특히 하비에 의하면, 칸트뿐 아니라 오늘날 세계시민주의 이론가들도 대부분 절대적 공간관에 근거하여 국가(그리고 주권)를 이해하지만, 벤하비브는 이러한 관점을 어느 정도 벗어나 있다는 점을 부각시킨다. 즉 하비(Harvey, 2009: 270)에 의하면, "벤하비브가 지적한 바와 같이, 주권은 관계적 개념이지만, 절대적 공간과 시간에서의 독특한 실체로서 국민국가라는 역기능적인 사고 속에 점점 더 사로잡혀, 그 특정한 의미의 대부분을 갖게 되었다".

　하비가 지적한 바와 같이, 칸트의 세계시민주의와 환대의 개념은 절대적 공간(즉 고정되고 불변하고 분명한 경계가 있는 공간)에 근거한다. 아렌트의 '권리를 가질 권리'의 개념도 이러한 권리를 보장해줄 근대 국민국가의 영토성이 절대적 공간관에 입각하여 제시된 것처럼 보인다.* 그러나 벤하비브는 관계적 공간 개념을 직접 거론하지는 않았지만, "사람들은 공통의 공감에 의해 구분되며 명확히 확인 가능한 도덕적 특성에 따라 경계를 둔 공동체에서 살아가는 것은 아니"라고 서술한다(Benhabib, 2004: 77). 또한 하비(Harvey, 2009: 88)가 그 함의를 논의한 것처럼, 벤하비브는 국민국가 외부(예를 들면, 유럽연합이라는 구조 내부)에 등장한 시민권의 층화된 구조를 지적한다. 즉 그녀는 세계에는 "상호의존적 네트워크와 결사, 다양한 층위의 조직들"이 존재하며, "다층화된 거버넌스"는 "지구적 포부와 국지적 자기결정 사이에 경직된 대립을 완화시킬" 수 있다고 말한다(Benhabib, 2004: 112). 그러나 벤하비브는 "세계시민적 권리의 보편성을 강조하기보다 국민국가에 바탕을 둔 민주적 과정과 제도들이 세계시민적 권리와 맺고 있는 역설적 관계"에 더 많은 관심을 가진다고 주장한다. 하지만 이러한 주장에도 불구하고, 실제 세계시민적 시민성에 관한 그의 논의는 주로 보편적 권리가 국가-특정적 권리에 의해 어떻게 수용되어야 할 것인가에 관심을 두는 한편, 보편적인 윤리 원칙들이 어떻게 국가적 또는 국지적으로 해석되고 반영되어야 하며, 또한 국가적 및 국지적 실천을 통해 재구성되어야 하는가에 대해서는 그렇게 명확한 설명을 제시하지는 않았다.

이러한 벤하비브의 한계는 그녀가 확인한 어떤 역설(패러독스), 즉 '배제된 자가 배제와 포함의 규칙을 정하는 데 참여할 수 없다'는 역설에 대응하기 위한 전략에서도 나타난다. 그녀는 이 역설을 완전히 벗어날 수는

---

* 하비는 그의 저서(Harvey, 2009)에서 여러 번 아렌트를 언급하지만 '권리를 가질 권리'에 관해서는 논의하지 않았다. 한편, 아렌트는 『인간의 조건』에서 '사이 공간'(In-between Space)의 개념을 제시했다는 점에서 관계적 공간 개념을 잘 알고 있었던 것으로 추정된다.

없지만, 지속적이고 다중적인 '민주적 반추(Democratic Iteration)' 과정을 통해 유연하고 협상가능한 것으로 만들 수 있다고 본다(Benhabib, 2004, ch. 5). 반추란 데리다에서 유래한 개념으로, 보편적 규범이나 가치와 같이 권위 있게 말해진 원본의 의미를 새로운 다른 맥락에 위치 짓기를 의미한다. 벤하비브는 이러한 '민주적 반추' 개념을 이방인에 대한 칸트의 세계시민적 권리와 아렌트가 난민에게 부여해야 할 '권리를 가질 권리'에 적용될 수 있다고 생각한다. 지구화로 인해 (국가)시민권은 분해되고 대신 맥락 초월적인 보편적 인권이 민족, 문화, 영토와 같은 맥락적 배경에서 시민권의 규범적 요소가 된다는 점에서, 칸트와 아렌트의 보편인권과 시민권에 대한 사고는 재의미화된다는 것이다(하용삼, 2010: 385-386).

이러한 벤하비브의 민주적 반추 개념은 "이주민 성원권 문제의 본질적 모순을 인정하고 현실적인 대안을 모색한다는 점에서 의미"가 있지만, "절충주의적 성격과 심의 민주주의론의 한계를 가지고" 있기 때문에 "실천적인 대안이 되기 위해서 세계시민주의적 규범의 수용 등 보완이 필요하다"는 주장이 제기될 수 있다(김병곤, 2022). 특히 여기서 지적될 수 있는 점은 벤하비브의 민주적 반추의 개념이 '누가 민주적 반추의 주체인가'라는 점에서 보편성과 특수성의 또 다른 긴장을 유발한다는 점이다. 즉 벤하비브는 민주적 반추의 과정을 통해 민주적 국민은 자신이 법의 주체임을 확인하고 보편적 내용을 담는 입헌 활동과 민주적 제한이라는 역설 사이의 차이를 돌파해야 한다고 주장한다. 그러나 이러한 내부 구성원들의 민주적 반추로 정치공동체에서 배제된 타자들을 포용할 수 있는가에 대한 패러독스가 완전히 해소되는 것처럼 보이지 않는다. 벤하비브의 주장에 내재된 이러한 한계는 그녀가 국가 시민성뿐만 아니라 그 하위 및 상위의 관계나 조직들에 의해 시민성의 중층·다규모적 구성을 이해했음에도 불구하고, 암묵적으로 안과 밖을 구분하는 '절대적 공간' 개념의 한계를 벗어나지 못했기 때문이라고 할 수 있다.[*]

최근 지리학에서는 이러한 절대적 공간 개념에서 벗어나 관계적 공간관에 바탕을 두고 시민권의 개념을 재구성하려는 노력이 제시되고 있다. 예로 조철기(2015: 618)에 의하면, "시민성은 국가의 경계에 의해 규정되기보다는 다른 사람 및 장소와의 연결 또는 네트워크에 의해 구성되는 것으로, 그리고 공간은 분절적 공간이 아니라 관계적 공간으로 인식된다. 따라서 시민성은 다차원적이고, 유동적이고, 초국적이며, 협상적인 경향을 띠면서, 다중 스케일에 기반한 다중시민성으로 재개념화되고 있다". 물론 오늘날 지구화 과정 속에서도 국가가 부여되는 법·정치적 시민성도 중요하지만, 시민으로서의 정체성은 점차 그 상·하위 규모인 지구적 차원과 국지적 차원에서 획득되는 것으로 인식된다. 그뿐만 아니라 시민으로서 개인은 다양한 스케일에서 정치적 공동체의 구성원인 동시에 이를 가로지르는 네트워크를 통해 형성되는 비영역적 사회집단의 구성원으로서 성원성(또는 정체성)을 가지게 된다.

지리학에서 시민성을 공간적 관점, 특히 '시민성의 공간'을 다중 스케일과 네트워크의 관점에서 규명하려는 시도는 스미스(Smith, 1990), 필로와 페인트(Philo, 1993b; Painter & Philo, 1995) 등에서 시작되었지만, 최근 많은 지리학자들의 관심을 끌면서 확장되고 있다(Ehrkamp & Leitner, 2006; 조철기, 2015; 2016). 이들의 연구에서 기본적인 사고는 시민성이 국민국가의 영토성에 고정된 불변적 개념이 아니라 시공간적으로 변화하며, 최근 지구화의 진

---

[*] 다른 한편, 아렌트가 '권리들을 위한 권리'의 개념을 제시하는 과정에서 난민을 '세상에서 살아갈 장소를 잃어버린' 사람으로 규정한다는 점에서, 최병두(2023)는 이들에게 가장 중요한 권리란 '장소를 가질 권리'라는 점을 강조하고 이를 '무조건 환대'의 개념과 결합하여 '장소를 가질 권리로서 환대'의 개념을 제안한다.

전으로 국가적 규모보다 상위 또는 하위 규모에서 시민성이 구성되고 있다는 점이다. 특히 이러한 사고는 기존의 국가제도에 의해 부여되는 법·정치적 시민성보다 시민의 국지적 정체성이나 일상생활에 근거한 사회·문화적 시민성의 등장을 강조한다.

이러한 점에서 우선 시민성의 기초가 되는 성원성을 절대적 공간이 아니라 관계적 공간에서 이해할 필요가 있다. 시민성은 흔히 사회정치적 권리와 책임의 문제로 이해되지만, 기본적으로 그 사람이 살고 있는 공동체의 소속(성원성)을 전제로 한다(Ehrkamp & Leitner, 2006). 오늘날 사람들은 지구화의 진전과 이동성의 증대로 인해 기존의 국가 공동체에 속할 뿐만 아니라 국가 상위 규모의 초국가적 공동체 및 하위 규모의 지방적 공동체에 위치한다. 여기서 국가 공동체를 규정하는 영토나 지구·지방적 공동체의 공간은 절대적으로 주어진 위치나 경계에 의해 결정되는 것이 아니라 관련된 사람 및 사물들과의 관계 속에서 규정된다. 즉 공간은 절대적 기준(절대 좌표)에 의해 규정되기보다는 사람들 간 또는 사람과 사물들 간의 상호관계 속에서 형성되고 해체된다.

오늘날 시민성은 국경을 가로지르는 이주와 이동성의 증대로 확장되는 많은 상이한 위치들 간 관계에 따라 생산되며, 이에 따라 상이한 이동적 주체들이 한 공동체의 시민이 되기 위해 투쟁하는 방법과 관련된다(Cresswell, 2013; Spinney et al., 2015). 따라서 시민성은 우리가 경계를 가로질러 이동하는 능력과 수단을 통해서뿐 아니라 특정한 입지 내에서 경계를 만드는 관계적 과정을 통해서 구성된다. 즉 시민성 획득을 둘러싼 투쟁은 공간적 관계 속에서 지리적으로 구성되고 차별화된다. 특히 오늘날 외국인 이주자들은 국경을 가로질러 이주할 뿐 아니라 한 지역에 정착해 살아가지만 초국가적 네트워크를 형성한다. 이들의 시민권을 규정하는 공동체의 성원성은 이들의 활동이 다른 어떤 사람이나 사물들과의 관계에서 만들어내는 공간적 뻗침에 따라 지방·국가·지구적일 수 있다. 따라서 초국적 이주자의 시민성은 국가적 차원에서 벗어나 지구적 또는 지방적 공간에서 이루어지는 활동과 이에 따른 소속감이나 정체성과 관련된다. 이러한 점에서 이주자의 시민권은 사회·경제·문화적으로 중층화된 관계적 공간에서 다규모적으로 규정되고, 긴장과 갈등을 유발하게 된다(Painter, 2002; 박규택, 2016).

이러한 관계적 공간 개념에 바탕을 두고, 다문화사회에서 외국인 이주자가 가지는 시민성을 다규모적으로 재구성해볼 수 있다(최병두, 2011). 즉 외국인 이주자들은 한 인간으로서 자신의 삶과 정체성의 유지를 위한 보편적 권리를 가진다. 이러한 보편적 권리는 개별 국가나 지역을 초월하여 부여된다는 점에서 '탈영토적 시민성' 또는 '지구적 시민성'이라고 할 수 있다. 그러나 실제 대부분의 국가들은 원칙적으로 국가적 정체성과 문화를 우선하면서 가능한 외국인 이주자들의 정체성과 시민권을 통제하고자 한다. 이에 따라 외국인 이주자들을 수용하는 국가들은 이들에게 국적의 부여와 이에 따른 정치·사회적 권리와 의무, 즉 국가적 시민권의 부여를 철저히 조건 짓고자 한다. 그렇지만 이러한 중앙정부의 역할이나 정책과는 달리, 외국인 이주자들이 정착생활을 영위하게 된 지역사회와 그 주민들은 일상적으로 이들과 상호 행동하면서 이들을 지역사회의 한 구성원으로 받아들이고 인간다운 삶과 권리를 지원하기 위해 '국지적 시민성'을 인정하는 경향을 보이고 있다. 국지적 시민성은 외국인 이주자들을 공동체의 한 성원으로 인정하고 이들이 지역사회에서 살아가기 위해 필요한 제반 서비스의 제공과 권리의 보장을 전제로 한다는 점에서 매우 중요한 의미를 가진다.

이와 같이 다문화사회에서 새롭게 구축되어야 할 시민성은 다규모적으로 설정되며, 최병두(2011: 201)는 이를 '지구-지방적'(Glocal) 시민성이라고 부르고자 한다. 즉 "지방적 시민성은 [일상적] 장소 경험적 가치를 반영하며 국가에 의한 실질적 보장과 제도화 요구를 통해 국가적 시민성과 관련되며, 지구적 시민성에 의해 규범적으로 정당화되면서 이를 다시 실천적으로 정당화시키게 된다. 보편·세계시민적 가치를 함의하는 지구적 시민성은 국가적 시민성을 통해 실현되며 이에 의해 (재)유의화되며, 또한 지방적 시민성에 내재된 장소-특정성이 보편적 가치와 결합되도록 하면서 이러한 지방적 시민성의 실천을 통해 (재)정당화되는 것으로 이해된다". 요컨대 지구-지방적 시민성은 세계시민주의에 내포된 지구적 시민성의 보편적 가치나 윤리를 반영하는 한편, 장소 특정적이고 생활공간에 실질적으로 근거를 둔 국지적 시민성 간의 변증법을 전제로 한다. 그러나 시민성의 다규모적 구성에서 형식·영토적 가치(또는 이데올로기)에 기반을 둔 국가적 시민성의 중요성이 간과되어서는 안 된다. 왜냐하면, 오늘날 지구(지방)화 과정 속에서도 국민국가와 그 영역성은 여전히 중요한 기능을 담당하고 있을 뿐만 아니라 국가적 시민성이 외국인 이주자들에 대한 통제와 억압의 기제로 작동할지라도 여전히 지방적 시민성을 지원하고 지구적 시민성을 구현하기 위한 제도적 행위체이기 때문이다.

어떤 공간적 규모를 가지는 공동체의 성원성에 바탕을 두고 시민권을 다규모적 또는 지구지방적으로 규정함에 있어 중요한 점은 시민권이란 수동적으로 주어지는 것이 아니라 일상적 실천을 통해 능동적으로 형성된다는 점이다. 즉 시민권이란 자유주의에서 강조되는 것처럼 한 인격체에게 보편적으로 주어지는 것이 아니며, 또한 공동체주의에서 전제되는 것처럼 어떤 소속에 의해 주어지는 것도 아니라, 상호관계적 실천에 의해 쟁취되어야 한다는 점이다. 이러한 점에서 최근 시민권에 관한 논의는 국가·정치·수동적 시민성에서 일상·사회문화·능동적 시민성의 개념으로 전환하고 있으며, 특히 시민권의 실천적 형성과 향유를 위해 '시민성의 정치'가 강조되고 있다. 특히 한 개인이 가지는 권리(그리고 책임)는 지방·국가·지구적 시민성 모두 함의하는 중층성을 가지며, 이들 간의 관계의 원활한 상호작용에 바탕을 둔 다규모적 시민성을 위한 '스케일의 정치'가 요구된다.

스케일의 정치는 벤하비브가 확인한 바와 같이 오늘날 이주자 시민성이 보편적 권리와 국가의 특정한 주권이 충돌하는 경계지대에서 문제를 유발하거나, 또는 지역사회 생활(공간)에서 보편적 권리가 제대로 인정되지 않거나 지역사회의 성원성이 국가적으로 제도화되지 않을 때 발생한다. 그러나 예로 벤하비브가 이러한 경계지대에 발생하는 시민성의 문제를 고정된 또는 절대적 공간의 안/밖, 포섭/배제의 문제로 인식하고 보편성을 통한 특수성의 완화를 추구하는 '민주적 반추'의 개념을 제시한 것과는 달리, 스케일의 정치는 한 이주자의 성원성이나 시민성이 어떤 특정 스케일의 공동체에 고정되어 있는 것이 아니라 다규모적으로 유동적으로 규정되어야 하며, 따라서 지방·국가·지구적 시민성을 동시에 가진다는 사실을 강조하게 된다. 이러한 점에서 최근 지리학에서는 시민성의 상이한 스케일 간에 발생하는 긴장과 갈등의 문제를 해소하기 위해 시민성이 고정된 권리가 아니라 개인이나 집단들의 정체성 차이에 관한 지속적인 관계적 타협으로 획득되며, 이를 위해 다규모적 공간 내에서 그리고 공간적 스케일 간에서 이루어지는 '마주침의 정치'를 강조한다(Spinney et al., 2015: 326).

5.
다문화사회 공간을 위해

초국적 이주자들의 증가와 이에 따른 다문화사회로의 전환은 기존의 단일민족·단일문화를 배경으로 사회적 주류집단이 구축했던 사회공간적 통합과 이를 정당화시키는 윤리를 점차 해체시키는 한편, 인종·문화적 소수집단들의 자유와 권리를 보장하면서 사회공간적 포용을 추진하는 새로운 윤리적 개념(또는 담론)을 요구하게 되었다. 이러한 점에서 다문화주의 및 이와 관련된 관용과 인정, 그리고 세계시민주의에 기반을 둔 환대의 개념 등이 제시·논의되고 있다. 이러한 윤리적 개념들은 그동안 주로 철학·사회이론적 기반에서 논의되어왔지만, 지리학·공간적 측면에서도 논의될 필요가 있다. 왜냐하면 기존의 사회(공간)적 윤리가 국민국가와 그 영토성만을 전제로 일차원적으로 설정되었다면, 다문화사회는 이러한 국가적 범위(스케일)에서 작동하는 윤리를 넘어서 초국가적 및 지방적 윤리들이 서로 역동적으로 (또는 변증법적으로) 반영·결합된 새로운 다차원적·다규모적 윤리를 요청하기 때문이다.

경험적으로 보더라도 오늘날 다문화사회의 전환은 지구지방화 또는 탈/재영토화와 같은 사회공간적 과정을 배경으로 진행되고 있으며, 또한 교통통신기술의 발달에 따른 초공간적 이동성으로 사람들의 정체성(시민성)은 기존의 폐쇄된 장소(특히 국민국가)에의 성원성에서 벗어나 점차 탈경계화된 네트워크 연계성에 기반을 두게 되었다는 점에서, 다문화사회의 윤리는 보편·불변적인 것이 아니라 (시)공간적 측면에서 재구성되어야 할 것이다. 그뿐만 아니라 다문화사회로 전환하는 과정에서 어떤 다문화(주의) 정책이 추진되게 되면, 그 발판이 되는 이념이나 윤리적 개념은 자유나 평등의 개념처럼 보편적으로 주어지는 것이 아니며, 그 사회의 지역성과 역사성을 배경으로 이해되어야 하며, 이에 따른 정책도 경로 의존적으로 변화하게 된다(류이현, 2022). 즉 오늘날 다문화사회의 윤리가 작동하는 공동체의 공간은 고정불변의 경계나 위치를 가진 절대적 공간이 아니라 사람들(그리고 사물들) 간 관계에서 다규모적으로 (재)형성되는 관계적 공간으로 이해되어야 한다. 이러한 공간적 관점에서 다문화사회의 윤리로 거론되고 있는 주요 개념들을 재검토해볼 수 있다.

다문화사회의 윤리적 개념(그리고 정책의 기본지침)을 대표하는 다문화주의는 다양한 정치철학적 전통에 따라 논의되고 유형화될 수 있지만, 특히 개인의 보편적 자유와 권리를 강조하는 자유주의적 관점과 소수집단의 문화와 정체성을 강조하는 공동체주의적 관점으로 구분된다. 이 양 관점은 다문화주의의 이론화를 둘러싸고 대립적 논쟁을 일으키기도 했지만, 또한 상호보완적 관계에서 전통적 틀의 엄격성을 완화시키고 있다. 즉 자유주의적 다문화주의는 다문화사회에서 소수자들(개인이나 집단)이 보편적 인권과 가치를 향유할 수 있도록 차별화된 시민권을 승인하고 대등한 관계 속에서 차이를 수용하는 관용의 개념을 제시한다. 공동체주의적 다문화주의는 한 사회 내 소수집단들의 문화적 정체성과 자립성이 특정 공동체에 의해 부여되는 것이 아니라 상호인정에 의해 형성된다는 점을 강조한다.

그러나 공간적 관점에서 보면, 이들이 안고 있는 문제나 한계가 두드러질 수 있다. 롤스의 『정의론』에서처럼 자유주의는 개인의 자아정체성을 시공간을 초월한 '무연고적' 배경(즉 '무지의 베일') 속에서 설정함으로써 시공간적으로 처한 상황성을 무시한다. 또한 국가와 같은 어떤 정치공동체는 자신의 이익만을 추구하는 상호 무관심한 개인들이 만들어낸 '우연적 공간'으로 간주된다. 킴리카의 다문화주의는 자유주의적 관점을 강조함에도 불구하고, 국민국가를 자유와 정의와 같은 자유주의적 가치를 담지하고, 초국적 이주의 문제를 최종적으로 해결해야 할 정치단위 또는 장소로 간주한다. 그뿐만 아니라 '내부적 제재'와 '외부적 보호'를 구분하는 그의 관용 개념은 집단들이 사회공간적이고 다규모적으로 구성된다는 사실을 간과하고 있다.

공동체주의적 다문화주의는 공동체에 우선 관심을 가짐으로써 집단 내 구성원들의 정체성 차이와 더불어 집단들 간의 문화적 차이에 대한 상호인정에 보다 민감하다. 이에 따라 인정과 인정의 정치 개념은 별 어려움 없이 바로 '인정공간'의 개념화와 이러한 공간의 생산에 원용될 수 있다. 그러나 공동체주의적 다문화주의는 흔히 기존의 국민국가가 정치공동체를 대표하는 것으로 인식함으로써 초국적 이주가 이루어지는 탈경계화(탈영토화)된 다규모적 공간을 제대로 이해하지 못한다. 이로 인해 자유주의와 마찬가지로 공동체들 간의 중층적 관계를 간과하고 있으며, 또한 지구적 및 국가적 차원에서 인정투쟁을 통한 다문화공간의 구축이 어떻게 이루어질 수 있는가에 대해 제대로 답할 수 없다.

세계시민주의는 이 지구상에 다양한 인종·문화적 집단들이 어떻게 교류하면서 상호 공존할 수 있는가에 관심을 가진다. 특히 벤하비브가 강조한 바와 같이 칸트의 환대 개념은 정치공동체의 경계를 가로지르는 이방인이 한 인격체로서 가지는 보편적 권리와 어떤 공동체의 성원으로 가지는 특정한 권리 사이에 놓여 있는 권리를 포착한다. 데리다는 이러한 칸트의 조건부 환대 개념의 한계를 지적하면서 무조건 환대 개념을 제시하지만, 칸트의 환대 개념이 포착하고자 한 권리의 보편성과 특수성 간 공간-상위적, 다규모적 관계를 무시한다. 칸트의 환대 개념은 권리들간 다규모적 관계를 밝히고 있다고 할지라도, 아렌트의 '권리를 가질 권리'의 개념과 더불어 국가 공동체의 주권과 영토성을 절대적 공간의 관점에서 제시한 것이다.

이러한 한계에서 벗어나기 위해, 관계적 공간의 관점에서 초국적 이주자가 가지는 시민성의 개념을 재구성해볼 수 있다. 즉 시민성은 절대적 경계나 위치에 따라 특정 공동체(국가)가 부여하는 것이 아니라 사람들(그리고 사물들) 간의 관계 속에서 이루어지는 실천을 통해 다규모적으로 생성되는 것으로 이해되어야 한다. 이러한 점에서 초국적 이주자가 가지는 시민성은 보편적 인권에 따른 지구적 시민성, 일상생활의 경험적 가치를 반영한 지방적 시민성, 그리고 이들을 제도화한 국가적 시민성 등이 (변증법적으로) 결합된 다규모적, 지구 지방적 시민성으로 설정될 수 있다. 물론 이러한 지구 지방적 시민성은 초공동체적으로 주어지거나 특정 공동체에 의해 부여되는 것이 아니라, 이러한 다규모적 시민성을 쟁취하고자 하는 스케일의 정치에 의해 결정된다.

4장

다문화사회 상호문화 실천의 개념과 영역

이 장은 김영순 · 황해영(2023),「상호문화 실천의 개념 및 내용에 관한 연구」,『언어와문화』 19(2)의 논의를 바탕으로 이 책의 취지에 맞게 재구성하고 후속 연구 성과들을 보완했다.

1.
상호문화 실천 이론의 필요성

    세계적인 다문화 상황에서 상호문화 실천에 대한 관심이 증폭되고 있다. 국내에서도 다문화 현상의 가속화에 대해 정부와 여러 부처에서 많은 관심을 보이고 있다. 이는 다문화사회의 사회문화적 긴장과 갈등, 충돌과 반감이 빠른 다문화 현상의 전개와 함께 더 많은 문제를 생성시키고 있기 때문이다. 즉, 이민자와 이민자 수용국가의 시민권자와 비시민권자를 모두 포함한 이민 배경을 가진 사람들의 빠른 증가가 주류집단과 비주류 집단 구성원들 간의 종교·인종·문화적 충돌, 문화정체성 갈등, 다문화사회에 대한 반감과 위기의식, 안보위협과 사회통합의 어려움 등을 초래할 개연성이 높아지게 만든 것이다(Castles & Miller, 2009: 1).

    상호문화주의에 대해 주목하기 시작한 것은 2000년대 유럽에서 벌어진 일련의 참혹한 유혈사태의 원인으로 문화충돌이 지목되었기 때문이다. 이로 인해 2010년대 초반 유럽의 지도층 인사들과 학계가 앞을 다투어 다문화주의와 다문화정책에 대한 비판적 발언을 연이어 내놓았다(김형민·이재호, 2017). 다문화주의와 다문화정책이 문화충돌과 사회균열의 원인을 제공한다는 판단은 이미 2000년대 초반부터 유럽의 학계로 하여금 이민정책에 있어 새로운 논리와 담론을 모색하도록 이끌었다. 이 결과로 '상호문화주의(Interculturalism)'가 다문화주의를 대체할 수 있는 방안으로 급부상했다(오정은, 2012: 40; 최병두, 2014: 84). 국내에서도 급변하는 다문화 현상에 대한 다양한 정책적 제안과 교육적 방안들이 모색되고 있는데 그중 유럽의 상호문화주의에 기반한 새로운 정책·교육적 대안들이 속속 대두되었다. 다문화주의는 차이에 관한 인정을 하는 반면 상호문화주의는 공통점을 찾아 겹침을 확대하는 실천으로 볼 수 있다(Abdallah-Pretceill, 2010). 다시 말해서 다문화주의는 다문화에 관한 인식에서 그치지만 상호문화주의는 보다 실천적인 성격을 가지고 있다(이병준·한현우, 2016)고 볼 수 있다.

이처럼 상호문화주의에 대해 한국사회에서도 관심을 갖게 된 것은 국내 다문화 상황과도 밀접한 연관이 있다. 한국사회 이주민 숫자는 점점 늘어나 2022년 9월 말 기준으로 2,172,278명이다(법무부, 2022). 2006년부터 정부는 사회 기조를 다문화사회로 선언하고, 법무부의 '이민정책포럼'을 필두로 2008년에 '다문화가정지원법'을 제정한다. 그리고 2012년 12월에는 이듬해인 2013년부터 향후 5년간 시행할 다문화정책의 기반이 될 「제2차 외국인 정책 기본계획」을 새로이 발표했다. 여성가족부에서도 1, 2, 3차에 걸쳐 다문화가족 정책 기본계획을 발표했다. 하지만 이러한 다문화정책은 다문화가족 정책 혹은 이주노동자 정책이라는 두 갈래로 요약되는 앙상한 등식만 남겼다는 비판을 받았다(강미옥, 2014). 국제적인 기조 역시 서구 국가들의 다문화정책이 경기침체와 함께 실업률 증가 및 국가 재정 복지 혜택 감소로 이어지면서 다문화정책에 대한 한계를 지적하는 여론이 형성되었다. 이러한 분위기 속에서 주민인 한국인 가운데서 자신들을 대상으로 한 정책적 혜택이 줄어든 만큼 외국인 이주자들에게 돌아가는 것이라고 생각하게 된 이들이 늘어나면서, 반이민정책 내지 외국인 혐오감정이 사회에 퍼지게 되어 한국인 정주민과 외국인 이주민 간의 감정적 골을 깊게 했다(김민석, 2016).

　다문화사회에서 이와 같은 사회문화적 갈등을 해결하기 위해 공존과 통합을 모색하는 학계의 다각적인 논의가 활발히 진행되고 있다. 제3차 외국인정책 기본계획에서는 외국인 정책의 기조를 지난 10년간 정책과 차별성을 두고, 이민의 양적 확대 및 질적 고도화를 병행한 적극적 이민정책으로 변화시키고 있다(법무부, 2018). 이러한 정책적 기조를 바탕으로 다문화사회의 다양한 복합성에 대한 해결책으로 이론보다 개인, 사회, 국가의 상호문화 실천에 대한 논의를 확장하는 것은 중요한 의의가 있다. 상호문화주의는 다문화주의에 대한 관점을 새롭게 바라볼 수 있는 가능성을 우리에게 열어준다.

　이렇듯 상호문화 실천에 대한 중요성은 부각되고 있지만 아직 국내에서 상호문화 실천 이론에 대한 구체적인 논의가 이루어지지 않고 있다. 국내 연구자들도 상호문화 역량의 실천, 상호문화교육의 실천, 소통의 실천 등 다양한 용어로 상호문화 실천에 대한 연구를 하고 있는 혼종적 모습이 보이고 있다. 이러한 연구현장의 혼란을 해소하고 혼종적 문화 상황에 대한 대응책의 일환으로 상호문화 실천의 개념을 정립하고 실천에 대한 논의를 확장하는 것은 중요한 의의를 지닐 것이다. 따라서 이 장에서는 국내 다문화 전문가들과의 초점집단 토론을 통해 상호문화 실천의 이론적 정의를 구성했다.

2.
초점집단 토론방법(FGD)

FGD 방법은 전문가 집단 토의(Focus Group Discussion)라 일컫는다. 이 방법은 집단 면접조사 방법론에 그 유래를 두고 있으며, 집단의 상호작용을 이용해 효과적으로 자료를 수집하는 질적 연구방법이다(이가옥·장묘욱, 1993). 이 방법은 심층적 파악이 필요한 초점 주제에 관해 소수의 전문가 집단을 대상으로 토의를 진행하는 자료 수집방법으로 특히 탐색적 연구에 유용하다(김영순·윤현희·이영희, 2018). FGD 연구방법이 다른 질적 연구방법과 비교하여 더 유용하게 적용될 수 있는 경우는 다음의 다섯 가지로 요약될 수 있다. ① 연구자가 새로운 분야에 대한 연구를 위해 그 분야에 대한 정보를 얻고자 할 때, ② 연구대상에 대한 통찰력을 통해 수집된 자료에 기반하여 연구가설을 일반화할 필요가 있을 때, ③ 다른 연구 분야 및 연구대상을 평가할 때, ④ 면접 질문을 구상하거나 설문 항목을 개발하고자 할 때, ⑤ 이전의 연구결과에 대한 참여자의 해석을 구하고자 할 때다(Morgan, 2007).

1) 전문가집단 선정 및 자료의 수집

이 연구는 연구설계 초기단계부터 신뢰도와 타당도를 확보하기 위해 다각 검증을 위한 내부자문위원과 함께 진행되었다. 이 연구에서는 조성남(2006)이 제시한 FGD 자료수집 방법에 기초하여 연구의 목적에 알맞게 재구성하여 연구를 진행했다. FGD 조사에 참여하는 전문가 패널은 대체로 문제 관련 해당 분야 학술적 경험이나 경력, 직위나 직무 차원에서 사회적으로 인정받을 수 있는 요건(교수, 연구원, 박사, 장기간 경력, 자격증, 국가·사회 주요기관 소속 등)을 선정기준으로 정했다(박도순, 2020).

이 연구에서는 등재학술지에 상호문화에 대한 연구물을 두 편 이상 게재한 교수, 연구원 중심으로 전문가 패널을 구성했고 최초 설문지는 12명에게 개방형 설문을 보냈다. 수거된 설문은 모두 여덟 부였고 관련 내용을 공유한 다음 토론에 참여한 전문가 패널은 총 6인이었다. 이는 전문가들과 상호토론을 통한 합의점을 찾기에 적절한 인원이라 판단했다. 이메일 자문 그리고 전문가 토론에 참여한 전문가 패널은 모두 9인이며 개인정보는 〈표 4-1〉과 같다.

1차 이메일 자문서에는 상호문화주의, 상호문화교육, 상호문화 역량, 상호문화 감수성, 실천이론, 사회적 실천 등 이론에 대한 내용을 선행연구로 제시하고 이러한 이론을 바탕으로 전문가에게 상호문화 실천 이론에 대한 정의 그리고 범주, 논의점에 대해 기술해줄 것을 요청했다. 수집된 내용은 정리하여 토론에 참여하는 전문가 패널에게 발송했고, 이를 바탕으로 전문가와의 집단토론 형식을 통해 상호문화 실천의 이론 관련 쟁점에 대해 논의했다. 전문가 토론은 온라인으로 줌(ZOOM)을 활용하여 진행했고 진행시간은 1시간 50분 정도 소요되었다. 토론 내용은 녹화되었고,

<표 4-1> 전문가 패널 정보

구분	소속	직위	학위	연구분야	연구기간
전문가 A	A 대학	교수	박사	현대 도시의 사회문화 및 환경문제	18년
전문가 B	B 대학	교수	박사	상호문화 역량, 상호문화 실천, 상호문화철학	12년
전문가 C	C 대학	교수	박사	비판적 교육학, 인종주의, 민주시민교육, 상호문화교육	10년
전문가 D	D 대학	교수	박사	자국어 의사소통 교육, 상호문화적 감수성	10년
전문가 E	E 대학	교수	박사	설화&상호문화교육	10년
전문가 F	A 연구원	연구원	박사	상호문화교육, 다문화교육, 평화통일교육 등	6년
전문가 G	F 대학	교수	박사	상호문화 역량	10년
전문가 H	D 대학	교수	박사	사회교육, 다문화교육	10년
전문가 I	D 대학	교수	박사	문화변동, 문화인류학, 사회교육, 다문화교육	15년

토의 내용은 구술한 내용을 그대로 기록했다. 이 연구에서 수집된 자료는 Wong(2008)의 연구를 참고로 4단계의 과정으로 분석되었다. ① 분석 자료 생성, ② '코딩'단계, ③ '범주화'단계, ④ '재범주화'단계를 통해 각 범주별 대표적인 토론 내용을 추출했다. 이 연구에서는 개별 인터뷰가 아닌, 그룹 토론의 특성을 반영하여 그룹 내 토론의 맥락에서 연구결과를 분석·이해·해석하는 과정을 통해 상호문화 실천의 정의를 구성하고, 내용을 세 가지 영역으로 구성했다.

이렇게 구성한 상호문화 실천 정의는 전문가 패널에게 2차로 이메일을 보내 적합성에 대해 검토를 요청하고 수정의견을 확보함으로써 논문의 객관성과 타당성을 확보했다. 마지막으로 교육전공 및 융합전공 대학원생과 교수에게 설문지를 활용하여 이론 정의에 대해 다각검증을 진행했다. 이 연구에서는 전문가 집단 자문 이외에도 내부연구진의 수차례 위

크숍을 통해 상호문화 실천의 개념에 대한 검토를 진행하여 개념과 영역
에 대한 내용들을 정리했다.

3.
상호문화 실천에 대한 이론적 탐색

1) 상호문화 실천의 정의

이 연구에서는 상호문화주의 상호문화 역량, 상호문화교육의 전문가들과 함께 FGD를 통해 국내 상호문화 실천의 함의를 심층적으로 탐색했다. 이 연구에서는 선행연구 고찰을 바탕으로 전문가 집단 토론 결과를 종합하여 상호문화 실천의 정의에 대해서 다음과 같이 정의하고자 한다. "상호문화 실천이란 문화 다양성에 대한 인정과 존중을 바탕으로 상호 적극적인 의사소통과 성찰을 통해 공존사회를 모색해가는 사회적 행위다." 먼저 상호문화 실천의 개념 정립에 대한 중요성을 전문가들은 다음과 같이 제시했다.

> "다문화주의가 실패했다고 흔히 이야기하는 중요한 원인 중에 하나가
> 주의로서 끝나고 그것이 실제로 현실에서 실현되지 아니한 즉 실천이
> 결여되어 있는 주의였기 때문에 문제였다라고 생각하고 거기에 따르는

어떤 대안으로서 상호문화주의가 나왔고 그것을 실현하기 위해서는 상호문화 실천이라는 개념이 무엇보다도 저는 중요하다라고 생각을 합니다."(전문가 A)

다문화사회에서 상호문화 실천에 대한 연구의 필요성은 국제적인 다양성의 증폭 현상, 그에 반한 이주민과 정주민 간의 이해, 공감, 소통, 협력의 부재에 대한 비판적인 시각들에서 비롯된다. 이러한 비판적 시각은 그동안의 다문화정책과 교육의 한계를 지적하면서 그 대안으로 상호문화 실천의 개념의 중요성을 강조하게 된다.

"상호문화주의라는 것은 이제 이념이라고 생각한다면 실천은 그런 이념이 일상생활 속에서 생활 세계 속에서 구현되는 우리 사회 구성원들이 구현되는 차원이라 할까 이렇게 그냥 정의를 저는 이제 어원적으로 봤을 때는 이제 상호문화주의를 일상생활 속에서 사회 구성원들이 실천하는 것입니다."(전문가 I)

이처럼 상호문화주의가 구체적으로 실천적 행위로 드러남에 있어서 문화 개념에 대한 비판적 성찰, 실천을 바탕으로 하는 성찰의 중요성, 그리고 권력의 문제, 인권에 대한 문제에 대한 논의가 중점적으로 진행되었다.

"상호문화라는 단어가 들어가면서 문화 간의 접촉을 넘어서서 역동적으로 서로 상호작용을 하면서 서로 상호 침투하면서 서로 간의 문화가 변형되는 것인 것으로 이해가 됐고요. 그런 논의에서 비판적 상호문화 이런 담론에서는 그럼에도 불구하고 우리가 지금 상호문화 실천이라고

하면은 문화 개념을 쓰고 있는데 우리 사회에서나 아니면은 현대사회
에서 이 문화 개념을 어떻게 사용하고 있는가, 어떠한 맥락에서 정치적,
경제적, 사회적 맥락에서 이 문화 개념을 사용하고 있는가라는 부분에
문제시해서 이제 비판적인 그런 성찰을 하고 있고요." (전문가 C)

"순수한 외래 문화가 없듯이 결국 순수한 고유문화가 없다라는 거를 인
식한다는 것 자체는 다문화교육과 그러면 상호문화교육의 차이가 뭐
냐 했을 때 kmk에서도 이제 1996년에 했던 내용들이 2013년에 이제 변
화가 됐잖아요. 그 변화의 가장 핵심적인 내용은 성찰이었던 것 같습니
다." (전문가 B)

결국, 차이와 차별 배제가 존재하는 사회적 조건에 대한 비판적인 시
각으로부터 상호문화 실천의 필요성이 드러나게 되고, 문화의 역동성은
외부의 정치·경제적 배경 속에서 주어졌기에 자원에 대한 배분 등에 대
한 문제가 중요 토론 이슈가 되었다. 따라서 차별에 대한 비판적인 시각,
일상적인 삶 속에 존재하는 권력의 문제, 차별의 문제에 대처하는 것이 상
호문화 실천의 시작이라고 볼 수 있다. 궁극적으로 상호문화 실천을 통해
공존 사회를 모색해가는 변화가 일어나야 한다는 것이 전문가들의 공통
된 의견이었다. 이것은 사회 구성원 모두의 상호 인정, 상호 존중을 기반
으로 적극적으로 상호 소통하고 반성적인 성찰을 통해 사회 속에 존재하
는 불평등과 차별에 대처하는 행위양상인 것이다.

2) 상호문화 실천의 세 가지 영역

국가 간 교류는 급증했으며 경제적 성장과 발전을 거듭해오면서 개인, 사회, 국가 간 상호작용의 문제는 더욱 중요해졌고, 문화 다양성에 대한 연구 또한 주목받게 되었다. 따라서 상호문화 실천에 대한 영역에 있어서 개인·사회·초국가적 차원으로 드러나는 실천 양상에 대한 논의를 통해 상호문화 실천의 개념을 확장하고 내용을 풍부하게 하고자 했다. 이 연구에서는 문헌자료, 전문가 자문내용, 전문가 토론내용을 종합하여 상호문화 실천의 영역을 세 가지로 구분하여 구체적인 실천내용을 설명하고자 한다.

〈표 4-2〉 상호문화 실천의 영역과 의미 단위

상위범주	하위범주	주요 주제어
개인적 차원	인정과 존중	문화적 민감성 문화적 다양성
	성찰과 변화	인식의 변화 반성적 성찰
	소통과 배려	소통과 교류 배려와 환대
사회적 차원	이주민 집단	사회적 권리 보장 문화정체성 존중
	제도적 주체	교육 프로그램의 실행 정책적 보호와 지원
	사회적 상호작용	자원의 배분 지역공동체 역할
초국적 차원	인류 보편의 가치관 형성	보편적 권리 존중 세계시민 정체성 형성
	국제적 활동	국제적 교류와 소통 세계적 빈곤과 불평등 문제에 기여

(1) 개인적 차원

이 연구에서는 상호문화 실천의 개인적 차원을 인정, 존중, 성찰, 변화, 소통, 배려 등 키워드를 중심으로 아래와 같이 정의했다. "상호문화 실천의 개인적 차원은 타자에 대한 인정과 존중을 바탕으로 공존 가능성을 성찰하고 상호소통과 배려를 실천하는 행위다."

상호문화 실천의 개인적 차원은 개인 내적 영역 속에서의 변화 및 성찰들이라고 할 수 있다. 그 기저에는 다양한 문화에 대한 인정과 존중이라는 감정이 깔려있다. 그렇다면 무엇에 대한 인정과 존중이냐는 부분에 대해서 전문가들은 문화적 민감성, 문화적 역동성, 문화적 다양성의 인정과 존중을 중요하게 생각하고 있었다. 다음으로는 성찰과 변화를 통한 성장을 들 수 있다. 개인들은 개별적인 위치에서 인식의 변화, 반성적 성찰, 성찰적 실천의 과정을 경험하면서 새로운 문화, 새로운 변화에 대해 고민하고 대처한다. 이런 것들이 성숙하게 드러날 때 비로소 개인적 차원의 교류와 배려의 형태로 드러나게 되고 공공선의 내적 가치를 실현하게 될 것이다.

① 인정과 존중

문화적 민감성

문화적 민감성이란 다문화에 대한 지식과 인식을 개인의 행동이나 기관의 활동으로 통합하는 것이다(Wells, 2004). 그동안의 다문화교육, 다문화정책이 소수자 적응을 위한 복지 교육정책들을 중심으로 이루어졌냐면, 차별 배제와 불평등을 방지하기 위한 교육은 다수자 중심으로 이루어져야 한다. 그중에 문화적 민감성은 바로 정주민인 다수자들이 보편적으로 또는 무의식적으로 행하는 인종차별적 태도와 발언에 더 민감하게 반응해야 한다는 것이다.

> "다문화사회에서 상대적으로 더 많은 특권과 권력을 가지고 있는 다수 집단의 사회 구성원들은 종종 의도하지 않아도 인종차별적 발언과 행위를 할 수 있으며, 자신의 정체성과 문화를 '정상적', '일반적'인 것으로 당연하게 간주하는 경향을 가지고 있다. 소수자의 차별 경험을 무시하거나 그것에 대해 불쾌감을 나타내거나 거부하는 반응을 보이기도 한다." (전문가 A 이메일)

브루디외(Bourdieu, 2005)는 아비투스 개념을 통해 제안하는 행위이론은 대부분의 인간행위가 의도와는 전혀 다른 것, 다시 말해 후천적으로 획득된 성향들을 원리로 하고 있다고 말한다. 즉 아비투스를 통해 구체적인 실천이 생성된다고 했다. 이처럼 상호문화 실천의 개인적 차원에서도 정주민의 문화적 민감성에 대한 부분을 강조하며 개인의 실천에 있어서 자신에게 체화되어있는 문화적 편견, 차별적 언어에 민감하게 반응하고 성찰해야 한다고 했다. 상호문화 실천의 개인적 차원에 있어서 모든 행위의 토대가 되는 것이 바로 인간의 존엄과 권리에 대한 인정과 존중이다.

문화의 다양성

상호문화의 개념은 문화적 다양성의 상호존중과 다른 문화를 알게 되는 상호문화 이해를 목표로 한다(홍은영, 2012). 문화 다양성은 인류가 추구해야 하는 보편적인 가치이자 인간의 기본 권리라고 유네스코(UNESCO)에서는 규정했다. 개인적인 차원에서도 문화 다양성에 대한 이해와, 타인의 권리 보호를 위한 존중과 인정을 해야 할 것이다. 구체적으로 전문가들은 문화 다양성을 문화 역동성과 밀접히 연관된다고 지적했다.

"문화 다양성이란 다른 문화를 이해하고 존중하며, 차이에 대해 그 고유의 문화적 맥락 내에서 검토하는 것으로 그 하위요소로는 행동 차이에 대한 존중, 가치 차이에 대한 존중, 다른 문화를 지닌 사람들이 사안에 대해 어떻게 생각할지 의식적으로 상상하고, 자신의 관점을 내부자의 관점으로 전환하는 것이다." (전문가 D 이메일)

"지금 말씀하신 내용들을 종합하면 일단은 문화라는 개념에 대한 정의에서 문화가 역동적인 과정을 가지고 있고 한 사회의 삶의 양식인데 그 양식이 고정적이지 않고 항상 유동적으로 움직이고 그리고 그러한 이런 단위와 다른 단위가 어떤 방식으로 서로 상호 침투하고 이런 이야기들이 사실상 전제로 어떤 상호문화라는 어떤 전제로 깔려야 되겠다라는 그런 개념을 말씀해주신 것 같아요." (전문가 I)

"문화를 실천하는 주체가 어느 정도 그 사회의 배경과 구조에 대해서 저항하고 또는 그것을 억압하는 어떤 요소들에 대해서 나름대로 거부하고 그것을 시정하려고 노력할 것이냐라는 것이 문화의 역동성이 되겠습니다." (전문가 C)

상호문화적 정신은 다원주의, 다양성, 차이에 대한 가치를 인정한다. 이처럼 문화 다양성을 인정하고 존중한다는 것은 단순히 인지로만 그치는 것이 아니라 숨어있는 문화권력을 찾아내고, 자신의 생각에 대해 반성하고 성찰하는 것을 통해서 변화로 나아가는 실천적인 행위양상으로 나아가야 한다.

② 성찰과 변화

인식의 변화

상호문화 실천은 구체적으로 개인적 차원에서 개개인의 인식 변화가 중요하다. 여기에는 이주민에 대한 인식의 변화, 한국 사회 변화에 대한 인식의 변화가 포함되며, 구체적인 행위양상으로 자원, 물질에 대한 불균등한 배분에 대한 비판적 인식도 포함하고 있었다.

> "사실은 우리가 한국 사회 변화와 현황에 대한 정확한 인식과 이런 것들이 파악이 돼야 된다고 생각합니다." (전문가 I)

> "'다른 문화'에 대한 인정이라는 표현에서 상호문화 실천이 다시금 문화라는 단어로 특정 개인을 주변화하고 타자화할 수 있다는 비판적 상호문화교육의 관점을 고려할 필요가 있습니다. 또한, 물질적 자원뿐만 아니라 상징적 자원에 대한 불균등한 배분의 문제에 대한 비판적 인식을 상호문화 실천의 개인적 차원에 포함하면 어떨까 제안드립니다. 왜냐하면 개인적 차원에서 상호문화 실천은 물질적 자원이 어떻게 배분되고 있는지 그때 사회적 힘이 어떻게 작용하는지, 주체 자신은 그러한 사회에 어떻게 연루되고 있는지에 비판적 통찰이 선행되어야 하지 않을까 생각하기 때문입니다." (전문가 C)

국제화 시대로의 변화는 국민의 인식 변화를 필요로 하고 있다. 자문화 중심주의, 민족주의 등 내재되어 있는 가치관을 성찰을 통해 세계로 국제사회로 지구 공동체로 변화시킬 필요가 있다.

반성적 성찰

전문가들은 상호문화 실천의 개인적 차원에서의 행위양상으로 반성적 성찰의 중요성을 강조했다. 그 성찰에는 자신이 누리는 특권과 권력의 관계에 대해 면밀하게 살펴야 하고, 사회 곳곳에 만연하는 드러나거나 은밀한 인종차별적인 발언과 행위에 대한 성찰이 포함된다. 이에 대한 소수자 역시 성찰을 통해 자신의 정체성 근간을 흔드는 이주민 집단에 대한 일반화된 편견을 간파하고 적극적으로 표현하고 소통해야 할 것이다.

"다문화사회에서 상대적으로 더 많은 특권과 권력을 가지고 있는 다수 집단의 사회 구성원들은 종종 의도하지 않아도 인종차별적 발언과 행위를 할 수 있으며, 자신의 정체성과 문화를 '정상적', '일반적인 것으로 당연하게 간주하는 경향을 가지고 있다. 소수자의 차별 경험을 무시하거나 그것에 대해 불쾌감을 나타내거나 거부하는 반응을 보이기도 한다. (중략) 소수자 역시 인종주의를 사회구조로서 파악하고, 자신이 내면화한 인종주의(예를 들어 사회적 정체성 내부의 차이를 배제, 자신이 속한 집단에 대한 부정적 평가)를 반성적으로 성찰할 필요가 있다." (전문가 C 이메일)

"일상생활 속에서 타자를 차별적으로 배제하는 생각과 태도 및 행위를 비판적으로 성찰하고 다양한 문화적 실천 간의 상호교류를 촉진하는 것이다." (전문가 G 이메일)

개개인은 주류문화와 소수문화의 위계질서에 대한 성찰과 변화를 통해 지배질서를 극복하고 동등한 만남을 추구해야 할 것이다. 인간은 개인 간 또는 개인과 사회 사이의 끊임없는 상호관계 속에서 살고 있고, 인류 공동의 인도적 가치는 '우리'라는 존재 양식을 대전제로 받아들여야만 비로소 실천될 수 있다(박치완, 2018).

③ 소통과 배려

상호소통과 교류

개인 간 소통은 일차적으로 정보 및 메시지의 전달, 교환 기능을 수행하지만, 소통 대상과의 관계에도 영향을 미친다(정다은·정성은·장혜정, 2022). 코로나19로 인한 감염병 사태로 외국인 혐오, 소외 계층에 대한 불평등과 차별이 표면화되고 있다. 이러한 현상들은 건강위기이자 소통과 정체성의 위기로도 이해할 수 있다(정의철, 2021). 특히, 소수집단은 차별적 표현에 맞서 '반박할 수 있는(Speaking Back)' 권리가 부재하다(홍성수, 2015). 따라서 수평적 관점에서 대화할 수 있는 소통방안에 대한 고민이 필요하다.

> "상호문화주의에서 상호문화 소통은 매우 중요한 의미를 갖는다. 이때 소통은 일방향성이 아닌 쌍방향성에 있다. 이를 위해 개인과 타자 간 혹은 주류문화와 소수문화 간의 수평적 관점에서의 구체적인 상호 소통 방안은 무엇일까." (전문가 H 이메일)

> "개인적인 차원에서 즉 인간 대 인간의 차원, 주체와 주체의 차원, 주체와 타자 간의 거리를 좁히고 타자를 환대하는 입장에서 그러면 우리가

서로의 어떤 상호문화 인터컬처가 되는 거죠. 이 부분을 조금 좀 들여다 봐야 되고 상호문화 실천을 어떤 방식으로 우리가 해야 될 것인가를 좀 주목을 했습니다." (전문가 I)

"원주민과 외국인 이주자 간 의사소통을 강조하는 것은 언어의 차이(다양성) 존중과 모순됩니다. 언어의 차이에도 불구하고 문화적 교류가 가능한 방법은 감성의 공유와 이를 가능하게 하는 생활양식을 찾아내는 것이 중요하다고 하겠습니다." (전문가 A)

결국 실천의 핵심 주체들사이의 상호문화 소통은 일방향이 아니라 쌍방향이며, 언어적 소통에서 어려움이 있으면 감성의 공유를 통한 공감 능력의 확장을 통해 소통의 어려움을 극복해나가야 한다. 초국가적 사회 관계가 확대되는 오늘날 개인 간, 집단 간의 갈등 해결을 기대한다면, 타자와의 차이보다 동질성에 주목해야 할 것이다(장혁준, 2019). 따라서 동질성에 대한 공감이 소통으로의 실천으로 이어질 것이다.

배려와 환대

다른 사람을 배려한다는 것은 가장 중요한 의미에서 자신을 성장시키고, 실현하도록 돕는 것이다(Mayeroff, 1971). 배려의 윤리에 따르면 타인은 욕구에 의해 나를 필요로 하지만 나 역시 나 자신이 되기 위해서 배려해야 할 타인이 필요하다(김민영, 2022). 다문화사회에서 서로의 차이에 대한 배려는 성숙한 시민성을 키워나가는 필수조건이 된다.

"개인이 어떤 실천을 할 것이냐라는 물음도 중요하지만 우리는 특정한 어떤 장소 내에서 함께 살아가기 위해서 서로가 서로에게 대해서 어떤 실천이 필요한가라는 어떤 질문을 해야 될 거라고 저는 생각을 합니다. 그런 점에서 저는 어떤 한정된 공간 속에서 함께 살아가기 위해서 타자와 어떻게 공존할 공생하는 그런 삶을 살 것이냐라는 것인데 결국은 그것은 문화적인 어떤 상호 배려와 인정을 전제로 하는 것이 됩니다." (전문가A)

칸트(Kant, 2005)는 어떤 인간도 특정 지역에 대한 우선권을 가지고 있지 않으므로, 이방인은 더 이상 적이 아닌 동등한 존재로서 '환대의 권리'를 가진다고 했다. 인류 구성원의 보편적 권리로서 환대의 권리를 인정하는 것은 인류 공동체에 속한다는 사실을 인정하는 것이 된다. 이방인에 대한 심각한 적대 행위들이 여전한 현실에서는 칸트식의 상호적이고 제한적인 권리로서의 환대를 정착시키는 일도 중요하다(장혁준, 2019). 따라서 배려와 환대를 통한 능동적 행위들이 새로운 세상을 만들어가는 주체의 역할을 감당할 수 있게 할 것이다.

(2) 사회적 차원

이 연구에서는 상호문화 실천의 사회적 차원에 대해 서로 다른 문화집단 간의 능동적인 상호작용 행위로 규정하고 제도적 주체들의 적극적인 실천행위로 보편적 인권에 대한 보호, 삶의 질을 보장하기 위한 자원의 배분, 교육, 복지 등 기회의 부여 등 행위를 상호문화 실천의 사회적 차원으로 정의했다. "상호문화 실천의 사회적 차원은 서로 다른 문화집단 간의 능동적인 사회적 상호작용 행위다."

상호문화 실천의 사회적 차원의 내용에 대해 전문가들은 이주민 집단을 위한 문화적 정체성 및 사회적 권리 보장, 그리고 이주민을 위한 복지와 기회의 제공에 대해 중요하게 논의했다. 또한, 제도적 주체들은 교육, 프로그램을 통한 실질적 인식 개선과 혐오 차별방지를 위한 구체적인 대안을 마련해야 한다. 이주의 역사가 길지 않고, 단일민족 정서가 깊은 한국사회에서 공존을 위한 사회적 실천의 양상은 아직은 관 주도적인 형태로 권리와 기회를 보장해주는 형태로서의 실천 양상이 우세하다. 즉 사회적 상호작용에서 자원의 배분을 통해 이주민의 생활권을 보장하고, 사회·규범·공적인 자세를 통해 이주민과의 공존의 공간을 확장해나가는 것이 사회적 차원의 상호문화 실천양상을 보인다. 특히 사회의 제도적 주체들(지방 및 중앙 정부, 여타 관련 기관이나 조직들)이 이주집단의 보편적 인권과 기본적 필요를 위한 자원과 복지를 제공하고, 교육과 사회 참여를 위한 균등한 기회를 부여함으로써 사회적 갈등을 방지하고 공존 사회로 전환하기 위한 실천적 행위다.

① 이주민 집단

사회적 권리 보장

일반적으로 사회적 권리에는 근로의 권리, 기회의 평등, 건강서비스 자격, 복지혜택과 사회적 서비스, 높은 수준의 자유로운 교육 제공 등이 포함된다(Castles, 2000). 상호문화 실천을 위해서는 이주민 집단의 사회적 권리에 대해 보장하는 것이 가장 기초적인 사회적 차원의 상호문화 실천이 될 수 있다.

"사회공간적 소수자(특히 외국인 이주자)를 단순히 사회에 통합시키기 위한 정책(동화주의)이 아니라 이들이 실질적으로 이주한 장소에서 인간다운 삶을 살아가면서, 그 지역의 능동적(주체적) 주민으로서 원주민들과 함께 살아갈 수 있는 다양한 방안들을 모색해야 한다. 우선 이들의 사회적 권리와 문화적 정체성을 보장하기 위한 법과 제도를 마련하여, 이들도 함께 살아가야 할 사회적 구성원임을 인정한다. 또한 이들이 이주해온 사회공간에서 살아가기 위해 필요한 기본적 자원과 복지를 제공해야 한다." (전문가 A 이메일)

"서로 다른 문화집단들 간 능동적인 상호 (의사소통적 및 감성적) 교류를 통해, 타 집단(이주민 집단)의 문화와 정체성, 생활양식과 사회적 권리를 인정하고 보장하는 행위를 말한다. 특히 사회의 제도적 주체들(지방 및 중앙 정부, 여타 관련 기관이나 조직들)이 이주집단의 보편적 인권과 기본적 필요를 위한 자원과 복지를 제공하고, 교육과 사회 참여를 위한 균등한 기회를 부여함으로써 사회적 갈등을 방지하고 공존사회로 전환하기 위한 실천적 행위다." (전문가 A 이메일)

이주민 집단의 사회적 권리 보장을 위해서는 법적으로 수혜자격을 제한하는 공식적인 배제를 면밀히 살피고, 삶의 조건을 보장하는 사회적 권리로서의 경제적 복지와 권리 보장과도 긴밀하게 연결시켜야 할 것이다.

문화정체성 존중

모든 사람은 사회화 과정을 거치며 문화적 존재가 되어가며, 개인은 자신을 둘러싼 문화 속에서 나는 누구이고 무엇을 위해 어떻게 살며 인생의 가치와 의미는 무엇인지 등을 배우고 실천하며(Fiske, Kitayama, Markus, & Nisbett, 1998) 특정 "민족문화집단의 일원으로 자기 자신을 범주화하고 동일시하는" 문화정체성(정진경·양계민, 2004)을 구성해나간다. 후왕, 리(Hu, Wang & Li, 2014)는 문화정체성을 다른 문화와 접촉하는 과정에서 파생된 개인의 문화적 자의식이라고 보았다. 집단의 문화정체성에 대한 사회제도적인 존중은 바로 문화 다양성 존중의 일환이기도 하다.

> "문화 다양성은 다문화교육에서 지향하는 방향입니다. 따라서 상호문화 실천도 상호문화교육과 연관성이 있다는 관점에서 문화간 비교와 문화정체성은 중요한 키워드라 사료됩니다."(전문가 E)

> "우선 이들의 사회적 권리와 문화적 정체성을 보장하기 위한 법과 제도를 마련하여, 이들도 함께 살아가야 할 사회적 구성원임을 인정한다. 또한 이들이 이주해온 사회공간에서 살아가기 위해 필요한 기본적 자원과 복지를 제공해야 한다."(전문가 A 이메일)

> "이주배경을 가진 아동청소년의 출신국 언어를 한국어 촉진과 함께 계속해서 유지·발전시킬 수 있는 기회를 제공해야 한다. 그 이유는 글로벌화된 세계에서 다양한 언어를 활용할 수 있다는 측면에서 노동시장에서의 경쟁력 확보뿐만 아니라, 문화 다양성을 이해하는 데 기여할 수 있기 때문이다."(전문가 H 이메일)

전문가들은 이주민들이 이주국에서 살아가기 위해서는 정책적 부분에서 그들의 문화적 정체성 보장을 위한 기본적 지원과 복지를 제공하는 것이 상호문화 실천을 위한 사회적 차원의 행위양상이라고 말한다. 여기에는 출신국의 언어를 보존하고, 발전시킬 수 있는 기회의 제공도 포함되어 있다. 따라서 이주민의 이중언어에 대한 지원 및 교육정책도 장기적인 목표와 계획을 세워서 진행되어야 할 것이다.

② 제도적 주체

교육 프로그램의 실행

상호문화 실천의 사회적 차원에서는 이주민을 위한 교육뿐 아니라 정주민도 공동으로 성장할 수 있는 교육프로그램을 필요로 한다. 여기에는 이주민들과의 일상적 상호작용 속에서 자민족 중심주의적 언행, 인종차별적 언어와 행동을 지각하고 이러한 것들이 인권적인 문제와 깊은 연관을 갖는다는 부분에 대해서 성찰하는 태도를 양성하기 위한 교육프로그램들도 포함된다.

> "상호문화주의 관련 이론과 개념적 숙고가 차이와 권력구조하에서 구현되고 시행되는 '사회적 실천'(예를 들어 다른 사람과의 일상적 상호작용, 학교 교육, 성인교육, 민주시민교육, 사회복지, 청소년 상담, 미디어 담론)으로 이해될 수 있다." (전문가 C 이메일)

> "프락시스 개념이 모순 없는 어떤 해결, 아까 말씀드렸던 만병통치 이런 의미보다 사회운동 쪽도 있지만 이론을 적용해서 그런 면도 있지만 다시금 다른 한편으로 넓은 의미에서 말 그대로 우리가 일상생활 속에서 이렇게 행위하고 학교에서 여러 가지 정책들을 구현하고 프로그램들을

돌리면서 이렇게 실행하고 수행하고 실천하고 이런 의미에서 프락시스를 저는 이해를 하고 있습니다." (전문가 C)

상호문화교육과 다문화교육은 모두 문화적 다양성이 충돌과 분쟁의 영역이 되지 않도록 인정과 수용을 교육의 가치로 설정하고 있다(신용식, 2021). 따라서 교육 대상의 보편대상으로의 확대는 역시 상호문화 실천에서도 중요한 일환이다. 실천적 교육프로그램의 구성과 확대를 통한 상호문화 실천의 장을 마련하는 것이 현실적으로 시급한 문제이기도 하다. 교육적 내용에 있어서 다름이 아닌 동질성에 기반한 내용의 확대를 통한 공감능력의 향상이 상호문화 실천 교육 프로그램의 핵심이 되어야 할 것이다.

정책적 보호와 지원

전문가들은 정책적 지원과 보호가 필요한 영역에 대해서 상호문화교육의 정착, 이주민 권리 보장을 위한 법과 제도적 마련, 차별금지에 대한 법적 규정에 대해 공통적으로 제언했다.

"상호문화교육이 우리 사회의 학교법과 수업계획에 반영될 수 있도록 제도적으로 정착시켜야 한다." (전문가 H 이메일)

"사회공간적 소수자(특히 외국인 이주자)를 단순히 사회에 통합시키기 위한 정책(동화주의)이 아니라 이들이 실질적으로 이주한 장소에서 인간다운 삶을 살아가면서, 그 지역의 능동적(주체적) 주민으로서 원주민들과 함께 살아갈 수 있는 다양한 방안들을 모색해야 한다. 우선 이들의 사회적 권리와 문화적 정체성을 보장하기 위한 법과 제도를 마련하여, 이들도 함

께 살아가야 할 사회적 구성원임을 인정한다."(전문가 A 이메일)

"상호문화 실천을 위한 제도와 정책 마련, 문화적, 인종적 차이에 따른 차별 금지(다수자 대상), 소수자 보호 및 지원이 중요하다."(전문가 D 이메일)

전문가들의 이러한 의견은 아직은 이주민에 대한 거부와 편견이 존재하는 한국사회에서 법과 제도를 통해 그들의 기본권을 보장하고 이에 대한 시민의식을 높여야 한다는 문제의식에서 시작된 것이다. 따라서 공교육 차원에서의 명확한 규정과 교육과정의 도입이 필수다. 또한, 제도적으로도 이주민에 대한 차별금지 조항이 명백하게 규정되어야 할 것이다.

③ 사회적 상호작용

자원의 배분

전문가들은 상호문화 실천의 사회적 차원에서는 이주민들의 기본적인 삶의 질 보장을 위해 자원과 복지의 제공이 필수라고 말했다. 다문화주의가 물질적 차이를 해소하기 위한 재분배의 문제를 간과하는 한계가 있다면 상호문화 실천의 사회적 차원에서는 곧 물질 자원의 배분을 통해 그 한계를 극복할 것을 주장한다.

"다문화주의 논쟁에서 중요하게 제기되었던 물질적 자원의 배분과 기본적인 인간의 생존을 위한 필요를 충족시킬 수 있는 데 대한 어떤 배려가 동시에 이루어져야 된다고 생각하고 이것이 어떤 상호관계를 가지는가를 생각해볼 필요가 있다고 생각합니다."(전문가 A)

"이주민의 사회적 권리, 문화정체성에 대해 보장해주고, 기본적 자원과 복지, 기회를 제공해야 한다." (전문가 C 이메일)

"물질적 자원에 대한 교류와 배분은 개인적 차원이라기보다는 사회적 차원의 내용에 더 적합해 보입니다." (전문가 F)

이주의 시대, 같은 공간에서 공존하고, 평화롭게 지속가능한 발전이 가능한 사회로 나아가기 위해서는 물질적 기초인 자원의 배분이 이루어져야 한다. 이 자원에는 물질, 교육, 복지 등 모든 부분이 포함되어야 한다. 이러한 배분은 정책적 제도화를 통해 실천되고 보장되어야 할 것이다. 이는 아직 이주민에 대한 배려와 기본적인 권익이 보장되지 않은 다문화사회 진입 초기에 정부의 의지와 개입이 필요한 부분이다. 앞으로 다문화사회의 발전과 시민의식의 향상에 따라 상호문화 실천은 관 주도적인 실천 양상이 아니라 상호 협력적인 형태로 변화가 필요할 것이다.

지역공동체의 역할

전문가들은 사회적 상호작용을 활성화시키기 위해서 외국인이 많이 거주하는 지역부터 외국인 주민을 위한 지역공동체가 구성되어 이를 토대로 지역에서의 외국인 주민들의 인권 신장과 복지향상이 이루어지는 것이 바람직하다고 말했다. 단순히 관 주도적 지원체계가 아니라 풀뿌리 운동처럼 지역사회 주민들이 자신들의 목소리를 내고, 그 목소리를 모아 정책제정에 반영할 수 있는 지역공동체들이야말로 상호문화 실천을 이끌어나가는 주역이 될 것이다.

"사회적 차원(마을)의 경우 지역공동체의 참여가 매우 중요합니다. 자발성에 토대로 하기 때문에 협력정신, 공동체 행동에 기초한 공식적인 학교 교육과의 연계, 서로서로를 가르치면서 많은 것을 배울 수 있는 능동적, 참여적인 방법을 이끌어내는 것이 필요합니다. 모든 사람이 대상이므로 이주민의 사회적 권리보다는 인권이 맞는 것 같습니다." (전문가 B)

이처럼 지역공동체를 통한 이주민 집단의 잠재력을 끌어내는 것이 중요하다. 따라서 외국인 주민이 지역 모임 및 지역사회 활동에 적극적으로 참여할 수 있는 장을 조성하여 상호 간 대화의 장을 마련해주는 것이 사회적 차원의 상호문화 실천이라고 볼 수 있다.

(3) 초국적 차원

상호문화 실천의 초국적 차원에 대해서는 국제적 이주자의 보편적 권리, 세계시민적 정체성, 국제활동에 참여하고, 세계적 빈곤과 불평등의 해소 등에 기여하는 실천적 행위양상을 상호문화 실천의 초국적 차원으로 규정지었다. "상호문화 실천의 초국적 차원은 인류 보편의 가치관을 배양하고, 권리를 존중하며, 세계시민적 정체성을 함양하는 행위다." 여기에는 타문화권과 연계된 국제적 활동(프로그램)에 적극 참여하여, 세계적 빈곤과 불평등을 해소하고, 국가 간 이주의 자유를 보장하는 등 실천적 행동을 통해 지속 가능한 인류의 발전에 기여하는 내용이 포함된다. 전문가들은 상호문화 실천의 초국적 차원에 있어서 인간의 보편적 권리를 존중하고, 세계시민의 정체성을 형성하여 인류 보편의 가치관 형성이 중요하다고 말했다. 이러한 초국적 가치관과 시민의식의 형성을 기반으로 할수 있는 상호문화 실천의 초국적 차원의 행위양상으로 드러나면 국제적 교류와 소통, 세계적 빈곤과 불평등 문제에 기여하는 국제적 활동도 포함된다.

① 인류 보편의 가치관 형성

보편적 권리 존중

인간의 보편적 권리에서 가장 근본적인 것은 인권이다. 인권이란 인간이 갖는 일반적인 권리다. 상호문화 실천에서는 이를 넘어선 환대의 개념까지 확장하고자 한다. 칸트에 의하면 이주자가 가지는 환대의 권리는 인간의 보편적 권리와 특정 정치공동체로서 국가 주권 사이의 경계공간에서 발생한다(최병두, 2018).

> "사회적 소수자(이주자, 난민 등)들도 동시대에 함께 살아가야 할 인간으로서 보편적 권리와 인권을 가진다는 점을 천명하고, (중략) 또한 이들이 자유롭게 이주하고 이주한 지역에서 살아갈 수 있도록 개별 국가나 지역을 가로지르는 다양한 프로그램들을 개발하고, 이를 개별 국가나 지역들이 실행할 수 있도록 지원한다." (전문가 A 이메일)

즉 이주의 권리와 이주국에서 환대를 받을 권리는 마땅히 국가기관으로부터 보호를 받아야 할 보편적인 권리로서 정부와 지자체가 이에 대한 대처를 적극적으로 해야 할 것이다.

세계시민 정체성 형성

이주와 이민 규모의 확대는 신자유주의 세계화 질서에 대응하기 위해 대안적 시민성 개념으로 세계시민에 주목한다. 하버마스(Habermas, 1998)는 세계시민이란 의사소통 능력을 갖춘 자율적이며 합리적인 시민이라고 규정하며 그들로 구성된 세계시민사회의 등장과 그들 사이의 연대를 이상사회로 보고 있다. 즉 세계화시대 국가와 민족을 초월하는 세계시민으로서 주권을 행사하는 민주주의 사회로의 진입을 말하고자 한다.

> "지구촌의 세계시민성 함양은 지구 전체에 존재하는 모든 것은 하나의 생명체처럼 상호 유기적으로 연계된 생태체계임을 코로나19를 통해 더욱 확인하게 되었습니다. … '깨어있는 세계시민'의식과 인류 존엄성 실현과 인권 존중의 실천을 위한 연대는 인권, 법치주의, 민주주의의 기초하에 이루어져야 합니다." (전문가 B)

> "세계시민의 일원이라는 정체성을 가지고, 단일 문화권의 사회적 관계에 고립되는 것을 지양하면서, 모든 생명들과 연결된 존재라는 인식과 통합적인 사고를 통해서 지구적인 실천과 함께 세계의 문화를 변혁하고 새로운 문화를 창조하는 것입니다." (전문가 F 이메일)

다양한 문화집단들 간의 공통적인 초국가적 정치문화를 형성하여 서로의 의견 수렴하여 공통의 정치문화를 이끌어내는 것이 중요하다. 여기에는 보편적인 인권, 불평등의 문제들이 포함될 것이다. 한국에서의 다문화현상의 가속화로 인한 이주민과 정주민의 갈등에 있어서도 서로 세계시민이라는 정체성을 갖고 함께 새로운 문화를 만들고 창조해나가는 것이 상호문화 실천의 초국적 영역에서의 발현이라고 할 수 있다. 개개인은 자신의 정체성을 자신이 속해 있는 집단과의 동일시를 통해 형성하기보다는 다양한 문화적 현상 속에서 선택과 재결합을 통해 국가, 민족의 틀을 벗어난 새로운 글로벌 정체성을 구성해나가야 할 것이다.

② 국제적 활동

국제적 교류와 소통

상호문화 실천의 초국적 차원에서의 활동들은 국제적 교류와 소통이 있다. 그 전제로 자유로운 이주에 대한 보장, 불평등의 해소, 문화에 대한 존중, 타민족과 연계한 다양한 국제 프로그램의 참여들이 실제 행위양상으로 표출될 것이다.

> "타민족과 연계한 다양한 국제 프로그램에 참여, 이주민과 소통 및 협력, 한국문화를 세계에 알리는 데 동참하는 것이다." (전문가 E 이메일)

> "상호문화 실천은 상호문화 실천 자체와 주체 자신이 착취와 혜택이라는 세계사회의 상호의존적 관계와 불평등 문제에 깊숙이 관여하는 것을 반성적으로 성찰하고, 그러한 세계 사회의 지배 상태에 개입하는 것이다." (전문가 C 이메일)

> "지역 수준에서 세계 수준까지 공동체 활동에 참여하도록 한다. 지구촌이라는 인식, 국가의 경계를 넘어서는 협력 관계 등 전 지구적 상호의존이 보편적 실재라는 인식이 필요하기 때문이다." (전문가 H 이메일)

상호문화 철학은 현실을 기술하는 데에 머물지 않고 현실의 변화를 지향하는 강한 프로그램을 가진 학문이라는 점(최현덕, 2009)을 고려해볼 때 실제 실천에 있어서 이러한 공동체 활동, 지속 가능한 지구 발전을 위한 국제 프로그램들의 역할과 참여에 주목할 필요가 있다.

세계적 빈곤과 불평등 문제에 기여

지구 한쪽에서 일어나고 있는 일들이 지구 반대편 사람들의 삶과도 연결되어 있다는 '전 지구적 상호 연관성 의식'은 인류라는 보편적 범주를 중요한 정체성으로 받아들이면서 국가의 경계를 넘게 한다(장혁준, 2019). 인류애와 인간 존엄성은 급속한 세계화의 변화 속에서 다시 부각되기 시작했다.

> "국가 간 이주의 자유를 보장하고 국제적 이주자(난민 포함)들의 보편적 권리를 존중하며, 이들의 생존에 필요한 물질적 자원을 제공하고, 세계 시민적 정체성을 가지고 타민족과 연계된 국제적 활동(프로그램)에 적극 참여하여 세계적 빈곤과 불평등의 해소 및 비자발적 국제 이주의 예방에 기여하는 실천적 행동을 말한다." (전문가 A 이메일)

> "국내에서 발생하고 작용하는 그런 차별이 세계적인 차원에서 계속해서 재생산되는 세계적 불평등을 함께 고려해보면 어떨까 이런 생각이 드는데요. (중략) 상호문화 실천은 상호문화 실천 자체와 주체 자신이 착취와 혜택이라는 세계사회의 상호의존적 관계와 불평등 문제에 깊숙이 관여하는 것을 반성적으로 성찰하고, 그러한 세계 사회의 지배 상태에 개입하는 것입니다." (전문가 C)

전문가들은 민족국가의 국가시민적 연대를 초월하여 전 지구적 체제로 인식의 지평을 확대하는 것이 중요하다고 말한다. 이를 위해서는 세계적 빈곤과 불평등의 문제에 관심을 갖고 국제적 활동에 적극 참여해야 할 것이다. 이는 단순한 관심과 비판에서 벗어나 직접 개입하고, 참여하는 실천적인 행위양상으로 드러나야 할 것이다.

4.
상호문화 실천 이론의 의의

이 연구는 상호문화 실천의 개념을 정립하고 그 내용을 확장시키고자 전문가 FGD 기법을 통해 분석했다. 이 연구에서는 선행연구 고찰을 바탕으로 전문가 집단 토론 결과를 종합하여 상호문화 실천의 이론을 정립하고 구체적인 실천 영역을 개인·사회·초국적으로 나누어 설명했다. 상호문화 실천은 상호문화 철학에 기반을 두고 현실을 개혁하려는 실천적 행동이다. 상호문화 철학이란, 학자들에 따라 그 문제의식과 강조점은 조금씩 차이를 보이고 있기는 하다. 하지만 그 공통분모를 찾아본다면, 대체로 "서구철학이 지닌 자족적 태도, 서구철학을 '보편철학(Philosophia Perennis)' 그 자체로 간주하면서 자기 우월 의식으로 다른 문화권에 속한 사상적 전통을 대상화시키고 그들의 주체적 철학적 목소리를 배제해온 것에 대해 비판을 가하면서, 다양한 문화 속의 사유 전통들이 함께 동등한 권리를 갖고 참여하여 새로운 대안적 보편성을 담지하는" 진정한 세계 철학을 발전시키고자 하는 기획으로 정의해볼 수 있다(최현덕, 2006). 상호문화 실천은 상호문화 철학에 기반을 두고 사회적 실천 행동양상을 나타내는 것으로 볼 수 있다. 기든스(Giddens, 1982)에 의하면 사회적 실천은 주체의 탈중심화를 강조하고, 사회활동의 맥락에서 자신이 무엇을 하고 있는지를 이해하는 행위자의 성찰적 능력의 중요성을 강조했으며 끊임없는 자기 참조적인 성찰적 모니터링을 하는 행위라고 주장했다.

이 연구에서도 이론적 기반을 문화 다양성에 대한 인정과 존중에 두고, 소극적인 공존을 넘어 적극적인 의사소통 행위 및 성찰을 통한 반성 그리고 조정을 통해 공존사회를 향한 사회적 행위로 규정지었다. 이밖에도 상호문화 실천의 개인적 차원에서는 공존을 위한 세계시민적 정체성 형성의 중요성 및 행위에서 소통 배려에 대한 부분도 강조했다. 사회적 차원에서는 보편적 권리를 넘어선 환대받을 권리로까지 논의를 확장했고, 균등한 기회 부여를 통한 사회적 갈등 방지의 중요성을 논했다. 마지막으로 초국적 차원에서는 세계적 빈곤과 불평등 해소에도 관심을 갖고 이주의 자유에 대한 논의도 추가했다. 상호문화 실천의 세 가지 차원은 상호 보완적이기에 뚜렷한 경계가 있는 것은 아니다. 단지 실천적인 부분에서 개인적인 부분, 공익적인 부분, 글로벌 공간에 대한 논의를 확장하기 위해 구분했다. 따라서 중첩되는 내용과 미처 다루지 못한 내용도 추후 연구에서 보완이 필요하다.

2부

상호문화 실천의
이론적 토대

5장

다문화사회와
상호문화 감수성

이 장은 장성민(2021a), 「상호문화적 감수성 발달 척도 개발, 타당화 및 심플렉스 가정 검증」, 『다문화교육연구』 14(4)와 장성민(2021b), 「상호문화적 감수성 측정 도구 개발 및 타당화」, 『리터러시연구』 12(5)의 논의를 바탕으로 이 책의 취지에 맞게 재구성하고 후속 연구 성과들을 보완했다.

상호문화 감수성(Intercultural Sensitivity)은 일반적으로 "문화적 차이와 공통성을 인식하고 문화적 맥락에 맞게 행동을 조정하는 능력"(Hammer, 2011: 474)으로 정의된다. 첸과 스타로스타(Chen & Starosta, 1996; 1997; 2000a; 2000b)는 상호문화 감수성이 인지·정의·행동적 제 측면과 관련되어 있지만, 그 본질이 정의적 측면에 있다고 설명했다. 이러한 측면에서, 그들은 상호문화 감수성을 "상호문화 의사소통에서 적절하고 효과적인 행동을 촉진하기 위해 문화적 차이를 이해하고 수용하는 긍정적 감정을 개발하는 능력"(Chen & Starosta, 1997: 5)으로 규정한다. 이들은 상호문화 감수성의 구성요소를 '자존감(Self-Esteem), 자기 점검(Self-Monitoring), 개방성(Open-Mindedness), 공감(Empathy), 상호작용 참여도(Interaction Involvement), 판단 유예(Suspending Judgement)'의 여섯 가지로 제시했다(Chen & Starosta, 2000a). 상호문화 감수성은 인지적 차원에 해당하는 상호문화 의식(Intercultural Awareness)의 기반 위에 존재하며, 다시 행동적 차원에 해당하는 상호문화 숙달(Intercultural Adroitness)의 기초가 된다(Chen & Starosta, 1996).

여러 연구자가 상호문화 감수성을 측정하기 위한 척도를 개발해왔지만(e.g., Bhawuk & Brislin, 1992; Blue & Comadena, 1996-1997; Loo & Shiomi, 1999; Pruegger & Rogers, 1993), 오늘날 가장 많이 사용되는 척도로는 베넷(Bennett, 1986a; 1993)의 상호문화 감수성 발달 모형(Developmental Model of Intercultural Sensitivity, DMIS)을 이론적 기반으로 하는 해머(Hammer, 2011)의 상호문화 발달 척도(Intercultural Development Inventory, IDI)와 첸과 스타로스타(2000b)의 상호문화 감수성 척도(Intercultural Sensitivity Scale, ISS)가 있다. 이 장에서는 DMIS, IDI, ISS에 대한 국내·외 연구사를 검토하여 상호문화 감수성에 대한 이해를 높이고자 한다.

1.
베넷의 상호문화 감수성 발달 모형(DMIS)

베넷(1986; 1993)은 문화적 차이에 대한 해석 방식을 여섯 가지 지향 범주로 나누어 설명했다. 이 모형에서는 문화적 차이에 대해 복잡하고 정교하게 해석할수록 이에 대한 행동의 잠재력이 높아진다고 가정한다. 구성주의적 관점에 따르면, 경험은 사건이 발생할 때 주변에 있는 것만으로 단순히 형성되지 않으며, 개인이 사건을 어떻게 해석하는지에 따라 경험의 수준이 달라진다(Kelly, 1963). 예를 들어, 단일문화적(Monocultural) 지향을 가진 개인은 문화적 차이를 해석할 수 없으며, 이는 경험으로 이어지지 않는다. 이 모형에서 상호문화 감수성 발달의 핵심은 문화적 차이를 보다 복잡하고 정교하게 해석(경험)하는 능력을 획득하는 것이다. DMIS는 문화적 차이에 대한 지향(Orientations Toward Cultural Difference)의 발달 단계를 나타내며, 여기에는 자문화중심적 지향인 '부정, 방어, 최소화'와 문화상대주의적 지향인 '수용, 적응, 통합'이 포함된다.

DMIS에서 가장 낮은 지향 범주는 '부정(Denial)'이다. 이 단계에 있는 사람들은 문화적 차이를 인식하지 못하거나, 의도적으로 회피하는 모습을 보인다. 이러한 현상은 주로 문화적으로 동질한 환경에서 성장했거나, 자신의 문화집단 외부의 사람들과의 접촉이 제한적인 경우에 나타난다. 베넷(1993)은 부정 단계가 '고립(Isolation)'과 '분리(Separation)'의 두 차원으로 구성된다고 설명했다. 고립은 생활 환경의 제약으로 인해 의도치 않게 다른 문화집단으로부터 떨어지는 것이다. 반면 분리는 고립의 조건을 유지하기 위해 다른 문화집단과 의도적으로 거리를 두는 것이다. 페이지 외(Paige et al., 2003)에서는 부정 단계를 측정하기 위한 문항의 예시로 "문화적으로 다른 집단이 스스로를 유지한다면 사회는 더 나아질 것이다", "나는 다른 문화의 사람들과 어울리는 것을 별로 좋아하지 않는다" 등을 제시했다.

DMIS에서 두 번째 단계에 해당하는 지향 범주는 '방어(Defense)'다. 이 단계에 있는 사람들은 판단적 관점에서 '우리'와 '그들'의 차이를 바라보며, 문화적 차이에 대해 위협을 느끼고 자신의 세계관을 보호하려는 대응 방식을 보인다. 베넷(1993)은 방어 단계가 '비하(Denigration)', '우월감(Superiority)', '역전(Reversal)'의 세 차원으로 구성된다고 설명했다. 비하는 다른 문화에 대해 낮게 평가하거나 부정적 고정관념을 갖는 것이다. 우월감은 자문화가 지닌 긍정적 측면을 과장되게 인식하거나, 자문화에 대한 비판을 일종의 공격으로 받아들이는 것이다. 이와 반대로 역전은 자문화를 열등하게 인식하고 타문화에 대해 우월하게 인식하는 것이다.* 페이지 외(2003)에서는 방어 단계를 측정하기 위한 문항의 예시로 "우리 문화의 삶의 방식은 세계 다른 나라의 모델이 되어야 한다", "다른 문화권의 사람들은 우리 문화권의 사람들만큼 개방적이지 않다" 등을 제시했다.

---

* 해머(2011)에서는 비하와 우월감만을 '방어'로 포함하는 대신 '역전'을 독립된 범주로 분리하기도 하고, 방어와 역전을 묶어 '양극화(Polarization)'로 명명하기도 했다.

DMIS에서 세 번째 지향 범주는 '최소화(Minimization)'다. 이는 단일문화적(자문화중심적) 지향의 부정, 방어와 상호문화적(문화상대주의적) 지향의 수용, 적응 사이에 존재하는 과도기적 범주다. 이 단계에 있는 사람들은 문화적인 차이를 인식하지만, 차이보다는 인류가 기본적으로 동일하다는 공통성에 집중한다. 베넷(1993)은 최소화 단계가 '물리적 보편주의(Physical Universalism)'와 '초월적 보편주의(Transcendent Universalism)'의 두 가지 차원으로 구성된다고 설명했다. 물리적 보편주의는 우리 모두가 비슷한 요구를 지닌 인간이라는 점에 주목한다. 반면 초월적 보편주의는 사람들이 영적이거나 정치적, 기타 형이상학적인 공통점으로 인해 서로 유사해진다는 가정을 지닌다. 페이지 외(2003)에서는 최소화 단계를 측정하기 위한 문항의 예시로 "사람들의 외양은 달라도 본질은 유사하다", "사람들이 서로 다르다는 점에 대해 항상 고려하는 것은 피곤한 일이다", "우리가 모두 같은 인류라는 점을 인식해야 한다" 등을 제시했다.

DMIS에서 네 번째 단계에 해당하는 지향 범주는 '수용(Acceptance)'이다. 이 단계에 있는 사람들은 다른 문화를 이해하고 존중하며, 차이를 자신의 집단이 지닌 규범의 잣대로 판단해서는 안 된다고 인식한다. 한 문화가 다른 문화에 비해 더 좋거나 나쁘다고 생각하지 않는 문화상대주의적 관점이 이 단계의 전형적인 모습이다. 베넷(1993)은 수용 단계가 '행동 차이에 대한 존중(Respect for Behavioral Difference)'과 '가치 차이에 대한 존중(Respect for Value Difference)'의 두 차원으로 구성된다고 설명했다. 페이지 외(2003)에서는 수용 단계를 측정하기 위한 문항의 예시로 "나는 다른 문화를 지닌 사람들과의 차이를 즐긴다", "다른 문화의 사람들이 우리 문화의 사람들과 반드시 동일한 가치와 목표를 추구하지 않아도 된다" 등을 제시했다.

DMIS에서 다섯 번째 단계인 '적응(Adaption)' 지향 범주는, 다른 문화를 가진 사람들이 사안에 대해 어떻게 생각할지 의식적으로 상상하고, 자신의 관점을 내부자의 관점으로 전환(Shift)하기 위해 노력하는 단계다. 베넷(1993)은 적응 단계가 공감(Empathy)'과 '다원주의(Pluralism)'의 두 차원으로 구성된다고 설명했다. 공감은 자신의 문화적 관점을 대안적 세계관으로 전환하는 인지적 적응의 과정이며, 다원주의는 하나 이상의 세계관을 내면화하여 특별한 의식적 노력을 기울이지 않고도 자신의 행동을 다른 방식으로 바꿀 수 있는 행동적 적응의 과정이다. 페이지 외(2003)에서는 인지적 적응을 측정하기 위한 문항의 예시로 "하나 이상의 문화와 동일시하는 것은 여러 가지 장점이 있다"와 "상호문화적 상황을 평가할 때, 하나 이상의 문화적 관점을 취하는 것이 좋다"를, 행동적 적응을 측정하기 위한 문항의 예시로 "나는 비록 우리 문화의 구성원이기는 하나, 다른 문화에서도 편안함을 느낀다"와 "나는 다른 문화를 지닌 사람들과 접촉할 때 그들의 행동에 적응하기 위해 나의 행동에 변화를 준다"를 제시했다.

DMIS에서 여섯 번째 단계에 해당하는 지향 범주는 '통합(Integration)'이다. 이 단계에 속한 사람들은 개인을 '진행 중인(In Process)' 상태로 인식하며, 스스로를 문화적 주변부에 있는 사람으로 또는 문화적 이행(Transition)의 촉진자로 규정한다. 베넷(1993)은 통합 단계가 '맥락적 평가(Contextual Evaluation)'와 '구성적 주변성(Constructive Marginality)'의 두 차원으로 구성된다고 설명했다. 맥락적 평가는 서로 다른 문화적 준거 틀을 동시에 사용하여 주어진 상황을 평가하는 능력을 가리키며, 구성적 주변성은 어느 한 문화에 기반하지 않은 정체성을 받아들이는 것을 의미한다. 해머 외(2003)에서는 통합 단계를 측정하기 위한 문항의 예시로 "나는 내가 문화적 정체성이 없다고 생각하기 때문에 뿌리가 없다고 느낀다", "나는 어떤 문화와도 동일시하지 않고 나 자체로 규정한다" 등을 제시했다.*

---

* 해머 외(2003)는 IDI v2를 대상으로 하여 설명한 것이다. IDI v1을 대상으로 삼은 페이지 외
   (2003)에서는 통합 단계를 측정하기 위한 문항이 제시되지 않았다.

5장. 다문화사회와 상호문화 감수성 205

2.
해머의 상호문화 발달 척도(IDI)

해머는 DMIS에서 제시된 문화적 차이에 대한 지향을 측정하기 위해 1998년 상호문화 발달 척도(IDI)를 개발했다. 이 척도는 2003년과 2009년에 수정되어 현재까지 사용되고 있다. 이전의 연구들에서도 상호문화 감수성을 측정할 수 있는 척도 개발에 지속적으로 관심이 있었지만, DMIS에 기반을 둔 IDI가 개발되기 전까지는 발달적 관점에서 상호문화 감수성에 대한 측정이 이루어지지 않았다.

해머와 베넷(1998)은 다양한 문화권의 40명을 인터뷰하고 그 결과를 바탕으로 DMIS의 6단계 13항목에 해당하는 진술문을 추출하여 145개의 예비문항을 구성했으며, 226명의 응답에 대해 요인분석을 적용하여 60문항으로 구성된 IDI v1을 확정했다.* IDI v1의 최종 요인은 '부정, 방어,

---

* 각 단계에 해당하는 인터뷰 질문의 목록은 다음과 같다(Hammer et al., 2003: 426).

단계	인터뷰 질문
부정	주변에 문화적 차이가 많이 존재한다고 생각하는가?
방어	주변에 존재하는 문화적 차이와 관련하여 어려움이나 문제가 있는가?

최소화, 수용, 인지적 적응, 행동적 적응'의 여섯 가지로, 각 요인별로 10개의 문항이 포함되었다. '통합'은 독립된 요인으로 나타나지 않았으며, 적응이 '인지적 적응'과 '행동적 적응'으로 분리되어 각각 요인을 형성했다.*

페이지 외(2003)에서는 IDI v1의 60문항을 330명에게 적용하고 요인 구조를 분석했다. 이들은 IDI v1의 60문항을 '부정/방어, 물리적 보편주의, 초월적 보편주의, 인지적 적응, 행동적 적응, 기타'의 여섯 개 범주로 분류했다. 자문화중심적 지향에 해당하는 '부정'과 '방어'가 단일한 요인으로 묶였다는 점, '최소화'가 두 개의 독립된 범주(물리적 보편주의, 초월적 보편주의)로 나뉘어 발달론적으로 부정, 방어 등의 자문화중심적 지향과 수용, 적응 등의 문화상대주의적 지향 사이에 존재함을 실증적으로 보여주었다는 점 등이 그 주요한 특징이다. '수용'은 독립된 범주로 출현하는 대신 '부정/방어'와 '기타' 범주에 나뉘어 분포했는데, 이는 "문화적 차이의 측면에서 수용이 방어의 반대이기 때문"(Hammer & Bennett, 1998: 38)으로 해석할 수 있다. 다만 DMIS의 이론적 배경에서와 달리 '부정'과 '방어'가 단일한 요인으로 묶인 것, '수용'이 독립된 요인을 형성하지 못한 것이 IDI v1에 제시된 문항이 본래 의도했던 요인을 제대로 구현하지 못했기 때문은 아닌지, '초월적 보편주의'가 '물리적 보편주의'와 구별되는 독립된 범주로 도

최소화	문화적 차이와 공통점 중에 어디에 관심을 기울이는 것이 더 중요하다고 생각하는가? (공통점에 주목한다면) 유사점은 무엇이라고 생각하는가?
수용	주변 문화에 대해 더 알기 위해 특별한 노력을 기울이고 있는가?
적응	다른 문화를 지닌 사람들과의 의사소통에 적응하고자 노력하는가? 다른 문화를 지닌 사람의 눈으로 세상을 보는 것이 당신에게 의미가 있는가? 당신에게 둘 이상의 문화가 존재한다고 느끼는가?
통합	다른 문화에 대한 적응으로 인해 당신의 정체성에 의문이 생겼는가? 당신이 관여된 문화로부터 떨어져 있다고 느끼는가?

* 인지적 적응에는 적응 단계의 '공감'과 통합 단계의 '맥락적 평가'가 결합되었다(Hammer, 1999: 65).

출된 것이 타당한지 등에 대해 더 고려할 여지가 남아 있다.*

해머 외(2003)는 '역전'과 '통합'을 포함하여 50문항으로 구성된 IDI v2를 개발했다. 591명의 응답에 대해 요인분석을 실시한 결과, IDI v2의 요인은 '부정/방어, 역전, 최소화, 수용/적응, 보호된 주변성(통합)'의 다섯 가지로 도출되었다. 요인별 문항 수는 5~14개로 상이하다.

이들은 두 개의 유관 척도인 세계화 정신(Worldmindedness) 척도와 상호문화 불안(Intercultural Anxiety) 척도를 비교하여 IDI v2의 구인타당도를 입증했다. '부정/방어'는 세계화 정신과 부적 상관을, 상호문화 불안과 정적 상관을 보이고 있었으며, '수용/적응'은 세계화 정신과 정적 상관을, 상호문화 불안과 부적 상관을 보이고 있었다. '역전'과 '최소화'는 이 두 척도의 점수와 모두 유의한 상관이 나타나지 않았으며, '보호된 주변성(통합)'은 두 척도 점수 모두와 정적인 상관을 보였다.

이들은 또한 발달 연속체로 가정된 다섯 개의 요인으로부터 IDI 총점을 산출하는 공식을 개발하고자 했다. 그러나 '보호된 주변성(통합)'의 점수는 공식에 포함되지 않았으며, 발달 연속체에 대해 논의할 때에도 '부정/방어, 최소화, 수용/적응'의 세 요인만을 대상으로 삼았다. IDI v2에서 (DMIS의 이론적 배경에서와 달리) '부정'과 '방어', '수용'과 '적응'이 각각 통합된 요인으로 묶인 것이 타당한지, '방어'가 '부정'과 단일한 요인을 형성한 반면 '역전'과 분리된 것이 발달 연속체의 위계에 부합한지,** '보호된 주변

---

* 페이지 외(2003)에서 초월적 보편주의에 해당하는 세 개 문항에 대해서는 다수의 응답자가 중립적 답변을 했다.

** '방어'와 '역전'을 독립된 범주로 설정하고 이들 사이에 발달적 관점이 적용된다고 상정한다면, 다른 문화에 대해 긍정적으로 평가하는 것과 부정적으로 평가하는 것에 소기의 위계를 가정하는 꼴이 된다. 이는 방어와 역전을 묶어 '양극화'로 명명한 후속 논의들과 충돌하는 지점이다 (e.g., Hammer, 2011).

성(통합)'을 가장 높은 수준의 상호문화 감수성 발달로 볼 수 있는지* 등에 대해서는 추가적으로 논의가 더 필요해 보인다.

해머(2011)는 DMIS의 이론적 배경에 부합하도록 IDI v2를 수정하고, 50문항으로 이루어진 IDI v3를 개발했다. 4,763명의 응답에 대해 요인분석을 실시한 결과, IDI v3의 최종 요인은 '부정, 방어, 역전, 최소화, 수용, 적응, 문화적 미관여(통합)'로 일곱 가지로 도출되었으며, 요인별 문항 수는 5~9개로 각기 상이했다. IDI v3에서는 '문화적 미관여(통합)'를 "개인이나 집단이 자신의 문화 공동체로부터 소외감을 경험하는 정도"(Hammer, 2011: 476)로 보고, 이를 별도의 요인으로 측정하되 발달 연속체의 외부에 존재하는 것으로 가정했다. 또한 '최소화'에 대해서도 부정, 방어 등과 더불어 자문화중심적 지향에 해당하는 범주로 인식하던 것에서 탈피하여, 자문화중심적 지향과 문화상대주의적 지향의 과도기에 존재하는 것으로 명시화했다. 상호문화 감수성을 '부정, 양극화(방어/역전), 최소화, 수용, 적응'의 다섯 단계로 구성된 발달 연속체로 규정한 것이다.

해머(2011)는 요인 간 상관 행렬을 제시하여 서로 다른 요인들이 발달적 관점에서 어떻게 상호작용하는지 보여준다. '부정'과 '방어', '수용'과 '적응' 간에는 높은 상관관계가 나타난 반면, 자문화중심적 지향에 해당하는 '부정, 방어'와 문화상대주의적 지향에 해당하는 '수용, 적응' 간에는 부적 상관이 확인되었다. 또한, 과도기적 단계에 해당하는 '최소화'는 앞의 네 요인과 모두 낮은 상관 크기를 보이며 해당 범주가 자문화중심주의, 문

---

* 해머 외(2003)에서는 '보호된 주변성(통합)'이 문화상대주의적 지향(즉 상호문화 감수성)을 온전히 드러내기보다 상호문화 불안(즉 정체성 발달)의 문제와 관련이 깊다고 설명하고 있다. 문화적 정체성 발달을 6단계로 모형화한 뱅크스(Banks, 2004)에서도 ('통합'에 해당하는) "문화적 보호(Cultural Encapsulation)"를 ('부정'에 해당하는) 1단계의 "문화적으로 심리적 억류(Cultural Psychological Capivity)" 바로 위의 2단계로 상정하고 있다. '행동적 적응'을 상호문화 감수성 발달의 최상위 단계로 규정한 페이지 외(2003)의 논의 또한 이와 관련을 맺는다.

화상대주의 모두에 해당하지 않음을 보여주었다. 발달 연속체 내에서 서로 가까운 거리에 있는 요인 간 상관계수가 높고 서로 먼 거리에 있는 요인 간 상관계수가 낮은(또는 그 방향성이 반대인) 심플렉스 패턴을 대체로 보이고 있지만, '역전-최소화', '역전-적응', '최소화-적응'의 경우에는 심플렉스 패턴과 다소 부합하지 않은 상관 크기를 보임으로써 DMIS의 발달적 관점을 완전히 충족하지 못하고 있다. 이러한 결과를 개선하기 위해 '역전'을 별도의 독립된 범주로 설정하는 것이 타당한지, '적응'과 '수용'의 측정 문항 간 변별도가 충분한지 등에 대해 더 고민해볼 필요가 있다.*

이처럼 IDI는 DMIS의 강력한 이론적 기반과 철저한 설계, 개발, 타당화 과정을 반복적으로 거쳐 상호문화 감수성 발달을 측정하는 신뢰성 높은 척도로 자리 잡았지만, 사용하는 데 몇 가지 진입장벽이 있다. 가장 큰 문제는 총점으로 요약하기 어렵다는 것이다. 페이지 외(2003)에서는 '부정, 방어, 최소화, 수용, 적응, 통합'을 −3~+3의 대칭적 구조로 분류하고 가중치를 부여하여 총점 산출 공식을 제안했지만, 이러한 방법에 대해 의문의 여지가 있다. 가령 만약 상호문화 감수성의 발달 연속체(즉 심플렉스 패턴) 내에서 최상위 단계에 해당하는 '통합'이 존재하지 않는다면, '통합'에 +3을 부여하는 공식 자체를 신뢰하기 어려울 수 있다.

국내 다문화교육 연구에서 베넷의 DMIS가 높은 위상을 차지하고 있고 이를 이론적 토대로 삼은 선행 담론의 수가 적지 않음에도 불구하고, 정작 표준화된 방식으로 측정해주는 공신력 있는 척도(IDI)를 활용하는 대

---

* '수용, 적응, 통합'을 문화상대주의적 지향으로 보는 DMIS의 이론적 배경대로라면, 마지막 단계에 해당하는 '문화적 미관여(통합)'는 '적응, 수용'과 순서대로 상관계수가 높고 '부정, 방어, 역전'과 부적 상관을 보여야 옳을 것이다. 그러나 해머(2011)의 결과에서 문화적 미관여는 '역전'과 가장 높은 상관계수를 보인 가운데, '수용, 적응'과의 상관은 유의하지 않았다. '통합'이 '부정'~'적응'의 발달 연속체 외부에 존재함을 재확인할 수 있는 대목이다.

신 문헌연구 또는 질적 연구의 방식으로만 접근해온 경우가 많다는 점은 그러한 난점을 뒷받침한다. 이는 국내에서 DMIS를 통해 설정된 요인이 본래 취지에 상응하는 연속형 척도가 아닌 범주형 척도로 사용되고 있음을 의미한다. 국내 다문화교육 연구에서 교수·학습 처치에 대한 사전-사후검사를 실시할 때에는 뒤에서 소개할 ISS를 활용한 경우가 압도적으로 많다.

3.
IDI 한국어 버전

장성민(2021a)은 IDI의 한국어 버전을 개발하고 타당성을 입증했다. DMIS에 대한 이론적 고찰과 IDI 개발 과정을 기반으로 48개의 예비문항을 구성했으며, 고등학생과 대학생을 포함한 총 684명의 반응을 대상으로 탐색·확인적 요인분석을 실시하여 6요인 21문항을 최종 결정했다. IDI 한국어 버전의 최종 요인은 '부정, 방어, 최소화, 수용, 인지적 적응, 행동적 적응'이며, 요인별 문항 수는 2~4개로 각기 다르다. 5점 척도로 수집한 데이터를 분석한 결과, 요인별 점수 간에는 모두 심플렉스 가정이 충족되었다.

장성민(2021a)에서 IDI 한국어 버전을 개발할 때에는 다음과 같은 쟁점들에 대해 의사결정이 이루어졌다.

첫 번째 쟁점은 "DMIS에 제시된 지향 범주들(부정, 방어, 최소화, 수용, 적응, 통합)을 각기 독립된 요인으로 설정할 것인가, 아니면 '부정/방어', '수용/적응' 등과 같이 통합된 요인으로 설정할 것인가?"이다. 이와 관련하여 이 연구에서는 DMIS에 제시된 지향 범주들을 각기 독립된 요인으로 설정

<표 5-1> IDI 한국어 버전

번호	문항
1	사람들의 외양은 달라도 본질은 유사하다.
2	미소와 같이 인간의 감정을 표현하는 방식은 세계적으로 보편성을 띤다.
3	문화에 관계없이 적용되는 인류 보편의 원칙이 있다.
4	차이를 인정함으로써 새로운 방식으로 세상을 볼 수 있다.
5	문화적 다양성은 인류에 좋은 일이다.
6	문화의 차이가 있는 것은 각자가 중요하고 가치 있다고 생각하는 것이 서로 다르기 때문이다.
7	다른 문화의 사람과 함께 있으면 서로의 경험으로부터 새로운 것을 알 수 있다.
8	문화는 지속적으로 바뀌는 변화의 과정이다.
9	어떤 문제에 대해 다른 문화적 입장에서 사고할 수 있어야 한다.
10	다른 문화의 사람들이 우리의 생활 방식에 적응하기 위해 노력하는 만큼 우리도 그들의 생활 방식을 이해하는 것이 공평하다.
11	다른 문화에 적절한 방식으로 행동하면서도 나의 가치를 지키는 것이 가능하다.
12	나는 다른 문화에 적합한 문화적 기술과 의사소통 기술을 길러왔다.
13	나는 어떤 문화의 구성원에게도 공감할 수 있다.
14	나는 다른 사람의 입장에서 생각하기 위해 나의 입장을 잠시 포기할 수 있다.
15	나는 다른 문화를 지닌 사람들과 접촉할 때 그들의 행동에 적응하기 위해 나의 행동에 변화를 준다.
16	다른 문화의 사람들은 사고가 편협하다.
17	다른 문화의 사람들은 우리만큼 삶에 대해 진지하게 생각하지 않는다.
18	나는 우리 문화가 다른 문화보다 낫다고 생각한다.
19	나는 우리 문화가 세계 다른 나라의 모델이 되어야 한다고 생각한다.
20	나는 다른 문화를 지닌 사람들과 어울리는 것을 별로 좋아하지 않는다.
21	나는 다른 문화를 지닌 사람들을 상대해야 하는 상황을 피한다.

※ 문항별 요인: 최소화(1~3), 수용(4~7), 인지적 적응(8~11), 행동적 적응(12~15), 방어(16~19), 부정(20~21)
출처: 장성민(2021a).

했다. 선행 담론 가운데 '부정/방어', '수용/적응' 등과 같이 통합된 요인을 설정한 경우가 존재하기는 하나(Hammer et al., 2003; Paige et al., 2003), 그 이유가 해당 요인들이 본질적으로 동질적이기 때문인지, 아니면 본래 의도했던 요인대로 문항이 개발되지 못했기 때문인지 명확하지 않기 때문이다. 따라서 각각의 요인을 전형적으로 측정할 수 있는 진술문을 작성하고, 높은 상관 크기에 대해서는 심플렉스 패턴의 가정 속에서 정교하게 해석하는 것이 적절하다고 결론지었다.

두 번째 쟁점은 "'최소화'를 단일한 요인으로 설정할 것인가, 아니면 '물리적 보편주의', '초월적 보편주의' 등으로 나누어 요인을 설정할 것인가?"이다. 이와 관련하여 이 연구에서는 '최소화'를 단일한 요인으로 설정하되, 초월적 보편주의와 관련된 진술문은 별도로 구성하지 않았다. 이는 초월적 보편주의가 페이지 외(2003)에서 독립적인 요인으로 설정되었으나, 이에 대한 응답이 대부분 중립적이어서 그 변별도가 높지 않았기 때문이다. 초월적 보편주의는 영적이거나 정치적, 기타 형이상학적인 공통점에 기반을 두고 있어 종교, 이데올로기 등에 대한 관여도가 높지 않은 응답자에게 유의미한 답변을 유도하기가 어려울 수 있다. 따라서 이 연구에서는 물리적 보편주의만을 '최소화'의 범주로 포함하고, 초월적 보편주의와 관련된 진술문은 반영하지 않았다.

세 번째 쟁점은 "'적응'을 단일한 요인으로 설정할 것인가, 아니면 '인지적 적응', '행동적 적응' 등으로 나누어 요인을 설정할 것인가?"이다. 이와 관련하여 이 연구에서는 인지적 적응과 행동적 적응에 해당하는 진술문을 독립적으로 구성하고, 각각의 응답에 대해 요인분석을 실시했다. 이는 이 두 가지가 베넷이 제시한 '적응' 가운데 각각 '공감'과 '다원주의'에 기반을 두고 있어 이론적으로 식별이 가능하기 때문이다. 이러한 가정은 연구자에 따라 행동적 적응을 인지적 적응보다 상위 수준의 지향 범주로 논의하는 경우(e.g., Paige et al., 2003)에 대응시켜 발달론적 관점으로 접근하기에도 용이하다.

네 번째 쟁점은 "'역전'을 독립된 요인으로 설정할 것인가, '방어'와 통합된 범주(즉 '양극화')로 다룰 것인가? '역전'을 독립된 요인으로 설정한다면, '방어'와의 관계를 어떻게 설정할 것인가?"이다. 이와 관련하여 이 연구에서는 방어와 역전에 해당하는 진술문을 독립적으로 구성하되, 문항 간 내적 합치도나 요인 간 상관 행렬에 따라 '양극화'와 같은 통합된 요인으로 다룰지, 아니면 방어만 포함하고 역전을 배제할지를 결정했다. DMIS의 이론적 배경에 따르면 이 둘은 '양극화'와 같이 통합된 요인으로 다룰 수 있지만, 선행 연구에서 상관 행렬을 분석했을 경우 상관계수가 크지 않아 이 둘을 함께 묶는 데 어려움이 예상되었기 때문이다(Hammer, 2011). 역전을 독립된 요인으로 설정할 경우, IDI의 요인들을 심플렉스 패턴으로 설명하는 데 어려움을 줄 수 있다는 부담도 있었다.

마지막 다섯 번째 쟁점은 "'통합'을 상호문화 감수성 발달의 요인으로 설정할 것인가?"이다. 이와 관련하여 이 연구에서는 '통합'을 상호문화 감수성 발달의 요인으로 설정하지 않았다. 이는 DMIS의 이론적 배경에서처럼 '통합'을 '수용, 적응'과 더불어 문화상대주의적 지향으로 보아야 할지, 아니면 상호문화 불안의 정도가 높다는 점(Hammer et al., 2003)에서 '부정, 방어' 등의 자문화중심적 지향의 연장선으로 보아야 할지를 결정하는 것이 쉽지 않았기 때문이다. 또한 선행 연구에서 다른 요인들과의 상관 행렬을 분석했을 때에도 '통합'은 심플렉스 패턴의 가정으로 설명되지 않았다(Hammer, 2011). IDI v3에서 '통합'에 대해 '미관여(Disengage)'와 같은 안티테제 방식의 명명을 사용한 것은, '통합'이 일정한 지향을 내포하지 않을 수 있음을 시사한다.

 IDI 한국어 버전은 DMIS의 높은 이론적 위상에도 불구하고 타당한 척도가 개발되지 않아 세부 요인들을 연속형 척도가 아닌 범주형 척도로만 통용해오던 기존의 국내 다문화교육 연구 동향을 개선하는 데 기여할 수 있을 것이다. IDI 한국어 버전을 개발할 때 이슈가 되었던 쟁점들은, 다른 문화권에서 시행된 결과와 비교하여 지속적으로 점검할 필요가 있다. '부정'과 '방어', '수용'과 '적응(인지적 적응, 행동적 적응)'을 모두 독립된 요인으로 구별하면서도 '초월적 보편주의'를 배제한 것은 한국의 사회·문화적 맥락이 반영된 결과이며, 동시에 베넷이 제안한 상호문화 감수성 발달의 세부 요인을 모두 빠짐없이 측정하고 있는가에 대한 물음을 던진다. 심플렉스 패턴이 적용되지 않아(즉 DMIS의 이론적 가정과 충돌하여) 배제된 '역전', '통합'의 문제의식에 대해서도 더 검토해볼 수 있다.

4.
첸과 스타로스타의 상호문화 감수성 척도(ISS)

상호문화 감수성 척도(ISS)는 첸과 스타로스타(Chen & Starosta, 2000b)에 의해 개발되었다. 이들은 예비조사를 통해 73문항 중 44문항을 선별했으며, 미국 대학생 414명을 표본으로 삼아 척도의 요인 구조를 분석하고 고윳값(Eigen Value) 1.0 이상의 다섯 요인을 선별하여 최종 24문항을 확정했다. 7문항이 포함된 첫 번째 요인은 '상호작용 참여도(Interaction Engagement)'로서, 이는 개인이 상호문화 의사소통에 참여하고 있다는 느낌과 관련된다. 6문항이 포함된 두 번째 요인은 '문화적 차이에 대한 존중(Respect for Cultural Difference)'으로서, 이는 다른 문화나 의견을 받아들이는 것과 관련하여 관용 정도에 대한 스스로의 평가와 관련된다. 5문항이 포함된 세 번째 요인은 '상호작용 자신감(Interaction Confidence)'으로서, 이는 개인이 상호문화 환경에서 얼마나 자신감을 느끼는가와 관련된다. 3문항이 포함된 네 번째 요인은 '상호작용 향유도(Interaction Enjoyment)'로서, 이는 다른 문화의 사람들과 의사소통할 때 개인이 얼마나 긍정적 혹은 부정적으로 느끼는가와 관련된다. 3문항이 포함된 마지막 다섯 번째 요인은 '상호작용 주의도(Interaction

Attentiveness)'로서, 이는 상호문화 의사소통 중 무슨 일이 일어나고 있는가를 이해하기 위한 노력을 발휘하려는 개인의 의지와 관련된다. ISS의 구인 타당도는 이전 연구에서 사용된 다른 척도와의 상관관계를 분석하여 확인된 바 있다(Chen & Starosta, 2000b; Graf & Harland, 2005; Loebel et al., 2021; Petrović et al., 2015).

ISS의 각 요인별 문항 간 내적 합치도는 대체로 높은 것으로 보고되어 왔다. 하지만 '상호작용 주의도'의 경우 그 신뢰도가 떨어지는 것으로 나타나기도 하고(Fritz et al., 2002; 2005; Graf & Harland, 2005; Petrović et al., 2015; Wang & Zhou, 2016), 첸과 스타로스타(2000b)가 제안한 5요인 구조가 검증되지 않은 경우도 있다(Petrović et al., 2015; Tamam, 2010; Wu, 2015). 이는 '상호작용 주의도'가 다른 요인과 달리 상대적으로 인지적 지향이 뚜렷하기 때문으로 해석된다(Petrović et al., 2015). '상호작용 주의도'는 ISS의 독일어 버전에서 '상호작용 향유도'와의 상관계수가 매우 높게 나타나 변별타당도를 확보하지 못하거나(Fritz et al., 2002), 그와 반대로 중국어 버전에서 '상호작용 향유도'와의 상관관계가 유의하지 않는 결과가 나타나기도 했다(Wang & Zhou, 2016). '상호작용 주의도'를 제외한 4요인의 15문항만을 선별한 페트로비치 외(Petrović et al., 2015)의 세르비아어 버전에서는, 동일한 진술문이라도 문화적 차이(예: 고맥락 문화, 저맥락 문화)에 따라 그 해석에 차이가 존재할 수 있음을 지적했다. ISS의 5요인 구조가 동일하게 확인되지 않는 현상은 특히 아시아 국가들에서 두드러진다(e.g., 장성민, 2021b; Tamam, 2010; Wu, 2015).

한편 선행 연구들에서는 응답자의 인종 다양성(Ethnic-Diversity) 경험, 성별, 연령 등에 따라 ISS에 대한 응답에 차이가 존재하는 것으로 보고되어 왔다. 이에 따르면 인종 다양성 경험에 노출된 사람들이 단일문화를 보유한 사람보다 더 높은 상호문화 감수성을 보이는 것으로 알려져 있다(Tamam

& Krauss, 2017). 또한 모든 연구에서 일관된 결과를 보이고 있지는 않으나, '상호작용 향유도'의 경우 남성이, '상호작용 참여도', '문화적 차이에 대한 존중', '상호문화 주의도'의 경우 여성이 더 우위를 보이는 것으로 나타난 바 있다(Coffey et al., 2013; Loebel et al., 2021).

상호문화 감수성의 정확한 측정을 위해 고등학생 또는 대학생 수준의 비교적 높은 이해력이 필요하다는 점에 대해서도 주지할 필요가 있다. 이는 초·중학생에게 스페인어 버전을 적용한 산휘에자(Sanhueza, 2010), 미코-세브리안과 카바(Micó-Cebrián & Cava, 2014) 등에서 응답자의 이해력 부족으로 인해 중립적 응답이 이어져 그 응답 결과가 1~2개의 소수 요인으로 밖에 도출되지 못한 것을 통해 뒷받침될 수 있다. 앞서 살펴본 IDI의 이독성을 분석한 해머(2011)에서도, 상호문화 감수성은 15세 이상의 고등학생 또는 10학년 이상의 읽기 수준을 지닌 참여자를 대상으로 측정할 것을 권장한다.

5.
ISS 한국어 버전

장성민(Chang, 2023)은 ISS의 한국어 버전을 개발하고 타당성을 입증했다. 이는 앞서 4요인 17문항으로 번안된 장성민(2021b)의 도구를 개선함으로써 이루어졌다. 고등학생과 대학생을 포함한 총 542명의 반응을 대상으로 4요인 12문항(요인별 3문항, 5점 척도)을 최종 결정했으며, ISS 한국어 버전의 최종 요인은 '상호작용 참여도, 문화적 차이에 대한 존중, 상호작용 자신감, 상호작용 주의도'다. 2, 6번은 역변별 문항이다.

장성민(Chang, 2023)의 ISS 한국어 버전은 다음과 같은 특징들이 있다.

첫째, '상호작용 향유도'를 독립된 요인으로 설정하지 않았다. 이는 '상호작용 향유도'가 ISS의 다른 요인들과의 관계에 있어 개념상 혼란을 줄 수 있다고 판단했기 때문이다. 비록 첸과 스타로스타(2000b) 속 진술문에 포함되어 있기는 하나, '상호작용 참여도', '문화적 차이에 대한 존중'을 측정하기 위한 문항에 'Enjoy', 'Like' 등의 용어가 사용된 것은 향유도가 이들과 변별되는 독립된 요인인가에 대해 의문을 제기하게 한다. 무엇보다 첸과 스타로스타(2000b) 가운데 '상호작용 향유도'를 측정하기 위해 구

<표 5-2> ISS 한국어 버전

번호	문항
1	나는 다른 문화를 지닌 사람들과 소통할 때 긍정적으로 반응한다.
2	나는 다른 문화를 지닌 사람들과 상대해야 하는 상황을 피한다.
3	나는 다른 문화를 지닌 사람들과의 차이를 즐긴다.
4	나는 다른 문화를 지닌 사람들의 가치관을 존중한다.
5	나는 다른 문화를 지닌 사람들의 행동 방식을 존중한다.
6	나는 다른 문화를 지닌 사람들의 의견을 받아들이지 않는다.
7	나는 다른 문화를 지닌 사람들과 소통하는 것에 자신이 있다.
8	나는 다른 문화를 지닌 사람들과 소통할 때 무슨 말을 해야 할지 알고 있다.
9	나는 다른 문화를 지닌 사람들과 소통할 때 원하는 만큼 사교적일 수 있다.
10	나는 다른 문화를 지닌 사람들과 함께 있을 때 매우 주의 깊게 관찰한다.
11	나는 다른 문화를 지닌 사람들과 소통할 때 가능한 한 많은 정보를 얻으려고 노력한다.
12	나는 다른 문화를 지닌 사람들과 소통할 때 상대방의 미묘한 의미를 헤아리려 한다.

※ 요인별 점수 산출: 상호작용 참여도(①) = No. 1 + (6 – No. 2) + No. 3 / 3
　　　　　　　　　문화적 차이에 대한 존중 (②) = No. 4 + No. 5 + (6 – No. 6) / 3
　　　　　　　　　상호작용 자신감 (③) = No. 7 + No. 8 + No. 9 / 3
　　　　　　　　　상호작용 주의도 (④) = No. 10 + No. 11 + No. 12 / 3
　　　　　　　　　총점 = ①+②+③+④ / 4
출처: Chang (2023).

성된 세 개 문항이 모두 역변별 문항이라는 점에서, 이 세 문항을 측정한 것이 '상호작용 향유도' 그 자체가 아니라 이들 역변별 문항이 수렴하는(즉 베넷의 DMIS 가운데 '부정'이나 '방어'에 해당하는) 별개의 요인에 해당하는 징후일 수 있어 보인다(Coffey et al., 2013; Wang & Zhou, 2016). 이에 따라 이 연구에서는 '상호작용 향유도'가 나머지 네 요인과 대등한 층위로 있다기보다 나머지 네 요인의 종속변인으로서 상호문화 감수성과 대등한 층위의 개념으로 가정

될 수 있다고 보고, 이를 별개의 독립된 요인으로 설정하지 않았다.

둘째, 첸과 스타로스타(2000b)가 사용한 'Interact'를 '소통'으로 번역했다. 이는 장성민(2021b)에서 'Interact(상호작용)'가 한국어에서 추상적으로 통용되고 있음을 고려하여 '교류'로 번역되었지만, 해당 용어가 한국어에서 커뮤니케이션 이론의 '상호작용(Interaction)'과 대비되는 개념으로서 '상호교섭(Transaction)'과 동의어로 사용되는 전문어로 통용되고 있음을 염두에 둔 것이다. '소통'이라는 용어는 일상에서 포괄적으로 사용되면서도 개념적 제약이 적을 것으로 판단했다.

셋째, 본래 ISS에 포함된 '상호작용 주의도'의 문항을 부분적으로 수정하여 모든 요인이 최소 3문항으로 내적 합치도를 산출할 수 있도록 도모했다. '상호작용 주의도'는 장성민(2021b)에서 두 개 문항만으로 측정되었는데, 이는 첸과 스타로스타(2000b)의 본래 ISS에서 (세 개 문항으로 구성된 '상호작용 주의도' 가운데) "I am sensitive to my culturally-distinct counterpart's subtle meanings during our interaction"의 신뢰도가 낮아 제거된 데 따른 것이다. 이는 이 문항이 구체적인 행동이나 노력으로 해석될 수도 있지만, 결과나 성취 정도로 해석될 수도 있어서 중의적으로 읽힐 수 있기 때문으로 해석된다. '상호작용 주의도'를 측정하는 문항의 신뢰성이 낮거나, 독립된 요인으로 가정되지 못한 것은 이전 연구에서도 반복적으로 나타난 현상이다(Fritz et al., 2002; 2005; Graf & Harland, 2005; Petrović et al., 2015; Tamam, 2010; Wang & Zhou, 2016; Wu, 2015). 따라서 이 연구에서는 삭제된 문항을 "의미를 헤아리려 한다"와 같이 구체적인 행동에 대한 서술로 통일시켰다.

6.
한국인의 상호문화 감수성

장성민(Chang, 2023)에서는 ISS 한국어 버전을 사용하여 한국인들의 상호문화 감수성 실태를 조사했다. 한국인의 상호문화적 감수성은 5점 만점에 평균 3.90점으로 나타났으며, 요인별 평균 점수는 3.56~4.48점 내에 분포했다. 요인별 점수와 총점 사이의 상관계수는 행동적 속성이 강한 '상호작용 참여도, 상호작용 자신감, 상호작용 주의도'의 경우 높은 반면, 인지적 속성이 강한 '문화적 차이에 대한 존중'은 상대적으로 낮았다. 성별에 따라서는 모든 요인에서 여성의 우위가 통계적으로 유의한 가운데, 특히 '상호작용 참여도'와 '상호작용 자신감'에서 그 차이가 두드러졌다. 학교급에 따라서는 모든 요인에 걸쳐 대학생의 점수가 더 높았으나, 그 차이가 통계적으로 유의하지는 않았다.

참여자들이 인지적 속성에 해당하는 '문화적 차이에 대한 존중'을 상대적으로 관대하게 인식한 것은, 비영어 문화권 참여자를 대상으로 한 중국의 왕과 쩌우(Wang & Zhou, 2016), 칠레의 로벨 외(Loebel et al., 2021)을 포함하여 영어권 참여자를 대상으로 한 미국의 그라프와 할랜드(Graf & Harland,

<표 5-3> 한국인의 상호문화 감수성 실태(5점 만점): 평균, 표준편차

구분	전체 (542명)	성별		학교급	
		남 (203명)	여 (339명)	고등학생 (318명)	대학생 (224명)
상호작용 참여도	3.75(.85)	3.29(.90)	4.06(.70)	3.74(.84)	3.77(.87)
문화적 차이에 대한 존중	4.48(.58)	4.42(.51)	4.58(.51)	4.44(.62)	4.52(.51)
상호작용 자신감	3.56(.84)	3.27(.81)	3.85(.72)	3.51(.87)	3.63(.80)
상호작용 주의도	3.81(.79)	3.64(.81)	3.99(.77)	3.77(.77)	3.86(.80)
총점	3.90(.60)	3.65(.58)	4.12(.55)	3.87(.60)	3.95(.60)

2005), 코페이 외(Coffey et al., 2013)에서도 유사하게 발견되는 현상이다. 이는 상호문화 감수성의 인지적 속성과 행동적 속성 사이에 일종의 위계가 존재할 수 있음을 시사하는 결과이기도 하다.

　여성의 우위가 모든 요인에 걸쳐 두드러진 점 또한 선행 연구들의 일반적인 흐름에 대체로 부합하는 결과다(Coffey et al., 2013; Loebel et al., 2021). 최근 한국에서 이주민과의 문화적 차이에 따른 갈등뿐 아니라 주류 문화에 해당하는 정주민들 사이에 성별을 포함한 여러 갈등의 요소들이 더욱 심화되고 있음을 고려할 때, 이러한 격차를 줄이고 조화로운 공동체를 만들기 위한 사회·교육적 방안의 탐색이 필요하다.

　학교급에 따른 차이가 유의하지 않은 것에 대해서는 해석의 가능성이 열려 있다. 먼저 상호문화 감수성 발달이 고등학교급에서 이미 종착점에 도달했을 수 있다는 점이다. 상호문화 감수성이 고등학교 이상의 문해력을 지닌 참여자를 대상으로 측정해야 하는 것으로 알려져 있기는 하나, 어휘의 난도와 문장의 복잡성을 일부 조정하여 더 낮은 학교급의 참여자를 대상으로 비교해보는 것도 의미 있는 작업이 될 수 있을 것이다.

혹은 학교급에 관계없이 집중적이거나 장기적인 개입이 이루어진다면 상호문화 감수성 수준에 변화가 나타날 수 있을 것이라는 기대도 가능하다. 이 경우 평생교육의 관점에서 다문화교육에 접근이 가능할 것이다. 다만 (비록 통계적으로 유의하지 않지만) 대학생이 모든 요인에 걸쳐 고등학생보다 더 높은 점수를 획득한 점에 대해서는 후속적으로 더 관찰해볼 필요가 있다. 연령에 따른 차이가 유의한 것으로 나타난 에르도안과 오쿠무슬라르 (Erdogan & Okumuslar, 2020)의 결과를 참조해볼 수 있을 것이다.

7.
상호문화 감수성 연구의 전망

　　다양성의 심화와 그에 따른 구성원들의 인식 확대는 학교, 사회, 국가에 새로운 도전과 기회를 제공한다. 교육 현장에서 다양성과 관련된 문제를 해결하고 그 가치와 가능성을 극대화하는 것이 다문화교육의 중요한 목표다. 이러한 목표를 실현하기 위해서는 상호문화 감수성을 포함하여 구성원이 지닌 여러 요인에 대한 실증적 탐구가 필요하다.

　　한국에서의 다문화교육은 국가 교육과정에서 초·중등학교 전체 12년에 걸쳐서가 아니라 특정 교과 가운데 일부로 포함되어 특정 학년에서만 제한적으로 다루어지고 있다. 상호문화 감수성과 관련된 담론들이 눈에 띄게 성장하고 있으나, 그러한 담론이 주로 영어 문화권에 기원을 둔 결과라는 점에서 한국적 맥락에서의 실증적 데이터 축적이 요구된다. 다양한 상호문화 감수성 척도를 활용하여 학습자의 현재 상태를 파악하고 배경 요인에 따른 개인차를 정교하게 분석함으로써 다문화교육을 위한 토대를 체계적으로 구축할 수 있기를 기대한다.

6장

다문화사회와
상호문화 역량

현대는 세계화와 국제화로 인해 더욱 다문화사회(Multicultural Societies)로 변화하고 있다. 과거 어느 때보다 다양한 문화들과의 경험이 현실이 됨에 따라 다양한 문화적 배경을 가진 사람들과 '더불어 잘 살아가기' 위한 상호문화 역량(Intercultural Competence)이 필요하게 되었다(UNESCO, 2013).

한국 역시 이러한 경험을 하고 있다. 1990년 국내 체류 외국인은 5만여 명으로 전체 인구의 0.1%에 불과했지만 불과 30년 후 50배로 증가했다. 2023년 12월 말 기준 코로나19의 영향에도 불구하고 국내 체류 외국인은 약 251만 명으로 전체 인구 대비 외국인 비율이 4.89%로 나타났다(법무부, 2023). 경제협력개발기구(OECD)는 한 나라의 외국인 비율이 5%를 차지하게 되면 다문화사회로 간주한다. 특히 세계가 주목할 만한 한국의 심각한 저출생과 고령화는 다문화사회로의 변화를 더욱 가속화하고 있다.

여성가족부(2022)의 '2021년 전국 다문화가족 실태조사' 결과에 따르면 결혼이민자·기타 귀화자의 국내 거주기간이 15년 이상인 비율이 2018년 27.5%에서 2021년 39.9%의 큰 폭으로 증가했다. 정착 주기가 장기화함에 따라 한국 생활의 적응도는 향상되고 있는 것으로 나타났다. 그러나 국내에서 출생하여 성장한 만 9~24세 자녀의 비율이 90.9%를 차지하고 있음에도 다문화가족으로서의 자긍심은 2018년 3.48점에서 2021년 3.38점으로, 자아존중감은 2018년 3.87점에서 2021년 3.63점으로 오히려 낮아지고 있는 것으로 나타났다.

2012년부터 3년마다 실시하고 있는 여성가족부(2022)의 '2021년 국민 다문화수용성 결과'를 살펴보면 성인의 다문화수용성은 2018년 52.81점에서 2021년 52.27점으로 하락했고, 청소년의 다문화수용성의 상승 폭도 감소하고 있는 것으로 나타났다. 코로나19 확산으로 이주민과의 교류 기회가 감소하여 성인과 청소년 모두 다문화수용성의 여덟 개 구성요소 가운데 외부에 대한 개방성과 관련된 세계시민 행동 의지, 교류행동 의지, 문화개방성 영역에서 하락했다. 특히 성인의 경우 이주민과 적극적으로 관계를 형성하려는 의지가 낮아지는 영향 때문으로 분석되었다. 다문화 사회로의 급격한 변화 속에 "한국 사회는 다양한 문화적 배경을 가진 사람들과 '더불어 잘 살아가기' 위한 준비가 되어있는가?"에 대한 진지한 질문을 해야 할 것이다.

최근 법무부(2024)의 제4차 외국인정책 기본계획(2023-2027)은 그동안의 외국인 유입에 따른 통합과 연계의 미흡과 한계를 보완하고자 했다. 따라서 정책목표 가운데 국민과 이민자가 함께하는 사회통합을 더욱 강화하기 위한 정책과제로 국민과 이민자의 상호 이해와 소통을 증진하고자 했다. 기존의 이주배경 학생이나 이주민 대상의 다문화교육의 한계로 모든 사람이 함께 상호교류하고 상호작용할 수 있는 상호문화적 관점의 교육과 정책으로의 변화가 시급했기 때문이다. 추진과제로 공무원의 이민정책 역량 강화 및 고용주, 유관기관 관련자 등 대상별 맞춤형 교육 등 상호문화 이해 교육 강화가 포함되었다는 점은 반가운 일이다. 그럼에도 불구하고 기존의 '다문화 이해 교육'의 모호한 대상과 불분명한 이론이 '상호문화 이해 교육'이라는 용어로 또 다른 혼란으로 반복되어서는 안 된다. 따라서 세계적으로 통용되고 있는 상호문화교육의 목표인 상호문화 역량에 대한 명확한 이해가 선행될 필요가 있다.

한국보다 앞서 다문화사회의 심각한 갈등과 충돌을 경험한 선진 각국은 "다양할 수밖에 없는 사회의 자연스러운 상태"로 문화적 차이와 공존을 강조하는 다문화주의로부터 "공동의 계획을 수립하고 책임을 공유하며 공동의 정체성을 만들어 나가는 능력과 상호관계" 형성을 위한 상호문화주의로의 전환에 앞장서고 있다(Birzea, 2003). 이러한 이유는 상호문화역량의 결핍이 갈등과 전쟁의 모든 위험을 포함한 아주 높은 사회적 비용으로 이어지기 때문이다. 따라서 다문화사회의 다양한 도전에 직면하면서 '다문화 시대의 교육적 해답'으로 주목받고 있는 상호문화교육의 목표인 '상호문화 역량' 증진에 주목하고 있다.

이 장에서는 상호문화교육의 출현 배경을 간단히 살펴보고, 상호문화 역량의 다양한 정의와 대표적인 국제기구와 국내의 상호문화 역량의 연구를 통해 다문화사회에 더욱 적합한 상호문화 역량 증진의 방향성을 모색하고자 한다.

1.
상호문화교육의 출현 배경

제2차 세계대전 후 독일과 프랑스는 파괴된 시설 복구와 경제 부흥을 위해 많은 외국인 노동자를 받아들이게 되었다. 시간이 지남에 따라 이들은 자국으로 귀국하기보다 오히려 정착하여 가족들을 초청했다. 자연히 그곳에서 진학하게 되는 이주배경 학생들의 증가는 언어 문제로 이어졌다. 독일은 1960년대부터, 프랑스는 1970년대부터 자국의 언어를 가르치게 되었다. 그런데 이들의 언어 교육만이 아니라 정체성과 같은 보다 근본적이고 다양한 문제에 직면하게 되었다. 단순한 결핍의 존재에서 잠재력을 지닌 존재로의 인식 전환이 필요함을 알게 된 것이다. 자연스럽게 교육에서도 변화가 필요하게 되었다. 상호문화 역량 증진을 목표로 하는 상호문화교육은 독일과 프랑스 등을 중심으로 1970년대 결핍을 보충해주기 위한 특수교육에서 1990년대부터는 모든 학생의 차이를 존중하는 일반 교육학으로까지 확대되었다(장한업, 2020).

미국에서는 1954년까지도 흑인 분리 교육이 이루어지고 있었다. 1960년대에는 소수자의 권리를 무시하는 동화주의를 점차 거부하게 되었다. 1970년대 이후는 분열을 조장하고 사회적 응집력에 도움이 되지 않는 다문화주의를 거부하게 되었다. 1980년대에 상호문화주의는 캐나다 퀘벡을 중심으로 다문화주의에 대한 거부와 함께 프랑스어 공동체와 여러 문화 공동체 간의 상호작용을 이상으로 삼고 정주민과 이주민 모두의 노력을 요구하며 부상하게 되었다. 다시 유럽을 중심으로 균형과 공정을 내세우는 중도 모형으로 상호문화주의가 출현하게 된 것과도 깊은 관련이 있다.

다문화주의가 신체적 특성에 대한 옳지 못한 생각인 '인종' 개념을 신뢰하던 시기에 만들어졌고, 다문화주의에 관한 대부분의 담론에서 인종은 서로 배타적이고 공통점이 없는 이원론적인 흑인/백인으로 나타나고 있어 세계화와 초다양성의 영향에 대처해야 하는 현대사회에는 적합하지 않다는 목소리가 힘을 얻게 되었다. 따라서 과거의 다문화주의는 미래인 상호문화주의의 새로운 긍정적인 모형으로 개발되어야 함을 주장했다(Cantle, 2012). 다문화주의의 대표적인 학자였던 캐나다의 테일러(C. Taylor, 2012)조차 다문화주의가 차이의 인정을 강조한다면 상호문화주의는 사회적 통합을 강조함에 근본적인 차이가 있다고 했다. 다문화주의에 대한 다양한 평가가 있음에도 다문화주의는 정치나 정책 담론에서 점차 상호문화주의로 대체되고 있다(Barrett, 2013). 또한 2000년대에 유네스코, 유럽평의회와 같은 국제기구들이 다문화주의가 한 사회 내 존재하는 다양한 문화들을 인정하는 정책 접근 방식이라면, 상호문화주의는 더욱 역동적인 정책 접근 방식임을 밝히면서 상호문화주의를 다문화주의의 한계를 극복하기 위한 새로운 패러다임으로 주목했다. 이에 중추적 역할을 해온 유럽평의회(Council of Europe, 2016)는 다문화사회를 "다양한 문화, 국가, 민족, 종교 집단이 동일한 영토 내에 살지만 늘 다른 집단과 접촉하지 않는" 사회로,

상호문화사회는 "상이한 문화, 국가 집단들이 하나의 영토에 살고, 상호작용의 개방적 관계, 교류, 각자의 가치와 생활양식의 상호 인정을 유지"하는 사회로 구분하여 정의했다.

유네스코(UNESCO, 2006)는 "다문화교육은 다른 문화를 가르쳐 다른 문화를 수용 또는 관용하게 한다. 상호문화교육은 소극적인 공존을 넘어서 다양한 문화집단 간의 이해, 존중, 대화를 통해 다문화사회에서 함께 살아가게 할 발전적이고 지속적인 방법을 찾아내게 한다"라는 교육의 목표와 방법의 차이를 명시했다. 상호문화사회로의 이행을 위해서는 소극적인 공존으로부터 적극적인 상생의 상호문화 역량 증진을 목표로 상호문화교육의 구체적인 실천 지침과 확산에 힘쓰고 있다. 이는 철학·이론적 기반을 토대로 다양한 사회영역에서 상호문화적 개방에 대한 필요성이 대두되면서 상호문화교육의 담론들이 지속되고 있기 때문이다.

최근 한국의 급격한 다문화사회로의 변화는 한국 사회의 중요한 과제였던 이주민의 한국 사회 적응뿐 아니라 다문화현상이 보편화되고 일상화됨에 따라 다양한 이주배경의 사람들과의 문화적 교류와 상호작용의 필요성이 높아지고 있기 때문이다. 그러나 타문화에 대한 배타성이 강하고 문화적 역량에 대한 교육과 체계가 미흡한 상황이다. 그동안 다문화주의에 기반한 미국 중심의 다문화교육의 영향으로부터 상호문화주의의 유럽 상호문화교육의 이론과 실천 및 정책들의 국내 소개와 함께 다문화사회에 적합한 방향성 모색을 위한 학제 간 관심과 노력이 지속되고 있다. 따라서 상호문화교육의 목표인 상호문화 역량 증진을 위한 국내·외의 상호문화 역량에 대한 정의를 먼저 살펴보고자 한다.

2.
상호문화 역량의 정의

    상호문화 역량을 이해하기 위해서는 먼저 문화를 정의할 필요가 있다. 2001년 제31차 유네스코 총회는 문화다양성 선언문에서 문화를 "한 사회와 집단의 성격을 나타내는 정신적, 물질적, 지적, 감성적 특성의 총체이며, 또 문화는 예술이나 문자의 형식뿐 아니라 함께 사는 방법으로서 생활양식, 인간의 기본권, 가치, 전통과 신앙 등을 포함하는 포괄적 개념"으로 정의했다. 또한 문화 다양성과 평화 그리고 발전이 서로 밀접히 연관돼 있음을 강조했다. 이처럼 광범위하고 포괄적인 문화에 대한 정의는 사실상 합의가 불가능하여 문화적(Cultural)이란 형용사 앞에 Inter-, Multi-, Cross- 등의 접두사를 통해 문화의 개념을 보다 명확히 하고자 했다. 아르슬란과 라타(Arslan & Rata, 2013)에 의하면, 상호문화(Intercultural)는 1930년대 중반에 생긴 단어로 "다른 문화를 가진 사람들 간의"라는 의미이며, 다문화(Multicultural)는 1941년에 생긴 단어로 "한 사회 내 여러 문화·민족적 집단과 관련된"이라는 의미로 사용되었다. 비교문화(Cross-Cultural)는 1942년에 생긴 단어로 "문화 간의 차이를 연루시키거나 연결하는"을 의미한다. 유네스코(2013)는 역량을 "특정 상황에서 적절하게 말이나 행동할 수 있는 충분한 기술(Sufficient Skill), 능력(Ability)과 지식을 갖거나 훈련을 하는 것"으로 정의했다. 역량은 인지적(지식), 기능적(지식의 적용), 개인적(행동) 그리고 윤리적(행동 원칙이 되는) 요소들이 포함되며 태도, 지식, 이해와 기술, 행동의 복합체라고 했다(김진희, 2019).

이처럼 문화와 역량 모두 광범위하고 매우 다양하게 정의되기 때문에 상호문화 역량의 정의나 용어도 매우 다양하다. 예를 들어, 합의를 통한 상호문화 역량을 "차이를 넘어 상호작용할 때 효과적이고 적절한 의사소통 및 행동"으로 정의했지만(Deardorff, 2009), 다른 정의들은 상호문화 역량의 발달 단계(King & Baxter-Magolda, 2005; M. Bennett, 1986), 언어의 역할(Byram, 1997), 정체성의 중요성(Y. Y. Kim, 1988), 마음 챙김의 역할(Ting-Toomey, 1993) 및 동기부여(Ting-Toomey, 2007; Gudykunst, 1993) 등이 언급된다. 많은 정의는 역량의 특정 지식, 기술 및 태도 차원을 강조하며 개인 간의 차이를 설명한다. 이러한 역량은 인권과 연결되어 있으며 특히, 인간 상호관계, 평등, 존중, 존엄성, 참여, 포용 및 권한 부여와 같은 권리 원칙은 모두 상호문화 역량과 긴밀하게 연결되어 있다(Deardorff, 2020).

대표적인 상호문화 역량의 정의는 점점 더 다양한 민족, 문화 및 생활양식으로 특징지어지는 복잡한 환경을 능숙하게 탐색할 수 있는 능력이다. 다른 용어로는 "언어적으로나 문화적으로 다른 사람들과 상호작용할 때 적절하게 수행할 수 있는 능력"이다(Fantini & Tirmizi, 2006). 기존의 많은 정의를 요약하면, 상호문화 역량은 본질적으로 사회 내에서(나이, 성별, 종교, 사회 경제적 지위, 정치적 소속, 인종 등으로 인한 차이) 또는 국경과 차이를 넘어 인간의 상호작용을 개선하는 것이다(Deardorff, 2020). 상호문화 역량의 구성요소 또한 매우 복잡하고 포괄적인 내용을 담고 있다. Spitzberg와 Cupach(1984)는

300개 이상의 상호문화 역량의 하위 구성 요소들을 동기(Motivation), 지식(Knowledge), 기술(Skills), 맥락(Context), 결과(Outcomes)의 다섯 가지 영역으로 개념화했다. 이러한 학문적 연구는 50년이 넘도록 지속되어왔고 지금도 최고의 이론적 모델을 찾기 위한 노력이 계속되고 있다(Deardorff (ed.), 2009). 그러나 서구적 관점에서 개발한 이론적 모델과 측정 도구들을 한국에 그대로 적용하는 것에는 한계가 있다.

이병준·한현우(2016)는 국내의 문화적 상황을 반영한 상호문화 역량의 개념과 구성요소를 연구했다. 상호문화 역량을 "다문화사회에서 개인이 사회와 자신이 지닌 올바르지 못한 생각(타자를 차별적으로 배제하는)을 비판적으로 성찰함으로써 변화하여 모두가 평화롭게 지낼 수 있는 새로운 문화를 만들어가는 역량"으로 정의했다. 네 가지 구성요소로 첫째, 존중 역량은 타문화나 타인이 느끼는 것처럼 자신도 그렇게 느낄 수 있는 공감을 포함하는 역량이다. 둘째, 의사소통 역량은 언어적, 비언어적인 문화적 상황맥락을 인식하여 적절한 문화적 의사소통을 하는 것을 의미한다. 셋째, 갈등관리 역량은 민감성과 유연성을 가지고 문화적 상황으로 인한 갈등을 바람직하게 해결해나가는 과정이다. 넷째, 성찰 역량은 자신의 생각과 행위에 대해 스스로 되돌아볼 수 있으면서 다른 역량들의 기초가 되는 가장 핵심적인 역량이라고 했다.

상호문화 역량(Intercultural Competence)을 세 가지 차원에서 살펴보면 다음과 같다. 첫째, 정의적 차원에서는 "다른 문화를 가진 사람들과 효과적이고 적절하게 의사소통하는 데 필요한 일련의 인지·정의·행동적 능력"이다(Huber, 2012). 둘째, 교육적 차원에서는 모든 사람이 "함께 사는 법을 배우는 것(Learning to Live Together)"이다. 상호관계를 배워가는 역동적인 관계가 중요하고 저절로 습득되는 것이 아닌 교육과 훈련이 필요한 평생교육 개발과정이다(UNESCO, 2013). 셋째, 실천적 차원의 상호문화 역량은 훌륭한 의지만으로는 충분하지 않고 반드시 실천이 필요하다(Council of Europe, 2016).

정리하면 상호문화 역량은 다문화사회에서 모든 문화와 사람에 대한 존중과 상호작용적인 만남을 통해 상호문화사회로 나아가기 위한 총체적 역량이라고 할 수 있다.

3.
상호문화 역량의 차별성

그동안 다문화사회의 다양한 문제 해결을 위해 국내에서의 연구는 문화적 역량과 다문화 역량을 중심으로 이루어졌다. 문화적 역량과 다문화 역량의 공통점은 첫째, 민족·국가적인 문화의 요소들뿐 아니라 언어·종교·사회경제적인 문화 다양성에 관한 사회의 속성을 기술(Describe)하고 그 차이를 얼마나 잘 이해하고 공존할 수 있는가에 초점을 맞춘다. 즉 차이에 대한 이해를 통한 관용(Tolerance)을 말한다. 둘째, 성(Gender)과 인종(Race)을 포함하고 강조한다(Holm & Zilliacus, 2009; 원숙현·문정희, 2016). 셋째, 다문화주의에 기반을 두고 있다는 점이다(이병준·한현우, 2016).

문화적 역량은 가치, 신념, 행동과 같은 변수에 의한 일반적인 문화의 비교 영역에서 주로 사용되었다. 다문화 역량은 '문화적 차이에 대해서 공감하고 이해하는 능력'으로 다문화사회에서의 차이와 인정, 관용을 중시했다. 상호문화 역량은 문화적 지식의 보유 여부보다는 문화적 상황맥락에서의 적극적인 실천을 중요시하고, 정체가 아닌 변화 가능성, 상호작용의 역동성, 차이보다는 공통점(겹침), 무엇보다 성찰이 중심 역량이라는 점이 핵심적인 차이다. 이때 성찰은 상호작용하면서 서로 바라보는 방식, 표현의 의미와 맥락에 대한 이해를 계속 요구하기 때문이다(Allemann-Ghionda, 2009; Bennett, J. M., 2009; 김상무, 2015; 이병준 외, 2017; 주광순, 2017).

이병준 외(2017)는 상호문화 역량보다 다문화 역량 개념이 보편적으로 사용되는 경향이 있지만 상호문화 역량은 상호작용 과정에서 형성되는 실천적 개념으로 진행형이라는 점에서 다문화 역량과 구별했다. 이는 상호문화 역량 증진을 위해 유네스코(UNESCO, 2006)가 상호문화교육의 목표를 "다수집단과 소수집단의 통합"으로 밝혔던 점과 다문화사회의 통합을 위해 유럽평의회가 인권, 민주주의, 법치주의를 인류 보편의 가치와 핵심 원칙으로 내세우고 있는 점에 주목할 필요가 있다. 이러한 개념과 가치를 바탕으로 실천적 상호문화 역량은 차이에 대한 인정만이 아닌 관용(Tolerance)을 넘어 존중(Respect)으로, 공존을 넘어 상생으로 나가기 위한 노력의 과정이다. 시혜적인 동정(Sympathy)이 아닌 감정이입(Empathy)이며, 인류가 함께 살아가기 위한 평등(Equality)에서 한 걸음 더 나아가 공정(Equity)으로의 관점 전환을 포함하고 있다(김진희, 2019).

4.
상호문화 역량 연구

상호문화 역량의 광범위한 영역과 특성으로 수십 년 동안 다양한 연구가 이루어졌다. 그중에서 국외에서는 1974년부터 상호문화라는 단어를 사용한 유네스코(UNESCO, 2013)를 선두로 상호문화 역량에 대한 국제적인 관심과 지원의 필요성이 대두되었다. Council of Europe (2016)는 상호문화교육 지침서를 통해 비공식 영역에서의 상호문화 역량 증진 확산에 힘썼다. 상호문화 역량의 체계적인 연구자로 세계적으로 인정받는 디어도르프(Deardorff, 2020)는 상호문화 역량 증진을 위한 설명서 스토리 서클스(Story Circles)를 통해 더욱 보편적인 확산 방안을 모색했다. 이에 상호문화 역량 증진을 위한 대표적인 세 가지의 국외 연구와 최근 10여 년간의 국내 연구를 통해 상호문화 역량 연구를 살펴보고자 한다.

1) 국외 상호문화 역량 연구

(1) 유네스코(UNESCO, 2013)의 Intercultural Competences: Conceptual and Operational Framework

유네스코(UNESCO, 2013)는 상호문화 역량의 중요한 개념과 세계의 지역적 관점을 종합한 최초의 문서로 이 책을 발간했다(Deardorff, 2020). 상호문화 역량의 개념화, 교육, 장려, 적용, 정책적인 지원에 대한 5단계를 통해 이론과 실행 방안을 제시하고자 했다.

① 상호문화 역량의 개념화

상호문화 역량의 개념은 유기적인 체계로서 [그림 6-1] '상호문화 역량 나무(Intercultural Competences Tree)'를 통해 시각적으로 표현했다. 상호문화 역량은 문화다양성의 존재에 대한 근본적인 질문을 담고 있으며, 문화 간 대화 중에 작동하는 자원으로 이해될 수 있다. 상호문화 역량 나무의 뿌리는 문화(정체성, 가치, 태도, 신념 등)와 의사소통(언어, 대화, 비언어적 행동), 줄기는 문화다양성, 인권, 상호문화적 대화, 가지는 실행단계들(상호문화 역량의 명료화, 교육, 장려, 지원과 적용), 그리고 나뭇잎들로 표현되는 것들이 있다(상호문화적 책임감, 상호문화적 문해력, 탄력성, 문화적 전환, 상호문화적 시민성, 유쾌함, 회귀성, 창조성, 유동성, 상황적 단서, 평가, 우분투*, 의미체계 가용성, 따뜻한 아이디어, 기술들, 우치(內) 소토(外)**, 다중언어, 심성, 감정, 지식, 번역, 상호문화 의사소통 역량). 나뭇잎 중 일부를 자유롭게 남겨두어 넘치는 생명력을 통해 전 세계적으로 풍부한 다양성을 보완하는 것으로 표현했다.

---

* 우분투(Ubuntu): 아프리카 반투족의 말로 우리가 함께 있기에 내가 있다는 뜻.

** 우치(內) 소토(外)(Uchi Soto): 일본의 사회문화적 관습이 반영된 내부 집단과 외부 집단의 구분.

Roots: Culture (Identity, Values, Attitudes, Beliefs, etc.) and Communication (Language, Dialogue, Nonverbal behavior, etc.)
Trunk: Cultural Diversity, Human Rights, Intercultural Dialogue
Branches: Operational steps (Clarifying, Teaching, Promoting, Supporting and Enacting Intercultural Competences)
Leaves: Intercultural Responsibility, Intercultural Literacy, Resilience, Cultural Shifting, Intercultural Citizenship, Conviviality, Reflexivity, Creativity, Liquidity, Contextualization Cues, Transvaluation, Ubuntu, Semantic Availability, Warm Ideas, Skills, Uchi Soto, Multilingualism, Disposition, Emotions, Knowledge, Translation, Intercultural Communicative Competence. Some of the leaves have bee[n] left free so that this Tree which is very much alive, can be complemented upon the rich diversity of contexts available worldwide.

[그림 6-1] 상호문화 역량 나무(Intercultural Competences Tree)

유네스코는 세계 여러 지역의 상호문화 역량 관련 문헌에서 다루어지는 주제를 조사했다. 서로 다른 다섯 지역의 보고서에서 상호문화 역량의 공통 요소는 ① 존중(Respect), ② 자기 인식(Self-awareness)/정체성(identity), ③ 다른 관점에서 보기(Seeing from Other Perspectives)/세계적 관점으로 보기(World View), ④ 경청(Listening), ⑤ 적응(Adaptation), ⑥ 관계 구축(Relationship Building), ⑦ 문화적 겸손(Cultural Humility)으로 나타났다(UNESCO, 2013: 24).

② 상호문화 역량 증진을 위한 교육 원칙

유네스코(UNESCO, 2006)의 상호문화교육 지침에 설명된 바와 같이, 상호문화교육 분야에서의 국제적 행동을 안내할 수 있는 원칙을 제시했다.

첫째, 상호문화교육은 모두를 위한 문화적으로 적절하고 반응이 좋은 양질의 교육을 제공함으로써 학습자의 문화적 정체성을 존중한다. 둘째, 상호문화교육은 모든 학습자에게 능동적이고 적극적인 참여를 달성하는 데 필요한 문화적 지식, 태도 및 기술을 제공한다. 셋째, 상호문화교육은 모든 학습자에게 문화적 지식, 태도 및 기술을 제공하여 개인, 민족, 사회, 문화 및 종교 집단과 국가 간의 존중, 이해 및 연대에 도움을 주도록 한다.

③ 상호문화 역량의 증진 장려

상호문화 역량에 대한 명시적인 교육은 일부 개인과 그룹에만 해당하는 것처럼 보이지만 현대사회의 모든 사람은 상호문화 역량을 습득해야 한다. 지구촌에서 살아가기 위해서는 모든 사람이 상호문화적으로 유능한 사람이 되어야 하기 때문이다. 모든 사람이 상호작용하는 일상에서 문화 간 대화가 지속되도록 새로운 사회적 미디어 등을 활용하여 상호문화 역량 증진을 촉진해갈 것을 강조하고 있다.

④ 상호문화 역량의 적용

상호문화 역량에 대해 배운 것을 어떻게 실행하고 적용할 것인가에 관한 것이다. 상호문화 역량 증진을 위한 실천은 회의, 축제 또는 학교에서만 보여지는 것이 아니라 일상적인 사회생활의 일부가 되어야 한다. 상호문화 역량을 구성하는 지식과 기술뿐만 아니라 가치, 신념, 태도가 이 과정의 단계에서 작용하도록 해야 한다. 상호문화 역량을 발휘하도록 공동체 내에서 문화 간 구심점을 만들기 위해서는 문화 조직이 다양한 기회를 활용할 수 있도록 해야 한다.

⑤ 상호문화 역량의 지원

위의 모든 활동을 지원할 수 있는 적절한 자원 제공과 이러한 활동의 필요에 대한 이해와 활동이 발전하고 성장할 수 있는 구조를 제공할 수 있는 문화 정책의 광범위한 문화 영역과 관련된 정부 기관의 관심과 지원의 필요성을 강조했다.

유네스코(UNESCO, 2013)는 공식적으로 모든 사람이 이질적인 세계의 현대적 복잡성에서 더불어 잘 살아가기 위한 상호문화 역량 습득을 위해서는 충분히 질적인 공식 및 비공식적인 학습 기회제공의 중요성을 강조했다. 우리의 미래가 현재 취해지는 행동에 달려 있듯이, 인권을 존중하는 문화적 다양성의 미래는 오늘의 상호문화 역량을 통해 입증할 수 있기 때문이다. 그러나 개인은 상호문화적으로 유능하게 태어나지 않고 교육과 삶의 경험을 통해 유능해지므로, 상호문화 역량을 증진하는 것은 평생교육 과정임을 강조했다.

(2) 유럽평의회(Council of Europe, 2016)의 *Education Pack:*
   All Different-All Equal: Ideas, resources, methods and
   activities for non-formal intercultural education with
   young people and adults

　유럽평의회가 '청소년과 성인 대상의 비공식 상호문화교육을 위한
발상, 자원, 방법, 활동'을 부제로 1995년에 발간했던 내용을 수정하여 재
출간할 만큼 대표적인 내용을 담고 있다. Part A는 상호문화교육의 주요
개념과 기반에 대해 3장에 걸쳐 설명하고 Part B는 다양한 활동의 활용 방
법을 소개하고 있다.

　Part A의 제1장은 "차이를 우리 사회의 현실"로 규정하고, 상호문화
교육은 이러한 차이점을 기반으로 서로 다른 관점, 아이디어, 가치 및 행
동의 공통 기반을 찾아가는 것에서 시작한다. 차이점의 상호작용을 통해
새로운 해결 방안에 도달하고 새로운 행동 원칙에 도달할 수 있다. 따라서
모든 사람의 존엄성과 권리의 평등을 기반으로 해야 한다. 문화와 삶의 방
식이 다른 사람들과 살아가는 현대사회에서 우리의 큰 도전은 차이를 창
의적으로 상호작용하며 살아가는 방법을 발견하는 것이라고 했다.

　제2장은 차이와 차별에 대한 이해를 다루고 있다. 다문화사회와 상
호문화사회에 대한 명확한 차이를 설명하고 "상호문화(Interculture)"는 그 자
체가 목표가 아니라 과정이다. 이 과정의 몇 가지 주요 요소를 검토할 필
요가 있는데 교육 내용으로 문화, 정체성, 고정관념, 편견, 민족중심주의,
차별, 외국인혐오증, 불관용, 반유대주의, 인종주의(권력과 편견이 더해짐)를 제
시하고 있다. 특히 인종주의는 신화이며 기존의 '인종'이라는 용어의 수용
은 이데올로기적 동기와 문화적으로 뿌리가 깊은 점, 이는 기존 지배구조

를 보호하는 중요한 기능을 수행하고 있기에 변화시킬 수 있어야 함을 강조했다.

상호문화적 현실을 만들어가기 위해서는 도전해야 할 일이 많다. 우선 개인적인 태도와 불평등을 초래하는 통제 및 권력 시스템의 영역에서 문화 간 대화할 수 있는 많은 시간과 경험이 필요하다. 그리고 우리는 여기에서 '어디로 나아가야 하는가?'에 대한 답변을 제시하고자 한다(Council of Europe, 2016: 38).

첫째, 모든 사람의 평등을 인정하기. 권리, 가치 및 능력의 평등을 수용하고 인종차별과 차별을 고발하는 것이다.

둘째, 서로를 더 잘 알게 되기. 토론에 참여하고, 다른 사람들의 문화에 대해 알고, 그들에게 다가가고, 그들이 하는 일을 살펴보는 것이다.

셋째, 함께 일하기. 공동 조직, 협력, 서로 돕는 것이다.

넷째, 비교 및 교환. 관점 교환, 서로의 문화와 생각을 경험하고, 상호 비판을 수용하고, 합의 도출 및 함께 토론하여 결정하도록 노력하는 것이다.

제3장은 상호문화교육을 "차이에의 긍정적인 접근"으로 제시했다. 상호문화교육은 다문화사회에 대한 교육적인 대답으로 미슐린 레이(Micheline Rey)가 강조했던 것처럼 접두사인 '상호(Inter)'는 상호작용, 교류, 장벽 제거, 상호성, 객관적인 연대를 포함한다.

상호문화 역량 증진을 목표로 하는 상호문화교육은 사회교육 과정이다. 이러한 교육의 목표는 첫째, 다양성이 평등에 뿌리를 두고 있으며 소외의 정당화가 되지 않아야 함을 알기, 둘째, 다양한 문화적 정체성을 인정하고 소수민족에 대한 존중을 위해 노력하기, 셋째, 상충되는 이해관계를 평화적으로 해결하기다. 이러한 상호문화교육은 사회 전체에서 이루어져야만 함을 강조하고 있다.

상호문화교육은 사회 전체에서 이루어져야 하지만, 청소년은 상호문화교육의 기본 자원으로, 상호문화교육이 어린이와 청소년의 관계 체계에 중심을 두고 있다는 것에 의심의 여지가 없다. 그들이 다문화사회의 미래 시민이 될 것이기에 이러한 우선순위가 마땅하다고 본다. 청소년은 또한 어른들과의 의사소통에 중요한 채널이며, 예를 들어 노인 관계에서 변화의 필요성을 인식하도록 도울 수 있다. 여기에 성인 교육을 위한 중요한 메시지도 있음을 밝히고 있다. 어린이와 청소년 대상의 상호문화교육은 크게 첫째, 불평등, 불의, 인종차별, 고정관념 및 편견을 인식할 수 있는 능력을 얻도록 돕고, 둘째, 그들이 사회에서 직면할 때마다 이러한 메커니즘에 도전하고 변경하려고 노력하는 데 도움이 되는 지식과 능력을 제공하기 위한 공식, 비공식적인 교육의 두 가지 방식의 역할과 방향을 소개하고 있다.

① 공식적인 상호문화교육(Formal Intercultural Education)
공식적인 상호문화교육은 학교 내외에서 개발되는 학업 프로그램 및 주도권을 포함한다. 학교는 가족 다음으로 아이들이 학문적 교육을 받을 뿐만 아니라 그들 자신의 문화적 코드도 많이 배우는 사회화의 주요 주체다. 학교는 모두가 평등하다는 원칙에 더욱 기초를 두고 상호문화교육은 학교가 개인 간의 문화적 차이를 인정하고 존중하도록 지속해서 요구해야 한다.

일반적으로 학교에서는 다음과 같은 노력이 필요함을 제시했다.

- 소수민족 문화집단의 어린이들에게 사회적이고 교육적으로 평등한 기회를 제공하기 위해 노력해야 한다.
- 차별에 반대하는 방법으로 문화적 차이에 대한 인식 제고에 힘써야 한다.
- 사회의 문화적 다원주의를 옹호하고 발전시켜야 한다.
- 서로 다른 관심사를 조명하고 공동의 목표를 추구함으로써 아이들이 갈등을 건설적으로 처리하도록 도와야 한다.

학교 운영에도 교육과정에 참여하는 사람들 즉, 교사, 어린이, 부모, 행정가, 지역 당국(국내 교육청 같은 곳), 기관을 포함하여 건설적인 의사소통이 이루어지도록 해야 한다. 상호문화교육이 교실 안팎에서 작동하려면 중요한 구조적 조치가 다양하게 구현되어야 한다. 좋은 의지만으로는 충분하지 않고 실천이 필요하다(Good will is not enough and action is needed)는 점을 강조하고 있다.

② 비공식적인 상호문화교육(Informal Intercultural Education)
비공식적인 상호문화교육의 목표는 공식적인 상호문화교육의 목표와 일치하나 교육의 제공자와 교육 방법에 차이가 있다. 비공식 교육은 "상호문화 학습(Intercultural Learning)"으로 설명하는 것을 선호할 수 있다. 청소년들의 세계를 이해하고 그 안에서 평화롭게 살기 위한 전략을 고안하는 방법을 청소년이 스스로 발견하는 것을 강조한다. 청소년 클럽, 청소년 조직 및 운동, 청소년 정보 및 안내 센터, 방과 후 활동, 국제청소년교류센

터 등에서 많은 자원봉사자가 참여하는데 청소년 또래 교육(Peer Education)을 가장 효과적인 교육으로 소개하고 있다.

　비공식적인 교육은 공식적인 교육과 구별되는 몇 가지 중요한 특징을 다음과 같이 제시했다.

- 자발적이며 때때로 학생들이 커리큘럼의 일부인 접근법이나 과목을 거부하도록 이끄는 학교의 의무적 성격을 갖지 않는 임의적인 교육이라는 것이다.
- 비공식적인 교육 제공자는 참가자의 관심을 유지하기 위해서는 더 많은 노력이 필요하다.
- 비공식적인 교육에서는 참가자들과 더 긴밀한 관계를 맺을 수 있어서 의사소통이 더 수월할 수 있다.
- 교육 내용은 참가자의 현실과 필요에 맞게 조정될 수 있다.
- 교육 목표를 설정하고 이를 관련 활동과 일치시키는 데 보다 자유로운 선택을 할 수 있다.
- 능동적이고 참여적인 방법론은 더 많은 참여를 이끌 수 있도록 활용할 수 있다.

　비공식적인 교육은 정규교육 없이는 존재할 수 없으며 상호보완적인 관계에 있다. 나이와 관계없이 다문화사회의 도전과 문제에 직면한 사람들이 무지로 인해 비판적 인식과 행동으로 바로 옮겨가지 않도록 하기 위해서는 상호문화교육이 필요함을 강조하고 있다.

　특히 청소년들과의 활동이 지속적인 과정이 되기 위해서 다섯 가지를 제시하고 있다. 첫째, 외부로부터 자신을 생각해보기, 둘째, 우리가 사는 세상을 이해하기, 셋째, 다른 현실을 이해하기, 넷째, 차이를 긍정적으로 바라보기, 다섯째, 긍정적인 태도, 가치, 행동을 촉진하기다.

상호문화 역량 증진의 목표와 과정에 대해 "능동·역동적 방법론으로부터 출발하여 우리는 과정을 통해 활동한다. 이 과정을 통해서 정보, 분석, 현실의 비판적 성찰을 통해 이러한 활동에 참여하는 사람들이 그들의 일상생활에서 다른 문화의 사람들과 긍정적으로 상호작용하는 법을 배우고 다른 문화의 사람들과의 긍정적인 관계를 개인적 또는 집단적 행동으로 옮길 수 있는 전략을 찾을 수 있을 것이다"로 강조하고 있다.

Part B는 청소년(14세 이상) 또는 성인과 함께 일하는 모든 사람을 대상으로 평등, 인종차별, 외국인 혐오, 반유대주의 및 편협 등의 내용에 대응할 수 있는 프로그램을 소개하고 있다. 예를 들어, 청소년 사역자, 모임지도자, 세미나 진행자, 교회 토론 그룹 회원, 교사 또는 성인 교육 교사가 활용할 수 있다. 그룹의 크기, 성별, 문화, 종교 등에서도 유연하게 설계되어 필요에 따라 아이디어와 활동을 사용하고 조정할 수 있는 지침을 안내하고 있다. 〈표 6-1〉은 상호문화역량 증진을 위한 활동, 수준과 해당 주제 (Council of Europe, 2016: 61-191)를 자세히 소개하고 있다.

이러한 구체적인 활동을 통해 상호문화교육, 연대, 존중, 공감을 촉진하는 가치를 얻는 것과 동시에 사람들이 협력, 의사소통, 비판적 분석과 같은 기술을 개발하도록 돕는 것이 가능하다는 것이며, 교육의 과제가 생각하고, 느끼고, 행동하는 세 단계의 구체적인 실천으로 연결하고자 함을 알 수 있다.

〈표 6-1〉 상호문화역량 증진을 위한 활동, 수준과 해당 주제

활동	수준	해당 주제				페이지
		G	I	M	A	
캠페인을 위한 A-Z까지의 활동들	1				A	62
안토니오와 알리(Antonio And Ali)	2		I			63
풍선들(Balloons)	2	G			A	65
문화적인(Cultionary)	2		I			67
친애하는 친구…(Dear friends…)	4	G		M	A	70
도미노(Dominoes)	2	G				72
꿈(Dreams)	3	G	I	M	A	74
유로농담 경연대회(Eurojoke contest)	4		I	M		76
유로레일 차림표(Euro-rail à la carte')	3		I			78
모든 사진에는 이야기가 담겨 있다(Every pucture tells a story)	3		I	M	A	81
첫 인상(First impressions)	2		I			83
원을 강제로(Force the circle)	2		I	M		85
누가 저녁 식사에 올까요?(Guess who's coming to dinner?)	4		I	M		88
역사선(The history line)	2	G		M		91
우리의 구역에서는(In our block)	4			M	A	93
섬(The island)	4					98
그냥 해!(Just do it!)	3			M		103
크니스나 블루(Knysna blue)	2	G	I			106
수준들(Labels)	3		I	M		108
제한 20(Limit 20)	4			M		110
뉴스 만들기(Making the news)	4		I	M	A	120
저도요(Me too)	2	G				122
미디어 편견(Media biases)	4		I	M	A	124
나의 어린 시절(My childhood)	2	G	I			127
나의 이야기(My story)	2	G		M		129
공휴일(National holiday)	2		I	M		131
이상한 것 하나(Odd one out)	2	G				133
하나는 하나와 같다(One equals one)	2	G				135
발전의 길(The path to development)	3			M		138
개인적인 영웅들(Personal heroes)	2		I		A	147

활동	수준	해당 주제 G	해당 주제 I	해당 주제 M	해당 주제 A	페이지
초상화(Portraits)	3		I	M		149
난민(The refugee)	3		I	M	A	151
게임의 규칙(The rules of the game)	4			M		154
유사점을 찾고 발견하는 것…(Seeking similarities and discovering…)	2	G				156
차별 공유하기(Sharing discrimination)	3			M	A	158
세계의 이야기(Tales of the world)	2	G	I			160
후행 다양성(Trailling diversity)	4		I	M		170
생명의 나무(Tree of life)	3			M		173
무엇이 보이나요?(What do you see?)	2		I	M		176
당신은 어디에 서 있습니까?(Where do you stand?)	4			M	A	178
하얀 미래(White future)	3			M		181
편안한 분위기 조성자(Ice-breakers)	1	G				183
캠페인 주제에 대한 작업을 시작하는 방법(Ways into starting work on the theme of the campaign)	1	G				190

G: 그룹을 형성하고 통합하는 데 도움이 되는 활동으로 좋은 그룹 분위기를 조성하고 의사소통 기술과 그룹 역할을 강화하는 데 도움을 준다.
I: 우리와 다른 문화, 국가 또는 사회적 배경을 가진 사람들의 이미지에 대한 통찰력을 제공하는 활동을 나타낸다.
M: 차별, 거부, 배제, 소외 상황의 이면에 있는 사회·경제·문화·교육적 이유를 발견하고 분석할 수 있는 활동이다.
A: 연대, 존중, '다름'의 수용 및 자유로운 아이디어 교환의 가치를 기반으로 사회변화를 가져오거나 추구하기 위해 개인 및 그룹이 행동할 수 있는 인식을 발전시키는 활동이다.

(3) 디어도르프(Deardorff, 2020)의 *Manual for Developing Intercultural Competencies: Story Circles*

① 개발 배경 및 개발과정

유네스코는 2013년 *Intercultural Competencies: Conceptual and Operational Framework* 발간 후 상호문화 역량 분야에서 기존 방법론의 격차를 메울 보다 구체적이고 효과적인 도구를 만들고자 했다. 이러한 시도는 디어도르프(Dr. Darla K. Deardorff) 주도의 철저한 연구를 바탕으로 '스토리 서클스(Story Circles)' 방법론을 상호문화 역량에 대한 인권 기반 접근 방식으로 개발하기 위해 채택했다. 이 방법론은 태국(아시아 태평양), 짐바브웨(아프리카), 코스타리카(라틴아메리카 및 카리브해), 오스트리아(유럽), 튀니지(아랍 국가) 등 다섯 개 지역에서 성공적으로 시범 운영되었다. 참가자들은 관용, 공감, 비판적 사고 및 이해를 위한 경청에 대해 좋은 기술을 습득하게 되었다고 보고했다.

문화 간 대화를 촉진한다는 것은 무엇보다도 모든 사람의 문화와 역사에 대한 접근을 제공하고 문화 다양성과 보편적 가치 사이의 지속적인 만남을 강조하여 문화 간 교류가 인류의 활력을 촉진하는 방법임을 보여주는 것을 의미한다. 문화 간 대화는 무엇보다 사람들 사이의 대화이기 때문에 매일 매일의 주요 과제는 사고방식을 변화시켜 존중과 개방성을 키우고 서로 관계를 맺을 수 있는 수단을 제공하는 것이다. 이를 위해 우리는 모든 문화가 적절한 의사소통 수단과 정보에 접근할 수 있고 자신의 목소리를 낼 수 있도록 보장해야 한다.

"문화적 타인"과의 개인적인 만남과 경험을 관리하고 문화 간 대화에 참여할 수 있는 기술을 개인에게 권한으로 부여하는 이유다. 상호문화 역량 개발을 위한 설명서인 스토리 서클스를 유연하고 다양한 문화에 적용할 도구로서 제안하는 것은 바로 이러한 정신을 기반으로 하고 있기 때문이다. 이 설명서는 스토리텔링 기법을 통해 차이점에 대한 상호작용과 이해를 강화하여 문화 간 대화를 촉진함으로써 긍정적인 평화를 촉진하는 것을 목표로 하고 있다.

이 설명서는 개인 수준을 다루면서 모든 사람에게 절실히 필요한 상호문화 역량을 개발하기 위해 누구나 노력할 수 있는 매우 실용적인 방법을 제공하고 있다. 이는 모든 연령대의 학습자에게 역량을 부여하고, 학습자에게 공감과 연대감을 제공하여 지속 가능한 개발을 위한 2030 의제, 특히 지속 가능한 개발 목표 4(교육에 관한)와 16(정의롭고 평화롭고 포용적인 사회 증진)에 맞춰 세계시민이 참여하도록 구성했고, 개인의 상호문화 역량 증진을 위해 전 세계의 다양한 맥락과 상황에서 사용될 수 있음을 강조하고 있다.

② 스토리 서클스와 상호문화 역량

스토리 서클스는 특히 문화 간 대화, 평화 및 분쟁 해결을 위한 노력으로 상호문화 역량을 개발하는 데 관심이 있는 강사와 사람들을 위해 작성되었다. 디어도르프의 상호문화 역량의 과정 모델 이론(Deardorff, 2006; 2009; 2012)에 기초하고 있다(Deardorff, 2020: 59).

스토리 서클스의 목표는 다른 사람에 대한 존중 표현하기, 이해하기 위한 경청 연습하기, 유사점에 대한 호기심 기르기, 다른 사람들과의 차이점 인식 및 문화적 자기 인식 향상하기, 공감 증진하기, 문화적으로 다른 사람들과의 관계를 발전시키기 등을 달성하는 것이다. 전 세계 여러 환경에서 다양한 그룹의 사람들과 함께 사용할 수 있고, 공식적인 교육환경 밖에서도 사용할 수 있으며 특별한 자원을 거의 또는 전혀 사용하지 않고 문화 간 지식과 이론에 대한 강력한 배경이 없는 사람들에게도 이를 촉진할 수 있도록 했다.

상호문화 역량 개발을 위한 스토리 서클스의 중점 사항은 다음과 같다.

첫째, 많은 문화에는 스토리텔링의 중요성과 힘이 존재한다는 점이다. 둘째, 스토리 서클스(또는 Talking Circles)의 변형은 고대부터 전 세계의 다양한 문화 공동체에 존재했으며 인간 경험의 일부였던 점과 기존의 서구에서 개발된 지배적인 상호문화 도구가 적합하지 않을 수 있다는 설정에 더 적합한 도구를 제공하고자 했다. 셋째, 존중, 경청, 호기심, 자기 및 기타 인식, 성찰, 공유, 공감 및 관계 구축을 포함한 상호문화 역량 개발의 기본 요소에 중점을 두었다. 넷째, 사용되는 질문 양식은 다양한 설정과 상황에 쉽게 적용할 수 있을 뿐만 아니라 모든 언어에 적용할 수 있다는 점이다. 다섯째, 전 세계의 수많은 공동체에서 서로 다른 배경을 가진 사람들을 한데 모으고, 갈등을 해결하고, 사회 통합을 개선하고, 진실과 화해 과정을 진행했고, 스토리텔링은 오락, 교육, 도덕 형성 또는 문화 보존의 수단으로 비허구 및 허구의 내러티브를 공유하는 사회·문화적 활동으로 정의되는 스토리텔링은 이야기가 행동을 변화시키고 가치를 강화하는 힘을 가지고 있다고 보았다(Haven, 2007; 2014). 여섯째, 개인적인 경험을 공유하고 서로의 유사점과 차이점을 탐색할 때 위협적이지 않은 방법을 제공한다는 점이다. 일곱째, 세 가지 학습영역(인지적, 사회·정서적, 행동적)으로 상호문화 역량 개발에 더 총체적인 방법으로 사용될 수 있는 점이다. 여덟째, 중국, 일본, 캐나다, 미국, 이탈리아, 독일, 멕시코, 남아프리카를 포함하여 전 세계 다양한 문화권의 상호문화 전문가, 학생 및 지역 시민으로부터 참가자 평가, 초점 그룹, 인터뷰 및 관찰 자료가 수집되었고 상호문화 역량 개발의 긍정적인 평가를 받았다는 점이다(Deardorff, 2020: 13-15).

스토리 서클스는 서로 다른 배경을 가진 사람들이 함께 모여 서로에게서 배우고 문화적 유사점과 차이점을 탐구하는 방법을 제공한다. 특정 문화적 맥락의 삶의 경험을 공유함으로써 참가자는 자신과 동료에 대해 더 많이 배우게 되며, 이 과정을 통해 참가자는 더 큰 자기 인식, 개방성, 존중, 성찰을 포함한 상호문화 역량의 핵심 요소를 더욱 개발할 수 있다. 능동성 기술, 공감, 타인에 대한 인식 향상, 그리고 결국 폭넓은 문화적 겸

손(Cultural Humility)에 이를 수 있다. 스토리 서클스는 그 자체로 성찰을 위한 도구인 자신의 개인적인 이야기를 공유할 수 있을 만큼 유연해서 자기 및 그룹의 성찰에서 상호문화 역량 개발과정에 필수적이어야 함을 강조하고 있다.

③ 스토리 서클스의 내용

스토리 서클스에는 지원, 커뮤니티 구축, 갈등, 재통합 및 축하를 위한 다양한 유형이 포함되어 있다. 이웃 간의 의견 불일치를 해결하고, 학교 교실을 관리하고, 조직 내에서 사명 선언문을 개발하고, 가족 갈등을 해결하고, 환경 및 근로자 분쟁을 처리하고, 이민자 및 수용국 커뮤니티 내에서 대화를 촉진하는 데 사용될 수 있다. 그러나 현재까지 스토리 서클스가 많이 활용되지 않고 있다.

교사 교육, 국제 프로젝트, 지역사회 발전, 문화 간 대화, 상호문화 대화, 의료교육, 경찰 훈련뿐 아니라 외국어 및 상호문화교육, 종교적 맥락, 난민 맥락을 포함하여 다른 많은 맥락과 중요한 지역 또는 글로벌 이벤트에 대해 서로 다른 견해를 공유하거나 상호 관심 있는 문제에 대한 공동 행동으로 전환하여 상호문화 역량을 더욱 개발하는 데 유용하다.

④ 스토리 서클스에 대한 설명

스토리 서클스는 최소 약 90분이 소요되며 일반적인 개요는 다음과 같다.

- 10~15분: 환영, 소개, 개요
- 10분: 스토리 서클스 소개(상호문화 역량 개발) 및 지침(경청 강조와 이해를 위해) 및 유인물 검토

- 5~10분: 소그룹으로 들어가기(각각 5-6명)
- 35~45분: 소그룹 스토리 서클스
- 15분: 전체 그룹 요약 설명 및 결론으로 마무리

　　스토리 서클스는 아래 그림에서와 같이 세 명 이상의 사람들이 모여서 개인적인 경험을 공유한다. 존중과 개방성의 유지가 스토리 서클스의 성공적인 요소다(Deardorff, 2020: 17-18).

Photo 2.1 Story Circles pilot in Bangkok, Thailand
Source: @UNESCO

스토리 서클스가 작동하기 위한 두 가지 전제
1) 우리는 모두 인권을 통해 서로 연결되어 있다.
2) 각 사람은 고유한 존엄성과 가치를 가지고 있다.

두 가지 전제 외에 기억할 중요 사항
1) 모든 사람은 공유할 수 있는 개인적인 경험을 가지고 있다.
2) 우리는 모두 다른 사람에게서 배울 점이 있다.
3) 이해하기 위해 경청하는 것은 변화를 가져온다.

일반적으로 전체 참가자 수와 관계없이 4~5명(그룹당 6-7명 이하)의 그룹으로 적어도 두 차례 이야기를 나눈다. 첫 번째는 '서로 알아가기' 단계다. 이때 주로 사용하는 질문은 ① "당신의 이름과 이름에 관한 이야기를 들려주세요(무슨 뜻인가요? 어떻게 이 이름을 가지게 되었나요?)", ② "당신의 이름과 귀하의 배경을 설명하는 세 단어 또는 문구, 그리고 해당 단어/문구가 귀하에게 중요한 이유를 알려주세요", ③ "당신과 당신의 배경에 관해 알려줄 수 있도록 가져온 물건이나 사진에 대해 말해주세요", ④ "당신이 가장 좋아하는 명절이나 축제는 무엇이며, 당신이 가장 좋아하는 이유는 무엇입니까?", ⑤ "당신이 가장 좋아하는 음식은 무엇이며, 그것은 당신의 배경과 어떤 관련이 있습니까?"이며 이에 대한 대화를 나눈다.

두 번째는 '상호문화 역량' 증진을 위한 실질적인 단계다. 이때 주로 사용하는 질문은 ① "당신과 다른 사람(들)과 가졌던 가장 긍정적인 상호작용 중 하나는 무엇이며, 그렇게 긍정적인 경험을 만든 것은 무엇입니까?", ② "차이에 대한 가장 초기의 기억은 무엇입니까(자신이 다른 사람과 다르다는 것을 처음 알았거나 깨달은 때)?", ③ "당신과 다른 사람(들)과 (나이, 종교, 성별, 사회경제적, 문화, 국적 등) 함께 했던 기억에 남는 경험은 무엇이며, 그 경험을 통해 자신 및/또는 다른 사람에 대해 무엇을 배웠습니까?" ④ "다른 배경을 가진 사람과의 가장 어려웠던 상호작용은 무엇이며, 이를 통해 무엇을 배웠습니까?", ⑤ "당신이 겪었던 기억에 남는 문화적 오해는 무엇이며, 이를 통해 무엇을 배웠습니까?"

⑥ "개인적으로 아는 사람이나 (미디어, 역사 등을 통해) 다른 사람들, 특히 그 사람과 다른 사람들과 잘 지낼 수 있다고 생각하는 사람을 설명해보세요. 그 사람이 다른 사람들과 잘 지내는 데 도움이 되는 것은 무엇입니까?", ⑦ "당신이 사실이 아닌 고정관념(당신이 속한 그룹 또는 당신이 속하지 않은 그

룹에 대한)을 믿었다는 것을 깨달은 때를 설명해보세요. 무슨 일이 일어났나요?" ⑧ "다양한 배경을 가진 사람들과 잘 어울리는 리더에 대해 설명해보세요. 이 사람의 어떤 특성을 존경하며 그 이유는 무엇입니까? 다른 사람과의 긍정적인 상호작용의 중요한 특성은 무엇입니까?", ⑨ "문화적 충돌을 극복하는 방법을 설명하기 위해 자신의 경험에서 나온 은유는 무엇입니까?", ⑩ "공동체(친구, 동료, 가족, 이웃)로부터 지지받았던 때를 설명해보세요. 유사점과 차이점 측면에서 공동체를 어떻게 설명하겠습니까? 그리고 공동체는 어떤 지원을 보여줬나요?"이며 이에 대한 대화를 나눈다 (Deardorff, 2020: 73-74).

　　이러한 두 차례의 개인 공유/스토리텔링은 그룹 성찰 및 토론을 통해 참가자의 상호문화 역량 향상에 도움을 준다. 필요한 총시간은 참가자 수에 따라 다르나 일반적으로 약 20~25명이 참가할 때 회당 최소 75~90분을 권장하며 이상적인 시간 할당은 최소 120분 정도다.

　　⑤ 스토리 서클스 사용 지침
　　다음은 상호문화 역량 개발의 스토리 서클스를 사용하기 위한 몇 가지 지침이다.

- 스토리 서클스를 사용하는 목표를 명확히 한다.
- 스토리 서클스 사용의 적절성과 타당성을 확인한다. 이는 참가자가 이 과정에 기꺼이 참여하고(강압적이지 않음), 참가자가 자신의 상호문화 역량을 개발하는 데 관심이 있고, 경험이 풍부한 촉진자를 참여시킬 수 있으며, 진행에 안전한 공간과 스토리 서클스 과정(개인적 공유 및 후속 논의 포함)을 위한 충분한 시간과 스토리 서클스 과정이 적

절하다고 간주하는 사회적 및 문화적 기대치에 부합하도록 한다.
- 모든 참가자는 평등하고 공유 내용에 대한 기밀 유지를 확인한다.
- 모든 참가자가 환영받는다고 느낄 수 있는 존중과 존엄의 분위기 에서 자신의 진실과 경험을 공유할 수 있는 안전한 공간(신체 · 정신 · 감정적)을 만들도록 한다.
- 공유 후 적절한 보고/토론 시간을 허용한다.

스토리 서클스는 참가자들에게 상호문화 역량을 실제로 연습할 기회를 제공하고 전 세계의 다양한 그룹과 상황에 적용할 수 있는 도구다. 이 설명서는 스토리 서클스를 촉진하는 데 도움이 되는 지원 자료와 진행자가 사용할 수 있는 실용적인 유인물 및 기타 자료와 상호문화 훈련 및 개발에 사용할 수 있는 광범위한 자원 목록을 포함하고 있다(Deardorff, 2020: 71-97). 개인의 상호문화 역량을 개발하는 것뿐만 아니라 오늘날 세계에서 매우 중요한 문화 간 대화와 이해를 촉진하고 격차를 해소하는 데에도 적용 및 사용되기를 기대하고 있다.

2) 국내 상호문화 역량 연구

최근 한국은 급격한 다문화사회로의 변화에 적합한 대응을 위해 교육, 행정, 복지, 의료 등 다양한 영역에서 상호문화 역량에 관한 관심이 집중되고 있다. 장한업(2020)은 한국 다문화사회의 교육적 대안으로 상호문화교육을 제시했는데 상호문화 역량 증진을 목표로 하는 상호문화교육에서 목표가 어느 정도 달성되었는지를 확인할 수 있는 평가는 상호문화 역량의 광범위한 특성과 상황에 따라 다르게 나타날 수 있는 점으로 인해 가장 미진한 부분으로 남아 있다고 했다. 다행히 최근 국내 상황에 맞는 상호문화 역량의 개념화와 평가를 위한 노력이 계속되고 있다. 상호문화 역량의 개념 및 구성요소를 토대로 휴먼 서비스 실무자(이병준·한현우, 2016; 이병준 외, 2017)를 위한 상호문화 역량 측정 도구가 개발되었다. 이후 유아 교사(문정원·임영심, 2021), 한국어 교원(이미정, 2021), 이주민(백연선, 2023)으로 세분화되고 있다. 상호문화 역량의 평가뿐 아니라 상호문화 역량 교육과정 및 프로그램 개발(이병준·한현우, 2016; 이효영·한희창, 2020; 이경·강현주·김수은, 2022; 김은영, 2023)로 이어지고 있다.

최근 10년간의 연구 대상을 살펴보면 다음과 같다. 한국어 교사의 상호문화 역량 영향 및 증진 연구(양주희, 2014; 나원주·김영규; 2016; 윤영, 2019; 강현화, 2020; 김미숭, 2020; 이보름, 2021; 이미선, 2021; 정지은 외, 2022; 김진희 외, 2022), 초등 예비 교사와 유아 및 일반 교사(이성숙, 2019; 문정원, 2022), 대학생(오세경·김미순, 2016; 최봉도, 2022; 김명희 외, 2022), 사회복지사(김진희, 2019), 다문화 청소년(고지원 외, 2020), 지역아동센터 아동과 종사자(김진희, 2021; 김진희, 2023), 교육행정직(곽미혜·김민규, 2022), 외국인 유학생(한하림, 2022), 다문화 활동가(신미정·송민경, 2022), 해외선교사(정지은·김진희, 2023)로 확대되고 있다.

연구 결과들을 종합해보면 첫째, 시대적 요청과 함께 다양한 연령과 직업에서 모두 문화적 다양성과 문화적 의사소통의 필요성이 증가하면서 상호문화 역량 증진을 위한 학습 및 활동의 근본적인 변화를 요구하고 있었다. 둘째, 다양한 연구참여자들은 문화를 상호 존중하는 것이 중요함을 점점 인식하고 있었다. 셋째, 공식 교육인 학교 교육과정에서 상호문화교육 도입의 필요성이 대두되었다. 넷째, 준공식 교육으로서 일상생활에서의 상호문화적 만남과 상호작용 기회가 부족하다는 것이다. 다섯째, 비공식 교육 영역인 가정에서의 상호문화 역량 증진을 위한 지원이 필요하다는 것이다. 여섯째, 지속적이고 체계적인 상호문화 역량 증진을 위한 제도적 지원이 필요하다는 것이다.

상호문화 역량 증진을 위한 유아부터 성인까지의 구체적인 방안을 제시한 내용을 살펴보면 다음과 같다. 먼저 이현미(2017)는 독일 유아 교육 기관에서의 상호문화교육 사례를 통해 모든 아동의 동등한 출발선을 보장하기 위해 이루어진 취학 전 교육기관의 개혁, 그리고 그 과정에서의 상호문화교육 강화 정책을 제시했다. 첫째, 상호문화교육을 실시하는 유아 교육기관은 일반 아동과 이주배경 아동을 위한 공동의 교육 장소뿐 아니라 사회통합 장소로서 지역사회 네트워크의 구심점이 되도록 할 것, 둘째, 상호문화교육 과정이나 프로그램 개발 시 실제 상황에서 핵심 주제를 찾고 실생활과 연관하여 편성할 것, 셋째, 부모의 참여 활성화와 이주배경 부모의 사회적 네트워크 확장의 역량을 강화할 것, 넷째, 유아 기관 종사자들의 지속적이고 내실 있는 상호문화교육의 실행, 다섯째, 아동들의 불공정과 불평등 상황에 대한 적극적인 표현과 반(反)편견 교육을 실시할 것을 제안했다.

장한업(2020)은 초등학교가 상호문화교육이 가장 필요한 곳임에도 초등학교 교사 대상의 다문화 교육실태 조사(장한업 외, 2019) 결과를 보면, 교과 시간보다는 사회와 도덕 시간과 관련짓거나 창의적 체험활동에 활용되고 있었으며 인터넷 동영상을 통해 학생들에게 문화다양성이나 외국 문화를 가르치고 있어 교수학습 자료의 부족이 가장 큰 어려움으로 나타났다. 따라서 상호문화교육은 모든 학생을 대상으로 모든 시간에 초등 교육과정과 교과서를 적극적으로 활용할 것을 제안했다. 상호문화교육과 관련된 성취기준, 교과서 내용, 상호문화교육 방법을 연결한 초등학생용 상호문화교육 예시 교안을 개발했다. 교과서의 내용 중 정체성과 소속감, 유사점과 차이점, 인권과 책임, 차별과 갈등, 갈등 해소와 관련된 것들을 찾아서 상호문화교육 6단계를 통해 가르칠 것을 제안했다. 첫째, 문화 개념 소개, 둘째, 자문화 인식, 셋째, 타문화 발견, 넷째, 양 문화 비교, 다섯째, 문화상대성 이해, 여섯째, 타문화 존중이 포함되도록 구성할 것을 강조했다.

초등학생이나 청소년에게 적합한 상호문화 역량 측정 도구가 아직 개발되지 않아서 가장 관련이 깊은 문화지능이나(김진희, 2021; 김수현, 2020) 다문화 효능감(선곡유화 외, 2016) 등으로 연구되고 있어 지속적인 후속 연구가 필요하다. 전성민(2016)은 정체성 형성을 위한 청소년기의 문화 간 소통능력 증진은 체험을 통한 청소년 활동 프로그램으로 많이 실현될 수 있음에도 다문화사회의 청소년 프로그램에 관한 연구가 주로 비주류 집단인 이주배경 청소년들에게 초점을 맞추고 있다고 했다. 다문화사회의 청소년 활동 프로그램으로 국내 학교에서 진행 중인 오프라인(Off-Line) 프로그램으로 Cross-Cultural Awareness Program (CCAP)이 있고, 온라인(On-Line) 프로그램으로는 Pangaea, iEARN 등이 있는데 프로그램의 설계와 수행 시 일관되게 유지해야 할 사항으로 첫째, 보다 명확한 이론적 기초의 강화, 둘째, 프로그램 운영자에 대한 문화 간 소통능력 발달 수준의 측정과 이를 보완할 수 있는 교육훈련 과정의 제공, 셋째, 문화 간 소통역량 프로그램 서비스 기관(단체)의 명확한 목표와 철학에 대한 종사자의 이해와 공유가 요청된다고 했다.

대학생은 오세경·김미순(2016)의 연구에서 다문화 멘토링 활동을 통해 기존 편견에 대한 반성적 성찰을 경험함으로써 상호문화 역량을 강화하게 되었고, 대학에서 상호문화 관련 수업이나 토론 수업을 통해 대학생

들이 공감능력을 포함한 상호문화 역량이 향상된 것으로 나타났다(김은희·
김영순, 2022; 김명희 외, 2022; 최봉도, 2022). 이효영·한희창(2021)과 김미승(2020)은
상호문화 역량 향상을 위한 '탄뎀 학습법'을 통해 의사소통과 성찰 영역에
서 유의미한 향상을 가져올 수 있었으므로 상호문화 인지능력과 소통능
력 향상 방안을 제시했다.

휴먼 서비스 종사자를 위해 이병준 외(2016: 51-57)는 상호문화 역량개
발의 방향성으로 공통모듈, 심화 모듈의 구축과 콘텐츠, 다양한 교육 방법
을 고려한 상호문화 역량 교육 프로그램, 구체적 업무 상황을 고려한 교육
프로그램, 교재개발과 연동될 수 있는 프로그램의 개발과 개발될 프로그
램의 목표를 제시하고 있다. 상호문화 역량 교육 프로그램의 공통모듈과
각 영역에서의 심화 모듈을 간략하게 소개하고 있다.

성인의 상호문화 역량 증진을 위해 최항석·김성길(2022)이 평생교육
의 학문적 원리로 구성원들 간의 즐거움을 위해 협력하는 배움 공동체 구
축을 위한 역량을 공생력으로 명명한 점에 주목할 필요가 있다. 공생력
은 성숙한 시민역량으로 공감능력과 비판능력, 참여능력으로 구성되며,
사회화와 역사회화, 사회적 상호작용, 호혜적 이타심을 중심 내용으로 하
기 때문이다. 공생력 함양은 시민성교육과 긴밀하게 연결된 상호문화 역
량과 밀접한 관련이 있음을 알 수 있다. 또한 이병준(2017)이 평생학습에서
교육 담론과 공간 담론의 연결고리를 이해하고 공간적 실천이 교육적 실
천으로 연결되어야 한다고 한 것처럼 상호문화 역량 증진은 평생학습 과
정으로 만남의 관계를 제공할 수 있는 구체적인 교육 프로그램과 창의적
이고 개방적인 공간이 함께 제공되어야 할 것이다.

5.
상호문화 역량 증진을 위한
새로운 방향성 모색

국내·외 연구를 통해 살펴본 바와 같이 상호문화 역량은 21세기를 살아가는 모든 사람의 필수 역량이며 평생 교육과정임이 확인되었다. 상호문화 역량 증진을 위해서는 다문화사회의 변화에 적합한 다양한 연령과 환경에서 활용할 수 있는 관련 프로그램 개발이 요구된다. 따라서 유네스코(UNESCO, 2013)의 상호문화 역량 이론과 실행을 위한 지침과 인권, 민주주의, 법치주의의 가치를 토대로 유럽평의회(Council of Europe, 2016)의 다양한 집필진이 참여한 청소년과 성인을 위한 상호문화 역량 이론과 프로그램을 소개했다. 다양한 환경과 맥락을 포함하는 프로그램으로 비서구권에서도 활용할 수 있도록 유네스코가 상호문화 역량을 더욱 보완한 디어도르프(Deardorff, 2020)의 스토리 서클스에 대해 살펴보았다.

최근 국내의 상호문화 역량에 대한 연구들이 다각적으로 진행되고 있지만 국내 상황이나 연령, 직업 등에 적합한 상호문화 역량 증진의 요구는 더욱 높아지고 있는 상황에서 몇 가지를 제안하고자 한다. 첫째, 유럽평의회의 *Education Pack*(2016)이나 Deardorff(2020)의 *Story Circles*, 서영지역(2019)의 『알기 쉬운 교실 상호문화교육』의 학습활동 프로그램 등을 현장에서 적극적으로 활용하고 평가해볼 것을 제안한다. 이를 통해 한국 상황에 적합한 상호문화 역량 증진 활동 프로그램의 지속적인 검증을 거쳐 맞춤형 활동 프로그램을 만들어가야 한다. 둘째, 학교와 같은 공식 영역에서의 상호문화교육을 위해서는 교육부의 다문화 교육 대책에 있어 불분명한 교육철학과 다문화주의의 이론적 편향으로부터 상호문화 역량 증진을 위한 관심과 지원이 필요하다. 다문화가정이나 다문화 학생 대상의 다문화 교육이 아닌 모든 학생을 대상으로 모든 교과과정과 연결될 수 있는 상호문화교육이 되어야 한다.

상호문화 역량 증진을 위한 접근은 첫째, 공식 영역에서는 경험학습, 참여자들과 함께하는 프로젝트 수행, 협력학습 중심으로 다양한 관점이 반영될 수 있는 역할극, 상황극, 드라마, 연극, 영화, 단편과 시, 다양한 미디어와 온라인 도구들이 효과적으로 활용되어야 한다. 상호문화교육은 평생교육이면서 다학제간 연구를 기반으로 더 발전할 수 있으므로 공동 학술대회 등을 통해 상호문화 역량 증진 사례를 공유하고 확대하도록 한다. 둘째, 준공식 영역에서는 지역사회의 다양한 정보와 자원을 연계하여 코로나19 이후 변화된 사람들의 상호작용을 새롭게 반영하여 활성화할 방안을 지자체에서 지원해야 한다. 지자체는 이주민을 결핍이나 부담이 아닌 자원과 소통의 통로가 되도록 지역 내와 지역 간의 네트워크 활성화를 통해 상호문화교육에 참여할 다양한 기회와 방안을 적극 모색할 수 있도록 지원해야 한다. 특히 지역사회와 연계하여 다문화사회에 적합한 부모교육의 확장과 인지와 정서가 활동으로 이어질 수 있는 체험 중심 프로그램의 지속적인 참여를 이끌도록 한다. 셋째, 비공식 영역인 가정에서 부모와의 상호작용이 다문화사회의 미래인 아동의 상호문화 역량에 유의미한 영향력을 미치고 있으므로(김진희, 2021) 아동들과의 양적이고 질적인 상호소통의 시간을 갖도록 노력해야 한다. 다문화사회가 요구하는 인재는 더 이상 대학입시를 위한 성적에 의존하지 않으며, 다양한 문화와 체험을 통해 상호소통하며 창의적으로 문제를 해결하는 인재임이 명확해지고 있다. 따라서 가정에서는 자녀와의 의사소통의 범위를 확대하고 내용을 다양화하도록 해야 한다.

다문화사회의 대안으로 제시하고 있는 상호문화교육은 차이의 현실을 인식하면서 관계의 발견을 통해 존중으로 나아갈 수 있을 때 진정한 다양성을 추구할 수 있다. 점점 더 다원화되는 생활세계와 복잡해지는 정체성으로 문화적 다양성과 사회통합을 위한 통일성의 적절한 균형과 조화는 상호문화 역량 증진에 있어 늘 고려해야 할 과제라고 할 수 있다. 또한 교육자, 현장 실천가는 차이라는 현실 속의 사회적 제반 조건과 차별의 메커니즘을 읽어내는 통찰이 필요하다. 세상과 타자를 바라보는 인식과 더불어 잘 살아가기 위한 권력과 행동 사이의 변화는 근본적으로 상호문화 역량의 핵심인 자기 성찰에서 새롭게 시작한다고 할 수 있기 때문이다.

7_장

상호문화주의와
이주교육학

1.
타자와 타문화 이해?

　몇 년 이래로 다문화교육은 정책, 프로그램, 이론 구상의 차원에서 활발히 전개되고 있다. 이때 이주사회 소수자의 삶의 현실을 주제화하고 차별과 인종주의 경험에 주목하는 내용이 많이 제시되고 있다. 그러나 여전히 이주사회에서 이주민의 삶의 현실보다 출신 문화에 더 중요한 역할을 부여하는 다문화교육이 실시되고 있다. 인종주의 경험, 부족한 참여 기회, 부정의는 문제시되지 않고 있는 반면, 낯선 '이방인'을 이해하고 그들에 대해 더 큰 관용을 의도하는 경향을 띠고 있다. 타자의 이해는 필연적으로 타자에 대한 공감적 지식, 타자의 존중과 연계하지 않고 다문화교육의 본래 의도와 모순되는 함의를 포함할 수 있다. 이것은 이해가 양가적 측면을 가지고 있음을 강조하는 것으로 이해될 수 있다. 문화는 오늘날 모든 것이 유동하고 아무것도 확실하지 않는 세계에서 부동점이 되고 있다. 왜냐하면 문화는 개인들에게 귀속과 정체성을 약속하기 때문이다. 동시에 문화 담론은 낯설고 다르다고 정의하는 사람들에 대해 잠재적 위험성의 이미지를 강화하고 있다. 타자에 대한 이해는 타자를 파괴하는 수단일 수 있고, 동시에 다문화교육은 타자의 이해에 대한 전제 없이 시행될 수 없다. 타자의 이해는 교육적 행위의 불가피한 전제이기 때문이다. 따라서 타자의 이해는 자신의 인종주의를 인종주의적 사회구조와의 연관성에서 지속적으로 성찰하는 것으로 특징지을 수 있는 "인종주의를 비판하는 관점"에서 성찰할 필요가 있다.

이탈리아 철학자 조르조 아감벤(Giorgio Agamben)은 소수자와의 관계에서 "도래하는 공동체"*의 개념을 제안한다(Agamben, 2001, 이경진 역, 2014). 여기서 도래하는 공동체라는 용어는 현 사회에 이미 존재하지만 '우리'가 아닌 '그들'로 규정되고 배제되는 소수자의 존재에 대한 주의를 환기시키고 있다. 도래하는 공동체는 집단의 법·국가·지배적 고착화의 계기에서 벗어나는 '임의적 존재'로서 개인 또는 집단의 특정 요소와 밀접하게 관련하고 있다(Agamben, 2001, 이경진 역, 2014: 9). 여기서 개인 혹은 사회의 임의적 존재라는 말은 그 자신 그대로 존재함으로써 무언가에 귀속되는 것이 아닌, 공통 속성이나 규정적 정체성에 포함되면서(보편성) 동시에 자신의 여러 속성 때문에 그러한 속성을 공유하고 있지 않은 다른 자기의 '순수한 특이성'을 뜻한다. 이것은 특수하지도 일반적이지 않은 자기 자신의 고유한 존재 방식의 근원을 이루고 있다.

아감벤의 도래하는 공동체 개념은 임의적 존재들과 연관 지을 수 있는 토대가 되며, 궁극적으로 타자에게 열려 있는 정치공동체의 미완결성(Unabschliessbarkeit)으로 특징지을 수 있다. 이러한 공동체는 이미 공통된 것을 기원으로 가지고 있지 않을 뿐만 아니라 사회적 귀속성을 인정받아야 할 정체성도 없는 '임의적 특이성'들의 삶의 형태와 잠재성이 구현되는 공간

---

* 이때 '도래하는'이라는 말은 특정한 기획을 만들어 우리가 미래에 구현해야 하는 어떤 공동체가 아니라, 지속적으로 가능성과 잠재성의 영역으로 존재하는 공동체를 뜻한다.

이다(Agamben, 2001, 이경진 역, 2014: 118). 아감벤은 항상 필연적으로 포함과 배제의 역학에 기준을 설정하는 데 기능하는 '누구의' 또는 '어떠한' 기존의 공동체의 이념을 거부하고, 난민의 형상에서 정치의 주체를 표상하고 있다(김종기, 2017: 123). 그 이유는 우리 모두는 전 지구적 차원에서 '잠재적'인 난민임을 자각한다면, 특정 국가 공동체에서 언제라도 배제될 수 있는 운명에 처해 있을 수 있기 때문이다. 이런 점에서 아감벤의 공동체 구상은 어떠한 정체성과 동일성으로 규정할 수 없는 공동체를 의미한다(김종기, 2017: 126). 이렇게 보면, 아감벤의 공동체 구상은 비슷한 사람들로 이루어진 공동체도 아니며, 표상 및 개념으로 분류할 수 있거나 동일성 또는 정체성을 지니는 실체가 아니다. 그것은 우리가 '새로운 삶의 형식'을 구현함으로써 생성되는 미결정의 공동체다.

예비교사, 현직교사, NGO 활동가 및 실무자, 교육실천가, 교육행정가 등을 대상으로 개설된 다문화 강좌의 참여자들은 그 강좌로부터 무엇을 기대하는가? 대부분의 참여자들은 자신의 (미래) 직업 활동에서 부닥치게 되는 갈등과 '문제'에 적절하게 대처하기 위해 '올바른' 기준과 구체적 행위 지식을 배우고자 한다. 예를 들어 '문화적으로 준비되지 못한' 예비교사들이 차별을 예방하기 위해 가능한 한 많이 '다문화'에 대한 이해를 강화하고(Kalpaka, 2015: 291; Trautner, 2020: 189), '문화적 차이'를 경험하고자 한다(강혜정 외, 2018: 84).

그러나 다문화 역량을 증진하고자 하는 대부분의 강좌는 참여자들로 하여금 세계와 사회에 질문을 던지게 자극하기보다, 교육 행위에 있어 분명한 척도와 자기 확신을 전달하는 경향을 띤다. 다문화 및 상호문화 개념이 다문화 강사교육과 교사교육에서 점차 다루어지고 있지만, 교육 참여자 자신의 경험과 기대가 사회 안에 존재하는 권력관계의 재생산에 관여하고 있는 차원은 거의 논의되고 있지 않다. 교육 참여자의 전문성 신장을 돕는 다문화 강사교육의 주 대상은 암묵적으로 자국민 혹은 '일반 학생'을 겨냥하고 동시에 이주자는 '센터 이용자'이자 다문화지원 서비스의 '대상자'(이병준·석영미, 2015: 347; 모경환, 2009: 265)로 위치 지어지는 구조적 문제, 즉 다문화 업무와 교육의 제반조건은 문제시되지 않고 있다. 대체로 교육자와 교육실천가는 자신이 차별 구조의 한 부분임을 파악하기보다, 차별 구조에 반대하는 입장을 취한다(Kalpaka, 2009: 33). 또한 다문화 강좌 참여자들에게 타자는 그룹 소속에 고정되어 개별적 인간으로서의 모든 지위가 부인되고, 현재 일반적으로 알려진 타자의 다름('문화 차이' 혹은 '다양한 문화적 배경을 가진 학생들')의 특징을 주어진 것처럼 당연하게 상정하고 있다. 즉 타자를 일종의 스테레오타입에 구겨넣고 대상을 물신화하려는 권력의 시선은 문제시되지 않고 있다. 다문화 주제를 다룬다는 것은 수강생들에게 외부에서 주어진 도전이자 '부담'이고 이에 대응해야 하는 요구로 여겨진다. 다문화사회에서 교육을 이주민의 '문제'로 여기는 생각에는, 이주민들이 어딘가 외부에서 왔을 것이고 그들에 대한 특별한 이해가 필요하다는 표상이 전제되어 있다. 특히 교육정책에서 이주 및 다문화는 "특정 집단으로 제한할 수 있는 교육의 특수 문제"로 구성되어 부수적인 현상으로 여겨지고 있다(Emmerich/Hormel, 2013: 125, Leiprecht & Steinbach, 2015: 7에서 재인용).

이주 현실은 교육(학)을 새롭게 생각하고 재정립하도록 촉구한다(Kara-kaşoğlu & Mecheril, 2019: 7). 그때그때 특정 사회문화적 맥락은 교육의 실천적 행위와 사유 그리고 교육 제도에 영향을 미치고 있다. 이런 맥락에서 이주와 교육의 관계를 비판적으로 분석하는 독일 교육학 연구들은 다양성이 존재하고 민주적으로 합법화될 수 없는 불평등이 작용하는 조건에서 익숙한 교육 행위, 제도, 교육학의 자기이해와 프로그램이 불안정한 상태에 있다고 지적한다(Doğmuş, Karakaşoğlu & Mecheril, 2016: 11). 왜냐하면 차이와 다양성은 정치·경제 영역에 참여할 가능성과 법적 지위에 의해 조건 지어지기 때문이다. 이주 현상에 관한 "정치·문화·학술적 논의는 (중략) 사회적 현실의 기능성과 정당성을 시험대에 올려놓고" 있다(Mecheril et. al., 2013: 8). 이렇게 보면 '다문화사회에서 교육 전문성은 어떻게 이해될 수 있는가?'라는 문제를 제기할 수 있다. 이것은 교육 전문성이 어떠한 방식으로 문제화될 수 있는가에 대한 물음을 던지게 한다.

이상의 문제의식을 바탕으로 이 장에서는 교육 전문성 개념을 독일 이주교육학의 관점에서 비판적으로 검토하고 그 의미를 재고해보고자 한다. 이를 위해 2절에서 정체성과 민족성의 경계선이 동요되고 동시에 안팎의 새로운 경계가 들어서는 현실에 주목하는 이주교육학의 논점을 살펴보고자 한다. 그다음으로 이주교육학의 관점에서 학교 제도가 차별을 재생산하는 데 관여하는 차원과, 최근 자주 사용되고 있는 '이주배경'이라는 용어를 타자화의 문제와 연결 지어 고찰하는 것이다. 3절에서는 문화 범주의 사용과 상호문화 역량 개념을 비판적으로 논의한다. 이에 기초하여 4절에서는 교육 전문성 개념을 사회비판과 자기비판으로 파악하는 것을 주장할 것이다.

2.
학교의 차별과 타자화의 문제: 이주교육학의 관점에서

1) 이주교육학의 관점의 특징

이주(Migration) 개념*은 초국적 이주(Transmigration) 및 집이나 직장을 왕래하는 이동(Pendelmigration)이라는 용어에서 알 수 있듯이, 보다 다양하고 복잡한 방식으로 설명될 수 있다(Mecheril, 2013: 13). 이주는 실제로 한 방향으로만 일어나지 않고, 사람들이 국가 사이를 이리저리로 이동하는 현상이기 때문이다(Leiprecht & Steinbach, 2015: 9). 이주사회는 '동질적'으로 표상되고 있는

---

* 이주라는 개념은 최근 차이와 차별에 관한 독일 교육학 논의에서 '이민'으로 번역될 수 있는 Einwanderung (다른 나라로 이민 갈 때)과 Zuwanderung (외국에서 와서 다른 지역으로 정주하기 위해 올 때) 용어의 대안으로 제시되고 있다. 1977년 독일은 이민국가가 아니라고 선포했던 점을 상기하면, 이민사회(Einwanderunggesellschaft) 용어는 독일 사회가 이민으로 변화된 삶의 현실을 온전히 인정하지 않았던 시기에 부가된 정치적 대항 개념으로 볼 수 있다. 이런 점에서 이민 개념은 역사적으로 정치적 의미와 기능을 함축하고 있다. 그러나 이민 용어는 이주 현상을 다른 나라로 이민 가는 것으로만 제한하여 파악하는 생각을 불러일으키는 한계를 지닌다. 독일에서 2005년 발효된 이주법(Zuwanderungsgesetz)이 국적 기준에 따라 구분되던 기존의 '독일인' 범주를 새롭게 규정하는 계기로 작용했지만, Zuwanderung 용어도 마찬가지로 여전히 이주를 "이미 존재하는 것에 추가적이고 부수적인 것"으로 떠올리게 한다(Mecheril et al., 2013: 13).

'우리'라는 총체적 사회의 내부 현실을 가리킨다. 이 때문에 이주 현상은 경계선을 양가적이고 복합적으로 드러내어 경계를 잠재적으로 동요시키는 '움직임(Bewegungen)'이자 담론의 대상, 일상세계의 대상으로 더 의미 있게 보고 주목해야 하는 것이다(Karakaşoğlu & Mecheril, 2019: 15).

독일 교육학자 메체릴(Paul Mecheril)은 "이동(Wanderung)의 결과로서 언어와 문화적 실천 방법이 혼합"되는 현상에 주의를 환기시키며 "이주교육학(Migrationspädagogik)"의 관점을 제시한다(Paul Mecheril, 2010: 11). 이주교육학이란 단순히 이주민의 삶을 기술하는 '이주민에 관한 교육학'을 결코 뜻하지 않는다. 오히려 이주와 교육학의 관계를 인정의 가치와 행위 가능성의 분배에 따라 재생산되는 "국민-민족적-문화적 소속 질서" 하에 다루고 있다. 메체릴에 따르면, 이주 개념은 "일상적 인종주의가 발생하는 구조와 과정"을 파악하고, "타자가 구성되고" 동시에 "새로운 형태의 민족성이 창출되는 현상"을 간파할 수 있는 계기를 제공한다(Mecheril, 2010: 11). 요컨대 이주교육학의 핵심은 이주와 타자에 대한 담론의 역동성을 차이와 권력의 맥락에서 분석하고 지배 담론에 대항하는 지식을 전개시키고자 하는 데 특징이 있다.

따라서 이주는 사실일 뿐만 아니라 동시에 사회적 담론을 통해 그 의미가 점유되고 있는 것으로 파악할 필요가 있다. 예를 들어 독일 사회에서 이주 개념은 여전히 모든 사람들과 관계하는 일반적인 것으로 파악되고 있지 않다(Messerschmidt, 2016: 59). 이주라는 용어는 이주사회를 여전히 자기에 대한 것이 아닌, 타자에 대해 말하는 기회(예컨대 문화적 배경이 상이한 이들, 다양성에 대한 이해, '문화적 차이' 등)로 이해되고 있다. 물론 이주라는 용어는 다원화된 세계를 부각하고 지금까지 정상이라고 전제된 것을 의문시하는 데 기능하고 있다. 그러나 이주 단어와 함께 이주민은 여전히 국가적-문화적 민족 집단으로 정의되고 있다.

앞서 논의한 바와 같이, 이주는 기존 소속 질서를 문제제기하고 새로운 소속을 생기게 한다. 이를 통해 이주는 사회의 외부적인 것이 아니라, 단일하고 일원론적인 시공간으로 표상되고 있는 내부의 복잡한 다양성과 역동적 관계를 수반하고 있는 삶의 현실과 연관된다. 예를 들어, 국민국가는 이주과정으로 인해 동요된 정체성 질서를 유지하기 위해 사람들을 혈통, 배경, 언어, 문화, 종교에 따라 구분 짓는 가운데 특정 대상을 내쫓았던 자신의 폭력과 권력의 역사에 부딪히게 된다. 이 맥락에서 "누가 적법한 '한국인'이 되고 무엇이 '한국인'을 구성하는 것인가?"라는 물음이 제기되고 있다. 그러나 이주로 인해 불안정하게 된 정체성 질서에 대한 반응으로 기존 질서를 정상화하려는 힘이 다시 작용하고 있다. 대표적인 예로 우익 포퓰리즘이 성행하는 것을 들 수 있다.

이주에 대한 주류 교육학 담론(예컨대 한국어 교육과 '전통문화 체험'에 초점을 두고 있는 다문화교육과 정책)은 국민적으로 동질화된 경계선을 동요시키는 차이들에 대한 대응으로 볼 수 있다. 이러한 주류 교육학 담론은 다시금 개인의 다양성을 소수의 범주로 묶어버리는 폭력적 규범화와 함께 명확성을 생성(예컨대 '흑인 아이', '아랍 아이', '한국 아이')하려는 양상을 띠고 있다.* 이에 반해 이

---

* 이주에 대한 독일 교육학의 대응에서 전개된 교육학적 구상은 양가적인 특성을 지닌다. 이주민의 결핍(독일어 능력)을 진단하는 관점과 문화 혹은 문화적 차이의 범주로 특정 개인을 동일시하는 관점 그리고 이주사회 현실에 대한 자신의 관점과 자기상을 성찰하는 관점이다. 이에 따라 이주에 대한 독일 교육학적 대응은 네 가지 단계로 이루어졌다. 1970년대 이주민의 결핍을 보완하려는 의도에서 시행되었던 "외국인교육학", 1980년대 앞서 언급한 외국인교육학에 대한 비판과 더불어 다문화사회를 사회 맥락으로 인정하게 된 상호문화교육, 1990년대 외국인교육학과 상호문화교육학에 내재한 지배 담론의 비판과 성찰, 2000년대 발효된 독일의 새로운 이주법과 통합 담론을 통해 시행되고 있는 규율화 정책이다(Mecheril, 2010: 56-58). 여기서 유의할 점은 독일의 이주 및 교육 정책의 각 단계에서 확인할 수 있는 주요 관점이 불연속적으로 구현되고 있다는 것이다.

주교육학은 소수 집단 사람들의 이주 경험, 목소리와 관점을 담아내고 사회에의 참여와 다름이 구성되는 조건을 비판적으로 분석한다는 특징을 갖는다. 자신이 속한, 그러나 결코 속할 수 없는 장소에서 인종·국가적 타자로서 차별을 겪는 이주자는 소속과 동등한 참여 및 권리를 갖기 위해 차이를 요구하고 있다. 여기서 차이는 동질적으로 상상된 각 문화 간의 차이를 말하는 것은 아니다. 오히려 기존의 문화 차이 담론 속에서 망각되고 배제되었지만 동일화(정체성)의 담론을 전유하여 이데올로기의 틈새가 균열되는 지점을 드러내는 '내부의 차이'를 말하는 것이다. 동시에 인간 실존 존재로서 내부의 차이는 특정 집단에 본질적으로 귀속시키는 권력관계로부터 벗어나 자신을 드러낼 수 있는 보장된, 즉 이데올로기에 오염되지 않은 언어를 가질 수 없다는 한계를 안고 있다. 그럼에도 이주교육학의 관점에서 자신을 특정한 역사적 국면과 사회·제도적 맥락 안에서 끊임없이 재위치시키는 가운데 동일화 담론을 와해시키는 것이 중시된다.

이주교육학은 이주사회 현상에 관한 학문적 숙고에 있어 개인과 집단의 관계에서 국민–민족적–문화적으로 코드화된(natio-ethno-kulturell kodiert) 소속질서에 의문시하고 이러한 관계의 변혁을 추구한다(Mecheril, 2016: 15). 이때 국민, 민족성, 문화 개념을 명확히 정의 내리기에는 그 의미는 모호하고 혼란스럽다. 예를 들어 '한국다움', '독일다움', '영국다움'과 같은 표현은 일상적으로 사용하는 표현이자 구별하기의 실천이지만, 정확히 이 표현들이 무엇을 구별 짓는가에 대해서 진지한 물음을 던진다면, 그 의미는 다의적이며 불분명하다. 일상 속에서 이러한 표현들을 사용할 때 매우 다양한 이념과 의미들이 언제나 같은 방식으로 설명되는 것은 아니다. 식별하기와 구별 짓기는 언제나 정치·문화·법적 맥락과, 사회적 상호작용에서 이루어지기 때문이다. 예컨대 '한국인다움'이라는 말은 특정 지리적 영역 혹은 정치 질서, 언어, 유사성으로 연결된 한 집단의 생활 형태를 가리킨다. 이때 '한국인다움'이란 신분증만이 아닌, 자신이 속하게 되는 사회적 연관성을 암시한다. 이처럼 국민-민족적-문화적이라는 표현은 국민, 민족(민족성)과 문화(종교)의 개념이 현실에서 자주 혼란스럽고, 모호하고 불명확하다는 사실을 나타낸다(Mecheril, 2010: 14).

2) 이주사회에서 학교의 차별

이주 과정으로 구성된 사회적 공간에서 교육 행위와 제도화된 교육기관(예를 들어 유치원, 학교, 대학)은 어떤 구조적 특징을 가지고 있는가? 학교는 지식뿐만 아니라, 규범적 방향성을 매개하는 과제를 가지고 있다. 동시에 학교가 학생들에게 "단일한 국가-민족-언어-기반의 이데올로기"(Shohamy, 2013; 신동일, 2016: 93에서 재인용)를 암묵적으로 전달하는 것을 미래지향적인 메시지를 전달하는 학교 요구 자체와 연결해서 보면 모순적인 면이 두드러진다. 학교는 개인들의 사회로의 소속과 참여를 제한하거나 촉진하는 역할을 담당하고 있다. 학교는 한편으로 취학 의무 제도를 시행하는 가운데 평등 이념을 구현하고 있다. 왜냐하면 학교 제도는 모든 개인이 사회적 삶에 공동으로 참여할 수 있도록 도와주는 과정으로 이해될 수 있는 교육의 이념에 기반을 두고 있기 때문이다. 가령, 2013년 독일의 주 문교장관회의(Kultusministerkonferenz) 기구는 "학교에서의 상호문화교육"을 시행하는데 지침서를 내놓았다. 그 이후로 독일 사회에서 학교는 모두를 위한 학습을 표방하면서 다양성을 더 이상 예외적인 것이 아니라 "보통의 일상적인 것"으로 받아들이기 시작했다(김상무, 2015: 36).

그러나 다른 한편으로 학교 제도가 표방하는 평등의 약속은 지금까지 부정적으로만 (예를 들어 차별 구조 폐지 및 차별적 사고방식에 대한 이의제기) 현 사회와 관련을 맺을 수 있었다(Geier & Messerschmidt, 2020: 208). 학교는 사회적으로 창출된 불평등에 맞서는 기능을 수행하기보다, 학교 조직, 구조, 관행과 교사의 실천적 행위를 통해 사회적 불평등의 유지와 강화에 관여하고 있다. 그러나 학교는 대체로 자신의 규범적 요청과 제도적 관행으로 스스로 연루되고 있는 지배 상태와 권력을 문제시하지 않고 있다. 민주주의 사회에서 학교에 깊숙이 작용하는 사회적 배제와 차별적 관행은 학교의 자기상과 사회적 기대에 이율배반적이다.

학교는 사회적 계급, 민족적-국가적-문화적 소속과 성과 같은 차이의 분할 선에 따라 학생들을 사회적 자리에 배치하는 기능을 담당한다. 학교는 비대칭적 이항 대립에 따른 관습적 배치를 통해 불평등을 (재)생산하고 정당화하고 있다. 독일에서 교육 불평등을 설명할 때 '다른 문화적 배경'이라는 표현과 함께 문화 범주는 이주 학생들의 낮은 학업성취 능력을 설명하는 근거로 지적되고 있다(Steinbach, 2015: 342). 독일 사회에서 학교의 유급 원인은 '문화적 다름'과 가족에게 전가되고 있는 것이다(Steinbach, 2015: 340). 친숙한 국가적-민족적-문화적 출신 범주를 학생의 학업성취의 결정적 요인으로 이해하는 것은 사회구조를 간과하는 탈전문화의 문제를 야기할 수 있다. 학교가 이주자 자녀들을 '학습 부진아'로 위치화시키고 그들에게 학업성취도를 적절하게 수행할 수 없는 열등한 사람의 정체성을 부여하는 것에는 단일 언어주의만을 허락하는 학교 전통이 그 밑바탕에 깔려 있다. 학교제도에 부합하지 않다고 간주되고 국가-민족적-문화적으로 타자화된 학생들의 반복되는 경험은 당사자들에게 이 사회에 속할 수 없다는 자아상을 생성하고 있다. 어린이와 청소년의 다양한 언어 조건에 섬세하게 대응하지 못하는 교육제도는 "정치·문화·상징적 권력 상태가 관통된 사회의 한 부분"으로 볼 수 있다(Mecheril et al., 2010: 154).

단일언어주의 기반 학교교육을 자연스러운 것으로 전제하는 생각은 민족 이념과 국민국가가 특정 형태로 관철된 것이라는 역사적 맥락을 갖는다(Dirim & Mecheril, 2010: 106). 하나의 국가를 하나의 언어로 연결하는 구상은 오늘날 특정 형태의 국민 국가에 적용되고, 이때 단일언어주의는 이데올로기적으로 점유되고 있다. 학교는 역사적으로 '우리'라는 상상된 집단을 생성하고 예컨대 각 지역에서 사용되었던 다양한 언어 변형(예를 들어 지역 방언)과 같은 차이를 언어적으로 동질화하는 기관이다. 가령, 19세기 아동의 일반 취학 의무에 의해 모국어 학교에서 문어인 독일어가 통일성을 갖춘 표준어로 자리 잡게 되었다(Stölting, 2015: 55; 고부응, 2005: 68). 또한 일반 취학 의무는 민족성과 국민성을 언어공동체로서, 그리고 언어능력을 국민 소속으로 구성하는 중요한 도구로 기능했다(Dirim & Mecheril, 2010: 106).

한국 사회에서도 한국어 교육에 방점을 둔 '다문화 특별학급·예비학급' 그 자체는 이주자 자녀의 다중언어를 여전히 '문제'나 '예외'로 지각하게 한다. 한국어 능숙도만을 획일적인 규범으로 강제하는 국내 교육기관에서 한국어를 공식어로 사용함으로써 "다중언어 화자의 능력"을 지닌 이주자의 자녀, 외국인 유학생 등은 "결핍된 언어 사용자"로 규정되거나, 다중언어 능력은 글로벌 시대에 '필요한 최대의 인력 자원'으로 기능하는 한 허락되고 있다. 이것은 복수의 언어를 맥락과 상황에 따라 창조적으로 조합하여 사용할 수 있는 다중언어 사용자의 권리, 기회, 주체성을 박탈하고 있다(신동일, 2016: 91-92). 단일언어만을 관행적으로 허락하는 학교 안팎에서 이중언어 또는 다중언어는 "비합법적인 언어"로 치부되기 일쑤이고

"즉각 교정되어야 할 언어이고 결핍된 문제점"으로 간주되고 있는 실정이다(신동일, 2016: 95).

학교는 이주운동의 강화로 경계가 흐릿해지는 이주 현실과 복수 언어 사용을 관용적으로 허락하지 않고 있다. 독일 교육학자 고고린(Gogolin, 2008)의 연구에 따르면, 많은 학생들이 다중언어를 구사하는 학교에서 여전히 단일 언어성을 정상 혹은 표준으로, 다중 언어성을 예외로 인식하는 교사의 "단일언어적 성향"(Habitus)이 특징적임을 지적하고 있다. 이렇게 보면, 이주와 교육의 관계에서 언어에 관한 논의는 단순히 기술적 문제가 아니다. 그것은 근본적으로 이주사회의 합법적 소속, 즉 누가 '우리'에 속하며, 이때 '우리'는 누구인가라는 물음과 권력의 문제에 관한 것이다(Dirim & Mecheril, 2010: 105). 어떤 사회집단은 담론의 장에서 항상 더 많은 발언권을 갖고 의미를 획득하고 보장할 수 있는 제도들에 훨씬 더 쉽게 접근할 수 있기 때문이다. 동시에 '이주배경 학생', '귀화 한국인', '이주민 2세 학생', '국내출생·중도입국 학생' 등과 같은 새로운 명칭의 생성은 다문화교육의 목표 집단을 동일시하는 것이 점차 어려워지고 있다는 것을 보여주고 있다.

3) '이주배경' 용어에 나타난 타자화의 문제

'이주배경'이라는 단어는 최근 국내 학계에서 정치적으로 올바른 개념으로 사용되고 있다. 2005년 독일 학계에 도입된 '이주배경을 가진'이라는 용어는 출생 이후 독일 시민권을 가지고 있지 않는 사람 혹은 적어도 그 부모 중의 한쪽이 독일 국적을 가지고 있지 않는 사람에게 라벨이 붙여진다. '이주배경을 가진'이라는 명칭은 "외국인" 개념*과 비교하여 타자를 국적으로만 제한하는 것을 예방하는 차원에서 '올바른' 개념으로 평가될 수 있다.

그러나 이 호칭은 여전히 이주배경을 가진 사람들 대 독일인 혹은 동질적 두 집단을 구성하는 '우리' 대 '그들'이라는 이항대립에 기반을 둔 '외국인 논리'를 내포하고 있다(Leiprecht & Steinbach, 2015: 10-11). 제2차 세계대전 후 동유럽 지역에서 거주했지만 동구권 몰락 후 추방당한 '독일 소수민족'인 후기정착민(Spätaussiedler)은 의심의 여지없이 독일로 이주하여 국가 경계를 넘었지만 '독일인'으로 간주되었다(Karakaşoğlu & Mecheril, 2019: 16-17). 독일에서 태어난 아동이 부모 중 한쪽이 출생 후 독일 국적을 가지게 된다면 도표나 통계에서 '이주배경'으로 표시되지만, 앞서 언급한 난민 혹은 후기정착민은 이주배경이라는 범주에서 제외된다. 이처럼 누군가에게 이주배경이라는 호명으로 지칭하는 것은, 이주 경험이 있는 사람과 없는 사람으로 구분하여 호명되는 개인이나 집단을 다시금 타자로 단정적으로 규정하고 그 사람들을 동질적 집단으로 구성하는 데 기능하고 있다. 이를 통해 이미 존재하는 이주 역사의 다원성은 거의 주목받지 못하고, 이주역사를 가진 사람들에 대한 정형화된 이미지는 계속해서 고착화하게 된다(Park & Zitzelsberger, 2022: 105). 따라서 연구자는 이주사회에서 교육 전문성을 구상하는 데 있어 교육 행위를 '이주배경 가진 사람들을 촉진'하는 것으로 한정하는 것은 일면적이라고 생각한다. 다문화교육은 '다문화가정 출신 학습

---

* 독일에서 1970년대 초 실시된 외국인 자녀를 대상으로 한 "외국인 교육학"과 같이 목표 집단의 결핍에 치중하는 교육은, 변화하는 교육제도에 적합하지 않을 뿐만 아니라, 이주와 교육의 복잡한 영역이 모든 학생들에게 해당된다는 사실에도 부합하지 않는다.

자의 특성에 대한 지식'에 호기심을 두기보다, 보다 큰 사회적 맥락 속에서 정체성 특성이 사회적으로 구성된 것과 특정 개인을 특정 집단(어떤 특정한 문화권, 출신 국가)에 귀속시키는 과정에 관한 비판적 분석이 중요하다. 이를 위해 요청되는 것은 자기상, 타자상과 세계에 대한 통상적 인식을 분쇄하는 것이다.

타자화 개념은 정상으로 여겨지는 화자 위치에서 타자를 평가하고 구상하는 과정을 가리킨다. 이때 주목할 것은 "누가 어떤 방식으로 타자화되었는가"(Messerschmidt, 2008: 6)라는 질문을 제기하는 것이다. 이 질문은 정치·법·경제적 원인과 권력 차이에 초점을 두고 이주사회에서 교육 주체 자신의 사회적 위치성에 주의를 환기시킨다. 주체 및 화자의 입장에서 차이를 설정하고 확정하는 것 자체는 사회적 구분하기의 실천으로 이해할 수 있다. 이때 자신이 갖고 있는 지식은 소수 집단의 삶의 조건, 차별 상태, 구조·제도적 인정 요소, 상징적 질서와 밀접한 관련을 맺고 있다. 예컨대 한국에서 태어났거나 어렸을 때 한국으로 이주하여 오랜 시간 살았지만, 여전히 일상에서 "왜 한국에서 계속 살고 있느냐"라는 질문을 받게 되는 이주자들과 이주 아동이 처한 현실은 우리 사회의 민주주의 위기와 다양성의 한계를 보여주는 거울이 된다.* '이주민'과 '다문화 학생'으로 호명되는 타자에 대한 지식은 사회적 정상화로 작용함으로써 정당한 것으로 여겨지고 사회·일상적 해석의 유형으로 고착화하게 된다.

차이와 차별 상황에 민감한 교육학은 차이를 본질주의적으로 파악하지 않고 차이에 대한 적절한 인정 형태를 끊임없이 모색하고 있다. 다시 강조하자면, 이주사회에서 교육학은 교육 행위자 자신이 차이를 어떻

---

* 경향신문(2022. 6. 15.). "누가 그들을 경계 밖으로 몰아내고 '불법'이란 딱지를 붙였나". 16면.

게 지각하는지, 어디에서 사회적 구분하기가 고착되는지에 대해 논의해
야 한다. 이때 차이에 대응하는 자신의 방식에 대한 성찰이 사회구조와 분
리된 심리적 나르시시즘으로 이해되지 않도록 경계해야 할 것이다. 중요
한 것은 교육 행위자가 대응하고 있는 차이가 사회적으로 어떻게 구성되
고 차이 개념이 의미화되는지와 같은 물음을 던지며 권력관계의 차원을
밝히는가의 여부다.

3.
상호문화 역량 개념에 대한 비판

1) 문화 영역에서 권력 영역으로

1990년대 중반부터 독일 교육학계에서 "문화적 차이"를 해석하는 방식은 점차 비판의 대상이 되었다. 이러한 비판은 점차 상호문화교육 내에서 논의되었고, 상호문화교육 자체의 기본 전제(문화적 차이)에 대한 물음이 제기되기 시작했다. 여기서 주목할 것은 문화주의 및 문화 개념의 사용에 대한 비판적 분석이다. 내가 대면하는 '낯선' 세계, 타자, 사물을 이해하는 데 문화 개념을 "전형적인 지각과 해석"으로 사용하는 것은 문화주의, 즉 개인의 행동방식과 사회적 상태를 '문화적'으로('문화 범주'의 틀로) 해석하고 사회 갈등을 '문화의 갈등'으로 축소해서 보는 것이다(Reindlmeier, 2009: 236-238). 이러한 관점은 다른 차이들과 그 이면에 작동하는 권력관계가 존재하는 복잡한 사회구조를 단순화한다. 이미 복잡해진 세상을 간파하기 어렵기 때문에 간단한 해결책으로 익숙한 문화 차이 담론에 기대는 것이다. 다시 말해, 사회의 구조적 문제를 간과하게 된다. 문화주의는 사회적 불평등을 안정화하는 데 기여하게 된다. 즉, 문화 개념은 권력과 밀접하게 관련되어 있다. 따라서 중요한 것은 교육자와 교육실천가 스스로 어떤 구체적 사회 맥락에서 문화 개념을 끌어들이고 활용하는지를 성찰하는 것이다(Kalpaka, 2009: 282).

출신, 민족성과 문화 범주에 따라 사람들을 분류하고 문화를 동질적으로 구성하는 "편협한 문화주의적인 관점"(허영식, 2017: 259)은 "사람들의 다층적이고 창조적이며 복잡한 삶의 현실", 즉 이주사회의 현실을 바라보는 것을 차단한다(Yildiz, 2016: 71). 이러한 점에서 국가정체성과 민족성이라는 표상 이면에 도사리고 있는 차별 문제를 단지 문화의 범주에 두는 논의는 한계가 분명하다.

문화주의에 대한 비판적 관점은 이미 국내외 학계에서 언급되었지만, 이런 비판적 시각은 연구자가 보기에 교육 현장에서 충분히 반영되지 않고 있고 '이론적 차원'에 머물고 있다. 예컨대 상호문화 이해 교육은 학교에서 학생들의 출신국 동화를 함께 읽고 축제를 재현하는 방식으로 다양한 문화들의 만남과 접촉으로 구현되고 있다.* 또한 차이에 대응하는 학교를 분석하는 많은 연구는 여전히 문화적 차이에 방점을 두고 있다. 이때 학교에서 정치·경제적 참여 가능성과 법적 위치에 의해 조건 지어지는 구별은 '문화적 차이'로 해석되고 문화 정체성 형성을 위한 소수자 적응 교육이 이루어지고 있다(민가영, 2010: 106). 어떤 상황에서 갈등이나 문제가 발생하면, 반사적으로 문화적 차이에 초점을 두고 민족적 혹은 국가적으로 정의된 문화 범주 틀을 활용하여 해결방안을 모색하는 경향이 여전히 지배적인 것이다. 타자의 차이(주로 이주자의 출신국 문화)에 대해 이야기하는

---

* 경향신문(2022. 4. 8.). "교실에선 자리 잡아 가는데… '다문화 시즌2' 못 따라가는 한국 사회". 14면.

것 자체는 다시금 동질적으로 상상된 두 개의 집단을 만들어내고 '우리'와 '저들'이라는 이항 대립 사고를 고착화하는 데 기여한다. 문화적 차이의 상호 이해라는 명목하에 타자 및 타문화에 대해 발화하는 것은 자신의 문화를 동질적으로 확립하고 발화하는 주체의 정체성을 강화하는 결과를 가져온다.

칼파카(Annita Kalpaka)가 보기에, 교육 실천에서 계속해서 문화 개념에 의거하는 까닭은, 복잡한 상황을 문화적 속성 부여로 정렬하는 것이 전문가에게 안정성을 주는 것처럼 보이기 때문이다. 하지만 문화 개념의 사용은 복잡한 교육 상황을 단순하게 만들고 동시에 구체적 주체와 그들의 행위 근거를 세분화하여 지각하는 것을 방해할 수 있다(2015: 302). 따라서 문화에 대한 교육학적 대응에서 "고정적이고 동질화하는 문화 개념과 문화화(Kulturalisierung)의 생산 간의 연관성을 의식하는 것"이 중요한 부분을 차지한다. 이 문제에 대해 요청되는 것은 역동적인 문화 개념을 해결방안으로 보기보다, "문화를 사회적 실천"으로 파악하는 것, 즉 "문화 영역에서 권력의 영역으로 들어서는 것"이다(Castro Varela, 2002: 36). 차이에 대한 교육학적 대응이 단순히 문화 범주에 방점을 두는 것은 '다름', '낯섦'으로 재현되고 있는 사람들에 대해 불충분하고 적절하지 않다. 오히려 특정 타자가 문화적 차이로 어떻게 만들어지고 있는지에 관한 사회적 과정에 관한 통찰이 필수적이다.

2) 상호문화 역량 담론에 대한 비판

앞서 논의한 이주교육학의 관점에서 상호문화 역량 담론에 대한 비판이 제기되고 있다. 상호문화 역량 용어에 대한 비판적 항목으로 지적된 것은 크게 세 가지다(Kalpaka & Mecheril, 2010: 79-88). 첫째, 상호문화 역량 용어는 교육의 전문성 신장을 위한 별도의 특수 역량(Sonderkompetenz)으로 이해되고 있다. 상호문화 역량 담론이 다양한 주체를 문화, 정체성, 종교, 출신국, 민족이라는 개념에 한정시키고 단일한 정체성을 구성하는 한, 차별 상태와 권력 문제는 사라져버린다. 메체릴은 교육 전문가에게 특별한 무언가로 요청되는 상호문화 역량 개념의 사용으로 차이에 대한 지배 담론이 강화되는 것을 문제시한다(Mecheril, 2002: 7). 이것은 모든 사람에게 해당되는 이주 현실의 맥락에 둔감하게 하고 개인들의 몸을 지나는 수많은 차이의 분할 선을 드러내지 못하는 한계를 지니고 있다.

둘째, 상호문화 역량에 기초한 교육 전문성 이해는 자신의 능력을 부단히 극대화하고 최적화하는 전문가로서 기술공학적 축소를 암시한다. 기술공학적 전문성 이해는 전문성의 수준이 순차적으로 높아지는 것을 전제로 한다. 전문가 지식은 단지 개개의 항목별로 각각의 역량 분야를 겨냥하고, 근본적으로 추가 역량으로 확장하는 것에 항상 열려 있다. 획득된 역량은 다문화적 상황에서 성공적 행위를 보장해주는 것으로 간주되고, 상호문화 전문성과 성공적인 행위 간에 연속적 연관성을 밝힐 수 있는 것으로 평가된다(Brunner & Ivanova, 2015: 22). 그러나 기술공학적 전문성 이해는 그때그때 상황을 구성하는 맥락의 측면을 배제하여 교육 행위의 모순을 소홀히 하고 있는 문제를 내포하고 있다. 또한 상호문화 역량 구상은 개인에게 방점을 두고 각 개인이 역량을 습득하면 전문성에 도달할 수 있다는 자율적 주체의 표상을 암시하고 있다. 교사로서 갖추어야 할 특성과 덕목의 요구와 기대에 예비교사는 스스로 부응할 수 없고 부족하다는 좌절감을 느끼고 '올바른' '전문적' 행위를 가능하게 해준다고 약속하는 방법론적, 교수법적 처방전을 충실히 이행하고 있다.

셋째, 상호문화 역량 강화를 위한 이론적 구상과 교육 프로그램은 암묵적으로 주류 집단의 교사 및 교육실천가를 겨냥하여 다수자 집단에 대한 요구로 논의되고 있다. 이것은 기존의 사회적 위계질서를 유지시키고 타자의 위치를 확정하고 있다. 다수자의 전문성을 강화하는 것에 초점을 둠으로써 위계·사회적 관계는 강화되고 있다. 왜냐하면 다수자는 능동적 행위 주체로서 사회적 기능을 담당하고, 소수자는 객체로 자리매김하기 때문이다. 가령, '다문화가정 학생'의 자긍심을 높여주기 위해 다문화가정 학부모 강사가 교사 연수 강사*로 혹은 결혼이주민이 다문화(이중) 언어 강사로 학교 현장에 참여하는 경우에도, 이주민의 자칭 '다름'은 정태적이고 불변하는 특징으로서 제시되고 재현되고 있다.

이런 맥락에서 메체릴은 "역량 없음의 역량(Kompetenz der Kompetenzlosigkeit)"이라는 용어로 상호문화교육의 국민화 및 문화주의에 대해 비판적 관점을 제시한다(Mecheril, 2002: 33). "역량 없음의 역량" 개념은 교육 현상을 의사소통 역량과 같은 기술로 극복하는 것을 의미하지 않는다. 이 역설적인 용어는 다문화 시대에 적합한 교육 전문성 관련하여 행위 맥락에 대한 의식과 성찰적 태도를 강조한다. 역량 없음의 역량을 기르는 것은 지배사회 구조가 자신의 교육학적 사유와 교육 행위까지 그 영향력을 행사하는 현상과 그러한 사회적 구조에 자신이 연루되는 것에 대한 자기성찰을 뜻한다.

* http://www.gwelfare.co.kr/news/articleView.html?idxno=708. 2022. 6. 13. 검색.

교육적 실천 행위는 자신의 행위 조건과 딜레마에 대한 근본적인 반성적 관계를 내포하고 있음을 강조하는 것으로 해석할 수 있다. 이 같은 주장은 권력구조와 문화 범주의 사용에 대한 비판적 성찰을 포괄하지만 동시에 문화 범주의 사용을 완전히 거부하지 않는 입장을 취한다. 이때 알 수 없음(Nicht-Wissen)이란 교육 행위자가 아무런 지식을 갖고 있지 않거나 상호문화교육 실천을 위한 지식 자체를 거부하고 단지 직감으로 다양성에 대응하는 것을 뜻하지 않는다(Mecheril, 2002: 29). 오히려 피교육자를 완전히 이해할 수 없고 타자의 이해 및 인정을 가능하게 하는 전문적 교육 행위의 한계를 표시한다(Steinbach, 2015). 다문화사회에서 전문성은 교육자가 전문가로서 갖는 또는 가져야 할 특성과 지식 형태가 이미 실패하고 균열되고 있다는 데에 주목한다. 이러한 실패와 교육자 자신의 교육적 요청과 모순되는 상황에 대한 통찰은 교사 및 교육실천가들을 불안하게 하지만, 그것은 비판적 전문화*의 출발점이 될 수 있다.

---

* 전문화란 통상적으로 전문성이 형성되거나 강화되는 과정을 지칭한다. 비판적 전문화란 앞서 언급한 전문성 획득을 불가능하게 만드는 사회적 조건에 대한 비판 과정과 분리되지 않는다. 그러한 비판과 부정은 전문성의 내적 모순과 한계를 부단히 사유하는 과정으로 이해될 수 있다. 이런 점에서 비판은 자기비판을 의미한다.

4.
사회비판과 자기비판으로서의 교육 전문성

    지금까지의 논의를 바탕으로 이주사회에서 교육 전문성 개념의 의미
를 사회비판 및 자기비판으로서 파악하는 것을 제안하며 그 의미를 서술
하고자 한다.

    첫째, 사회비판으로서 교육 전문성의 이해는 지구·지역적으로 공존
을 정렬하고 배치하는 상황을 비판적으로 논의한다는 의미를 함축하고
있다. 사회비판은 인간의 자유로운 실존 가능성을 봉쇄하고 인간의 존엄
성을 제약하는 지배구조를 분석하는 것이다. 사회구조에 기반을 두고 있
는 교육학은 교육적으로 해결할 수 없는 문제에 대한 해결방안을 약속함
으로써 자신의 정당성을 얻을 수 있다. 이 때문에 연구자는 교육학이 해결
방안을 제시해야 하는 압박으로 인해 교육학 속에 내재한 지배구조를 문
제시하는 것을 소홀히 하고 있다고 생각한다. 따라서 교육을 단순히 가르
치고 배우는 활동으로만 한정해서 이해하기보다, 제도·사회·문화·정치
적 맥락에서 파악할 필요가 있다.

    이런 맥락에서 교사와 교육실천가가 자신의 행위와 사고방식의 모순

과 불명확성을 지각하고 인정할 수 있는 능력은 교육 전문성의 핵심으로 평가될 수 있다. 이때 모순의 극복을 목표로 하지 않고, 모순적 조건에서 불평등을 의식화하는 성찰·비판적 교육 행위가 요구된다. 교육 전문성의 한계와 가능성에 대한 비판적 분석은 자율적 주체로서 교육 행위자를 사회구조 안에서 바라보고, 제약성과 사회적 위치성에 직시하는 것이다. 자율은 의존의 이면이다. 이렇게 보면, 교육 전문성은 단순히 개인적 현상을 다루는 것으로 한정되지 않고, 주체 되기와 교육(Bildung)의 과정을 다루는 가운데 사회구조의 변혁 가능성을 모색하는 것으로 이해될 수 있다. 주체성에 대한 지식과 그 지식이 권력에 조건 지어짐에 대한 의식은 자기상과 세계상에 영향을 줄 수 있다. 즉, 교육 전문성 이해에 비판적이고 성찰적인 접근이 요구되는 것이다. 따라서 교육자와 피교육자는 제도적 권력 상태로의 자신의 통합을 분석해야 한다. 교사, 연구자, 교육실천가는 지배구조와 차별 상태에 관련하고 있는 입장을 의식화하고 피교육자에게 차별 상태를 분석할 수 있는 개념과 이론적 관점을 제공해야 할 것이다. 이를 통해 교육자 및 교육실천가는 교육기관에서 단순히 기존의 것과 화해하기보다, 자신의 행위 영역을 확장할 수 있을 것이다.

둘째, 사회비판으로서 교육 전문성은 다수사회의 '우리'를 유지하기 위해 타자가 민족적-인종적-문화적 질서에 따라 구성되는 맥락에 대한 비판적 고찰과 해체를 뜻하는 것이다. 이것은 다문화 및 이주를 둘러싼 문화정치적 발언과 힘의 역학을 포착하는 것을 함축한다. 다양성은 모든 학생들의 사회적 삶의 현실을 형성하기 때문에 수업과 학교의 출발점이라고 할 수 있다. 다양성을 사회적 현실로 인식하기 위해 무엇보다 교육행위자는 일상생활에서 소수 집단의 학생들에게 온갖 특성을 갖다 붙이는 과정과 정상성의 표상이 초래하는 효과에 대해 비판적으로 통찰하는 것이 반드시 필요하다. 주변화된 집단의 특성을 일반화하고 본질주의화하는 것을 예방하기 위해 법·사회경제·구조적 사회 조건을 포괄해서 소수 집단의 내부 다양성을 인식해야 한다. 이런 맥락에서 정체성에 기반을 두지 않는 차이에 대한 이해를 재검토해야 한다고 생각한다.

셋째, 전문적 교육 행위는 이주사회에 관해 객관적으로 아는 것만으로 충분하지 않다. 오히려 교육자 및 교육실천가에게 요청되는 것은 이주사회와 차이에 대한 자신의 대응 방식에 대해 주제화하는 것이다. 담론과 제도를 실천하는 행위자로서 교육자 및 교육실천가는 예를 들어 다음과 같은 성찰적 질문을 던질 수 있다. 다문화적 갈등의 주요 원인을 '다른 문화' 혹은 '다른 문화적 규범과 가치'로 볼 때, 어떤 차별적 구조가 확립되고 있고, 그것은 어떤 결과를 야기하는가? 이러한 배타적 상황으로부터 누가 이득을 보는가? 일면적인 문화주의적 관점에 의거한 정치·사회적 주류 관념을 고수하는 입장은 구체적으로 나의 학생들에게 어떤 영향을 미칠 수 있는가? 성찰 개념은 이 맥락에서 어떻게 이해될 수 있는가? 여기서 성찰이란 개인화된 내적 성찰, 심리적 성찰을 가리키지 않는다. 오히려 교사, 교육자, 교육실천가가 속해 있는 사회 및 교육 제도에 권력관계가 안정적으로 확립되어 있음을 간파하고, 그 제도 속에서 교육자 및 교육실천가가 발화하고 행위하는 위치성을 의식하는 것을 뜻한다. 다시 말해, 성찰이란 교육자, 교사 및 교육실천가가 자신의 생각과 행위가 권력구조와 차별 상태에 깊숙이 편입되고 있는 메커니즘을 읽어내는 것을 의미한다.

그렇다면 교사, 교육실천가 및 교육학자가 지배에 대해 비판적으로 대결하기 위해 어떤 지식이 도움이 될 수 있는가? 자신의 지식이 역사·제도적으로 어떻게 형성되었는지에 대한 물음은 교육 행위자의 중요한 과제가 되어야 한다. 따라서 학교에서 가르치는 일은 교사 자신이 매개하는 지식과 매개 형태를 비판의 대상으로 삼을 경우에만 '비판적'일 수 있다. 비판·성찰적 교육 행위를 위해 사회적 불평등을 유지하는 교육제도의 분석은 필수적이다. 이에 대한 조건은 가르치는 일과 수업이 이루어지는 사회적 제반 조건을 밝히는 것이다. 누가 어떤 사회적 입장에서 발화하고 가르치고 수업하는가? 그것은 학습자에게 어떤 영향을 미치는가? 학교는 자유 공간을 확장할 수 있는 가능성을 매개하는 데 무엇을 기여할 수 있는가?

그러나 대학에서 예비교사들이 자신의 직업 생활에서 의존하게 되는 교육 제도에 대해 분석하는 것은 여전히 익숙하지 않은 요구로 제시되고 있다.* 특히 예비교사에게 사회 속에서 학교 제도의 분석과 비판이라는 말은 설 자리를 잃어가고 있다. 왜냐하면 학교에서 교사의 주요 업무는 "교실 안에서의 수행"에 방점을 두고 있고, 교원연수 역시 수업 기술과 교육 방법을 익히는 데(예컨대 '수업컨설팅 전문가 양성 과정') 주안점을 두고 있기 때문이다(정훈, 2011: 175). 이것은 (예비)교사가 습득해야 하는 앎을 '수업'과 '교수법'에 대한 지식으로 축소시킨다. 동시에 학교 제도의 제반 조건과 자신의 교육 행위에 대한 검토는 부차적인 문제로 밀려난다. 또한 전문성에 도달하는 것은 상징·사회적 인정과 물질적 보장에 대한 희망을 제공하고 있다. 안정성은 교사 직업을 매력 있게 하는 본질적 요소를 구성하고 제도적 조건에 종속하는 준비 자세를 강화하고 있다(Messerschmidt, 2013: 10).

넷째, 비판은 자신이 서 있는 권력관계로의 자신의 통합을 인정한다는 점에서 궁극적으로 자기비판을 의미한다. 이것은 교육자 및 교육실천

---

* 오늘날 대학에서 교직을 이수하는 예비 교사들은 경제적 효율 기준을 이해하고 투입-산출에 방향을 설정한 대학 교육 정책의 역학에 있다. 대학과 학교는 학생들이 자기를 부단히 점검하고 스스로를 좋은 '상품'으로 만드는 일에 매진하는 '기업가적 자아'를 지향하고 있다. 신자유주의 시대 대학 교육의 재편은 예비교사의 자기상과 교육 행위에 커다란 영향을 미치고 있다. 대학생들은 이러한 사회의 규범과 기대에 부응하며 개인적 성공을 위한 경제에 빠져 성공의 결과를 점차 자신에게 전가하고 있다.

가 스스로 어떻게 헤게모니와 인종주의에 통합되는지에 대한 지속적 질문의 필요성을 말한다. 이주사회의 권력관계와의 연관 속에 자기 존재와 자기상이 어떻게 형성되었고, 사회적으로 위치 지어지는가를 성찰하는 것은 교육 전문화의 중요한 계기가 될 수 있다. 다원화된 동시에 위계적인 사회에서 어떤 갈등과 상처가 존재하는지를 파악하기 위해 단순히 타자의 다름에 대한 호기심을 갖고 언어 차이를 극복하기 위한 교수법 이론에 몰두하는 것은 충분하지 않다(Schondelmayer, 2016: 270).

이런 점에서 교사는 문제 상황을 밝힐 때 사회비판의 규범적 기준(예컨대 민주주의, 자율성 등)을 토대로 "계몽주의자"로서 입장을 취할 수 없다(Steinert, 2007: 215). 오히려 자신의 존립근거를 타자와의 관계 속에서 생각하고 주체 자신이 그러한 문제 상황에 어떻게 관련하고 있는지에 대해 성찰할 필요가 있다. 이와 관련하여 자이스 잉크바르트(Julia Seyss-Inquart)는 교육 전문성에 관한 비판적 접근을 제안하는데, 그것은 교육 실천을 이상화하지 않는, 다시 말해 무모한 자기 확신을 과시하는 교사 이미지에서 출발하지 않는다는 것이다(2013: 13). 그녀는 "교육 전문화(pädagogische Professionalisierung)" 개념을 제시함으로써, 교직을 의사와 판사와 같은 전문직 모델에 부합시키기보다, 완결될 수 없는 과정으로 본다(2013: 17). 자이스 잉크바르트에 의하면, 전문화는 다양한 차원에서 이루어진다. 전문화는 사회적 차원에서 직업의 인정과 지각, 조직 차원에서 교육 및 노동 조건, 주체의 차원에서 전문적 자기 이해와 행위능력을 목표로 한다. 이런 점에서 교육 전문화는 전문화 과정의 제도·사회적 조건을 분석하는 것을 의미한다. 따라서 교사 및 교육실천가 자신의 의식·무의식적 실천 행위 속에 담겨 있는 신념과 가치들을 의식화하고, 그것을 교육적 지식과 관련하여 지속적으로 맥락화할 수 있는 반성적 능력이 요청된다. 지식이 정치적, 미디어, 일상에 의해 본질적으로 각인되고 있다는 점을 고려하고, 세계를 해석하는 틀과 지식을 내면화하여 그것이 권력과 불평등의 상태에 편입되어 있다는 사실에 대해 분명해져야 한다.

다섯째, 자신의 교육적 요구에 모순되는 상황을 통찰하는 것은 불확실하지만 동시에 '비판적 전문화'의 출발점이 될 수 있다. 교육이 확실성과 명확함을 전달하려는 유혹에 빠진다면, 명확성과 안정성의 결여가 교육 전문성의 특징임을 간과할 수 있다(Klingovsky, 2013: 2). 차별 형태와 타인의 차별 경험에 대한 발언은 인간 존엄성이 특별한 방식으로 훼손되는 잠재성을 제시한다. 왜냐하면 언어에 묻은 여러 차별에 대한 발언과 묵인 자체는 소수자에게 상처와 경시를 줄 수 있기 때문이다. 이렇게 보면, 교육자 및 교육실천가는 이것 아니면 저것이라는 완고한 이분법을 넘어서기 위해 잘못된 것을 폭로하는 전통적 비판(예컨대 모든 억압을 들추고 해방과 평등의 기치를 내세우는 사회운동)과 기존 질서를 옹호하는 체제 긍정적 입장(예컨대 문화 차이 담론과 단일언어주의 기반 교육)의 사이에서 제3의 입장을 취할 수 있다. 그 지점에서 교육자 및 교육실천가 자신이 세상과 타자를 인식하고 지각하는 방식, 화자로서 발화하는 방식과 행위 방식이 사회적 기제에 연루되는 측면이 드러날 수 있을 것이다. 이러한 메커니즘에 대한 비판은 본질적으로 자기비판으로 볼 수 있다. 이를 위해 교육 행위와 자신의 행위를 조건 짓는 구조 사이의 내적 연관성을 드러내고 다른 교육행위자와 함께 성찰할 수 있는 교육적 장소와 제도 구성이 수반되어야 한다.

8장

편견과 차별의 제거:
공존의 과제

1.
다문화사회의 등장과 다문화 개념의 다양성

"주어진 사회는 인종차별 사회다.
만일 그렇지 않다면 그런 사회는 존재하지 않는다."

- Franz Fanon, *Black Skin, White Masks*

현대 세계의 특징 중의 하나는 주체와 객체의 혼란 현상이다. 고정되어 있던 문화적 체제가 흔들리고 낯선 것들이 유입하면서 주체의 혼란이 일어나는 까닭이다. 주체만은 분명할 것이라고 믿던 관계구조도 주체의 해체와 변종의 등장으로 주체조차 모호해진 세상이 되었다. 계몽주의 이후, 모더니티의 강고한 권력화는 포스트모더니티에 의해 해체되고, 새로운 대안은 모호하게 되었다. 이런 현상은 우리가 매우 익숙하게 의존해 있던 실존적 가치체계인 가부장주의, 남성우월주의, 국가주의, 애국주의, 제국주의, 식민지주의 등이 그 윤리적 정당성을 주장할 수 없게 된 정황을 드러낸다.

과거의 문화적 유산 속에서 형성된 가치들이 사라지고 새로운 가치들이 형성되는 다양한 역사의 지평에서 종교 역시 예외가 아니다. 권력화되었던 주류 종교들은 사라지고, 이웃 종교와의 상호 이해와 공존을 도모하는 입장으로 자세를 바꾸었다. 과거에 종교가 결탁했던 가부장주의, 국가주의, 민족주의, 제국주의, 식민지주의와 같은 이념들이 그 정당성을 상실하면서 종교도 사실 일정 부분 종교의 권위와 윤리적 담론의 정당성을 상실하거나 적어도 의심받게 되었기 때문이다.

이런 변화의 근본 원인은 무엇일까? 그것은 아이러니하게도 남성 우월적인 세계관의 몰락과 더불어 뚜렷하게 드러난 여성의 권리와 자유에 밀접하게 관련되어 있다. 새롭게 이해된 여성의 자율성과 행복, 자기 결정권에 의해 검열당한 성과 사랑, 노동과 가족 관계의 새로운 포맷이 곧장 출산율 저하라는 결과로 이어졌기 때문이다. 이와 더불어 좋은 영양과 위생, 그리고 생명을 저해하는 요소들이 제거된, 비교적 안전한 사회에서 의료복지가 수명의 연장을 불러와 사회구조 변동에 지대한 영향을 끼쳤다. 나는 이 두 가지 요소가 다문화사회를 불러들이게 된 핵심 요인이라고 본다. 출산율 저하와 사회의 고령화가 전통적인 사회 구성비에 변화를 불러오고, 그 결과 노동력 부족이나 출산율 저하의 문제를, 이민 혹은 이주 노동이라는 새로운 현상을 초래한 것이다.

긍정적으로 표현하면 여성의 자유, 부정적으로 표현하면 부당한 남성 우월적 문화의 몰락의 결과, 그리고 자본주의 소비문화가 제공한 삶의 질 향상이 동반해온 수명의 연장이 인종·문화적 사회변화의 주요 요인이 되었다. 결국 다문화 현상은 산업혁명 이후 풍요에 길든 선진 사회에서 출산율 저하와 욕망의 지속과 확대를 위해 정주민들이 어쩔 수 없이 외부의 노동력으로 노동 총량을 보충하기 위한 의도의 결과라고 본다. 일종의 피할 수 없는 강요상황(Sachzwang)이다.

"다문화"는 하나의 복합적인 사회문화적 현상을 일컫는 말이다. 영어의 다문화(Multi-Cultural)와 독일어의 Multikultur는 개념상 동일하지만 프랑스에서는 많음을 뜻하는 접두어 'Multi'보다 사이, 상호작용, 경계 넘기 등의 의미를 가진 간(間)문화(Inter-Culturelle)라는 용어를 더 많이 사용하고 있다

(이민경, 2007). 결국 다문화 상황에서 문화 상호간의 다양한 현상을 총괄하는 개념으로 '다문화' 혹은 '간문화'라는 용어가 생긴 것이다. 그러나 동일한 개념을 사용한다 할지라도 사회문화적 특성에 따라 상이한 변동 현상을 보이게 되기 때문에 뚜렷하고 명확한 개념 정의가 매우 어렵다.

나는 다문화 현상을 일컫는 '다문화'(다수의 문화의 공존) 개념보다 '간문화'(문화와 문화 사이의 관계) 개념이 더욱 구체적인 표현이 아닌가 생각한다. 사실, 다양한 문화권이 공존하는 지구적 상황을 이를 때에는 다문화라는 병렬적 의미가 적절하지만, 특정한 문화권과의 조우에서 일어나는 현상은 사실 간문화 현상에 더 가깝다고 생각한다. 전체를 보면 다문화지만, 사실 개별적으로는 간문화적인 현상이 두드러지는 것이다.

우리보다 한발 앞서 이런 사회 현상을 경험해온 독일, 프랑스, 영국, 스위스, 캐나다 같은 나라의 경험을 참고하면서 우리 나름대로 길을 찾기 위해서 나는 먼저 우리 사회가 비교적 오랜 기간, 비록 형식적이나마 단일 민족적 문화 특성을 유지해온 사실에 비추어 다소 비교가능한 사회 모델을 '다문화 상황'으로 특정할 필요가 있다고 생각한다. 미국이나 캐나다와 같이 다인종을 배경으로 하고있는 모자이크 사회의 다문화성보다, 비교적 단순한 인종적 동질성을 가지고 있던 독일의 간문화적 사례를 살펴보는 것이 일면 더욱 유의미할 것이라고 보는 이유이기도 하다.

독일 사회에서 형성된 다원성(Plurality)이나 다양성(Variety)에 대한 경험의 축적이 우리에게 더욱 유의미할 것이라고 보는 이유를 몇 가지 살핀다면, 첫째, 독일은 제2차 세계대전 직후부터 외국인의 유입이 시작되어 우리보다 약 50년 앞서 다문화사회로의 이행이 일어났다.* 따라서 약 50년

---

* 독일은 제2차 세계대전 직후 독일어권에서 유입된 이들로 전쟁 후 인력난을 다소 극복했으나 1950년대부터 외부 노동력 유입을 허용하기 시작했다.

늦게 진행되고 있는 우리 사회의 선행 사례로서 참고하기에 비교적 적절하다(이현정, 2009: 26).

둘째, 독일은 유럽 사회에서 프랑스나 영국에 비해 비교적 뒤늦게 민주화의 과정을 받아들였지만, 두 번의 전쟁을 치렀으며, 나치 제3공화국이라는 독재적 상황을 초래한 역사적 오류가 있고, 우리와 같이 분단을 겪은 사회다. 세밀한 분석에서는 다양한 차이가 있겠지만, 그럼에도 불구하고 우리 사회 역시 전쟁의 경험이 있고, 이승만 및 군부 독재의 경험이 있으며 이데올로기로 인한 분단 상황을 겪고 있다는 점에서, 그리고 독일이 1989년 분단 상황을 극복했으므로 선행 사례로서 충분한 가치가 있다.

셋째, 독일에서의 다문화정책은 여러 번의 시행착오와 성장 과정을 거쳐 외국인의 유입만이 아니라 동서의 이념 갈등을 극복해나가는 길을 열었다고 보아 우리에게는 하나의 모범 사례로 연구될 가치가 충분히 있다. 더군다나 우리는 앞으로 다문화사회의 현실을 수용하고, 분단 상황을 극복해나가야 할 과제가 남아 있으므로 상당 부분 맞춤형 모범 사례로 참고할 가치가 충분히 있다고 보는 것이다.

2.
독일의 다문화정책과 시민교육

1) 독일의 다문화정책

　다문화 현상을 직면하여 이 문제를 풀어나가려는 시각은 주체와 객체라는 이중적 구조가 작용한다(이민경, 2007). 독일이나 우리나라의 경우 유입된 소수자의 시각과 다수를 이루는 주류 거주민의 시각이 있을 수 있기 때문이다. 그러나 이런 두 종류의 시선은 사실 시간이 지남에 따라서 정당성을 상실하게 된다. 이주자와 주류 집단의 갈등관계에 변화가 오기 때문이다. 이주자와 주류거민의 이항 대립구조는 이주자와 주류거민 사이에 법적(시민권 취득), 혹은 관계적 변화(결혼)가 일어날 경우 대립구조를 지탱할 수 없다. 그러나 독일의 다문화 현상의 초기 구조를 보면 이주자와 주류거민 사이에서 이주자를 객체로 다룬 흔적이 역력하다. 이 오류는 이주자를 통제·제한하려는 주류 거민들의 욕망에서 비롯된 것이었다. 여기에는 외부인에 대한 편견, 배타와 권리부여 거절이라는 영토 지키기 욕망의 속내가 들어 있었다고 본다. 그러나 독일 사회는 이미 그런 욕망을 지켜낼 수 있는 수단이 고갈되어 있었다.

독일에서의 간문화 정책은 이주노동자가 독일로 유입해 들어오기 시작한 1950년대 초부터 1960년대 후반까지 뚜렷한 원칙이 없었다. 왜냐하면 제2차 세계대전 직후부터 외국에 살고 있던 독일인들의 귀국 붐이 일어 상당 부분 노동력이 보충되다가 1960년대 후반에 이르러 외국인 노동자 비율이 독일 인구의 2%를 넘자, 비로소 첫 번째 정책인 "회귀정책(Rückkehrpolitik)"을 제시했기 때문이다(박충구, 2009). 회귀정책이란 유입된 외국인들이 그들의 나라로 돌아갈 것이라는 환상에 기초한 정책이었다. 당시 독일 정부는 유입된 노동인력이 노동 허가기간 이후에는 돌아갈 것이라고 낙관했다. 그리고 이런 원칙을 법적으로 보완하여 이주노동자들에게 노동기간만 비자를 주고 그 이상 체류하거나 노동할 수 있는 권리를 원칙적으로 제한했다. 법적 제재를 가하면 이주노동자들이 돌아갈 줄 알았으나, 실제에 있어서는 많은 문제가 생겼다. 대부분의 노동자들은 독일 사회에 남기를 원했고, 고용주들은 숙련 노동자들을 보내고 미숙련 노동자를 새로 받아들여야 하는 불합리의 해결을 호소했기 때문이다. 그리고 시간이 지날수록 사회·경제적 이유를 넘어 이주노동자들의 자녀들이 독일 문명 구조에 더욱 친근성을 느끼는 세대로 성장하게 되었기 때문이다.

이런 상황을 받아들인 독일 정부는 새로운 정책, 즉 동화정책(Assimilationspolitik)을 적용하려 했다. 소수자인 이주노동자와 그의 가족들이 독일에 영주할 수 있도록 허락함으로써 그들이 독일 사회에 동화될 것이라고 생각했기 때문이다. 영구 정착자 수가 늘게 되었고, 이주민들은 독일 사회에 정착해 들어갔으나, 정작 이주민들이 자기들끼리 모여 사는 현상이 생기고 독일 사회로의 동화는 제대로 이루어지지 못했다. 여기서 주류 거민과 이주민 사이에 장벽이 생기고 불만이 고조되기 시작했다. 이주민들이 독일인들의 종교, 문화를 따르지 않고 그들만의 종교나 문화적 관심을 지키며 그들만의 게토를 형성하고 있었기 때문이다. 여기서 이주민들의 게토를 해체시키고 그들에게 독일어를 가르치려 들던 입장에서 이주민은 여전히 독일 주류사회의 객체로 여겨졌다.

이주민들의 수가 전체인구의 8% 정도를 넘길 무렵 독일 사회는 소위 다문화(Multikuturpolitik)라는 용어를 사용하여 적극적으로 외국인에 대한 혐오와 차별의 태도를 가지고 있는 주류 거민들을 교육대상으로 삼기 시작했다. 여기서 다문화라는 개념은 우월과 지배, 혹은 주류문화와 종속문화라는 개념에서 벗어나 이주자들과 더불어 유입된 문화적 양태나 종교를 긍정하기 시작한 상황을 묘사하는 용어를 의미했다. 이를 위해 신분적 차별 철폐를 위한 법이 제정되었고(1997) 이 다양한 차별을 해체하기 위한 연방 차원에서 제정된 법이 뒤따랐다. 소위 반차별법(2006)이다.* 여기서 종교는 배타적 도식을 버리고 다원적으로 이해되었고, 자국민의 문화를 우월하게 본 오만을 떨쳐내고 병립적인 것으로, 그리고 주류 주민과 이주민의 공존을 위한 노력이 정부 차원에서 시작되었고, 각급 학교에서는 소위 정치(시민)교육(Politische Bilding)이 적극적으로 실시되기 시작했다. 하지만 이 정책은 만족스러운 결과보다는 비판적 논거를 많이 불러일으켰다.** 이런 노력은 1980년대를 지나 1990년대 중반까지 이어졌다.***

제4기의 정책 변화가 일어난 시점은 1990년 이후부터라고 볼 수 있

---

* 연방차원의 평등법이라 할 수 있는 반차별법은 신분, 인종, 성, 신앙, 기회, 주거, 교육 모든 영역에서의 차별을 금지했다. 그리고 각 주별로 반차별법 제정이 뒤따랐다. 이 법은 다문화 상황에서 일어나는 차별의 악을 극복하기 위한 노동 및 시민적 평등법의 성격을 가진다.

** 메르켈 독일 총리(2010. 10. 16)와 캐머런 영국 총리(2011. 2. 5), 사르코지 전 프랑스 대통령(2011. 2. 9) 등이 '다문화주의의 실패'를 공식 선언했으며, 이어 야글란 유럽회의 사무총장(2011. 2. 17) 역시 이에 동의했다.

*** 2021년 한 해 독일에서 인종차별 범죄로 기록된 사건은 2,000건이 넘었다.

는데, 이는 귀화-동화-다문화를 거쳐 정책의 초점이 통합으로 모아져, 소위 통합정책(Integrationspolitik)이 적용된 시기다. 1997년 외국인법이 개정되어 외국인을 향한 차별구조가 제거되었다. 사회정책을 통한 이주자의 인권을 신장하고, 국적법을 개정하여 귀화자에게 독일 국적을 부여하기 시작한 해가 2000년이다. 이어 2005년에 신이민법이 발효되었고, 2007년에는 국가통합계획이 발표되었다.

이 당시 균터 슛쩨(Schultze, G. 1992)*는 통합정책과 더불어 다차원적인 과제를 제시했는데, 그 내용은 ① 사회구조적 차원에서 이주자들이 중요한 사회적 자원의 일부가 되고, ② 사회의 중요한 결정과정에 참여할 수 있는 기회를 보장하는 것, ③ 그리고 인식능력의 활성화를 위해 언어교육과 더불어 사회규범에 대한 이해를 촉진시키는 과제, ④ 사회적 차원에서는 독일 사회 안에서의 소통과 토착화된 관계들을 촉진하는 것, ⑤ 그리고 정체성의 차원에서는 이주민을 받아들인 공동체에 대한 정서적 연대의 범주, 국적부여 등의 중요성을 담고 있다(Günther Schultze, 1992). 슛쩨가 본 통합정책의 과제는 완전한 차별의 폐지라고 볼 수 있다. 이렇듯 독일의 다문화정책 4기를 핵심 용어로 요약한다면 무책임 → 동화(교육) → 권리 인정(법치) → 내(內)집단화(통합)의 방향으로 그 중심축을 옮겨온 셈이다.

---

* Referent im Arbeitsbereich "Migration und Integration" der Abteilung Wirtschafts- und Sozialpolitik der Friedrich-Ebert-Stiftung.

2) 정치(시민)교육의 과제

이상과 같이 크게 보아 4단계의 과정(회귀-동화-다문화-통합)을 거치면서 독일은 오늘의 통합정책을 다문화정책으로 안착시키고 있다. 차별과 혐오의 정치가 주도하는 사회가 아니라 다문화간 인정의 정치(Politics of Recognition)*를 넘어서 인정만이 아니라 약자의 차이도 극복하려는 정책을 시행하고 있다.

이런 과정에서 독일인의 정체성, 국가에 대한 충성심 등에 대한 토론을 거치며 새로운 이해 지평을 찾아나가고 있다. 인종적 순혈주의는 타인종 간의 혼인과 출산을 통해 인종적 변종의 출현으로 인해 상당부분 지워지고 있어서 독일인의 정체성을 만족시킬 수 없는 것이 되었다. 과거처럼 기독교 세계의 유산을 이어받는 것도 독일인의 특징이 될 수 없었다. 심지어 국가에 대한 이해도 새로 유입된 국적 취득자들로 인해 새로운 국가 공동체 이해의 요구를 담아야 했다. 이런 흐름에 독일 내 우파들의 반발 역시 적지 않았다(Burker, M., 2007).

소위 특수성은 사라지고 보편적 규정들이 더 중요해진 것이다. 독일인을 규정하는 새로운 규범들은 헌법애국주의, 즉 피부와 생김새, 종교가 무엇이든지 독일 헌법과 법을 따르고 지키는 이가 독일인이며 애국자라는 주장이 나왔다. 이런 주장은 전통적인 독일 사회 구성원에 대한 고정관념이나 인종적 편견을 수정하라는 요구가 되었다. 이주민을 주류 문화권에 동화시키려는 정책이나 상호 인정과 존중을 통해 문화적 공존을 도모

---

* 이 개념은 Charles Taylor, *The Politics of Recognition* (Princeton: Princeton UP., 1992)에서 다문화 상황에서의 과제로 제기되었다. 하지만 '강자에 의해 약자의 권리가 인정되는 경우를 상정한다면 약자는 무엇을 인정하는가?'의 문제가 남아, 인정만이 아니라 기본권의 향유와 보장이라는 권리 이해가 보완되어야 한다고 본다.

했던 다문화정책에 이르기까지 사실상 주류 거주민의 변화보다는 이주자들의 적응과 변화를 요구하고 안내하려던 입장에서 통합정책을 적용하기 시작한 데에는 이주민만이 아니라 주류거민의 변화 역시 필요하다는 인식이 있었다.

제2차 세계대전 직후 미국은 독일인들의 정치 이해에 심각한 전근대적인 오류가 있다는 사실을 인정하고 자유민주주의재교육을 시민교육의 주요 과제로 삼았다. 정치교육(시민교육)원을 설립한 후 주류 거민들의 정치의식 속에서 과거의 기독교 문화가 남긴 질서 신학적 오류를 민주적으로 수정하려 노력해왔다. 그 이후 독일의 정치교육을 수행해온 독일 정치교육원은 연방 차원의 조직과 각 주 조직을 가지고 초등학교부터 정치교육 교과과정을 개발하고 교육하고 있다.*

독일이 여러 차례 실험적 과정을 거쳐 통합정책에 이른 것은 이전의 정책보다 낫다는 의미에서 수용 가능하지만, 여전히 많은 문제를 안고 있어서 대부분의 독일 시민들은 정부의 통합정책에 대해 불만하고 있는 것으로 나타났다. 다문화주의 정책기와 맞물린 독일 통일과정에서 이슬람의 세력화를 거부하며 인종적 적대감을 드러낸 타인종 공포(Xenophobia) 현상은 주류 거민들이 이민자들을 향한 거부 심리를 보여주는 것이었다(Von Dirke, S, 1994). 수용과 거부, 비판적 논의가 상당하지만, 이런 과정적 반응은 보다 합리적인 교육 과정을 통해 새로운 통합에 이를 수 있는 자원이 된다고 본다.

---

* 독일 정치교육원의 조직과 활동에 관한 정보는 다음을 참조하라.
주성훈, "연방정치교육원(Bundeszentrale für Politische Bildung)", https://nas.na.go.kr/flexer/index2.jsp?ftype=hwp&attachNo=461755

3) 독일의 시민교육

그렇다면 통합정책은 어떻게 실현될 수 있는 것일까? 독일에서는 공적 여론은 공적 정책으로, 공적 정책은 입법으로 이어지는 일련의 과정을 보여주는데, 그 모든 것의 바탕은 시민교육이다.* 중앙 정치교육원 및 각 주 정치교육원은 나름대로 정치교육 교재를 만들고 있고, 그 교재를 통해 초등학교 3~4학년 학생부터 총 3년 과정으로 정치교육을 실시하고 있다.

다문화주의 현실은 있지만 다문화정책이 부재하다는 것이 오늘날 우리 사회에서도 적용될 수 있는 비판적 시각일 것이다. 다문화정책은 공공의 여론을 형성하고 그 형성된 여론이 정책으로 반영되어야 할 뿐만이 아니라 그 정책은 **법적 제도와 장치**로 현실화되어야 한다. 이런 점에서 독일은 다문화 현실에 대한 시행착오를 거쳐 통합정책에 이르렀고, 통합정책의 실행과정에서 공공의 여론을 형성하기 위한 작업을 정치교육과정에서 실시하고 있는 셈이다. 결국 여기서 다문화적 공존의 과제는 다문화의 예찬이 아니라, **공동사회의 구성원으로서 정치적 자유와 책임**의 문제로 이어진다.

따라서 다양성과 다문화 현상의 복잡한 구조에서 공동체 구성원들의 공통분모를 찾는다면 그것은 결국 민주주의 교육이고, 민주주의를 이해하고 실천할 수 있는 정치적 역량을 가진 시민의식을 가질 수 있다면, 거기서 다양성과 다문화적 공존의 지평을 열어나갈 사회적 합의가 이루어질 수 있을 것이다. 즉 다양한 가치, 다양한 종교, 다양한 인종이 어울려 살

---

* 영어권에서는 시민교육(Civil Education)으로 불리지만, 독일에서는 중앙 및 지방 정치교육원이 따로 설립되어 통합정책의 기본 방향이 교과 과정화되고 있다. 독일어로는 Politische Bingdung (정치교육, Political Education)으로 표현되고 있으나 실제에 있어서는 민주시민 교육으로 요약될 수 있는 내용이다.

아가는 최대의 공통분모는 민주주의이며, 따라서 민주적 정치역량을 키우는 과제가 중요한 것이다. 사실 이런 이해에 이르기까지 독일은 여러 단계의 정치교육적 성장 과정을 거쳐왔다.

기센 대학 사회과학 교수 볼프강 잔더(Wolfgang Sander)는 지난 50년간 독일에서의 정치교육의 발전과정을 다음과 같이 정리했다.*

① 제2차 세계대전 직후, 1950년대에는 미국이 주도하여 민주주의에 대한 재교육이 광범위하게 실시되면서 두 가지 문제가 논쟁점으로 부상했다. 정치교육을 일종의 도덕교육이나 사회교육에 더할 것인가 아니면 하나의 전문영역으로 자리 잡게 해야 하는가에 대해, 그리고 정치교육의 목적이 동독에서처럼 정당 지지를 위한 교육이 되어야 하는가 아니면 정치적 참여자 교육이 되어야 하는가의 문제가 제기되었다. 이때 정치교육은 하나의 전문영역으로, 그리고 시민의 정치적 역량 강화 프로그램으로 자리를 굳히게 되었다.

② 1960년대에 들어서서는 정치교육이 하나의 전문영역으로 자리를 잡았고, 그 목적을 달성하기 위해 독일 통일을 위한 정치교육(Deutsche Vereinigung für politische Bildung) 교사연대가 1965년에 조직되었다. 소위 유럽을 포함하여 세계적인 파급효과를 불러온 68 학생혁명과 그 여파에 영향을 받아 자본주의의 극복과 민주주의의 일상화를 요구하는 소리가 커졌고, 이때 무수한 작가들이 **정치교육은 반드시 사회의 민주화를 위한 것이 되어야 한다**는 당위를 주

---

* Wolfgang Sander (2015. 3. 19.), "1945 bis heute: Von Anfang bis PISA," https://www.bpb.de/lernen/politische-bildung/193808/1945-bis-heute-von-anfang-bis-pisa/

장했다. 물론 여기에 반대해 기존의 정치 질서와 제도를 옹호해야
한다는 주장도 있었다.

③ 민주화냐 기존 체제 옹호냐를 놓고 10년의 토론 과정을 거쳐 1976년
보이텔바흐에서 하나의 합의(Beutelbacher Konsens)*가 이루어졌다. 정
치교육은 사회의 변화를 위한 투쟁이나 변화를 대신하는 것이 아
니라 교사가 상이한 입장을 객관적으로 제시하여 학습자로 하여
금 자기 자신의 고유한 판단을 형성하도록 돕는 것이 되어야 한다
는 합의다. 이 원칙은 주입식 이념교육의 종말과 더불어 학생들의
자기 및 제도, 미디어, 이념 비판적 정치의식을 키우는 데 크게
기여했다.

④ 약 50년에 걸친 정치교육을 통해 거듭 정치교육 목표와 기준이
재설정되었다. 오늘날 정치교육의 궁극적 목표는 "정치능력 함양"
에 모아져야 한다는 것이었다. 이 과제는 세 가지 분과적 과제를 포
함하고 있다. **정치적 판단능력, 정치적 행동능력, 그리고 방법론
적인 능력 함양**이다. 바로 이 세 가지 과제가 초등학교, 중등학교
1 과정, 그리고 고등학교 상급반과 직업학교 학생들 정치교육 과
정 안에 다양한 현안과 주제들 중심으로 디자인되었다.

이처럼 독일 정치교육원의 존재 의미는 학생에게 "민주적 제도에 대
한 이해를 강화 증진하고 정치적 행위능력을 배양함으로써 성숙한 민주

---

* Beutelbacher Konsens (1976)에서 독일 정치교육 관여자들은 독일 내 정치교육에 있어서 세 가
지 원칙(주입식 교육 금지 원칙, 논쟁적 수업 원칙, 피교육자 지향 원칙)에 합의했다. 이 합의의
정신은 교사의 가치, 판단, 신념, 이념적 선호성을 학생에게 주입하는 것을 금하고, 객관적인 자
료를 제시하는 것으로 교사의 역할을 제한하는 의미가 있다. 학생들이 논쟁하고, 스스로 판단을
할 수 있는 정치교육이 되어야 한다는 원칙이다. 2000년대 이후, 독일 정치교육은 다문화사회에
서의 통합 과제를 폭넓게 다루고 있다.

시민이 **되도록 교육**"하는 데 강조점을 두고 있다. 민주주의는 다양성 속에서 일치를 찾는 공존의 철학을 담고 있기 때문이다.

3.
정치교육의 논리구조와 교과과정

1) 정치교육의 논리구조

위에서 살펴보았듯이 독일에서의 정치교육은 전체주의와 민주주의, 진보와 보수, 좌우 이념, 민주주의, 인종, 종교 및 사상의 다양성 등의 주제들을 다룸으로써 사회를 합리적으로 통합하는 기능을 수행하고 있다. 나는 이런 통합적 과정에 다문화적 공존의 사회철학이 담겨 있다고 판단하고 있다. 독일의 정치교육 과정을 도해 분석하는 것은 쉽지 않은 일이나 여기서는 지면의 한계상 대략의 구조와 논리를 밝히는 것으로 만족하려 한다. 이 분석에는 독일 초등학교 정치교육 교재, 중등학교 1 과정의 정치교육 교재, 그리고 고등학교 과정 교재를 주로 사용하고 교사들을 위한 자료집을 참고했다.*

민주주의는 다문화 상황에서 공존의 가능성을 가장 실질적이며 효

---

* 브란덴부르크(베를린) 지역 교육자료: 초등학교 3~4학년 정치교육 교과서(2005), 김나지움 초급 학년 정치교육 교과서(2008), 김나지움 10~11학년 정치교육(2006) 교과서.

과적으로 보장하는 가치와 체계를 지닌 일종의 삶의 양태(Lebensform)다. 민주주의가 오늘날 가장 합리적인 공존의 정치 수단이 된 것은, 오랜 투쟁을 통해 **전근대적인 권력, 특권의 해체를 통해** 자유, 평등, 정의, 그리고 연대라는 기본가치를 축으로 하여 모든 인간의 권리와 존엄성을 옹호하는 제도라는 사실을 우리가 인정하게 되었기 때문이다. 다문화적 상황에서 민주적 가치의 실현을 통해 우리가 공존의 길을 찾을 수 있다고 본다면, 우리는 모두 다문화주의자이고(We are all muticulturalists now)(Glazer N, 2003) 또한 다문화주의자가 되어야 한다.

다문화적 상황에서의 민주적 가치, 절차를 통한 합의방식, 그리고 그 합의에 근거하여 인간의 욕망을 보장하거나 통제하는 법치를 통해 사회 구성원 모두의 인권을 지키는 길 외에 어떤 더 좋은 수단이 강구될 수 있을지 우리는 의문하게 된다. 이런 의미에서 다문화 정황에 대한 정치교육이 독일에서는 "민주주의" 시민교육으로 수렴되고 있는 것은 매우 합리적이고도 자연스러운 일이라 생각된다. 민주주의야말로 자국민과 이주민, 자유주의와 사회주의, 내집단과 외집단을 최대한 통합할 수 있는 내용, 즉 인간의 권리와 존엄성을 보장할 수 있는 필수 불가결한 요건이기 때문이다.

2) 통합정책과 교과과정

다양한 문화적 요인들이 혼재할 때 일어나는 문제는 주류집단이 내집단이 되어 외집단을 거부하는바, 다양성에 대한 거부 현상이며, 그것은 일방성에 근거한 다양한 형태의 편견과 차별을 생산하는 것이다. 이러한 현상에 대해 비판적 의식을 운용할 능력을 키우는 것이 다문화사회에서의 시민교육의 핵심 과제다. 이는 민주의식 및 정치과정에 참여하기 위한 지식과 능력의 함양에 목적을 두면서도 동시에 사회규범들에 대한 비판적인 거리를 두고 그것들의 타당성을 검증할 수 있는 능력을 배양하는 과제를 이르는 것이다.

다문화성은 일종의 세속화된 사회의 강요 상황을 이른다. 선택이나 수용의 문제가 아니라, 주어진 것이기 때문이다. 만일 누군가가 특정한 정치·경제·문화·종교적 우월성이나 획일성을 주장할 경우, 그것은 다문화사회 속에서 일종의 지배 이데올로기로서의 지위를 요구하는 것이 되고, 그 정당성 여부에 대한 민주적 비판담론이 일어나게 될 것이다. 따라서 민주적 사고는 특정한 가치가 특정한 집단이나 개인을 위해 "이미 부여된", 편견, 차별과 배제의 논리에 대한 비판적 성찰을 요구한다. 사실 편견과 차별, 배제의 논리는 특정한 사람이나 내집단의 이익관계를 담고 있는 것이 대부분이어서 윤리적 정당성이 약하고 균형을 잃은 가치판단을 유통하는 전통이나 습성에 편승하고 있는 것들이다.

독일에서 정치교육을 통해 극복해온 문제들은 독일 사회의 전근대성, 질서 신학적 권력 이해, 그리고 신학적 감사와 복종의 윤리가 유통되면서 나치 전체주의를 불러들였던 오류와 그 유산을 극복하는 과제, 그리고 그러한 체제들이 남긴 편견들이었다. 제2차 세계대전 직후 정치교육은 나치즘의 오류를 걸러내지 못한 공민교육이나 교회의 신자교육과 같은 시스템을 정치교육의 모델로 삼을 수는 없었기 때문이다. 더군다나 동독과 서독으로 분단되어 있었던 전후의 상황을 고려한다면, 통일을 위한 제3의 길은 보다 민주적이고 이념의 다원성도 승인하는 입장이 아니면 안되었다.

1976년에 나온 보이텔바흐 합의는 이런 상황을 잘 담아낸 하나의 사례다. 이 합의를 실천하면서 이념적 극단론은 배제되고, 비판적 사고와 더불어 합리적 판단을 승인하는 새로운 관용의 윤리가 형성되었다. 정확한 사회과학적인 근거 없이 신념(Gessinungsethik)에 기반한 사회주의에 대한 비판, 자본주의에 대한 비판은 사실 일종의 편견이다. 그리하여 전후 세대는 정치교육을 통해 상대를 악마화하는 위험에 빠지지 않도록 비판적 사고를 할 능력을 갖출 수 있게 되었다. 따라서 교사의 가치가 주입된 교육을 배제하고, 논쟁점을 그대로 드러내 보이며, 학생들이 주체적으로 사고하고 분석하며 판단할 수 있도록 돕는 교육 방법을 통해 학생들이 자기 자신의 삶의 정황에 대해 주체적으로 책임질 수 있도록 도울 수 있었던 것이다. 2005년경부터 시작된 통합정책과 맞물려 독일의 정치교육은 이전보다 더욱 이데올로기의 포로에서 벗어나 보다 보편적인 가치에 그 중심축을 두고 탈허위 민족주의적인 방향에서 다문화적 공존의 가능성을 모색하고 있는 셈이다(이민경, 2007).

4.
독일 정치교육 교과서 분석

독일 교육구조를 보면 초등학교는 4년 공통과정이지만, 중·고등학교는 전문성을 추구하는 학제에 따라 다양한 과정을 갖추고 있다.

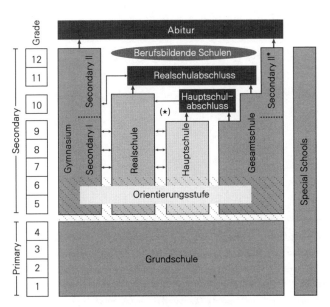

[그림 8-1] 독일 정치교육 교재

독일대학생들은 총합 12년의 교과과정을 거쳐 대학에 진학하게 된다. 12학년의 과정 중 독일 정치교육의 가장 기본적인 구조가 이루어지는 자리는 초등학교(Grundschule) 3~4학년 과정이다. 초등학교 과정에서 학생들은 정치교육의 대명사라고 할 수 있는 민주주의 교육의 일부를 학교 사회를 통해 학습한다. 민주주의에 대한 이해는 세 가지 부분으로 구조화되어 있는데 삶의 양태로서의 민주주의(Demokratie als Lebenform), 사회 양태로서의 민주주의(als Gesellschaftsform), 그리고 지배형식(als Herrschaftsform)으로서의 민주주의가 그것이다.* 이 과정 중 삶의 양태로서의 민주주의는 초등학교 과정에서 가르쳐진다. 그리고 그 외 두 가지 교육내용은 상급학교 과정에 속한다. 초등학교에서는 자유 민주사회의 정치적 이해구조의 기초를 가르친다.

발달심리학적으로 어린아이들은 4세 전후에 정치적 판단, 즉 무엇이 공정하고 무엇이 불공정한지를 인식하게 된다고 볼 때 초등학교 어린아이들에게 공정함과 평등함을 스스로 인식하고 판단할 능력을 배양하는 것은 무엇보다 중차대한 사회교육의 한 방향일 것이다.

---

*   Peter Massing (2007), "Politische Bildung in der Grundschule Ueberblick, Kritik, Perspektiven," *Politische Bildung von Anfang an*, Hrsg. Dagmar Ruchter (Bonn: Bundeszentrale fuer politische Bildung), 18. 민주주의에 대한 이런 이해는 독일교회(Evangelische Kirche in Deutschland)가 개신교회와 자유민주주의의 상관관계를 밝힌 백서에서도 다루어지고 있다. EKD (1985), *Evangelische Kirche und freiheitliche Democratie: Der Staat des Grundgesetzes als Angebot und Aufgabe* (Guetersloh: Guetersloher Verlaaghaus Gerd Mohn), 34 참고.

1) 초등학교 3~4학년 정치 교과서

독일 베를린 지역과 브란덴부르크 지역의 초등학교 학생들을 위한 정치교육 교재는 민주주의에 대해 다음과 같은 교육 내용을 담아 그 기초적 이해를 돕고 있다.* 주요 교육 명제들을 중심으로 개관해보기로 한다.

제1단원: 민주주의(Demokratie)
- 헌법과 인권
  - 교육방법: 헌법조항 문장 사용
- 학교의 결정에 민주적으로 참여할 청소년들의 권리로서의 법
  - 교육방법: 토론 규칙
- 다수결의 원리
- 학급관리(Klassenaemter)
  - 교육 방법: 역할극, 학급규칙

기타주제:
- 갈등해결을 위한 규칙과 수습 방법
  - 브란덴부르크 공동체와 베를린 지역의 과제

---

* Christian M. Ernst, hrsg. (2005), *Arbeitbuch fuer Politische Bildung: Grundschule Berlin und Branden-berg 5/6* (Berlin: Cornelsen). 이 교과서와 병행하여 사용할 수 있는 교육자료로서 독일 연방정치교육원(Bundeszentrale fuer Politische Bildung)에서 출판한 *Demokraie verstehen lernen: Elf Bausteine zur politische Bildung in der Grundschule* (Bonn: Bpb, 2008)은 초등학생들에게 민주주의를 가르치기 위해 11가지 학습 주제를 제시하고 있다(학급대표 선출과 학급회의-학교에서의 민주주의/규칙과 법/아동의 권리와 인간의 권리/생산과 노동/이해갈등: 새로운 일자리/다원성/정치적 가치에 대한 철학적으로 이해하기/전쟁과 평화/사회개혁자의 발자취를 찾아서/대중매체 속에서의 정치/디지털 영화 만들어 상영하기).

- 브란덴부르크 공동체와 베를린 지역 사회문제에 참여할 가능성에 대해
- 청소년에 의한 정치
- 인쇄매체
- 공공/사설 텔레비전 방송
- 미디어에서 주어지는 정보와 즐거움

교육방법: 탐구조사
- 설문조사 수행
- 독일에서의 언론의 자유
- 정보와 영향력
• 종합

제2단원: 어린이 권리(Kinderrechte)
• 어린이 권리 선언
- 사적 권리와 공적 권리 이해
- 부모의 의지
- 양육의 변화: 폭력 없는 양육을 받을 권리
- 교육을 받을 권리
- 우리와 함께 사는 장애인
• 교육방법: 벽보 준비
- 건강하게 살 권리
- 건강하게 살 권리로서 청소년 보호법

- 교육 방법: 통계와 도표 이용
  - 곤경에 처한 아이 돕기
  - terre des hommes*
- 교육방법: 인터넷에서 정보 찾기
  - 세계 어린이 구호단체
- 종합

제3단원: 평화 지키기
- 전쟁의 원인과 목적
  - 전쟁의 결과
  - 평화의 상징
  - 교육방법: 보고서 작성과 취급, 결과 보고
  - 소년병(Kindersoldaten) 실태
  - 세계 평화를 위한 UN의 노력
  - 유엔군의 투입
- 종합

초등학교 3~4학년 어린이들에게 민주주의를 가르치는 것은 쉽지 않은 일이다. 하지만 독일 정치교육원은 이 과정에서 민주주의란 모든 인간의 권리를 평등하게 보장하는 삶의 방식이며, 이러한 방식을 초등학교 학급에서부터 실천할 수 있도록 법제화해놓았다. 즉 초등학교 3~4학년이 되면 독일 교육법에 의해 학급 대표를 뽑아 반드시 자치 구조를 형성해야

---

* 앙투안 드 생텍쥐페리(Antoine de Saint-Exupery), 『인간의 대지』.

한다. 또한 과거에는 신민으로서의 희생, 자발적인 복종, 영웅적인 희생을 가르치는 교과 내용이 많았으나 지금의 과정은 아동이 한 인간으로서 누릴 수 있는 권리가 무엇인지를 분명히 이해할 수 있도록 했다. 민주주의와 인권이 보장될 수 있는 바탕 환경이 평화라는 점을 강조하면서 평화를 깨는 전쟁의 부당성을 파악할 수 있도록 교과과정을 구성했다. 이상과 같은 내용을 교육하기 위해 다음과 같은 내용이 초등학교 교과과정에 담긴다.

① 민주주의는 법치의 근간이 되는 헌법과 인권법에 의한 평등한 사회 건설에 그 목적이 있다는 점을 이해시킨다. 동시에 왕정의 불평등 구조나 일당독재의 폐해에 대한 비판적 이해를 도모한다.

② 학생들의 삶의 영역인 학교, 그리고 지역에서 어떻게 민주적 참여와 결정이 가능한 것인지를 학급회의나 총학생회 대표 선출에 대한 지역 교육청의 학칙을 따라 실천적으로 이해시킴으로써 공동체의 구성원이 가져야 할 책임과 의무를 이해시키고 있다.

③ 갈등 해결을 위한 합리적 토론의 원칙과 방향을 제시함으로써 합리성에 기초한 합의 공동체를 지향하도록 돕는다.

④ 법 적용의 두 영역, 공적 영역과 사적 영역을 이해시키고, 청소년들이 민주사회에서 누려야 할 기본 권리에 대한 이해를 가지도록 돕는다.

⑤ 개인의 권리만이 아니라 독일 청소년 인구의 약 5%(21명 중 한 명이 장애인 학교에 다니고 있다는 사실에 기초하여)에 달하는 장애인에 대한 배려와 장애인의 권리를 옹호할 수 있는 연대적 사고 형성을 돕고 있다.

⑥ 민주사회는 청소년의 권리를 옹호하며 다양한 권리를 지키는 사회라는 점을 각인시킨다. 따라서 폭력 없는 사회, 청소년의 노동

을 착취하지 않는 사회, 청소년의 권리를 존중하는 사회가 민주사
회임을 인식시킨다.

⑦ 민주사회는 다양한 국가 간의 이익관계를 도모하는 전쟁을 반대
하며, 지역, 인종 간의 이익을 도모하는 과정에서 일어나는 전쟁
에 대해 비판적 이해를 가지도록 돕는다.

⑧ 전쟁의 피해자로서 청소년들의 실태, 즉 전쟁고아, 소년병의 현실
을 밝히고 세계 평화를 위한 유엔의 노력에 대한 이해를 도모한다.

초등학생들을 위한 정치교육 교재에는 위와 같은 내용이 담겨 초등
학교 3학년에서 4학년 과정에서 정치교육 교과서로 사용한다. 민주시민
의 3대 기초소양, 즉 개인의 권리, 공동적 삶의 형식으로서 민주주의, 그
리고 국가 간 평화 지향성을 가르치는 것이다. 현대 민주주의 이론의 근
간은 국가의 자치능력으로서의 법치 사상, 그리고 보편적 인간의 평등, 자
유, 정의, 그리고 생명을 지켜내는 사회적 규범으로서의 인권사상을 전제
한다고 볼 때, 권력의 한 형태로서의 민주주의는 하나의 지배 양식이면서
동시에 삶의 형식이라는 점을 강조하고 있다. 이런 의미에서 본다면 이 교
재는 다양한 부정적 예증들(왕정, 일당독재, 갈등과 폭력, 전쟁)을 사례로 제시하고
이러한 왜곡된 힘의 형태들을 견제할 수 있는 방법으로 **비판적 토론능력**,
그리고 **참여와 합의, 민주적 실천을 통한 평등사회, 인간다움을 지키는
사회, 그리고 세계평화에 기여하는 사회**가 바로 우리 독일 사회라는 판
단을 학생들이 가질 수 있도록 노력하고 있다.

2) 7~9학년(중등학교 1 기초소양 과정) 정치교재 분석

초등학교 정치교육 과정이 "삶의 양태로서의 민주주의"에 주안점을 두고 있다면 중등학교 과정에서는 "사회형태로서의 민주주의"에 초점을 두고 있다. 이 교재는 청소년과 정치, 미디어, 인권과 법과 재판이라는 세 단원으로 구성되어 있다[Ernst, C. M. (hrsg), 2008]. 각 단원을 통해 청소년들에게 우리가 살아가고 있는 사회에서 어떤 민주적 원칙이 사회 형식으로 자리를 잡고 있는지 이해하도록 구성되어 있다.

제1주제: 청소년과 정치
- 가족관계에서 시작되는 법적 권리와 의무
  - 학교 교실에서의 공동생활
  - 방법: 쟁의 조정
- 학교 민주주의를 위한 규칙들
  - 학생대표제의 과제와 가능성
  - 토론: 아동과 청소년을 위한 브란덴부르크 관할청에 대해
  - 극빈 아동
  - 소수자의 문제일까?
  - 외국인 청소년: 두 세계를 살아가기
  - 방법: 도표 보며 학습하기
  - 더 큰 짐을 지고 있는 여성
  - 여성정책 토론하기
  - 성성(Sexualität)의 생활양태
  - 우리 도시에 사는 장애인

- 노년층의 생활양태와 정황

- 방법: 문의하기

- 청소년 집단과 연합체(체육, 종교, 문화, 환경, 이익단체)

- 명예직: 타인을 위한 노력

- 종합이해

제2주제: 대중매체

- 우리 생활을 지배하는 미디어

  - 미디어 민주주의

  - 정치 통로로서의 미디어

  - 일간신문

- 미디어는 어떻게 우리에게 정보를 주나?

  - 토론: 여가와 미디어

  - 전적으로 개인적인 문제

  - 현실

  - 시각(Blickwinkels)에 대한 문제

  - 토론: 미디어에 비친 가족

  - 방법: 논쟁

- 전 지구적 전파망

  - 위험지역으로서 인터넷

  - 방법: 인터넷에서 얻는 정보에 대한 논의

- 종합이해

제3주제: 인권, 법과 재판

- 인권의 성립 과정

  - 사형과 인권

  - 독일 헌법의 기초로서 인권

  - 여성과 인권: 올랭프 드 구주(Olympe de Gauges)* 케이스

  - 여성의 권리는 인권 문제

  - 아동권은 인권 문제

  - 방법: 공개 인터뷰

- 국제사회의 인권 정책

  - 인권 기관과 그 과제

  - 방법: 관할청에 편지 쓰기

  - 인권과 망명법

  - 인권의 위기와 인권침해

  - 방법: 찬반토론

  - 세계 경제와 인권 문제

  - 그도 인권이 있다!

  - 독일 연방은 하나의 법치국가

  - 권력 분립

  - 권력 집중 방지

  - 방법: 법조항 살펴보기

  - 더 많은 통찰

  - 더 많은 법

---

* 올랭프 드 구주(1747-1793)는 프랑스 혁명 당시 여성 참정권 및 인권 운동가로, 『여성과 여성 시민의 권리 선언』(*Declaration of the Rights of Women and the Female Citizen*, 1791)을 저술했다.

- 공공의 세계에서 청소년 보호
- 청소년 범죄
- 공정하게 살펴보기
- 징벌
- 그 의미와 목적
- 청소년 법정
- 우리가 원한 것은 진정 아니었다
- 프로젝트: 텔레비전 법정 쇼 살펴보기
  - 종합토론

이상과 같은 목차들을 중심으로 인문계 교육과정의 주요 목표를 살펴보면 다음과 같이 정리될 수 있다.

① 인문계 중학생 청소년들에게 민주적 절차와 과정을 이해시키고, 정치적 관심의 중요한 과제로서 사회 내 약자들에 대한 이해를 돕기 위해 구체적인 사례를 들어 교육한다. 극빈 아동, 이주 외국인 청소년, 여성의 권리, 장애인 및 노년층의 삶과 그들의 정황에 대한 이해를 심화한다.

② 이 과정에서는 우리 삶에 깊이 파고드는 대중매체의 정치적 기능과 역할을 이해시키고, 매체를 통한 정치의 양상을 이해하고, 주어지는 정보에 대한 분석능력을 가지도록 돕는다.

③ 이 교재는 민주사회란 법치를 통해 인간의 권리를 지키는 사회라는 점을 중점적으로 교육하는 과정을 담고 있다. 인권에 대한 기초적인 이해의 증진을 위해 다양한 사례들을 들어 여성의 권리,

아동의 권리, 그리고 정치적 박해를 피해 망명한 이들의 권리를 존중하는 사회의 의미를 이해하게 한다. 범죄는 다른 이의 권리를 침해하는 행위에서 형성되는 것으로서 재판을 받게 되고, 사회적 합의에 의해 징벌을 받게 된다는 점을 이해하도록 돕는다.

3) 10~11학년(고등학교) 정치교재 분석

브란덴부르크 지역 고등학교 정치교육을 위한 교재는 총 여섯 가지 기본 주제를 담고 있다. 그것은 법과 재판, 사회구조, 독일연방 민주주의, 경제와 환경 세계, 유럽 공동체, 국제정치다(Holstein, K.-H, 2006). 앞서 언급했 듯이 초등학교에서는 삶의 양태로서의 민주주의를, 중등학교에서는 사회 공동체의 형태로서의 민주주의가 주안점이었다면 고등학교 과정에서는 일종의 통치형태로서의 민주주의(Demokratie als Herrschaftsform)가 총주제라고 볼 수 있다. 각 주제에 대한 교육 목차들은 다음과 같다.

제1주제: 법과 재판
- 법과 정의
- 법의 과제
- 방법: 법조항 살펴보기
- 공법과 사법
- 나이에 따른 법적 장치
- 형법

- 법을 지키는 법정
- 방법: 재판방청
- 프로젝트: 텔레비전 재판극
- 청소년 재판권
- 청소년 재판 지원
- 범법자와 희생자의 균형
- 막다른 자리(Ab ins Heim)
- 청소년 형벌의 마지막 자리
- 사례 연구: Arno S.의 케이스
- 사례연구: 청소년 법정에 선 Arno S.
- 남은 과제
- 수형연령(Strafmuendigkeit)

제2주제: 사회구조

- 사회계층
- 과제: 우리가 사는 지역의 역사
- 양배추 재배지역에서 요양지역으로
- 브란덴베르크 지역의 변화
- 가난: 자기 잘못인가?
- 사회주의 국가(Sozialstaat)의 과제
- 사회보장제도
  - 사례: 집세
- 방법: 조사방법
- 새로운 고향 독일

- 타문화와의 만남
- 법 극단주의
- 법 극단주의에 반한 발의
- 과제: 시민적 용기의 발전
- 남은 과제와 요약

제3주제: 독일 연방의 민주주의

- 인간은 정치적인 존재
- 민주주의는 우리로부터 시작한다
- 우리를 위한 정치란 무엇일까?
- 민주주의의 특징
- 일당독재: 동독의 사례
- 헌법
- 독일은 민주적 연방국가다
- 권력 분립과 권력 제한
- 연방헌법재판소
- 수상과 통치
- 의회의 과제
- 선거와 선거 기본법
- 어떻게 피선되는가?
- 방법: 선거 공고문 분석
- 정당과 정치적 의사 형성과정
- 공동작업: 정당 정책 조사
- 국민의 결정

- 방법: 설문조사
- 개발도상국이란 무엇인가?
- 세계경제
- 모든 나라를 위해 동일한 조건들?
- 개발지원의 양태들
- 공정한 거래
- 커피 사례
- 공동작업: 모든 바나나
- 아시아의 호랑이 "남한"
- 하나의 모델일까?
- 세계 기후와 정책
- 남반구 개발금지?
- 지속적인 발전
- 방법: 단상토론
- 계속 과제와 종합 이해

민주시민으로서 자기 권리를 이해하는 데에서부터 출발하여 일상의 다양한 관계 속에서 공정하고 평화적인 가치를 찾아나가며, 가정과 이웃과 다양한 사회구조의 의미를 이해하고, 나아가 세계시민으로서 갖추어야 할 민주적 세계관을 형성하는 과정이 이 과정에 담겨 있다. 독일의 김나지움 상급반에서 사용되는 이 교과서는 총 6단원의 교과과정을 통해 다음과 같은 교육 목표를 가지고 있다.

① 사회의 외면적인 질서로서 법과 재판과정에 대한 상세한 이해를

도모함으로써 법체계에 대한 기초적 이해를 촉진하고, 공법과 사법, 형법과 청소년 법의 구조적 이해를 도모한다.

② 사회의 구조적 이해를 위해 사회계층의 다양성을 이해하도록 돕고, 사회주의적 국가의 장점을 사회보장제도에서 긍정적으로 이해하도록 돕는다. 특히 사회적 불이익을 받을 수밖에 없는 가난한 이들, 이민자들에 대한 사회적 책임과 배려의 과제를 이해시킨다.

③ 독일 연방제의 구조적 특성과 정당정치를 통한 정치적 의사결집 과정과, 정권분립을 통해 권력을 배분하고, 국민 참여를 통한 새로운 개혁의 과제를 지속적으로 이루어나갈 수 있는 주체적 시민 교육을 도모한다.

④ 자유/사회주의 사회의 경제정책에 대한 기본적인 이해를 바탕으로 시장경제 체제의 산물인 실업 현실과 환경파괴 현실을 제시하고, 이의 극복을 위한 생각을 나누는 훈련을 도모한다.

⑤ 독일 연방의 유럽연합 내에서의 협력과 공동의 과제들을 이해시키고 이웃 나라에 대한 사례적 경험을 나누도록 돕는다.

⑥ 독일 사회와 국제사회 간의 연대를 통해 국제사회의 평화를 지향한 노력들을 과제로 받아들일 수 있도록 돕고, 현대 일어나고 있는 국제적 분쟁들에 대한 평화적 관심을 가지도록 교육한다. 그리고 국제적인 관계 속에서 일어나고 있는 경제활동의 특성들을 분석적으로 이해하도록 돕고, 환경 세계 파괴 현실을 극복하는 동시에 지속적인 발전을 도모할 수 있는 길을 공동적으로 모색하는 과제를 이해시킨다.

5.
단계별 교육구조와 이해 지평

　이상과 같이 주어진 자료의 한계 안에서 목차와 교육 목적을 중심으로 초등학교부터 김나지움 상급반에 이르기까지 어떤 정치교육(사회교육, 시민교육)을 하는지 살펴보았다. 이와 같은 교육 내용이 우리 한국 사회교육에 도움을 주는 내용이 있다면 그것은 독일 사회의 다문화사회로의 이행 과정과 분단의 경험을 가졌던 사회가 통일을 이룬 후 보다 넓은 지평에서 사회교육의 과제를 찾고 있다는 점에서 의미가 있을 것이다. 전통적인 민족국가의 틀을 벗어나, 자유 진영과 사회주의 진영의 대립구조를 벗어나, 독일 사회가 추구하는 새로운 사회교육의 지평은 보다 보편적인 가치를 확보함으로써 인간다움을 지켜낼 수 있는 방안이다. 〈표 8-1〉에서 볼 수 있듯이 기본적인 평화교육을 거쳐, 독일 사회의 구조를 이해하고, 나아가 세계시민(Cosmopolitan)인 독일인으로서의 정체성을 형성하는 데 교육목적을 두고 있다고 생각된다.

<표 8-1> 1학년 단계별 정치교육 구조

학년별 내용	제1단계	제2단계	제3단계	이해 지평
3~4학년	• 민주주의 • 아동의 권리 이해 • 평화 보장 노력	–	–	평화 사회 속에서 살아가는 아동
7~9학년	–	• 청소년과 정치 • 미디어 • 인권과 법, 재판	–	독일 사회 속에서 살아가는 청소년
10~11 학년	–	–	• 법과 재판 • 사회구조 • 독일 연방 민주주의 • 경제와 환경 세계 • 유럽 • 국제정치	국제사회 관계 속에서 살아가는 독일 시민

　　이 교재들이 담고 있는 내면의 논리를 따라가보면 독일에서의 민주 시민 교육은 단계별 학습자로 하여금 민주주의, 인간의 권리, 법제도와 재판, 사회 내 약자의 권리 보호, 환경 세계에 대한 책임, 이웃 나라와 개발도상국에 대한 관심, 세계 평화의 과제, 자본주의 사회에서 경쟁에 뒤진 이들에 대한 인간애적 관심, 평화를 위한 민주적 절차와 국제정책 및 협력 등에 대한 체계적 이해를 할 수 있도록 개발되어 있다.

　　이런 교육과정을 통해 학습자는 나(우리)와 가정, 학급(학교) 공동체, 나(우리)와 우리 사회, 나(우리)와 독일 연방, 나(우리)와 유럽연합, 그리고 나(우리)와 국제사회, 나(우리)와 환경세계라는 사유 지평 혹은 패러다임의 확대 과정을 따라가고 있다는 사실을 이해할 수 있다. 또한 3단계 교육과정을 통해 민주적인 의식과 사유방식을 키울 뿐 아니라 가정, 학급, 사회, 국가, 국제사회에서 창의적이며 책임적으로 응용할 수 있도록 구조화되어 있다.

학습내용 중 민주주의와 인권보호의 기본 틀인 법치국가(Rechtsstaat)에 대한 기본적 이해를 위해 법과 그 의미, 법의 과제, 역할 등에 관하여 전체 과정의 약 30%를 반복 교육하도록 할애하고 있는 점 또한 매우 독특하다.

민주와 법치를 강조하는 이런 관점은 전근대적 황제 숭배와 신민의 의무라든지, 혹은 국가사회주의적 오만이라든지, 이데올로기적 일당 정치나 아리안 순혈주의나 단일민족론과 같은 허구적 이념에 사로잡히지 않는 새로운 지평을 보여준다고 생각된다. 따라서 이와 같은 교육과정을 거치면서 학습자는 단일한 사고나 일방적인 사유형태에 빠지지 않고, 인간으로서의 존엄성과 권리와 가치를 향유하면서 동시에 사회구성원들 간에 있어야 할 공정함과 자유를 확보하고, 나아가 약자에 대한 배려의 문화를 형성할 뿐 아니라 세계 평화를 향한 미래적 과제를 인식할 수 있도록 돕고 있다.

이런 과정을 거치면서 민주주의의 기초가치, 즉 자유, 평등, 연대, 평화, 생명 가치에 대한 보편적 인식과 승인이 이루어지도록 도움으로써 다양성에 대한 승인만이 아니라 예찬의 문화를 형성하여 인종, 피부, 성, 언어, 종교, 나이, 성적 성향을 근거로 삼아 일어나는 차별과 배제의 문화를 극복할 수 있도록 돕고 있다. 이런 관점에서 볼 때 한스 큉(Hans Kueng)이 제안하는 포스트모던 시대의 세계윤리의 6대 과제 역시 사회교육과 종교교육이 공유하고 있는 지평을 예시하고 있어 깊은 함축성을 가진다.* 지배와 피지배, 억압과 피억압, 착취와 피착취라는 대립구조 속에서 생존하기 위한 자기과장의 논리나 미덕으로 억압적 사회질서를 위장하는 교육은 더

---

* 한스 큉은 근대후기적 요청으로서 여섯 가지 사회 윤리적 테제를 제시했다. "자유뿐만 아니라 정의, 평등뿐만 아니라 다양성, 형제애뿐만 아니라 자매애, 공존뿐만 아니라 평화, 생산성뿐만 아니라 환경과의 연대, 인내뿐만 아니라 종교 간의 화합을 추구해야 한다."[Hans Kueng (1991), *Global Responsibility*, 67-69]

이상 우리 사회의 미래를 밝게 여는 교육일 수 없는 것이다.

독일의 정치교육 교과과정을 돌아보면서 나는 온갖 억압과 차별을 이끌어내던 논리, 즉 국가주의의 우월성을 앞세운 제국주의(Imperialism), 식민지주의(Colonialism), 허위 인종적 우수성을 내세우는 인종차별주의(Racism), 남성우월주의를 조장하는 가부장주의(Patriarchy), 배타적 순혈주의가 초래한 타인종 공포(Xenophobia)를 불러오는 편견교육은 즉시 종식되어야 한다는 것이 독일 정치교육의 기본적 합의가 아닌가 생각된다.

정치교육은 배타적이며 억압적이거나 지배적인 능력을 배양하는 것이 아니라 민주시민적 능력을 배양함으로써 인간의 존엄함과 권리를 존중하고, 약자를 배려하는 사회를 위한 실천능력을 키우는 데에서 그 존재 이유를 가진다. 세계의 평화를 위해 기여할 수 있는 민주시민들이 많을수록 그 사회는 보다 더 나은 사회, 인간다운 사회, 평화를 이루어내는 능력 있는 사회가 될 것이라고 기대할 수 있다. 바로 이런 점에서 다문화사회의 초입에 들어선 우리 한국 사회, 그리고 남북한 대결구도를 언젠가는 극복해야 할 과제를 안고 있는 우리가 독일의 정치교육 구조를 참고하면서 보다 새로운 공존의 길을 찾는 데 도움을 얻을 수 있을 것이라고 생각된다.

6.
인간화와 민주화를 통한 공존

    오늘날 우리가 공동체를 지칭하기 위해 사용하는 용어들이 매우 애매해지고 있다. 과거에 명시적이었던 것들이 불명료한 성격을 가지게 되는 변종 현상이 일어나고 있기 때문이다. 전근대적 공동체는 근대적 공동체 개념과 비교할 때 근본적으로 다르다. 근대 후기 사회 안에서 근대적 사유 역시 폐기되거나 해체될 수밖에 없다는 것을 우리는 경험하고 있다. 가족, 가정에 대한 이해부터 시작하여 너무나 자명한 것으로 여겨지던 민족과 국가 개념조차 모호해지고 있다. 바우만(Zygmunt Bauman)의 액체사회라는 개념이 실감나는 세상이다.

    정권에 따라 국가의 정체성이 새롭게 규정되고 있어 국가에 대한 이해도 상대화되고 있다. 이념적 대립구조도 예전에 비해 느슨해진 것도 사실이다. 저출산 인구 고령화 현상 속에서 사회의 총생산량을 줄이지 않으려면 외국에서 태어난 외국인들이 한반도로 유입될 수밖에 없는 현실이다. 이런 현실에 대처하여 우리 사회 구성원들을 보다 바람직하게 성숙시킬 수 있는 사회교육의 새 지평은 과연 무엇이어야 하는가?

전근대, 근대, 근대 후기라는 시대적 변화, 자유주의/사회주의 이데올로기적 대립과 갈등을 넘어선 새 지평에 대한 요구, 순혈주의 단일민족 신화를 넘어선 새로운 국가 구성원에 대한 이해, 그리고 다인종 다문화사회로의 진행과정을 모두 감싸 안을 수 있는 보다 새로운 사회교육, 정치교육, 시민교육의 지평을 찾으려면 우리는 어쩔 수 없어 선행 사례들을 살피면서 그들의 오류를 피하고, 그들의 장점을 받아들여 우리의 과제들을 형성해나가야 할 것이다.

독일 사회는 유럽의 다른 사회들에 비해 근대국가 형성과정이 늦었다. 또한 독일은 황제통치와 국가사회주의의 권위주의적 통치, 그리고 독일의 분단과 일당독재 사회주의를 경험한 사회다. 이런 경험에서 얻은 하나의 결론으로서 그들은 민주주의 교육이 과거의 오류를 피하고 국민적 능력을 최대한 활성화할 수 있는 방편이라는 지혜를 터득했다. 그리고 이 방법을 통해 이념적 갈등, 다문화사회에서 일어나는 다양한 갈등을 국민이 주체적으로, 그리고 창조적으로 극복해나갈 능력을 배양하려는 뜻을 가지고 있다. 이 방향을 나는 "사회의 인간화", "국민의 세계시민화"라고 표현하고 싶다.

독일 사회가 이런 결론에 이르기까지 서구 이웃 사회들과 함께 나누어온 체험들로부터 많은 영향을 받았으리라 생각된다. 2005년 파리 13구 이민자 사회에서 일어난 폭동은 다문화사회에 대한 대처능력이 떨어지면 무수하게 많은 사회 구성원들이 삶에서 낙오하고, 낙오한 집단들은 사회에 적응하지 못한 채 무수한 사회 문제들을 불러오게 된다는 사실증명이었다. 독일 사회 역시 많은 문제들을 안고 있지만 이주자들이나 소수인종에게 차별과 배제를 불러오는 요인들을 근본적으로 해결할 수 있는 방안으로서 사회의 인간화라는 과제가 매우 중요하다는 사실을 보여주고 있다. 이런 점에서 우리 사회 역시 이미 사회 구성원이면서 미래에 보다 중요한 책임을 맡을 사회 구성원이기도 한 어린이와 청소년들을 위한 사회교육의 중요성은 아무리 강조해도 모자랄 것이라고 생각한다.

　　사회윤리학적으로 표현한다면 민주적 기초가치(demokratische Grundwerte)를 체현할 수 있는 능력은 곧 민주능력이며, 이는 정치능력을 탁월하게 만든다. 어려서부터 인간의 권리에 대한 적절한 학습을 하고, 법치의 원리를 이해할 뿐 아니라 사회구조를 이해하고, 사회 구성원들 중에서 약자들의 처지와 형편을 사회 공학적으로 이해하고 배려할 줄 아는 능력은 배타적 민족주의나, 허위 순혈주의라는 집단의 비도덕성을 극복하는 길일 뿐 아니라 다문화사회를 인간화하며 민주화를 보장하는 길이다. 이런 인간화된 사회를 지향하기 위해 거의 시민적 문맹(Civic Llliteracy)*이나 야만과 다름없이 태어난 생명들을 바람직한 세계시민, 민주시민으로 키워내기 위한 작업이 시민교육이라는 과제로 인식되고, 이 교육은 민주주의를 이해하고 체현하는 지평 위에서 이루어져야 한다는 것이 내가 독일 정치교육 교과서들을 살펴보면서 얻은 하나의 결론이다. 이런 교육의 궁극적 목적은 차별과 배제를 초래하는 모든 편견 너머 평화로운 공존을 위한 민주적 역량과 그 기반을 다지는 데 있다.

---

* 시민적 문맹에서 벗어나 시민적 교양(Civic Literacy)을 갖추기 위해서 정치적 주제들이나 개념에 대한 보통의 인식 단계, 정치적 개념을 정확하게 이해하고 사용할 수 있는 기능적인 시민능력, 핵심적인 정치적 개념과 과정을 관계시켜 이해할 수 있는 시민능력, 그리고 정치학적인 사상의 특수한 점들을 이해할 수 있는 능력을 갖춘 다차원적 시민능력으로 구분하여 설명하고 있다.

3부

상호문화 실천의
내용과 실행

9장

이주민을 위한
가족센터
교육 프로그램의
상호문화 실천

이 장은 오정미 외(2023), 「이주민을 위한 가족센터 교육프로그램 현황과 미래 방향: 학술지 연구(2013-2022년)를 바탕으로」, 『다문화와 평화』 제17집 1호를 수정 및 보완한 것이다.

1.
들어가며: 이주민의 학교로서의 가족센터

    국가 수준의 다문화가족 지원정책인 「다문화가족정책기본계획」은 2011년 법 개정을 통해 법적 기반이 마련되었으며, 『다문화가족지원법』 제3조의2에 따라 5년마다 법정 계획이 수립된다. 1차 기본계획(2010-2012) 추진 이후, 2013년부터 시행된 「제2차 다문화가족정책기본계획(2013-2017)」은 인구·가족의 사회 변화에 대응하고, 다문화사회 발전의 계기가 되도록 패러다임을 재구성하여 진행되었다(여성가족부, 2012). 그 이후 한국 정부의 다문화가족 서비스는 대부분 가족센터를 중심으로 운영되어 오고 있으며, 다문화가족지원센터는 다문화가족 지원정책의 대표로서 결혼이주여성들의 한국사회 부적응 문제를 완화하는 데 많은 역할을 했다. 그래서 2008년에 80개소로 시작한 다문화가족지원센터는 2010년에 140개소, 2016년에 217개소, 22년 1월에는 230개소까지 지속적인 확장을 보이며 사회통합을 돕는 한국의 대표 교육기관이이 되었다.

    다문화가족지원센터(이하 '가족센터')가 다문화가족을 지원하는 대표 기관이 될 수 있었던 것은 무엇보다 결혼이주여성과 그녀들의 가족 구성원을 대상으로 한 한국어교육, 문화교육, 직업교육 등의 다양한 교육 프로그램 때문이었다. 다문화가족의 안정적인 정착과 가족생활을 지원하고자 가족센터에서는 상담과 심리 지원, 법률 자문 등의 다양한 지원 프로그램을 제공하고 있지만, 그중에서도 다양한 목표를 가진 '교육 프로그램'이 가족지원센터의 중요한 정체성이 되어 가족센터를 다문화가족을 위한 한국의 대표 기관으로 만들었다. 가족센터의 운영진이 센터의 역할 중에서 한국어교육이 가장 중요하다고 밝힌 바처럼(김선정·강현자, 2019), 가족센터는 무엇보다 이주민에게 교육을 제공하는 학교와 같은 기관이고 교육 프로그램은 가족센터의 정체성을 표상한다.

가족센터의 중요한 정체성이 교육 프로그램인 만큼 교육 프로그램의 운영 실태를 살펴본 후 문제점을 분석한 연구가 지난 10년간 지속적으로 이루어져 왔고(강기정·박수선·손서희, 2013; 김명현, 2014; 류경애, 2015; 이희진·김진희, 2016; 이은경, 2017), 최근에는 가족센터의 교육 프로그램이 다문화가족에게 미치는 영향(박미경·차용진·이홍재, 2019; 박상옥·함은혜·이은영, 2021)과 그동안의 교육 프로그램을 운영하고 경험한 가족센터의 운영진과 학습자를 대상으로 한 요구조사(김선정·강현자, 2019; 최승호, 2019)가 발표되기도 했다. 이 외에도 한국어교육이 가장 이용률이 높은 것에 반해, 반복되는 내용의 프로그램이 제공되고 있는 점(강기정·박수선·손서희, 2013; 이은경, 2017), 한국어교육 지원에 있어 한국문화 교육의 필요성을 제시(류경애. 2015; 이희진·김진희, 2016)하는 등 가족센터 교육 프로그램의 문제점을 제시한 연구가 동시에 진행되기도 했다. 최근에는 상호문화교육에 대한 사회적 관심이 증가하면서 상호문화를 중심으로 한 가족센터의 프로그램 연구(전정미·조순정, 2021; 박인복, 2022)가 발표되기도 했다. 즉 가족센터가 운영되기 시작한 초·중반에는 검토와 소개 차원의 교육 프로그램 운영 실태와 현황 연구가 주요 방향이었다면, 2020년 이후부터는 반성적 고찰의 관점이 강화되면서 새로운 교육 프로그램 개발 등에 대한 연구가 시작되었다. 이러한 연구의 변화는 결국 가족센터의 교육 프로그램의 발전을 모색하기 위한 과정이고, 상호문화 실천을 도모하는 것이라 할 수 있다. 교육 프로그램은 결국 상호문화 실천의 관점에서 가족센터가 낳은 상징적 결과물이기 때문이다.

그래서 가족센터의 교육 프로그램 현황을 종합적이고 면밀하게 분석하는 것을 목표로, 이 장에서는 2013년부터 2022년까지 발표된 학술지 논문을 검토하고자 한다. 전국의 가족센터를 대상으로 진행되는 교육 프로그램의 전체 현황을 검토하는 것이 가장 이상적인 연구이겠으나, 이 장에서는 현재 도모할 수 있는 가장 실천적 접근으로서 교육 프로그램에 대한 학술지 연구를 토대로 교육 프로그램의 동향을 분석하고자 한다. 10년 동안 축적된 연구를 통해 통시적인 관점에서 교육 프로그램을 검토하고 동시에 공시적인 관점에서 각각의 교육 프로그램의 실제적인 내용을 분석하고자 하는 것이다. 그리고 최종적으로 현재 교육 프로그램의 문제점을 극복한 상호문화 실천으로서의 교육 프로그램 방향을 제안하고자 한다.

2.
가족센터 연구로 본 이주민을 위한 교육 프로그램 현황

　　이 연구에서는 전국의 가족센터에서 운영되는 교육 프로그램의 현황과 특성을 종합적으로 분석하기 위해, 주요 데이터베이스(RISS, KISS, 국회전자도서관)를 이용하여, 2013년부터 2022년까지 10년간 발행된 논문을 기준으로 설정하여, '다문화가족지원센터 & 한국어교육', '다문화가족지원센터 & 문화교육', '다문화가족지원센터 & 교육', '다문화가족지원센터 & 프로그램'을 키워드*로 검색을 수행했다. 자료검색 기간은 2023년 2월 1일에서 26일까지였다.

　　이렇게 수집된 학술지 논문은 세 차례의 단계를 거쳐 분석 대상 논문으로 선정했다. 먼저, 키워드별 검색 결과, '다문화가족지원센터 & 한국어교육' 15편, '다문화가족지원센터 & 문화교육' 21편, '다문화가족지원센터 & 교육' 40편, '다문화가족지원센터 & 프로그램' 41편으로 중복 논

---

* 이 연구의 목적에 도달하기 위해서는 가족센터의 교육 및 문화교육 프로그램, 그리고 한국어교육에 대한 정보 수집이 필요하다. 이에 따라 '다문화가족지원센터', '한국어교육', '문화교육', '교육', '프로그램'을 검색어로 선정했다.

문을 포함하여 총 117편이 1단계로 검색되었다. 2단계 선별에서는 117편 논문 중 중복되는 문헌, 원문이 확인되지 않는 문헌, 가족센터의 교육 프로그램 연구 주제와 관련성이 없는 문헌 총 90편을 제외하여 27편의 논문을 선정했다. 마지막으로 3단계 최종 선별에서는 자료에 근거한 교육에 관한 연구(다른 연구물에서 제시된 자료를 활용하여 재분석한 논문), 교육 프로그램에 관련이 없는 연구(척도 개발 연구, 변인 관계 연구 등), 초록 및 주제어에서 '다문화가족지원센터' 및 '교육 프로그램'과 관련이 없는 연구를 제외하여 총 아홉 편의 논문을 선정했다. 이러한 과정으로 선별된 분석 대상 논문 아홉 편을 통해, 이 연구에서는 가족센터 교육 프로그램 연구에서 나타나는 지역별 특징, 교육 사례별 특징의 동향을 분석하고자 한다.* 분석 대상 논문 선정과정은 [그림 9-1]과 같으며, 선정된 논문은 '지역 센터별'과 '교육 사례별'로 교육 프로그램을 분류하여 그 특성을 분석했다.

---

* ① 김미점(2014), 「청양군 다문화 센터의 프로그램 현황 분석」, 고령자 · 치매작업치료학회지, 8(2): 21-26. ② 김명현(2014), 「다문화가족지원센터의 특성화 방안」, 『다문화와 인간』 3(1): 147-177. ③ 최권진 · 송경옥(2014), 「결혼이주여성 대상 한국어교육의 현황 및 발전 방향: 다문화가정지원센터에서의 한국어 교재와 쓰기 교육을 중심으로」, 『한국언어문화학』 11(3): 247-269. ④ 류경애(2015), 「다문화가족의 한국어 학습 어려움과 수업개선에 대한 실증연구」, 『다문화교육연구』 8(1): 29-47. ⑤ 이희진 · 김진희(2016), 「문화 다양성관점으로 본 다문화가족지원센터 교육 실태」, 예술인문사회융합멀티미디어논문지, 6(1): 281-288. ⑥ 이은경(2017), 「다문화가정의 통합을 위한 한국어 · 한국문화 교육 방안: 서울 지역 다문화 프로그램 개발 사례를 중심으로」, 『언어사실과 관점』 42: 267-289. ⑦ 김선정 · 강현자(2019), 「결혼이민자를 위한 한국어문화교육프로그램 담당자 대상 요구분석 연구: 다문화가족지원센터 운영진을 대상으로」, 『교육문화연구』 25(2): 857-876. ⑧ 전정미 · 조순정(2021), 「상호문화교육의 관점에서 살펴본 충남도 다문화가족지원센터 교육프로그램의 현황과 개선 방안 연구」, 『문화예술교육연구』 16(1): 39-66. ⑨ 박인옥(2022), 「상호문화주의 관점에 기초한 건강가정 · 다문화가족지원센터의 사업 분석」, 『문화교류와 다문화교육』 11(6): 1-21.

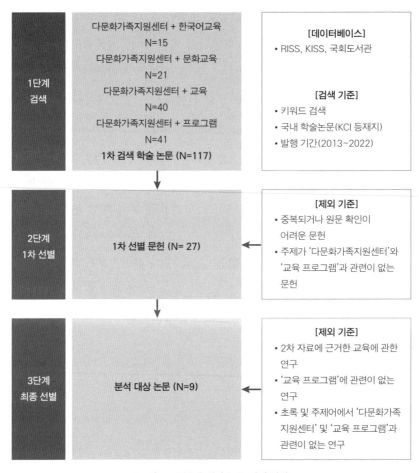

1단계 검색	다문화가족지원센터 + 한국어교육 N=15 다문화가족지원센터 + 문화교육 N=21 다문화가족지원센터 + 교육 N=40 다문화가족지원센터 + 프로그램 N=41 **1차 검색 학술 논문 (N=117)**	**[데이터베이스]** • RISS, KISS, 국회도서관 **[검색 기준]** • 키워드 검색 • 국내 학술논문(KCI 등재지) • 발행 기간(2013~2022)
2단계 1차 선별	1차 선별 문헌 (N= 27)	**[제외 기준]** • 중복되거나 원문 확인이 어려운 문헌 • 주제가 '다문화가족지원센터'와 '교육 프로그램'과 관련이 없는 문헌
3단계 최종 선별	분석 대상 논문 (N=9)	**[제외 기준]** • 2차 자료에 근거한 교육에 관한 연구 • '교육 프로그램'에 관련이 없는 연구 • 초록 및 주제어에서 '다문화가족 지원센터' 및 '교육 프로그램'과 관련이 없는 연구

[그림 9-1] 분석 대상 논문 선정 절차

1) 지역 센터별 교육 프로그램 현황과 특성

(1) 서울 지역

서울 지역 가족센터의 교육 프로그램 연구에는 다문화가정 구성원

간의 상호소통과 한국 사회 적응을 돕기 위한 한국어·한국문화 프로그램을 제안하는 「다문화가정의 통합을 위한 한국어·한국문화교육 방안」이 있다(이은경, 2017). 이 연구에서는 맞벌이를 하는 도시 거주형 결혼이주여성이 가족센터의 한국어교육 프로그램에 참여하기 힘든 상황을 제시하면서 서울 지역의 특수성을 반영한 프로그램 개발을 강조하고 있다. 특히, 프로그램 개발을 위해 이은경(2017)은 서울 지역 가족센터의 결혼이주여성·자녀·가족 대상 프로그램을 분석했고, 이 연구에서 교육 프로그램 중심으로 정리하면 〈표 9-1〉과 같다.

〈표 9-1〉 서울 지역 결혼이주여성 대상 가족센터 프로그램

구분	한국어교육 프로그램	비한국어교육 프로그램
강남구	• 한국어교육(1~4급), 사회통합	×
강동구	• 한국어교육(1~4급)	• 학부모교육, 지역사회 적응 프로그램
강북구	• 한국어 심화교육(1~4급)	• 운전면허 필기, 기초법률교육
강서구	• 한국어교육(1~4급), 방문교육(한국어)	• 요리 모임, 운전면허 교실, 부모교육(방문)
관악구	• 한국어 사회통합(0~3급), 토픽반, 한국어 특강반	×
광진구	• 한국어교육(3~4급), 방문교육(한국어)	• 태권도 교실, 다문화상담사 양성과정, 캘리그래피 교실, 부모교육(방문)
구로구	• 한국어교육(1~4급), 토픽 2 대비반	• 부모교육, 취업준비 교육
금천구	• 한국어교육(1~4급)	×
노원구	• 한국어(초 1, 중 1~2)	• 영유아 책놀이, 이중언어교육, • 취업 워크숍
도봉구	• 한국어(초~고급)	• 한국사회 적응교육(요리, 법원 견학)
동대문구	• 한국어(2), 사회통합(3)	• 운전면허 필기 교육
동작구	• 한국어교육(1~4급), 문화특별반, 외부 토픽반, 방학반	• 이중언어 환경 조성사업

구분	한국어교육 프로그램	비한국어교육 프로그램
마포구	• 방문(한국어)교육	• 부모교육(방문)
서대문구	• 토픽 대비반	• 법률교육, 운전면허 교실, 한국 전통문화 체험
성동구	• 한국어(초~고급)반, 방문(한국어)교육	• 부모교육(방문), 운전면허필기, 아이 학교 생활 및 교육법, 취창업교육(비누공예), 취업 기초소양교육
성북구	• 한국어교육(1~5급)	• 다문화 인권교육
송파구	• 한국어교육(1급), 토픽 1~2	×
양천구	• 한국어교육(1~3급)	• 영유아 육아법
영등포구	• 한국어교육(1~4급)	• 통번역전문가 교육, 네일아트 국가자격증 대비반, 취업 기초소양교육
용산구	• 한국어교육(1~4급), 드라마 한국어, 방문교육(한국어)	• 방문 부모교육
은평구	• 한국어교육(1~4급)	• 언어발달 부모교육
종로구	• 한국어교육(1~4급), 토픽 대비반, 방문교육(한국어)	• 생활요리 교실, 부모교육(방문)
중구	• 한국어 정규(초~중급), 영화로 배우는 한국어, 토론대회	×
중랑구	×	• 캘리그래피, 임산부 부모교육, 취업 활동

출처: 이은경(2017)의 재구성.

표를 통해 알 수 있듯이 서울 지역 가족센터에서의 교육 프로그램에서는 한국어교육에서 초·중급(1~4급), 초급(1~2급)의 한국어 특강반을 진행했으며, 한국어·문화교육으로는 드라마·영화를 통해 배우는 한국어, 문화특별반, 토론대회 등으로 진행했다. 또한, 부모교육에서는 방문교육, 영유아 책놀이, 언어발달 부모교육, 임산부 교육, 아이 학교생활 및 교육법 등이 진행되었으며, 취미교육에서는 캘리그래피, 요리 등이 개설되어 진행되었으며, 운전면허 필기, 법률상담 등 한국 사회 적응교육을 위한 교육

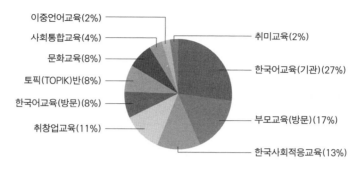

이중언어교육(2%)
사회통합교육(4%)
문화교육(8%)
토픽(TOPIK)반(8%)
한국어교육(방문)(8%)
취창업교육(11%)

취미교육(2%)
한국어교육(기관)(27%)
부모교육(방문)(17%)
한국사회적응교육(13%)

[그림 9-2] 서울 지역 교육별 프로그램

프로그램도 개설되어 진행되었다. 이를 교육별로 살펴보면, [그림 9-2]와 같다.

그림의 그래프를 정리해보면, 서울 지역에서는 한국어교육(기관)이 27%, 부모교육이 17%로 절반 가까이(44%)를 차지하고 있으며, 한국 사회 적응교육과 취창업교육이 11%, 사회통합 교육이 4%, 이중언어 교육·취미교육이 2%로 그 뒤를 이었다. 이를 종합적으로 살펴보면, 서울 지역은 한국어·부모교육(44%)과 한국 사회 적응·취창업교육(24%)이 대다수(68%)를 차지하며 결혼이주여성이 한국 사회에 적응하여 살아갈 수 있는 교육을 주로 제공하고 있었다. 그러나 문화교육, 사회통합교육, 취미교육 등 일상생활에 필요함이 적은 교육은 드물게 진행되고 있었다. 이를 통해 서울 지역에서는 결혼이주여성이 한국 사회의 한 일원으로서 적응하여 살아갈 수 있는 교육을 주로 진행하고 있지만, 서울 지역의 특징인 도심지역 환경을 활용한 프로그램은 별도로 이루어지지 않고 있는 것으로 나타났다.

(2) 경인 지역

경인 지역 교육 프로그램에 대한 연구에는 인천 남동구 가족센터를 대상으로 한 연구가 있다. 결혼이주여성의 낮은 쓰기 숙달도 능력의 원인을 찾고, 이를 극복할 수 있는 방향을 제시하기 위한 「결혼이주여성 대상 한국어교육의 현황 및 발전 방향」 연구다(최권진·송경옥, 2014). 이 연구에서는 선행 연구를 통해 결혼이주여성의 쓰기 능력이 한국어 숙달도 중 가장 낮은 것을 발견했고, 이들의 낮은 쓰기 숙달도의 원인을 통해 이를 극복할 수 있는 방향을 제언하고자 했다.

이를 위해 이 연구에서는 가족센터에서 시행 중인 한국어 쓰기 교육의 실태를 설문과 교육 프로그램 사례를 통해 살펴봄으로써 결혼이주여성의 쓰기 능력 향상을 위한 방안을 모색했다. 다만, 한국어교육 사례는 인천 남동구 가족센터만을 제시했으며, 이는 〈표 9-2〉와 같다.

표를 통해 알 수 있듯이 인천 남동구 가족센터에서의 교육 프로그램에서는 한국어교육에서 '베트남어로 배우는 한국어 첫걸음반', '2·3단계 초·중급반'을 진행했으며, 한국어교육 외에도 '방문교육 서비스', '다문

〈표 9-2〉 인천 남동구 가족센터 교육 프로그램

구분	교육내용
한국어 교육 프로그램	• 첫걸음반(베트남어로 배우는 한국어: 주 2회, 총 6시간(오전) * 특이사항: 베트남어를 모국어로 구사하는 한국어 교사가 베트남어로 진행 • 2단계 초급반: 주 3회, 총 7시간 • 3단계 중급반: 수 3회, 총 /시간
비한국어교육 프로그램	방문교육 서비스, 다문화 통합교육, 다문화가족 취업연계 및 교육, 언어 영재교실

출처: 최권진·송경옥(2014)의 재구성.

화 통합교육', '다문화가족 취업연계 및 교육', '언어 영재교실' 등도 함께 진행되었다. 인천 남동구 지역은 '모국어로 배우는 한국어교육'이 운영되고 있었지만, 서울 지역에서 진행되고 있는 취미교육, 문화교육 등이 시행되고 있지 않음을 알 수 있었다. 이를 통해 「제2차 다문화가족정책기본계획」 시행 초기인 2014년에는 한국 사회 조기 적응을 위한 한국어교육과 경제적 자립지원을 도모하는 취업교육 프로그램이 주로 운영되었지만, 중·후기인 2017년부터는 이주민의 정체성 확립과 자긍심을 증진시키는 이중언어교육, 다문화가족의 부모와 자녀 관계 향상을 위한 부모교육 등 이주민 맞춤형 프로그램이 다양화되고 있는 것으로 볼 수 있었다. 이를 통해, 가족센터는 초기에 이주민의 조기 적응과 자립지원 프로그램을 중심으로 교육 프로그램을 운영했지만, 이주민의 한국 거주기간이 늘어남에 따라, 그들의 정체성 확립 및 가족관계 증진 등 한국 사회 내 사회구성원으로서 이주민을 인정하고 포용하려는 교육 프로그램이 시작된 것을 확인할 수 있었다.

(3) 충남도 지역

충청도 지역에는 충북도 지역을 제외한 충남도 전 지역과 청양군 가족센터의 교육 프로그램 연구가 있다.

① 충남도 가족센터 교육 프로그램

충남도는 2021년 기준 외국인 주민 비율이 약 6%로 전 지역 1위를 기록하여, OECD(경제협력개발기구) 기준으로 이미 다문화사회인 지역이다. 충남도 지역 교육 프로그램 연구로는 상호문화교육 관점에서 충남도 가족센터의 교육 프로그램 현황을 파악한 「상호문화교육의 관점에서 살펴본 충남도 다문화가족지원센터 교육 프로그램의 현황과 개선 방안 연구」가 있다(전정미·조순정, 2021). 이 연구에서는 도시와 농촌의 특성을 모두 가진 충남도 지역 가족센터의 프로그램 현황을 종합적으로 살폈고, 특히, 상호문화교육의 관점에서 교육 프로그램을 분석하여, 향후 충남도 가족센터의 프로그램을 위한 다문화교육 모형을 제시했다는 점에서 중요한 의미가 있다.

충남도 가족센터에서는 다문화가정 통합교육, 다문화어울림사업, 다문화교육체험관을 운영하고 있으며, 부모교육 서비스 지원, 이중언어교육의 확대, 글로벌 인재양성 프로그램을 운영하고 있다. 또한, 통·번역 서비스, 직업교육훈련, 자조모임 활성화, 자격증 취득 지원 등 이주민의 자립을 위한 지원도 하고 있다. 이처럼 충남도는 다문화가정의 정착을 위해 여러 유형의 프로그램을 운영하고 있었다.

충남도 교육 프로그램을 살펴본 결과, 앞서 제시된 연구들에서와 동일하게 이주민이 한국 사회에 안정되게 정착할 수 있도록 한국어교육 및

〈표 9-3〉 충남도 가족센터 교육 프로그램

구분	교육내용
한국어교육 프로그램	• 생활정보: 한국어
비한국어교육 프로그램	• 생활정보: 외국어(이중언어), 양육 및 학교생활, 생활안전, 결혼 피해 예방 • 교육정보: 기본정보, 농촌생활 지원, 체류·외국인 지원, 의료지원, 임신·출산·자녀교육, 사회보상세노 • 취업·채용 정보: 취업과 근로, 여성새로일하기센터 • 다문화 이해: 다문화 이해교육, 나라별 문화 소개, 요리 맛대맛, 레인보우웹진, 유네스코 지정 세계문화유산

출처: 전정미·조순정(2021)의 재구성.

취업교육을 주로 진행하고 있었다. 그리고 충남도 지역에서는 도시지역과 농촌지역을 모두 가진 충남도 지역의 특성을 활용하여 농어촌 다문화가정을 위한 '다문화고부열정'을 운영하고 있었다. 이 프로그램은 고부간서로를 이해할 수 있는 기회를 제공하여 좋은 평가를 받은 것으로 나타났다. 이처럼 충남도 지역에서는 농어촌 다문화가족 내에서 발생할 수 있는문제점을 가족센터에서의 교육 프로그램을 통해 극복해나간 것으로 볼수 있었다. 다만, 농어촌 가족 환경 외에 취업 및 교육에서의 특성화된 프로그램은 찾아볼 수 없었다. 다음으로, 충남도 지역 중에서도 청양군 다문화가족 지원센터 교육 프로그램 연구를 살펴보고자 한다.

② 충남도 청양군 가족센터 교육 프로그램

청양군 가족센터 교육 프로그램 현황을 분석하여, 향후 진행되는 프로그램 개발과 질적 서비스 제고를 모색한 「청양군 다문화 센터의 프로그램 현황 분석」 연구가 있다(김미점, 2014). 이를 위해 김미점(2014)은 2013년에청양군 가족센터에서 진행한 프로그램을 검토하고 그 현황을 분석했다. 이를 정리하면, 〈표 9-4〉와 같다.

표를 통해 알 수 있듯이, 청양군 가족센터에서는 취업교육, 통번역, 언어 영재교실 등 방문교육 서비스가 활발하게 이루어졌는데, 이는 지역적 특성의 영향을 받은 것으로 볼 수 있다. 청양군은 농촌지역이라는 특성상 찾아가는 서비스 프로그램에 대한 이용자들의 요구가 높은 편이고, 이러한 이유로 찾아가는 교육 서비스가 많이 시행되었다. 그리고 청양군에서 개설된 프로그램 중에서도 목표 회기에 도달한 교육 프로그램은 한국어교육, 한국어능력 대비반이었으며, 취업연계 교육은 173%에 도달하여기존 목표보다 1.5배 이상 회기가 운영된 것으로 볼 수 있었다. 반면에 가

<표 9-4> 청양군 가족센터 교육 프로그램

구분	교육내용
한국어교육 프로그램	• 기본사업: 한국어교육 1단계(한국어 기초 1단계), 한국어교육 2단계(한국어 기초 2단계), 한국어교육(산둥반)-산둥 지역 대상자를 위한 한국어반(정산도서관), 한국어능력 대비반(한국어능력시험합격 대비)
비한국어교육 프로그램	• 기본사업: 방문교육(사각지대의 결혼이주여성 및 자녀교육 지원), 가족통합교육 (가족교육, 배우자, 부부교육, 부모자녀 교육, 다문화 이해교육 등), 취업교육 연계 (취업을 위한 직업교육-전산교육, 홈패션, 규방공예반) • 특성화사업: 통번역(베트남어, 일본어), 언어 영재교실(글로벌 인재로 성장할 수 있도록 교육)

출처: 김미점(2014)의 재구성.

족통합교육(가족교육, 배우자, 부부교육, 부모자녀 교육, 다문화 이해교육 등)은 16%로 거의 운영되지 않았다. 즉 이주민들을 위한 교육 프로그램으로 한국어 및 취업 교육이 중점적으로 개설되어 있었고, 그 외의 다양한 교육 프로그램은 소외되고 있었다.

(4) 경북도·대구 지역

경북도·대구 지역 교육 프로그램 연구로는 다문화가족을 위한 가족 센터의 지역 맞춤형 특성화 서비스 방안을 모색한 김명현(2014)의 「다문화 가족지원센터의 특성화 방안」 연구가 있다. 이 연구에서는 지역 맞춤 특 성화 서비스 방안을 모색하기 위해 대구·경북 지역의 특성화 프로그램을 살피고 있는데, 이 연구에서는 이를 경북도와 대구광역시로 나누어서 검 토했다.

① 경북도 가족센터 교육 프로그램

먼저, 2011년 경북도 가족센터 교육 프로그램을 살펴보고자 한다. 경북도에서는 가족센터 내 교육 프로그램을 기본사업과 특성화사업으로 나누어 살펴보았으며, 이를 종합하면 〈표 9-5〉와 같다.

경북도 지역의 가족센터에서는 기본사업으로 한국어교육, 가족통합교육, 취업연계 및 교육지원을 진행하고 있었으며, 그 외에도 지역적 특징을 살린 결혼이민자 농가소득 증진 지원, 결혼이주여성 맞춤형 취업 지원 등을 진행했다. 경북도는 도시지역과 농촌지역 특징을 모두 가지고 있어서 농촌지역과 관련된 특성화사업을 운영하고는 있지만, 경제적인 지원 외에 문제점을 해결할 수 있는 프로그램을 운영하고 있지 않은 것으로 나타났다. 다음으로, 대구광역시 가족센터 교육 프로그램을 살펴보고자 한다.

〈표 9-5〉 경북도 가족센터 교육 프로그램

구분	교육내용
한국어교육 프로그램	• 기본사업: 한국어교육
비한국어교육 프로그램	• 기본사업: 가족통합교육, 취업연계 및 교육지원 • 특성화사업: 문화 행사, 다문화 이해 강좌 등 　* 결혼이민자의 안정적 정착: 직업교육 등 　* 이민자 자녀의 건강한 성장환경 조성: 다문화연구학교, 이중언어대회 등 　* 결혼이민자 농가소득 증진 지원: 농업에 종사하는 결혼이민자 가정의 　　소득증대를 위한 사업 등 　* 맞춤형 취업지원: 시지역 거주 결혼이주여성을 위한 '요양보호사, 다문화강사, 　　제과·제빵, 미용관리사 등' 자격증 취득교육 등

출처: 김명현(2014)의 재구성.

② 대구광역시 가족센터 교육 프로그램

대구광역시 다문화 관련 지원사업을 살펴보면, 경북도와 동일하게 지역의 특징이 드러나는 프로그램은 농가소득 증대 지원이었다. 이를 정리하면 〈표 9-6〉과 같다.

표를 통해 살펴볼 수 있듯이 경북도와 달리 대구광역시 지역에서는 특성화사업으로 결혼이민자의 안정적인 정착을 위해 '한글교육'을 진행하고 있었다. 하지만, 경북도와 동일하게 '다문화에 대한 이해 증진' 사업으로 대부분 이주민들이 지닌 문화적 다양성을 지역 정주민에게 보여주고, 결혼이주여성들이 한국 전통문화를 체험하는 데에 중점을 두고 있었으며, '결혼이민자의 안정적 정착'은 결혼이주여성의 출산, 자녀 지원 등이 주를 이루고 있었다. 이를 통해, 앞서 제시된 선행 연구들과 다르지 않게 이주민들의 한국 사회 적응을 위한 사업이 주로 운영되고 있었다. 이주민들은 대다수가 경제적 안정을 바라고 있지만, 경북도와 마찬가지로 농가소득 예산 지원 및 자격증 취득에 그치는 것으로 나타났다. 이를 통해 경북도 및 대구 지역의 지자체에서는 다문화가족의 안정적인 정착을 위한 방향으로 사업을 운영해야 함을 알 수 있었다.

〈표 9-6〉 대구광역시 가족센터 교육 프로그램

구분	교육내용
한국어교육 프로그램	• 기본사업: 한국어교육 • 특성화사업: 결혼이민자의 안정적 정착(한글교육)

비한국어교육 프로그램	• 기본사업: 가족통합교육, 취업연계 및 교육지원
	• 특성화사업: 결혼이민자의 안정적 정착(방송통신교육, 직업교육 등)
	  * 이민자 자녀의 건강한 성장환경 조성: 자녀학습지원 등
	  * 다문화에 대한 이해 증진사업: 문화 행사, 다문화 이해 강좌 등

출처: 김명현(2014)의 재구성.

(5) 강원도 지역

　강원도에는 춘천시에 있는 가족센터의 교육 프로그램을 상호문화주의적 관점에서 분석한 「상호문화주의 관점에 기초한 건강가정·다문화가족지원센터의 사업 분석」 연구가 있다(박인옥, 2022). 2021년 기준 춘천 지역 가족센터의 교육 프로그램을 일곱 개의 상호문화적 요소로 설정하여 분석한 연구로, 〈표 9-7〉과 같다.

　표를 보면 알 수 있듯이, 춘천 지역도 한국어교육 프로그램과 취업교육이 많은 비중을 차지하고 있었으며, 춘천 지역에서는 다문화가족 자녀 성장 교육 프로그램도 취업교육과 함께 다양하게 운영되고 있었다. 춘천

〈표 9-7〉 춘천시 가족센터 교육 프로그램

구분	교육내용
한국어교육 프로그램	• 다문화가족 자녀 성장: 2021년 한글교육 지원사업 • 다문화가족 방문교육 서비스: 방문 한국어교육 • 다문화가족 초기 정착지원: 한국어교육 운영(6개 반)
비한국어교육 프로그램	• 다문화가족 자녀 성장: 전통문화 체험 고추장 만들기, 로봇교실 Ⅰ Ⅱ, 슬기로운 SW 코딩캠프, 물 이야기, 춘천 역사 이야기, 언플러그 코딩, 가즈아~ 브릭아트 페스타, 환경과학 교실, 전통식 문화체험 김장 담그기(떡메치기) • 이중언어 환경 조성: 이중언어 부모코칭, 부모-자녀 상호작용, 이중언어 활용 • 다문화가족 방문교육 서비스: 부모교육, 자녀생활 서비스 • 결혼이민자 취업지원: 빵긋빵긋파티셰스쿨, 운전면허 필기 준비반, 요양보호사 국가자격증 취득반, 내가 인테리어 전문가, 운전면허 자격증반 • 다문화가족 초기 정착지원: 다문화가족 경제금융교실, 디지털 역량 강화교육, 한국생활 멘토멘티, 어쩌다 한식 요리사, 멘토 양성교육, 한식 요린이 • 인식개선 및 공동체 의식: Again! 찾아가는 다문화 이해교육 • 결혼이민자 정착단계별 지원 패키지: 다문화이해교육 강사 양성심화반 • 우두 공동육아 나눔터: 창의 로봇과학, 즐거운 그림책 놀이, 신한 SW 교실(코딩교육), 생활친구 과학놀이

출처: 박인옥(2022)의 재구성.

지역 특성화사업은 지역 특색을 살린 '춘천 역사 이야기'와 같은 프로그램이 운영되고 있었다. 이러한 프로그램은 이주민에게 지역별 역사 및 문화를 교육함으로써 거주지역에 대한 이해를 넓히고 적응을 돕는 교육 프로그램이라는 점에서 중요한 의미를 가지고 있으므로 이러한 프로그램이 더 개발되고 확장할 필요가 있다.

지역 센터별 교육 프로그램을 살펴본 결과, 지역 특성화사업으로 교육 프로그램이 일부 운영되고 있지만, 대부분 유사하게 교육 프로그램이 운영되고 있었다. 즉 표준화된 기본교육 프로그램과 함께 각 지역별 특색을 반영한 교육 프로그램이 필요하고, 도시와 농촌의 환경에 따른 변별적 교육 프로그램을 개발해야 함을 알 수 있었다. 예컨대 충남도 지역 특성화 프로그램 중 농어촌 다문화가정을 위한 '다문화고부열정'은 지역 특색을 반영해서 운영된 성공적인 사례로, 특성화된 교육 프로그램에 대한 개발이 필요하다.

이를 종합하면, 이주민이 한국 사회에서 안정적으로 정착할 수 있도록 한국어교육과 취업교육 프로그램이 모든 가족센터에서 기본 프로그램으로서 운영되고 있다는 사실을 확인할 수 있었다. 반면, 이주민이 거주하는 환경적인 요소를 고려한 각 지역별 특성화 교육 프로그램은 거의 제공되지 않는다는 점도 확인할 수 있었다.

2) 교육 사례별 프로그램 현황과 특성

(1) 한국어교육 프로그램

앞서 살펴본 지역별 가족센터의 동향을 통해 가족센터에서 운영되는 교육 프로그램 중 가장 많은 비중을 차지하는 것이 한국어교육임을 알 수 있었다.

먼저, 최권진·송경옥(2014)의 「결혼이주여성 대상 한국어교육의 현황 및 발전 방향」 연구를 토대로 가족센터의 한국어교육 프로그램을 소개하면 〈표 9-8〉과 같다.

표를 통해 알 수 있듯이, 2013년을 기준으로 가족센터에서 운영되는 한국어교육은 집합교육과 방문교육으로 나누어져 운영되고 있다. 한국어교육 수강 대상자는 입국 5년 이하의 결혼이민자와 만 19세 미만 중도입국 자녀이며, 집합교육은 한 개 반을 네 명 이상으로 구성하여 운영되며,

〈표 9-8〉 가족센터 한국어교육 프로그램

구분	교육내용	
집합교육	• 대상: 결혼이민자, 중도입국자녀 • 운영: 1~4단계 과정 및 특별반(단계별 100시간, 총 400시간 운영)	
방문교육	• 대상: 결혼이민자(입국 5년 이하), 중도입국자녀(만 19세 미만) • 운영: 주 3회, 회당 2시간 서비스 제공 　　　 1회 (10개월) 원칙	
	개별수업	지도사와 대상 가정 1:1 수업
	그룹수업	두 가정 이상을 1개 반으로 그룹화 운영

출처: 최권진·송경옥(2014)의 재구성.

군 단위센터는 세 명 이상이면 운영이 가능하다. 또한, 방문교육은 최대 10개월까지 지원되지만, 특별한 사유(세 자녀 이상 다자녀 가정, 장애가 있는 가정, 기초생활수급자, 한부모 가정 등)가 인정되는 경우 최대 5개월까지 연장이 가능하다. 교재는 국립국어원에서 제작된 『결혼이주여성과 함께하는 한국어』, 『다문화가정 유아 대상 한국어 방문학습 프로그램』, 『초·중·고등학생을 위한 표준한국어』(각 3권)를 활용하여 수업이 진행되며, 센터 집합교육 외에 온라인 및 방송 교육으로도 연계가 가능하도록 운영되고 있다(최권진·송경옥, 2014).

한국어교육 프로그램과 관련하여 류경애(2015)의 「다문화가족의 한국어 학습 어려움과 수업 개선에 대한 실증연구」도 있다. 가족센터의 한국어교육의 애로점과 학습자의 요구사항을 파악하기 위한 연구로, 그 결과, 다문화가족은 교재의 개선 및 강사의 다문화에 대한 관심과 이해를 요구하고 있었다. 특히, 통계분석 결과, 상호문화 이해에 대한 요구도가 더 높게 나타난 것으로 나타났고, 상호문화를 기반으로 한 문화교육 및 교재 개선을 요구하는 것으로 나타났다. 즉, 동화주의를 기반으로 했던 가족센터 내 한국어교육이 상호문화교육으로 변화해야 한다는 사실을 확인할 수 있었다.

이러한 흐름에 따라, 이희진·김진희(2016)는 기존의 다문화교육이 이주민의 안정적인 한국사회 정착을 위하는 것이라는 이유로 교화의 방식을 취해왔다는 점을 지적하며, 「문화 다양성관점으로 본 다문화가족지원센터 교육 실태」 연구를 수행했다. 이 연구에서는 센터에서 운영하는 프로그램을 보고서 및 각종 문서, 인터넷 등을 통해 살펴보았고, 결혼이주여성 등을 대상으로 하는 한국어교육 및 취업지원 교육이 가장 활발하게 이루어지고 있는 것으로 분석했다. 이 연구는 앞서 살펴본 류경애(2015)의 연구와 동일하게 가족센터 내 교육이 이주민과 정주민이 서로를 이해하고 소통할 수 있는 방향으로 나아가야 함을 강조했다.

상호문화를 기반으로 한 한국어교육은 이용자들의 요구와도 일치했는데, 이는 「다문화가정 초등학생 자녀의 학교 적응에 있어 다문화가족지원센터의 역할」 연구를 통해 살펴볼 수 있었다(오연주, 2018). 이 연구에서는 향후 센터 내 프로그램의 개선책이 무엇인지와 관련하여 가족센터 이용자 경험을 질적 연구를 통해 살펴보았다. 그 결과, 결혼이주여성들은 가정통신문에서의 어휘의 어려움을 말했으며, 이는 류경애(2015)에서 가장 많은 한국어 학습자가 요구했던 한국어교육이 어휘교육이었던 것과 일치했다. 또한, 결혼이주여성들은 한국어교육과 더불어 맞벌이 가정을 위한 방문교육의 확대를 요구했다. 이를 통해, 이주민들은 센터 내 한국어교육 프로그램 내용은 어휘교육, 교육 방법으로는 방문교육 확대를 요구했다. 다음으로, 운영진의 요구도 함께 살펴보고자 한다.

김선정·강현자(2019)는 가족센터의 운영진을 대상으로 결혼이주여성을 위한 한국어교육 프로그램에 대한 요구를 조사하기 위해 「결혼이민자를 위한 한국어 문화 교육 프로그램 담당자 대상 요구분석 연구」를 진행했다. 이 연구는 5년 이상의 장기 체류자들 중 67%가 고급 이상의 한국어 능력을 목표로 삼는다는 연구 결과를 토대로 가족센터에서의 한국어교육을 살펴보았다. 이 연구에서는 가족센터 내의 한국어교육은 모두 기본사업으로 운영되고 있지만, 사회통합 프로그램으로 통합되면서 학습자의 요구를 반영한 한국어교육 프로그램의 자리가 줄어들고 있으므로, 그들의 요구를 반영한 프로그램 마련이 필요함을 제시했다. 이를 위해, 운영진을 대상으로 요구 분석을 진행했으며, 그 결과, 도시지역과 농촌지역에서 개설된 프로그램은 상이한 양상을 보였는데 이는 농촌지역의 경우 한국 체류 기간이 길어짐에 따라, 이들을 위한 교육 프로그램이 필요하기 때문인 것으로 볼 수 있었다. 결혼이민자의 증가율이 둔화되고 있는 현재 추세로 볼 때 이는 향후 도시지역까지 확대될 수 있다는 것을 예상할 수 있었다. 이러한 한국어 고급 학습자를 위한 '특수심화 과정(왕초보 한국어, 문화 한국어, 자녀교육을 위한 한국어, 지역 문화를 통해 배우는 한국어, '고급 한국어 교실, 취업·진학 대비 한국어교실 등) 교육'의 필요성에 대해서는 전체 응답자의 80% 이상이 공감했다. 따라서, 가족센터 내 한국어교육은 지역 내 결혼이주여성들의 체류 기간에 따른 한국어교육이 운영되어야 함을 알 수 있었다.

이를 종합하면, 지난 10년간 가족센터 내 한국어교육 프로그램은 집합교육과 방문교육으로 나누어 진행되었으며, 이에 대한 이용자의 요구도 및 만족도가 높은 것으로 나타났다. 하지만, 기존의 한국어교육이 다문화가족 중에서도 결혼이주여성의 안정적인 정착을 위해 동화주의 방식을 취해왔다는 점을 지적했으며, 한국어교육은 점차 상호문화를 기반으로 한 교육을 지향하고 있음을 알 수 있었다. 또한, 한국 체류 기간에 따른 한국어 심화교육 프로그램 개발 운영의 필요성을 살펴볼 수 있었다.

지금까지 가족센터에서의 기본사업 중에서도 가장 많은 프로그램이 개설되었던 한국어교육을 중심으로 살펴보았다. 다음으로, 비한국어교육 프로그램에 대해서 살펴보고자 한다.

(2) 비한국어교육 프로그램

가족센터에서는 한국어교육 외에도 다양한 교육 프로그램을 운영하고 있다. 먼저, 가족센터 운영 프로그램을 문화 다양성 관점으로 분석한 「문화 다양성관점으로 본 다문화가족지원센터 교육 실태」에서의 비한국어교육 프로그램으로 살펴보고자 한다. 이는 〈표 9-9〉와 같다(이희진·김진희, 2016).

표를 보면 알 수 있듯이 센터 내 교육 프로그램은 한국어교육 외에 취업교육이 가장 활발하게 이루어지고 있는 것으로 알 수 있었으며, 취업교육은 컴퓨터 활용, 운전면허 취득 등 기초 소양교육과 함께 바리스타, 산후관리사, POP, 다문화이해교육강사 양성 등 전문 직업훈련 교육이 운영되고 있었다. 또한, 문화예술 교육의 경우에는 명절 문화 체험, 한국요리 체험, 전통놀이 체험 등 전통문화 체험교육이 주를 이루고 있었으며, 기타 프로그램으로는 열쇠고리 만들기, 케이크 만들기 등 여가활동 프로

〈표 9-9〉 가족센터 비한국어교육 프로그램(2016년 기준)

구분	교육내용
학력 인정 및 학업 지원교육	• 다문화 자녀 숙제 지도, 검정고시 교육 • 독서 코칭교육
취업연계 직업교육	• 이미지메이킹, 컴퓨터 프로그램 활용교육, 바리스타 교육 등 직업훈련 • 운전면허 취득, 직장 예절교육 • 창업 지원교육 • 다문화강사 양성교육
문화예술 교육	• 결혼이민자 나라별 문화 특성 교육 및 체험교육 • 한국의 명절 문화 및 전통문화 체험교육 • 기타 체험교육 및 현장학습
역할수행 소양교육	• 배우자와의 관계 향상 및 역할교육 • 가족관계 향상을 위한 가족학 교육 • 부모자녀 관계 향상 및 역할교육
시민의식 고취교육	• 이중언어 사용 인식 개선교육 • 한국 사회 이해교육 • 한국 사회 적응을 위한 법, 경제 등 상식교육

출처: 이희진·김진희(2016)의 재구성.

그램과 박물관이나 음악회에 방문하는 프로그램이 있는데 대부분 일회적으로 진행되고 있었으며, 정주민과 이주민이 상호문화를 접하는 교육이 아니라, 이주민들에게 한국의 문화를 일방적이고 일회적으로 배우게 하는 교육 형태로 진행되고 있었다.

이를 종합하면, 가족센터 내 비한국어교육 프로그램은 한국 사회 적응을 위한 취업교육과 한국문화 교육이 주를 이루고 있는 것으로 볼 수 있었다. 취업교육은 자격증 및 수료증 취득에서 그치는 것으로 나타났으며, 이들을 위한 재교육 프로그램을 제공하고 있지 않는 것으로 나타났다. 또한, 한국문화 교육은 일회성 체험교육으로 진행되어 이주민들이 한국문화의 가치관, 정서, 생활습관 등을 깊이 이해할 수 있는 기회가 제공되지 않는 것으로 나타났다. 이를 통해, 가족센터 내 비한국어교육은 이주민들의 경제적인 문제와 문화 부적응 해결을 위해 취업교육과 한국문화 교육이 주로 운영되고 있지만, 일회적이고 일방적인 교육의 한계를 보이고 있었다.

3.
상호문화 실천적 접근에서의
가족센터의 교육 프로그램 방향

1) 고급 한국어교육 프로그램 개발

한국의 사회구성원 변화에 따라 정부에서는 다양한 다문화정책을 제정했으며, 그중 한국어교육 정책이 70% 이상을 차지할 만큼 한국어교육에 대한 관심이 높다. 특히 2004년에 제정된 국어기본법과 2006년 이후 시행된 다문화교육 정책과 함께 이주민의 한국어 능력을 키우기 위한 한국어교육 정책을 수립 및 시행하고 있다(정명혜, 2017: 136). 그중에서도 가족센터는 정부 차원에서 제공되는 대표 한국어교육 기관이다. 결혼이주여성들이 한국 사회에 편입하여 가장 먼저 한국 사회와 만나는 기관이 가족센터이고, 그만큼 한국어교육 프로그램도 주로 결혼이주여성을 대상으로 자녀 양육과 가족과의 대화, 일상생활 등을 목적으로 제공되고 있다. 가족센터에 개설된 한국어 강좌는 1~4단계로 구성된 정규과정을 비롯하여 특수심화 과정, 중도입국자녀 과정이 있다.

한국어 강좌를 목록화하여 분석한 김선정의 연구에 의하면 고급 한국어교실이 650개로 가장 많은 강좌가 개설되었고, 왕초보 한국어교실 (120), 문화 한국어교실(43), 자녀교육을 위한 한국어교실(35), 취업 및 진학 대비 한국어교실(32), 지역문화를 통해 배우는 한국어교실(5) 순으로 나타 났다고 한다(김선정, 2018: 41). 여기에서 주목되는 지점이 초·중급이 아닌 고급 한국어교실이 가장 많이 개설되었다는 결과인데, 그것은 압도적으로 많은 토픽(TOPIK) 대비반 때문이다.

> "영주권이나 국적 취득 등 거주 자격 획득을 위해서나 진학이나 취업,
> 또는 통번역사로 활동하기 위해서는 일정 등급의 TOPIK 성적이 요구되
> 므로 TOPIK 대비반에 관한 수요가 많았을 것이다." (김선정, 2018: 41).

토픽 대비반은 고급 한국어 강좌이지만 일종의 자격증 준비반이라 할 수 있다. 결혼이주여성들은 거주 자격 취득과 함께 취업을 목표로 토픽 대비반을 등록하고, 토픽 대비반은 대표적인 고급 한국어교육 프로그램 이라 하겠다. 문제는 토픽 대비반 외에 고급 한국어교육 프로그램을 쉽게 확인할 수 없다는 것이다. 사실, 한국어교육 프로그램의 현황을 검토해본 결과 토픽 대비반을 제외하면 가족센터에서 운영하는 한국어교육 프로그 램은 초·중급에 집중되어 있다. 토픽 대비반 외에 고급 한국어교육 프로 그램이 거의 개설되지 않은 상황이고, 실제로는 초·중급반이 대부분이다.

가족센터는 사설 학원에서 제공하는 교육 프로그램과 차별점이 존재 하고, 그것은 학교처럼 교육을 제공하면서 동시에 한국생활에 잘 적응하 고 생활할 수 있도록 잠재적 능력을 개발해주는 것이다. 즉 토픽 대비반과 같은 실제적 요구에 따른 강좌와 함께 이주민이 아닌 정주민으로서 살아 가는 데 필요한 다양한 수업을 기대할 수 있는 곳이 가족센터이고, 이러한

점에서 토픽 대비반 외에 고급 수준의 한국어 강좌를 확대해서 운영해야 만 한다. 4급 이상의 한국어 수준의 고급 학습자를 위한 한국어교실이 활 발하게 운영될 때 지속성을 가진 한국어교육이 가능하고 결혼이주여성의 역량 개발을 기대할 수 있기 때문이다. 그래서 결혼이주여성들의 특성을 반영한 고급의 한국어교육 프로그램을 다양하게 개발할 필요가 있다. 이 는 가족센터 내 한국어교육 수강자들을 대상으로 한 설문조사에서 '수준 별 한국어 수업 및 교재가 필요하다'는 요구가 가장 높았던 것과 일치한다 (류경애, 2015: 36).

결혼이주여성들은 학문 목적의 유학생들과는 달리 생활 속에서 구어 중심의 의사소통 상황을 먼저 접하게 되기 때문에 말하기와 듣기 능력은 뛰어난 반면에 읽기나 쓰기 능력은 상대적으로 부족한 모습을 보인다(최 권진·송경옥, 2014: 250). 물론, 편지 쓰기, 자기소개서 쓰기, 알림장 쓰기와 같 은 기초적인 글쓰기 강좌가 운영되는 가족센터도 있으나 고급 한국어교 육 차원에서 체계적인 쓰기 강좌를 운영하는 가족센터는 찾아보기 힘들 다. 그러나 쓰기의 수업은 누구보다도 고급 한국어 수준의 결혼이주여성 들에게 필요한 수업이다. 고급 수준의 쓰기 능력은 토픽 시험에서 중급과 고급을 판단하는 기준(양영희, 2022: 227)이고, 결혼이주여성들에게 토픽 고급 취득은 한국 사회에 적극적으로 참여할 수 있는 기회를 제공하는 수단이 다. 이 외에도 가정에서의 활동이 대부분인 결혼이주여성들을 위해 한국 의 정치, 경제, 사회의 이슈를 내용으로 한 뉴스를 통해 토론하는 강좌, 국 가별 발음교정 강좌 등 고급 수준의 한국어교육 프로그램의 다변화가 요 구된다.

교육과정 개발에는 교수-학습 방법과 수업 시간, 교육 기간 등 여러 요인이 고려되어야겠지만, 중요한 점은 한국이 본격적으로 다문화사회가 된 지 10년이 넘어가면서 고급 수준의 한국어를 구사하는 결혼이주여성이 많아졌고, 그녀들을 위한 교육 프로그램 개발이 필요하다는 것이다. 실제로 허용 외(2009)에서 실시한 요구조사에 의하면 결혼이민자의 한국어 학습 목적에서 취업은 전체의 7%에 불과했지만 김선정 외(2018)에서는 17%로 늘었으며 가족센터 학습자의 50% 이상이 5년 이상의 장기 체류자인 것으로 나타났고 그중 67%가 고급 수준 이상의 한국어 숙달도를 목표로 하는 것으로 나타났다(김선정·강현자, 2019: 860)고 한다. 따라서 변화된 학습자의 수준을 고려해, 가족센터에서는 적극적으로 고급 수준의 한국어 강좌 프로그램을 개발하고 운영해야 할 것이다. 고급 수준의 한국어 강좌 프로그램 개발은 교육기관으로서의 가족센터의 지속 발전한 미래를 담보해줄 것이며 전문인력 양성과 역량개발 차원에서 결혼이주여성의 미래의 디딤돌이 될 것이다.

2) 한국의 다문화사회 특성을 반영한 상호문화교육 프로그램 개발

다문화정책이 동화에서 통합으로 바뀌면서 문화교육의 패러다임도 바뀌었다. 다문화사회 초기에는 이주민의 빠른 문화적응을 위해 이주민이 한국문화를 학습하는 동화 방향의 문화교육이었다. 가족센터의 문화교육도 동화 방향의 문화교육이 대부분이었고, 이주민, 특히, 결혼이주여성을 대상으로 한 한국의 음식문화, 효문화, 가족문화 등이 주요 문화교육 프로그램이었다.

그러나 다문화정책이 동화에서 통합으로 바뀌면서 가족센터에서 제공하는 문화교육 프로그램도 결혼이주여성들과 함께 남편이나 자녀들을 대상으로 한 문화교육으로 변화하기 시작했다. 일회적인 이벤트이기는 하지만 남편을 대상으로 아내 나라의 음식을 체험해보는 문화교육 차원의 프로그램이 제공되는 등 문화교육의 학습자가 확대되는 변화를 보이기 시작했다. 그리고 점차적으로 장기적인 차원의 다양한 문화교육 프로그램의 필요성이 대두되면서, 각 지자체의 가족센터에서 상호문화교육 차원의 문화교육 프로그램이 새롭게 개설되는 변화를 보였다. 이와 관련한 대표 연구에는 상호문화교육의 관점에서 충청남도 가족센터의 교육 프로그램의 현황을 파악한 「상호문화교육의 관점에서 살펴본 충남도 다문화가족지원센터 교육 프로그램의 현황과 개선 방안 연구」가 있다(전정미·조순정, 2021). 그 결과, 의사소통 능력 향상의 목표를 제외하고는 대부분의 목표에 부합하는 프로그램들이 부족하거나 전무한 것으로 분석되었다. 특히 충남도는 다양한 인적 구성을 가진 다문화사회이지만, 인적 구성에 비해 실제 운영되는 교육 프로그램에서는 문화 간의 만남을 가능하게 하는 요소가 매우 부족한 실정이다(전정미·조순정, 2021: 39).

상호문화교육 차원에서 가족센터의 교육 프로그램을 본격적으로 분석한 연구로, 대부분의 프로그램이 목표에 부합하지 못한 점을 결과로 도출하고 있다. 그러면서 의사소통 능력 향상의 교육 프로그램인 이중언어 교육 프로그램이 상호문화교육을 비교적 잘 실천한 프로그램으로 분석하고 있다.

그러나 이중언어교육 프로그램도 두 문화 간의 만남을 실천하는 상호문화교육 차원에서 접근해보면, 지향해야 할 상호문화교육으로 볼 수 없는 매우 소극적인 차원의 상호문화교육이다. 실제로 제공되는 이중언어교육 프로그램이 '엄마 나라 말 배우기[베트남 다문화가족 자녀(7~12세) 대상]', '아내 나라 말 배우기(아산시 거주 베트남 다문화가족 남성 배우자 대상)' 등인데, 다문화가정의 구성원만을 대상으로 한다는 한계를 가지고 있기 때문이다. 한국어교육에서 다국적 언어교육으로 그 내용을 확대하고 결혼이주여성들과 함께 남편과 자녀들처럼 다문화가정의 구성원을 주요 학습자로 확장한 것은 상호문화교육 차원에서 상징적인 변화다. 다만, 프로그램명에서 유추할 수 있듯, 학습자를 다문화가정 구성원으로 제한한 것은 상호문화교육의 본질적 목표에 어긋난다. 상호문화교육을 지지하는 모든 학자는 타인의 문화보다 타인과의 만남을 강조하고 있다(장한업, 2017: 139). 즉 다양한 문화의 사람들이 서로 관계 맺기를 하는 것이 상호문화교육의 기본 내용이자 방향이고, 특히, 한국의 상호문화교육은 누구보다도 정주민인 한국인과 다국적 이주민의 만남을 바탕으로 한 프로그램일 때 상호문화교육의 실천으로 볼 수 있다. 이러한 관점에서 비교적 성공적인 상호문화교육이라 규정한 이중언어교육도 다문화가정 구성원만을 대상으로 했다는 점에서 프로그램의 변화 및 발전이 필요하다. 우선, '아내 나라 말 배우기', '엄마 나라 말 배우기'와 같은 프로그램명을 새롭게 고치고, 다문화가정 구성원뿐 아니라 정주민인 한국인, 그리고 또 다른 문화적 배경을 가진 이주민이 모두 수강할 수 있도록 해야 할 것이다. 예컨대, 다문화가정의 아이들이 엄마 나라 언어인 중국어, 베트남어 등을 배우고자 이중언어교육 프로그램에 참여할 수도 있지만, 아이들과 함께 온 친구들도 편안하게 이중언어교육 프로그램에 참여할 수 있을 때 상호문화교육 차원의 이중언어교육이라 할 수 있다.

상호문화교육 차원으로 가족센터의 교육 프로그램을 분석한 또 하나의 연구에는 「상호문화주의 관점에 기초한 건강가정·다문화가족지원센터의 사업 분석」이 있다(박인욱, 2022). 이 연구에서는 춘천시 가족센터를 사례로 선정하고, 상호문화교육적 요소 일곱 개(의사소통, 상호작용, 다양성, 공감, 인권 존중, 협력, 공동체의식)를 설정하여 2021년에 운영된 63개의 사업을 조사하여 분석했다(박인욱, 2022: 1). 상호문화교육 요소가 가족센터 사업에 어떤 형식으로 반영되고 있는지를 구체적으로 밝힌 연구라는 점에서 상호문화교육 프로그램 개발 차원에서 중요한 의미를 가진다. 그리고 상호문화교육에 대한 기본 방향과 정책이 명확하게 성립되어 있지 못한 가족센터의 현주소를 확인시켜준다는 점에서도 의미를 가진다. 상호문화교육으로 보기 어려운 교육 프로그램, 예컨대, 다문화가정의 어머니를 대상으로 하는 '한국어교육'과 자녀와의 소통을 증진하기 위한 '부모교육'에 일곱 개의 상호문화교육적 요소를 적용하여 분석한다는 것은 현재 가족센터에서 실제적인 상호문화교육 프로그램을 활발하게 운영하지 못한다는 것이다. 또한 상호문화교육에 대한 광범위한 접근은 자칫 상호문화교육이 가진 고유의 교육적 의미와 방향에 혼돈을 줄 수 있다는 점을 상기하게 만든다. 물론, 대부분의 교육 속에 상호문화주의 관점이 존재하고, 서로 다른 두 문화와의 만남, 관계를 바탕으로 한 것이 상호문화교육의 핵심적인 내용이고 방향이지만 지나치게 광범위한 개념으로 접근한다면 실제적인 상호문화교육 프로그램을 수립하기 어려울 것이다. 타자와의 만남, 역동적인 상호작용이 존재한다고 해서 모든 프로그램을 상호문화교육으로 볼 수 없다. 그렇다면 어떤 문화 간의 만남을 상호문화교육이라 할 수 있을지, 기본 철학인 상호문화주의를 바탕으로 상호문화교육을 설계하면 다음과 같다.

> 상호문화주의는 개인적인 차이를 유지하면서도 국가나 지역의 지배적인 문화를 공통분모로 권장하는 노력이라 할 수 있다(장한업, 2017: 119).

상호문화주의의 핵심은 차이를 인정하면서 동시에 각국 문화의 공통분모, 즉 세계 보편의 문화를 서로 이해하고 공감하는 것을 의미한다. 그래서 다문화사회 속 상호문화교육은 개인의 차이와 공통점을 발견하는 과정이지만 무엇보다 국가나 민족이 가진 문화적 다양성과 보편성을 서로 이해하는 과정이다. 다문화사회가 된 한국에서 지향하는 상호문화교육도 서로 다른 국가 및 민족적 배경을 가진 사람들 사이의 만남과 관계, 그 속에서의 역동적인 상호작용을 추구하는 교육이다. 오랜 세월 단일민족을 강조하던 한국에서 다문화가정과 이주민에게 가진 선입견과 편견은 각 개인을 향한 부정적 감정보다 국가와 민족에게 가지는 다문화 감수성을 바탕으로 하고, 이러한 한국의 특수성을 고려해보면 상호문화교육의 방향은 개인보다 국가나 민족이 가진 문화적 다양성과 보편성을 서로 이해하는 과정이 핵심 목표여야 할 것이다.

이러한 점에서 가족센터에서 제공하는 상호문화교육은 각 민족 간의 만남 속에서 낯선 타문화에 대한 공감과 이해를 목표로 한 방향이어야 한다. 다양한 국적의 이주민들 그리고 한국문화를 원문화로 가진 정주민까지 초국적인 교실 환경에서 각국의 문학이나 역사 등을 통해 역동적 만남을 추구할 때 상호문화교육이 실천될 것이다.

최근에 발표되고 있는 가족센터에서의 상호문화교육 관련 연구는 교육기관으로서의 가족센터의 역할과 책무를 성찰하게 만든다. 구체적이고 전문적인 상호문화교육 프로그램이 가족센터에서 제공하지 못하다는 점이 선행연구를 통해 확인되었기 때문이다. 현재 상호문화교육이 문화교육의 핵심임에도 불구하고 전문적인 상호문화교육 프로그램을 가족센터에서 운영하지 못한 상황은 변화와 발전 측면에서 심각한 문제다. 가족센터는 이주민에게는 학교와 같은 교육기관이고 정주민에게도 공존과 통합을 경험할 수 있는 또 하나의 학교다. 상호문화교육을 활발하게 이끌어나가야 하는 최전선에 있는 가족센터에서 상호문화교육에 대한 기본적인 교육 철학과 방향을 준비하지 못한 채, 과거의 문화교육에 머물러 있는 상황은 상호문화 실천의 관점에서 심각한 문제다. 따라서 본격적인 상호문화교육 프로그램 개발 전에 상호문화교육에 대한 기본 철학과 내용에 대한 교육을 가족센터 운영자와 교·강사에게 우선적으로 제공하고, 전문가의 협조를 받아 본격적으로 상호문화교육 프로그램 개발을 해야 할 것이다.

3) 이주민 의견을 수렴한 교육 프로그램 개발

가족센터는 결혼이주여성이 소통하고 교류하는 공간으로 무엇보다 한국에서 안정적으로 정착하고 지역사회 구성원으로서 살아가게 만드는 공간이다. 소통과 교류의 공간으로서 가족센터가 존재할 수 있는 것은 가족상담과 법률상담 및 취업지원 등 가족센터가 제공하는 다양한 프로그램 때문이고, 이 중에 백미는 역시 교육 프로그램이다. 가족센터는 한국어 교육 프로그램을 필두로 한국 문화교육, 부모교육, 자녀교육, 취업교육 등 다양한 내용의 교육 프로그램을 이주민에게 제공하고 있다.

그리고 가족센터가 제공하는 교육 프로그램의 의미와 가치로 인해 그동안 교육 프로그램 개발을 위한 다양한 연구들이 지속적으로 발표되었고, 특히, 교육 프로그램 개발 연구에는 요구분석이 중요한 방법론으로 적용되는 공통점이 있다. 대표적인 연구에는 프로그램 담당자를 대상으로 요구분석을 한 김선정·강현자(2019)의 「결혼이민자를 위한 한국어문화

교육프로그램 담당자 대상 요구분석 연구」와 결혼이주여성의 교육 프로 그램 요구가 무엇인지를 살핀 최승호(2019)의 「결혼이주여성 교육프로그 램 요구분석」이 있다. 먼저, 김선정·강현자(2019)의 연구에서는 가족센터 의 운영진이 누구보다도 교육 프로그램을 계획하고 운영하는 주체라는 점에서 그들의 의견을 조사했고, 교육 프로그램 개발과 관련한 중요한 화 두를 던졌다. 그것은 가족센터 운영진이 가진 교육 프로그램 개발에 대한 낮은 수준의 반성적 고찰이다.

> "'기타'를 제외하고 1번 항목으로 선택한 응답자가 가장 많았던 것은
> '결혼이민자 당사자의 참여 의지 제고'이며, 다음이 '가족들의 적극적인
> 지원'과 '정책적인 지원', '다양한 교육 프로그램의 개설', '프로그램의
> 질적 수준 강화'의 순으로 나타났다." (김선정·강현정, 2019: 865)

운영진은 한국어교육 프로그램을 운영하는 데 가장 큰 어려움이 수 강생의 낮은 참여율이라 했고, 참여도를 높이는 방법으로 '결혼이민자 당 사자의 참여 의지 제고'와 '가족들의 적극적인 지원'을 뽑았다. 총인원 145명 중에 99명이 두 개의 방법을 선정했고, '다양한 교육 프로그램의 개설'은 세 명만 선정했다. 여기에서 주목할 점은 운영진에게 '다양한 교육 프로그 램의 개설'에 대한 문제의식이 매우 낮다는 것이다. 물론, '결혼이민자 당 사자의 참여 의지 제고'와 '가족들의 적극적인 지원'이 참여도를 높이는 데 중요한 요인이겠으나, 이러한 부분들은 가족센터에서 직접 개선할 수 있는 부분이 아니다. 반면 다양한 교육 프로그램의 개설은 높은 참여율을 위해 가족센터의 운영진이 직접 바꿔나갈 수 있는 부분이고, 교육 프로그 램의 변화가 결혼이민자의 참여 의지를 높이고 가족들의 적극적인 지원

을 가져오게 할 수 있다는 것이다.

　10년 전과 현재의 결혼이주여성의 한국어 수준과 사회 환경의 변화를 고려한다면, 큰 변화가 없는 가족센터의 교육 프로그램은 결혼이주여성들에게 낮은 흥미와 참여를 가져오게 한다. 가족센터의 운영진이 교육 프로그램 개발에 문제의식을 가지지 못한다면, 학교와 같은 교육기관으로서의 가족센터의 미래는 불투명할 수밖에 없다. 한국어가 서툰 이주민을 대신하여 그들의 목소리를 전달할 수 있는 가족센터의 운영진이 이주민 주체의 교육 프로그램 개발의 필요성을 인지하는 것은 상호문화 실천의 시작일 것이다.

　교육 프로그램 개발을 위해 무엇보다 중요한 또 하나는 결혼이주여성들의 요구 수렴이다. 결혼이주여성에게 직접 그들이 원하는 교육 프로그램을 조사한 최승호(2019)의 「결혼이주여성 교육 프로그램 요구분석」에서는 교육 프로그램 개발을 위해서 이주민의 의견을 더욱 수렴해야 한다는 사실을 확인할 수 있다. 다문화사회와 한국문화 이해의 영역 중 모국문화 및 모국어교육이 가장 높은 것으로 나타났다(최승호, 2019)는 연구 결과는 가족센터의 현재 교육 프로그램과 결혼이주여성이 희망하는 교육이 매우 먼 거리에 있다는 사실을 확인할 수 있다.

　고착화된 현재의 가족센터 교육 프로그램은 이제 가족센터의 운영진, 특히, 학습자인 이주민의 의견을 수렴한 상호문화 실천적 관점에서의 변화를 모색해야 한다. 소통과 교류의 공간으로서의 가족센터 특성을 고려해보면 정형화된 일련의 교육과정을 벗어나 다양한 형식의 교육 프로그램을 개발할 필요가 있다. 교육목표와 교육내용 그리고 교수자와 학습자가 명확하게 존재하는 일련의 교육과정을 의미하는 교육 프로그램에서 나아가 다양한 형태의 교육 프로그램을 모색해야 하고, 이때 중요한 점은 이주민의 의견을 적극적으로 수렴해야 한다는 것이다.

　가족센터의 이주민을 위한 다양한 교육 프로그램은 결국 이주민이 한국 사회의 일원으로 정착하기 위해 제공되는 것으로, 프로그램 개발에서 이주민의 의견은 중요할 수밖에 없다. 과거에는 전문가의 의견을 토대로 교육 프로그램이 개발되었다면, 이제는 이주민 의견을 적극적으로 수렴해서 가족센터 고유의 특성을 살린 교육 프로그램을 개발해야 할 것이다.

10장

가족센터
상호문화
소통 경험 연구

이 장은 김진선 외(2023), 「가족센터 구성원 간 상호문화 소통 경험에 관한 질적 메타분석」, 『교육문화연구』 제29권 2호를 이 책의 내용에 맞게 수정 및 보완한 것이다.

1.
가족센터 구성원의 관계와 역할

가족센터는 한국사회에서 다문화가족을 지원하는 대표적인 사회복지기관이며 다문화 평생교육기관이다. 가족센터는 다문화가족 구성원이 안정적으로 생활하고 사회의 구성원으로 책임과 역할을 다할 수 있도록 이들 삶의 질 향상과 사회통합을 위해 설립된 가족 지원정책 기관이다(박상옥 외, 2021).

한국 사회는 세계화 현상으로 체류하는 외국인 수가 증가하는 가운데 다인종, 다문화사회로 급속히 변화하고 있다. 여성가족부(2019)에 따르면 결혼이주여성이 한국에 10년 이상 거주한 비율은 60.6%로 장기 정착이 점차 뚜렷해지고 있다. 결혼이주여성의 장기 정착으로 이들의 한국어 습득, 자녀 양육, 문화 적응의 어려움 등 다양한 개인·사회적 문제점이 양산되었다. 한국은 결혼이주여성의 문화 적응과 생활 정착 과정에서 나타난 다양한 어려움을 해결하기 위해 사회통합의 차원에서 다문화정책을 시행했다(빈부격차·차별시정위원회, 2006). 그리고 정책에 따른 사업과 서비스를 시행하고 운영하기 위해 '다문화가족지원센터'를 설치 및 운영하고 있다.

다문화가족지원센터는 이주민의 문화 적응과 사회통합을 위해 한국어교육, 취업을 위한 다양한 교육과정, 상담창구 개설 등 다양한 사업을 추진해왔다. 최근에는 '건강가정지원센터'와 '다문화가족지원센터'를 '가족센터'로 통합하면서 이원화된 전달체계를 통합하여 다문화가족뿐 아니라 일반가족을 대상으로 포괄적인 서비스를 제공하고 있다. 가족센터는 통합 이전과 비교했을 때 지원 대상, 시간, 서비스 측면에서 보다 확대된 내용을 가지게 되었다.

가족센터의 구성원은 기관운영자와 사용자의 관계로 나눌 수 있다. 기관운영자는 기관의 센터장을 비롯한 기관종사자로 한국어교육, 통·번역, 상담 및 사례관리, 결혼이민자 대상 사회적응 교육 및 취업교육 지원, 가족교육, 다문화가족 자녀 언어발달 지원, 방문교육, 다문화가족 이중언어 환경 조성 등 다양한 서비스를 제공하는 주체다. 대부분 정주민으로 구성되며 일부 이중언어강사 및 통·번역사, 상담사 등이 이주민으로 구성된다. 기관사용자는 결혼이주여성, 다문화가족 자녀, 다문화가족의 한국인 배우자 및 가족, 한국인 가족 등으로 그 범위가 이주민과 정주민을 포괄하고 있다.

여성가족부(2021)는 가족센터의 사업 영역을 가족관계, 가족생활, 가족돌봄, 가족과 함께하는 지역공동체 지원 등 네 개 영역으로 구분했다. 이에 가족센터의 운영자는 지역사회와 다양한 가족의 욕구를 바탕으로 구체화된 프로그램을 계획 및 수행할 책임이 있다(박연진·박윤조, 2022). 또한 다문화사회의 대표적인 기관으로서 이주민들이 한국 사회 시민으로 성착하여 살아가도록 제도·정책적 지원을 해야 한다(박상옥 외, 2021). 이에 다문화 인식개선을 위한 다양한 프로그램을 진행하고 있으며(강비아, 2019; 문정희, 2019) 다문화가족의 역량 강화와 취업을 위한 서비스를 제공한다(김복태, 2020; 서정원 · 민윤경, 2021). 또한 다문화가족 방문 서비스 및 사례관리를 통한 가족 돌봄을 실천하며(김은재 · 최현미, 2019; 김은정, 2015; 남정연 · 김영순, 2022; 봉진영 · 권경숙, 2013; 신혜정 · 최수안, 2022; 이경란 · 류지성, 2019), 가족생활 주기별 교육 및 상담 프로그램을 진행하고 있다(박우철 · 강혜성, 2023; 전미경 외, 2016; 장영신 · 전경미, 2014).

이러한 기관의 다양한 프로그램은 이주민의 한국 사회적응과 시민으로서 정착을 돕고 가족관계 향상에 이바지했다. 관련 선행연구를 살펴보면 가족관계를 위한 상담 및 교육프로그램 참여(곽정임 · 서미아, 2015; 신현군 외, 2017; 오연주, 2018; 이현아, 2022), 다문화가족센터를 통한 사회활동 및 봉사활동 참여(김유진 · 유전양, 2018), 취업에 관한 사업 참여(서정원 · 민윤경, 2021; 안지민 · 장흔성, 2021), 자녀의 적응과 언어발달 지원 사업 참여(안진숙 · 김영순, 2019; 정경희 외, 2015; 최혜원 · 최연실, 2019), 가족센터 내 자조모임 참여(김영순 · 김도경, 2022; 김영순 · 김은희, 2022; 김영순 · 문희진, 2022; 김영순 · 최수안, 2022), 여가활동 참여(민웅기 · 김상학, 2018; 노영희 · 전현옥, 2020; 이문숙 · 김재운, 2014) 등이 있다. 가족센터 사용자의 기관 참여는 초기 정착에 초점이 맞추어져 있지만 한국 정착이 길어짐에 따라 취업 및 사회활동, 자녀 학습 부적응 문제, 여가 등에 관한 주제로 넓혀져 가고 있음을 알 수 있다.

가족센터 운영자와 사용자는 기관의 다양한 프로그램과 사업을 제공하고 참여하는 가운데 만나며 다양성을 전제로 사회 · 문화적 상호작용을 한다(박인옥, 2022; 이현아, 2020). 가족센터 구성원 간 다양한 문화의 만남과 소통은 문화 간 경계를 허물고 '나'와 '타자' 사이에서 경계와 장애를 극복하는 매개가 될 수 있다. 상호문화 소통은 문화의 중첩 상황에서 자신의 문화를 이해하고 타자의 입장이 되어 타자의 문화를 수용하는 과정으로서 다름을 전제하는 동시에 보편성을 추구하는 것이다(박인철, 2017). 가족센터의 구성원은 상호문화 소통을 통해 개인의 문화정체성을 변화시키고 성장시킬 수 있다. 이에 상호문화 소통은 가족센터 기관운영자와 기관사용자 모두에게 필요한 능력이며, 이는 다문화사회 상호공존을 위한 상호문화 실천적 성격을 지닌다.

2.
상호문화 소통

상호문화 소통은 상호문화성을 바탕으로 한다. 상호문화성은 단일 문화를 넘어 둘 이상의 문화가 만나며 형성된 '사이 영역'의 공간의 문제다(김영순·최승은, 2016; 김태원, 2012). 이 공간은 문화 간 고유성의 인정뿐 아니라 상호작용을 통한 상호공존의 새로운 가치생산이 이루어지는 역동적 공간이다(김태원, 2012). 상호문화성의 'Inter'는 상호작용, 교환, 장벽 제거, 진정한 연대성을 의미한다(Rey, 1986). 이 개념은 특정 문화가 다른 문화들을 지배·획일화하는 동화주의적 입장을 비판하며, 다원적 세계관을 바탕으로 한 관용적 태도로 상호문화를 인정하고 균등한 위치에서 접촉하고 교류하며 차이와 함께 보편성을 지향하는 것이다(김영순·최유성, 2020; 박현주, 2020).

상호문화성을 바탕으로 한 '상호문화 소통'은 다양한 문화적 주체가 만나고 대화함으로써 자신이 속한 문화에서 알 수 없었던 다른 세계관과 문화양식을 배우며 이해의 폭을 넓혀가는 과정이다. 이에 김영순과 최유성(2020)은 상호문화 소통이란 일상적 차원에서 상호문화소통 역량이 작동되는 실천 행위로 다문화사회를 살아가는 데 필요한 능력과 역량으로 보았다. 신용식(2021)은 문화적 배경이 다른 사람들이 관용과 이해, 자기성찰을 바탕으로 한 역동적인 상호작용을 통해 새로운 공동의 가치를 창출하고 자신의 문화적 가치와 정체성을 수정하고 성장시키는 발판이라 했다. 김영순과 김도경(2022)은 상호문화 소통은 단순한 정보 및 지식의 전달 수준을 넘어 공감과 포용, 이해와 관용이 요구되는 동시에 비판적 시각으로 바라보고 소통하는 것이라 했다. 즉, 상호문화 소통이란 서로 다른 문화의 사고방식과 행동규범을 이해함으로써 자문화중심주의에서 문화상대주의로 나아가는 것이며, 수용과 인정을 넘어 비판적으로 해석하고 적용함으로써 새로운 문화가치를 창출하는 것이다.

상호문화 소통에 관한 선행연구는 상호문화 소통의 개념적 접근(김순임 · 민춘기, 2014; 신용식, 2021), 상호문화 소통을 위한 교육적 접근은 상호문화 소통을 위한 학습 모형 개발에 관한 연구(마효정, 2015; 양민정, 2018; 조관연 · 김민옥, 2021), 상호문화 소통 역량 차원 연구는 학교, 사회복지기관의 교사 및 학생의 상호문화 소통 역량에 관한 연구로서 효과 및 요인 연구가 많았다(김미승, 2020; 김진희, 2019; 이미선, 2021). 또한 상호문화 소통의 경험 탐색 및 의미에 관한 연구는 비교적 최근에 이루어졌다. 이주여성의 상호문화 소통 경험(김영순 · 최유성, 2020), 유학생의 상호문화 소통 경험(갈라노바 딜노자 · 김영순, 2021), 외국인 노동자와 근무하는 한국인 노동자의 상호문화 소통 경험(하종천 · 오영훈, 2021), 개인이 아닌 공동체로서 자조모임에 참석한 결혼이주여성의 상호문화 소통 경험(김영순 · 김도경, 2022) 등이다.

3.
질적 메타분석

1) 개요

　질적 메타분석은 유사 주제의 질적 연구 결과들을 분석하고 종합하여 현상에 대한 설명을 좀 더 일반화하고자 시도된 것으로 스턴(Stern)과 해리스(Harris)가 처음 사용했으며 질적 연구물들을 합친다는 의미다(나장함, 2008; Walsh & Downe, 2005). 질적 연구방법은 특정 맥락에서 일어나는 현상과 원인을 파악하고 구체적으로 설명해줄 수 있지만, 개별 사례로서 연구 결과를 일반화하기 어렵다. 하지만 질적 메타분석은 질적 결과물들을 종합하여 현상에 대한 공통점과 차이점을 분석함으로써 일반화하기 어려운 질적 연구의 단점을 보완할 수 있다. 즉, 질적 메타분석에서의 종합적인 분석은 해석에 중점을 둔 것으로(Paterson, 2001) 기존의 연구물들이 제시하는 결과들의 축적된 지식을 해석하여 좀 더 일반적인 결론을 도출한다(나장함, 2008). 이러한 종합적인 분석과 해석을 통해 다양한 경험에 대한 심층적인 이해가 가능하고 그 의미를 고찰함으로써 사람들이 필요로 하는 주제에 대한 실제적인 조언을 할 수 있다(이수민 · 김경식, 2020; 최수안 · 김영순, 2021).

가족센터의 기관운영자와 사용자 간 상호문화 소통에 관한 각각의 사례들은 가족센터의 구성원에 따라 그 결과가 상이한 경험을 보이고 있으며, 사례의 주제(교육, 취업, 학습, 자조모임)에 따라 그 내용이 다양하다. 소수 연구참여자를 대상으로 한 개별 사례들의 결과는 구체성과 맥락성을 포함한다는 점을 이해하는 데에는 장점이 있으나, 전체적이고 통합적인 가족센터의 상호문화 소통을 파악하고 실용적인 논의를 하기에는 한계점이 있다. 따라서 가족센터의 기관운영자와 사용자 간 상호문화 소통과 관련된 질적 사례들을 질적 메타분석 방법으로 분석함으로써 가족센터 사용자 간 상호문화 소통 경험을 포괄적으로 이해하고, 다문화사회 공존을 위한 상호문화 실천 방안을 찾고자 했다.

2) 분석절차

질적 메타분석은 다른 체계적 문헌 고찰 및 양적 메타분석과 같이 연구 영역과 개별 연구물 선정 기준을 설정하는 것이 중요하다. 이 분석은 이수민과 김경식(2020)을 참고하고 노블리트와 헤어(Noblit & Hare, 1988)가 제시한 7단계 분석 절차에 따라 수행했다. 분석 단계는 다음과 같다.

1단계에서는 분석 시작하기로 '가족센터 구성원 간 상호문화 소통 경험 탐색'이라는 연구 문제를 설정했다.

2단계에서는 학술연구정보서비스(RISS)를 기준으로 분석 대상을 수집(검색 시점: 2022. 12. 1~31)했으며 나장함(2008)의 포함 배제 기준 두 개를 적용하여 선정했다. 그 기준은 분석자의 분석 초점과 주제적 유사성과 적절한 분석방법의 사용이다. 이를 위해 1차로 키워드별로 검색하여 '가족센터(구 다문화가족지원센터)와 소통' 47편, '가족센터와 상담' 60편, '가족센터와 경험' 128편으로 총 235편의 연구물을 수집했다. 그리고 수집된 연구물에서 1차로 질적 연구가 아닌 경우(N=76)와 등재 또는 등재후보지가 아닌 경우(N=59)를 제외했다. 결과적으로 2차로 총 연구물 100편을 추출했다. 이후 2차로 선정된 문헌의 초록과 본문을 살펴보고 가족센터 및 상호문화 소통과 관련이 없고 중복된 문헌을 제외하여 16편을 도출했다. 마지막 3차로 가족센터와 소통 및 경험으로 검색되지 않은 관련 키워드(방문교육지도사, 사례관리사, 상담사 등)를 추가 검색하여 세 편의 질적 연구물을 추가했고 19편의 연구물을 최종 선정했다.

3단계에서는 개별 연구물을 읽고 주제 및 개념에 대한 분석을 진행했다. 이 단계에서는 나장함(2008), 이수민과 김경식(2020), 노블리트와 헤어(1988)의 분석 틀을 참고하여 연구자, 발행 연도, 연구목적, 연구참여자 정보, 연구방법과 주요 결과를 중심으로 기본정보를 정리했다.

4단계에서는 연구물 간 연관 분석 및 해석으로 먼저 각개별 연구물에 나타난 상호문화 소통의 주체를 파악하고 소통의 내용과 주제에 따라 메모를 달고 연구물 간 관계를 설정하여 분석틀을 마련했다. 설정된 관계는 크게 가족센터 내 상호문화 소통의 주체별로 기관운영자와 사용자, 기관사용자 간으로 범주화되었으며 분석물마다 그 영역을 표시했다.

5단계에서는 개별 연구물에 메모를 중심으로 은유나 개념을 비교 분석하며 연구물 간 유사 주제와 개념으로 묶어 범주화했다.

6, 7단계에서는 분석을 토대로 각 연구물이 시사하는 것 이상의 결과를 도출하고 좀 더 포괄적인 은유나 개념 찾기로써 상호문화 소통 경험의

종합적인 해석과 의미를 도출했다.

질적 메타분석은 연구의 신뢰도를 확보하기 위해 공동연구자 또는 분석팀으로 연구를 수행한다(Lloyd, 2003). 이 분석은 사회과 교수 1인, 다문화 관련 동향 연구 및 질적 연구 경험이 있는 박사 1인, 가족센터의 상호문화 소통에 관한 질적 연구 경험이 있는 박사과정생 1인이 함께 분석에 참여했으며 질적 메타분석 경험이 있는 박사과정생 2인에게 분석 방법과 및 절차, 내용을 공유하고 검증 절차를 거쳤다. 분석과정에서 의견 차이가 있는 경우, 개별 연구물을 확인하고 합의하는 과정을 통해 최종 결과를 도출했다.

4.
가족센터 기관운영자와 사용자 간
상호문화 소통

센터의 기관운영자와 사용자가 각 역할에서 느끼는 경험에 대한 개별 연구물에서 추출된 핵심적인 개념은 서비스 인식, 상호이해, 차별 및 소외, 소통, 성찰, 신뢰의 여섯 개이고, 이 개념은 자문화 중심의 인식과 태도 그리고 타자지향적 자기성찰과 상호소통 영역으로 분류되었다.

1) 자문화 중심의 인식과 태도

(1) 서비스의 제공자와 수혜자의 인식과 기대 차이

가족센터의 구성원인 기관운영자와 사용자는 서비스 제공자와 수혜자의 역할 위치에서 다른 인식과 기대를 보였다. 센터의 기관운영자는 사용자들의 한국 사회적응에 중점을 두고 가족센터에서 다양한 사업을 진행하고 있다. 특히 한국어교육 사업은 가족센터의 주요한 기본사업으로 사용자들도 필요 사업으로 평가하고 있다. 그러나 이 사업은 법무부 산하의 가족센터뿐 아니라 관내 복지기관에서도 비슷한 형태로 제공하면서 중복과 과다경쟁의 문제를 발생시켰다(김성숙·홍성희, 2010). 가족센터에서는 실제 서비스 수혜자들을 생애주기별로 명확하게 구분하는 것이 어려움에도 불구하고 생애주기 맞춤형 서비스를 제공하고 있다. 특히 농촌지역 내의 서비스 사용자들은 현실적으로 출산 및 농업 등으로 인해 적절하게 생애주기 맞춤형 서비스를 이용할 수 없었다(김은재·최현미, 2019; 김혜미, 2013). 이와 같은 문제들은 센터 운영 실적을 위해 의무적으로 채워지기 때문에 발생하기도 했고(김혜미, 2013; 이경란·최정숙, 2020), 이처럼 기관의 일방적인 교육지원 등은 사용자들의 불만을 초래했다(김성숙·홍성희, 2010).

반면 센터의 기관사용자 중에는 서비스 제도의 허점을 이용하거나 유리하게 정책을 편취하는 경우도 있었다(이경란·최정숙, 2020). 이들은 센터의 서비스 제공에 대한 혜택을 당연하게 여기기도 하고 센터에게 일자리 등 끝없는 서비스를 요구하기도 하는데 센터의 기관운영자들은 이들에게 반감을 느끼기도 한다. 하지만 결혼이주여성들은 높은 취업 욕구에도 불구하고 취업에 대한 인식과 책임감의 부족을 보이기도 했다(김성숙·홍성희, 2010). 조용길(2015)은 서로 다른 문화적 관점이나 가치에 대해 서로 협의하고 조정하는 역량이 상호문화성이라고 했는데 가족센터 구성원 상호 간의 다른 인식과 기대 차이는 상호 갈등의 원인이 되며 소통을 어렵게 하는 것으로 나타났다.

(2) 상호문화 이해 부족

센터의 기관운영자와 사용자는 상호 간 이해가 부족한 것으로 나타났다. 단지 기관의 사업실적 목적만으로 이주민의 상황적 맥락에 대한 고려 없이 운영하는 센터의 자조모임은 기관과 이주민의 소통을 어렵게 했다(김영순·김도경, 2022). 센터의 기관운영자는 사용자가 경험하는 언어적 장벽 해결을 돕기 위해 미술을 활용하기도 하지만 센터의 기관운영자와 사용자 간 문화적 요소의 다름에서 오는 해석의 어려움으로 인해 한계를 경험하기도 했다(장영신·전경미, 2014). 다문화가정 중에는 다문화가족에 대한 사회의 차별적 시선을 경험하면서 본인을 드러내는 것을 꺼리며, 방문 서비스를 거부하는 예도 있었다(김성숙·홍성희, 2010). 반면 센터의 기관운영자 중에는 사용자들의 다양한 문화적 배경에 따른 교육 요구를 파악하지 못하여 시행착오를 경험하기도 하고 일회성의 집합적 교육으로 이벤트성 행사를 많이 진행하기도 했다(김성숙·홍성희, 2010). 문화는 어린 시절부터 습득한 소속집단의 가치관을 바탕으로 생활하면서 획득하는 것(임은미·구자경, 2019)으로 상호 간의 문화이해 부족은 소통의 어려움으로 나타났다.

(3) 센터 이용의 차별 및 소외

기관사용자들이 가족센터 사용에 있어 차별과 소외를 경험하기도 한 것으로 나타났다. 경제활동을 하고 있거나 혼인 단절 상태의 결혼이주여성, 또는 비사교적이고 센터 이용에 낮은 참여율을 보이는 사용자는 센터에서 배제되기도 했다(권인욱 외, 2020). 코로나19 같은 재난 위기 상황에서는 외국인에 대한 사회적 편견으로 인해 가족센터가 사용자들을 위한 지원에 적극적이지 못하며, 이들에 대한 차별 및 배제가 겉으로 드러났다(김수정·마경희·윤성은, 2020). 센터 기관운영자들은 대체로 주류민이고 사용자들은 소수민으로, 특권을 보유한 집단인 주류민에 의해 소수민은 억압과 소외를 느끼며 삶에 불편함을 느낄 수 있는데(임은미·구자경, 2019), 연구 결과 비사교적이고 낮에 일하는 기관사용자들은 센터 이용이 어렵고 점점 센터 서비스에서 배제되는 것으로 나타났다.

2) 타자 지향적 자기성찰과 상호소통

(1) 상호 이해를 위한 소통의 다원화

센터의 기관운영자들은 사용자와 소통하고자 하는 의지를 보이며 다양한 방법으로 접근했다. 기관운영자들이 사용자들과 행동 및 표정 등의 비언어적 메시지뿐 아니라 비대면 등의 다양한 활동을 통해 소통을 다원화하고 있음이 나타났다. 센터 상담자들은 기존의 언어적 심리검사와 도구를 활용했을 때 언어와 문화의 한계를 경험했기에 언어보다 비언어적 행동 기법이나 예술, 음악 등의 다양한 표현방식을 활용하여 다문화가족 상담을 진행하고자 했다(장영신·전경미, 2014). 상담 종사자들의 타자지향적 노력은 사용자들의 어투나 표정 등에 더 집중하며 관찰하여 소통하고자 하는 것으로 나타났다. 또한 센터 실무자들은 센터의 자체 문화 프로그램에서 가족통합 교육 사업과 지역축제를 함께 진행하고자 했다(김성숙·홍성희, 2010). 상담 종사자들은 사용자들과의 소통을 위해 그들의 가족이나 주변의 인적 자원에 도움을 요청하기도 하는데, 사용자들의 가족이나 인적 자원들은 기관운영자와 사용자들에게 구원투수 역할을 하기도 했다(김성숙·홍성희, 2010; 김은재·최현미, 2019; 장영신·전경미, 2014).

(2) 성찰을 통한 소통 역량 증진

다양한 센터 활동은 기관사용자뿐 아니라 운영자들의 다문화 인식을 변화시켰다(김성숙·홍성희, 2010). 센터의 기관운영자들은 내·외부의 다문화사회에 대한 부정적 반응, 그리고 다문화가족의 도덕적 해이 등으로 처음 가졌던 다문화사회에 대한 신념이 약화되기도 했으나, 자신만의 성찰을 통해 사용자들을 인간적으로 이해하고 그들에 대한 가치관 변화를 경험했다(이경란·최정숙, 2020). 반면 센터사용자는 한국문화 중심의 교육 및 활동에 배타적 반응(김성숙·홍성희, 2010)을 나타내기도 했으나 지역축제나 가족통합 교육 등 현장의 실천 경험은 센터의 기관운영자들과 사용자들 간 정서적 공감을 이룰 수 있게 하며 인식의 변화도 끌어냈다(김영순·김도경, 2022). 센터의 기관운영자들은 다문화가족을 소수자로서 보호하며 인간으로서의 격려를 보냈다(이경란·최정숙, 2020). 다양한 문화적 활동을 통한 상호소통은 가족센터 구성원이 상호 간 가졌던 편견을 바꾸며 서로를 이해하게 했다.

(3) 신뢰를 바탕으로 한 지지와 지원

센터의 기관운영자와 사용자들은 다양한 문화적 활동을 통해 서로에게 믿음을 가지게 되었다. 기관운영자들은 사용자들에게 적합하고 유용한 프로그램과 사업을 개발하고자 했고 사용자들은 적극적으로 센터 활동에 참여했다. 특히 사용자들은 그들 주변의 또 다른 다문화가족 또는 이주여성에게 센터에 대한 긍정적인 정보를 주는 것으로 센터에 대한 신뢰를 보여주었다. 또한 각 센터의 기관운영자들 역시 더욱더 다양하고 실질적 도움이 되는 사업으로 사용자들을 지원하고자 했다. 센터의 방문교사와 대상자들 간의 지속적 신뢰와 긍정적 관계 형성은 사용자들이 센터에 오게 했다(김성숙·홍성희, 2010). 센터 구성원들 간의 믿음은 상호 간 이해를 바탕으로 한 공감을 통해 지지와 지원으로 이어진 것으로 나타났다.

5.
가족센터 기관사용자 간 상호문화 소통

센터사용자, 즉 결혼이주여성과 그들의 다문화가족, 그리고 결혼이주여성들 간 경험에 대한 개별 연구물에서 추출된 핵심적인 개념은 관계, 자존감, 능동성, 임파워먼트, 연결망, 탈출의 여섯 개이고, 이 개념은 상호문화 공감과 회복, 주체성 획득과 성장, 연계를 통한 상호협력 영역으로 분류되었다.

1) 상호문화 공감과 회복

(1) 공감을 통한 관계의 어울림

결혼이주여성들은 센터 내 자조모임 등 다양한 활동을 통해 서로가 경험하는 문화적 갈등을 공유하고 문화를 공감하며 부부관계, 고부관계,

자녀와의 관계 등 관계적 문제를 이해하고 어려움을 해결했다. 한국인 남편과 문화적 다름으로 발생한 문제들도 사용자들 간의 이야기 나눔으로 문제들을 객관화하고 이해하면서 풀어낼 수 있었다(김영순·김도경, 2022). 고부관계로 어려움을 경험한 이주여성의 경우 센터 활동과 센터의 지원으로 가족들의 신뢰가 증가하면서 가족들로부터 문화의 다름을 이해받게 되었다(김성숙·홍성희, 2010; 이숙진·김안나, 2013). 또한 다문화가족은 센터 내의 다양한 프로그램에 함께 참여하며 상호 의사소통이 많아지게 되었고 이러한 활동은 그들의 친밀감과 상호이해를 증가시켰고 가족 간의 관계 회복으로 이어졌다(이춘양·김기화, 2018).

(2) 문화적 자존감의 회복

사용자 간의 인정, 지지 및 존중은 그들에게 도전과 성취감을 경험하게 하며 긍정적 자아감을 형성하게 했다(김영순·문희진, 2022; 김영순·최수안, 2022; 이숙진·김안나, 2013). 사용자들은 문화공연 등 함께하는 상호 간 문화적 나눔 활동 및 성취를 통해 자신감을 회복했다. 또한 센터 내의 모임 및 다양한 활동으로 그들은 각자 내면의 힘과 능력을 발달시키고 스스로에 대한 긍정적 태도를 형성했다(김영순·김도경, 2022; 이춘양·김기화, 2018). 특히 센터에서 배운 한국어로 이주민들 간 의사소통이 가능하게 되면서 사용자들은 자존감이 증가하며 센터 참여 활동도 활발히 할 수 있었다(김영순·문희진, 2022).

2) 주체성 획득과 성장

(1) 능동적 사회참여자가 됨

센터의 서비스 수혜자였던 사용자들은 서로 간 개인적 나눔을 통해 소통하며 감정을 해소했고, 자신감도 얻어 센터 내 프로그램 및 모임의 주체가 되어 활동을 이끌어갔다. 사용자들 간 형성된 관계망으로 자신들이 속한 사회에서 활동에 대한 정당성을 확보했으며 스스로 주체자로 인식하여 적극적으로 행동했다(이숙진·김안나, 2013). 또한 이들은 통·번역 자원봉사와 지역주민센터에 소속되어 자발적으로 활동하며 이주민이 더 이상 수혜적 대상이 아닌 주체적 대상임을 보였다(김영순·김도경, 2022; 김영순·문희진, 2022).

(2) 공동체의 목소리를 냄

기관사용자들은 그들 간에 공동체를 형성하면서 주체적 역량을 발전시켰다. 임파워먼트는 개인, 가족, 집단 혹은 지역사회 내에서 역량을 획득하는 능력(Gutierez et al., 2006)으로, 차별과 무력감에 놓여 있던 사용자들이 그들 간 상호소통 활동으로 각자가 자신의 강점과 가치를 발견하여 삶의 주체적 존재로 성장했다(이숙진·김안나, 2013). 또한 이들은 가족 간의 갈등을 조절하는 힘도 키우게 되었다(김영순·김도경, 2022; 장영신·전경미, 2014). 또한 이들은 남편과 주변인들에게 도움을 요구하는 등의 적극적인 태도를 보였고 나아가 공동체적 정체성을 형성하며 대인관계 차원의 임파워먼트 향상으로 자신들의 권리 주장에 앞서는 모습을 나타냈다(이숙진·김안나, 2013).

3) 연계를 통한 상호협력

(1) 긍정적 연결망 형성

센터 내 사용자들이 모임 활동 안에서 서로 간 정보를 공유하고 전달하며 긍정적 연결망을 형성하고 한국 사회에서의 적응력을 높이고 있음이 나타났다. 결혼이주여성들은 자조모임 내에서 자격증 및 취업 정보를 공유하기도 하고, 자녀교육 문제, 시댁 갈등 등의 고민을 공유하여 친밀한 관계를 형성했다(김영순·문희진, 2022; 서정원·민윤경, 2021). 또한 이주여성들 간의 관계망 구축은 서로 다른 문화의 차이를 인식하게 하며 객관적으로 자신을 이해하게 했다(이숙진·김안나, 2013). 즉 관계 속에서의 나눔은 자신의 이야기를 하게 하고 자신이 수용되는 경험을 하게 하며 문화 적응의 스트레스를 감소시켰다. 또한 센터 활동을 통해 긍정적인 경험을 한 선(先) 사용자들은 또 다른 활동의 주체가 되어 후(後) 사용자들을 도와 긍정적 연결망을 구축했다.

(2) 고립과 배제에서 벗어남

기관사용자들의 연결망은 개인의 사회적 고립과 제도 및 서비스 배제에서 탈출하게 했다. 센터의 사용자는 결혼 이주민 여성과 다문화가족으로 한국 사회에서 소수자 지위에 놓이곤 한다(권인욱 외, 2020). 한국문화 적응에 어려움을 겪거나 이혼, 사별, 별거 등의 상태에 있는 결혼이주여성의 경우 센터 이용이 어렵고 혜택에서 배제될 수 있다(김성숙·홍성희, 2010; 권인욱 외, 2020). 하지만 센터의 이용으로 긍정적 경험을 한 결혼이주여성들은

자신의 주변 결혼이주여성들에게 센터를 소개하며 그들과 공동체를 형성
해갔다. 그래서 결혼이주여성들은 경험 공유로 자신에 대한 긍정적 자존
감을 형성했고, 스스로 사회의 차별과 고립에서 벗어나고자 했다. 또한 사
회의 차별적 시선을 경험한 다문화가족들은 자신을 드러내기 두려워했지
만, 센터 활동에 참여한 가족들은 인식의 변화를 경험했고 각자 긍정적 자
기상을 형성하며(곽정임·서미아, 2015) 서로에게 지지의 대상이 되어주었다.

6.
가족센터 상호문화 소통 발전 방향

　　가족센터는 다문화가족 교육 및 상담 관련 전문인력 및 실무인력의 기관운영자와 가족센터를 통해 다양한 교육 혜택과 조력을 얻는 다문화가족이 기관사용자로 함께한다. 그동안 다문화사업에 대한 논의는 가족센터의 기관운영자, 종사자, 실무자의 시각과 가족센터의 사용자, 결혼이주여성, 다문화가족의 시각으로 분리하여 이루어졌다. 이 분석은 가족센터에서 이루어지는 상호문화 소통 관련 질적 연구물을 종합적으로 분석하고 정리하여 새로운 해석과 논의를 도출했다는 데 의의가 있다. 따라서 가족센터를 중심으로 이루어지는 기관운영자와 사용자 간의 상호문화 소통 경험에 대한 총체적 이해와 해석을 바탕으로 상호문화 소통의 발전 방향을 제시하면 다음과 같다.

　　첫째, 가족센터가 다문화가족 지원사업의 서비스 제공과 수혜의 장(場)을 넘어 기관구성원들의 공동 연대의 장이 되기 위해서는 무엇보다 기관운영자들이 사용자들 문화에 대한 이해와 소통을 위해 적극적으로 노력해야 할 뿐 아니라 상호문화소통을 위한 교육에 참여해야 한다. 분석에 나타나듯이 가족센터의 기관운영자와 사용자는 자기중심적인 문화 인식과 상호소통으로 갈등과 소통의 어려움을 경험하고 있었다. 구성원들은 서비스의 제공자와 수혜자의 역할 위치에서 상호 간 문화이해 부족으로 서로 다른 인식과 기대 차이에 대한 어려움을 겪었으며 특히 사용자는 기관의 사용에 있어서 차별 및 소외를 경험했다. 이 같은 결과는 서로 다른 문화가 만나 상호작용을 하는 과정에서 주류집단보다는 소수집단이 더 많은 변화와 그에 따른 문화 적응 스트레스를 경험하게 되는 것(Berry, 2006)과 같은 맥락으로 볼 수 있다. 상호문화 소통은 문화적 배경이 서로 다른 사람들이 서로의 문화 차이를 인식하고 존중했을 때 효과적으로 이루어질 수 있는 것(Byram, 1997)인데, 가족센터에서는 운영자와 사용자가 평등의 위치가 아닌 서비스 제공자와 수혜자의 위계적 인식을 보이며 상호문화 소통에 어려움을 겪고 있는 것으로 보인다.

하지만 이경란과 최정숙(2020)에서 나타나듯이 센터의 기관운영자들이 사용자들을 서비스 수혜자가 아닌 인간 자체로 이해하고 소통하고자 하는 의지를 보였을 때, 사용자들과의 소통 방법은 다원화가 되었고, 센터의 다양한 문화적 활동은 기관사용자뿐 아니라 센터의 기관운영자가 가지고 있었던 다문화 인식에 대한 변화가 이루어졌다(권인욱 외, 2020; 김성숙 · 홍성희, 2010; 김수정 외, 2020; 김은재 · 최현미, 2019; 장영신 · 전경미, 2014). 그리고 이를 바탕으로 센터 기관운영자와 사용자는 서로에게 신뢰감을 가지며 사용자는 센터 활동에 적극적으로 참여함으로 센터 운영에 지지를 보였고 센터의 기관운영자들은 사용자들에게 실질적 도움이 되는 지원을 하고자 했다. 가족센터는 구성원들 간 상호문화 소통역량이 작동되는 실천 행위의 공간(김영순 · 최유성, 2020)으로 시니크로프 외(Sinicrope, 2007)가 언급한 다문화 사회를 살아가는 데 필요한 능력인 상호문화 소통을 확보할 수 있는 장(場)

이다. 특히 기관에서 사용자들 간 소통의 장을 마련해주는 것은 그들이 기관운영자들과 소통할 수 있는 장을 더 넓혀주는 역할을 한다. 기관운영자의 적극적인 소통의 노력은 기관사용자 공동체를 활성화하는 데 기여하며 가족센터가 구성원들의 공동 연대의 장으로서 역할을 할 수 있게 할 것이다.

둘째, 가족센터는 기관사용자들의 개인적 성장뿐 아니라 공동체의 정체성 발달을 위한 주체적 장(場)이 될 수 있도록 센터 사용에 제한이 있는 이들을 위한 적극적이고 실질적인 참여 기회를 보장하고 사용자들을 위한 주체성 향상 교육 및 그들 간의 체계적 네트워크 형성을 지원해야 한다. 기관사용자들은 그들 간의 상호문화 공감을 통한 회복을 경험했는데 사회에서 경험하는 문화적 갈등을 서로 간 공유하고 공감하며 부부관계, 고부관계, 자녀와의 관계 등 관계적 문제를 객관화시키며 이해하고 해결할 수 있었다. 그리고 사용자들 간의 지지 및 존중은 도전하게 하고 성취감을 경험하게 하며 긍정적 자아감을 형성하게 했다. 그들은 공동체를 형성하고 자신들의 주체적 역량을 발전시키며 성장했는데, 서로 간 개인적 나눔을 통해 감정 해소와 소통을 경험하며 자신감을 얻고 주체적으로 활동에 참여하며 이끌었다(김영순 · 김도경, 2022; 김영순 · 문희진, 2022; 이숙진 · 김안나, 2013; 장영신 · 전경미, 2014). 하지만 적극적이지 못하고 비사교적이거나 혹은 혼인 단절 상태 및 경제활동으로 가족센터 사용에 차별과 소외를 경험하는 결혼이주여성도 있었다(권인옥 외, 2020; 김수정 외, 2020). 따라서 가족센터는 기관사용에 있어서 소외를 경험하고 있는 이들이 센터 사용 접근에 보다 용이하도록 실질적 참여 기회를 보장하고 결혼이주여성 간의 적극적 연결망 형성을 지원할 필요가 있다. 즉, 한부모가정 결혼이주여성들과 그 가족의 자조모임, 경제활동으로 낮에 센터 사용이 어려운 결혼이주여성들과 그 가족의 자조모임 등의 참여가 가능한 다양한 네트워크 형성이 이루어지도록 하는 것이다. 이러한 연결망은 다문화가족의 사회적 고립과 제도 및 서비스 배제 경험을 줄일 수 있다. 이숙진과 김안나(2013)는 사용자들의 서로 간 정보 공유와 전달 및 긍정적 연결망 형성은 한국 사회의 적응력을 높이며 이들의 이러한 능력은 다양한 지역사회 집단에서 활동하며 지역 사회 문제를 해결하고 사회적 제도나 환경에 영향력을 미칠 수 있다고 했다. 이같이 다양한 형태의 네트워크 형성으로 가족센터는 기관사용자들이 단지 서비스의 수혜자에 머무르는 게 아닌 주체자가 되게 하는 장(場)이 될 수 있을 것이다.

셋째, 가족센터는 기관운영자와 사용자 간 협력을 통한 상호문화 소통 실천의 장이 되어야 한다. 이를 위해 기관운영자와 사용자가 함께 참여하는 상호문화 소통 프로그램 개발이 필요하다. 김영순과 김도경(2022)은 이주민의 자문화 공연을 참관한 센터운영자들의 이주민에 대한 인식과 태도가 긍정적으로 변화했다고 했다. 즉 서로 다른 문화적 배경과 관점을 가진 기관운영자와 사용자가 문화의 접촉과 만남을 통해 단순한 정보와 지식을 전달하는 것 이상의 공감과 포용, 이해와 관용을 경험하고 있었다. 그동안 선행연구에서는 주로 사용자들 간의 상호문화 소통에 관심을 가지며 관련 프로그램 개발의 필요성을 언급했다(권인욱 외, 2020; 김영순·김도경, 2022; 김영순·문희진 2022; 이춘양·김기화 2018). 하지만 상호문화 간 접촉과 만남을 통해 형성되는 상호문화(박인철, 2017) 소통의 실행은 가족센터의 구성원인 기관운영자와 기관사용자의 만남, 그리고 기관사용자들의 접촉과 교류를 통해 이루어지고 이것은 서로 간의 이해와 공감, 그리고 회복으로 이어질 수 있을 것이다. 따라서 상호문화성을 바탕으로 기관 내 구성원들 간에 상호문화 소통을 실천할 수 있는 소통 프로그램 개발이 필요하다.

11장

상호문화 감수성
향상을 위한
다문화교육 프로그램

이 장은 장현정 · 장성민(2021), 「소통 중심의 다문화 교수 · 학습 설계가 상호문화적 감수성 향상에 미치는 영향: Banks의 이론적 모형의 구현」, 『리터러시연구』 12(6)과 장현정(2023)의 박사학위 논문 「중등 국어과 수업에서의 소통 중심 다문화교육프로그램 설계」의 논의를 바탕으로 이 책의 취지에 맞게 재구성하고 후속 연구 성과들을 보완했다.

소통 중심의 다문화교육은 '텍스트의 수용 및 생산을 통해 다문화사회에 대한 비판적 인식을 기르고, 다양한 층위의 독자와 소통하며 바람직한 공동체를 모색하는 다문화교육'을 의미한다. 다양한 유형의 텍스트를 접하며 세계와 소통하고, 과정일지(Process Log)와 에세이(Essay)를 쓰면서 여러 층위의 독자와 소통을 경험하는 '다문서 문식 활동'을 통해 학습자의 상호문화 감수성의 향상을 유도하는 교수·학습 설계에 해당한다. 다시 말해, 학습자가 텍스트 안의 서사(Narrative)를 사회해석 기제로 활용하여 사회에 대한 심층적 이해를 도모하며, 글쓰기를 소통의 도구로 활용하여 사회적 상호작용을 촉진하는 표현활동을 의미한다.

또한, '모든 학습자의 다문화 인식개선'을 목표로 하여 다문화 청소년과 비(非)다문화 청소년 모두가 함께 공부하는 '통합학급'과 비다문화 청소년만 학습을 진행하는 '일반학급'에 모두 적용이 가능하도록 설계되었다. 소통 중심 다문화교육의 특징은 '여러 층위의 독자와의 사회적 상호작용', '다양한 매체의 자료 텍스트 활용', '한국의 다문화 교실에 맞는 체계적이고 실제적인 교수·학습 프로그램'의 세 가지로 요약하여 설명할 수 있다.

한국적 다문화교육 프로그램 개발의 필요성은 현재 청소년들의 다문화수용성 변화에서 찾을 수 있다. 「2021 국민 다문화수용성 조사」에 따르면, 청소년의 경우 중학생의 다문화수용성은 2015년 이후 꾸준히 상승(2015년 69.12점 → 2018년 71.39점 → 2021년 73.15점)하는 추세로 나타났다. 반면에 고등학생의 다문화수용성은 상승과 하락(2015년 66.25점 → 2018년 71.08점 → 2021년 69.65점)이 혼재되어 나타났다. 문제는 중학생은 상승곡선을 유지하는 데 반해 고등학생은 2018년 대비 1.43점 하락하면서 다문화수용성이 학교급별로 다르게 나타난다는 것이다. 연령층을 20~30대까지 확대해서 보면 문제점이 더 명확히 드러난다. 이들 세대는 이주민 논의가 활성화된 이후에 다문화교육을 받은 세대임에도 불구하고 코로나19라는 부정적 요인에 민감하게 반응하여 다문화수용성이 2018년 대비 20대는 1.21점 하락, 30대는 2.09점 하락한 것으로 나타났다.

이 조사에 따르면, "이주배경 집단과의 직·간접적 접촉이나 관계가 빈번할수록" 또는 "일상에서 외국인을 자주 접촉할수록" 다문화수용성에는 긍정적 영향을 끼친다고 설명한다. 그러나 현재 우리 청소년들은 "이주민이나 그 자녀와 친구나 동료, 이웃 등의 관계 맺음을 통해 친밀한 관계를 형성하는 경우가 제한적"으로 존재하며, 관계 형성 시에도 긍정적인 경험이나 깊은 감정의 교류보다는 "형식적인 관계"에 머물러 있다는 한계점도 함께 지적하고 있다. 그리고 그 원인으로 그동안 정부 주도하에 진행되어온 다문화교육의 양적·질적 수준의 한계를 꼽았다. 예를 들어, 고등학교급의 경우 2018년 27.5%이던 교육 참여율이 50.5%까지 확대되었음에도 다문화수용성 하락의 결과가 나타났기 때문이다(김이선 외, 2022: 224-232).

연구자는 위 해석에 동의하며, 유사한 맥락에서 고등학교급 학습자들의 다문화수용성이 낮은 원인을 '다문화사회에 대한 현실 인식의 부재'에서 찾고자 했다. 「2022년 교육 기본 통계」에 따르면, 초·중등(각종학교 포함) 다문화 학생 수는 168,645명으로, 전체 학생 대비 다문화 학생 비율은 초등학교 4.2%, 중학교 2.9%, 고등학교 1.3%를 차지한다. 다문화 학생의 수가 지속적으로 증가하고 있다고는 하지만 고등학교급의 경우 한 반에 다문화 학생이 채 한 명이 되지 않는 경우가 많으며, 지역적 특징에 따라 그 차이는 더 크게 나타난다. 즉, 초등학교급에서는 상대적으로 다문화교육 시간과 기회도 많고, 같은 교실에서 함께 공부하는 다문화 학생의 수가 많다가, 점점 상급학교로 진학할수록 다문화교육 기회도 줄어들고, 같은 교실에서 함께 공부하는 다문화 학생도 줄어들기 때문에 다문화 수용성 하락이라는 결과가 발생했다고 판단했다.

그리고 이를 해결하기 위해 다문화교육이 다루어야 할 가치 있는 교육 내용이 무엇인가에 대한 천착을 통해 브루너(Bruner, 1960)의 내용 모형의 접근 방식을 취하며, 교육적 토대를 마련하고자 했다. 지금까지 진행된 다문화 교수·학습 프로그램들이 상대적으로 즉각적인 대응, 흥미, 유용성 등 학습자의 '필요(Needs)'라는 외재적 가치에 집중하고 있었다고 판단했기 때문이다. 학습자가 다문화사회의 문제를 '지금, 우리'의 문제로 인식하게 하고자, '다양한 매체의 자료 텍스트'를 활용하고, 그 핵심에 서사 텍스트를 두고 '사회해석 기제'로 활용했다. 텍스트의 내적 해석을 통해 텍스트 안의 '개인-사회'를 해석하며, 시대를 관통하는 사회의 모순이나 억압 및 불평등을 이해하고, 외적 해석을 통해 작가의 창작 당대 사회를 해석하는 과정에서 가치관을 정립할 수 있다. 이러한 일련의 교수·학습을 통해 청소년 학습자는 현재 우리 다문화사회를 비판적으로 인식하고 그 안에서 주체적으로 행동하는 개인으로 성장할 수 있도록 유도하고자 했다.

이 장에서는 소통 중심 다문화교육의 구성요소와 교육 프로그램의 원형을 제시하고, 이를 토대로 실제 교수·학습을 초등학생과 고등학생 대상으로 진행했을 때 상호문화 감수성 향상에 미친 영향을 실증적으로 분석하여 제시하고자 한다.

1.
소통 중심 다문화교육의 구성요소

    소통 중심 다문화교육은 한국의 다문화 교실에 맞는 체계적이고 실제적인 교수·학습 설계로 다양한 매체 자료를 활용하는 텍스트의 수용과 생산을 중심으로 진행된다. 텍스트의 수용 및 생산에 관여하는 독자의 유형으로는 '자아 독자(The Self as Audience)', 실재적 존재에 해당하는 '수신된 독자(Audience Addressed)', 허구적 존재를 포함하는 '호명된 독자(Audience Invoked)' 등을 들 수 있다(Ede & Lunsford, 1984; Perelman, 1982).* 학습 과정에서 여러 층위

---

*   '자아 독자'는 "공동체 안에서 문화화되고 사회화된 존재"로서 필자가 자신의 글의 독자가 될 때, 공동체 구성원의 일원으로서 타인의 그것과 다르지 않게 자신의 글을 평가한다(정혜승, 2013: 45). '타자 독자'는 다시 수신된 독자와 허구적 독자로 구분된다. '수신된 독자'는 실제적 존재로서 교수·학습 진행 시 교실 안에 존재하는 학습자와 교수자가 모두 포함된다. 필자 밖에서 존재하는 객관적 존재로서 필자의 글쓰기에 영향을 미치는 "글을 읽을 것이라고 예상하는" 현실 속의 "특정한 누구"에 해당한다. 필자는 이들에 대한 정보를 미리 알고 이를 염두에 둔 채 글쓰기를 진행한다(Ede & Lunsford, 1984). 다음으로, 허구적 독자는 현실에 존재하지 않고 필자의 내면에 존재하는 추상적 존재를 가리킨다. 이 연구에서는 이러한 허구적 존재를 포함하는 '호명된 독자'를 상정하고 있다. 실체를 갖지 않고 필자에 의해 상상되고 창조될 수 있으며, 텍스트 내부나 외부 모두에 존재할 수 있다. "위대한 필자"는 "서로 다른 독자를 적절하게 구성하여 고려하는 사람"이라고 정의하기도 한다(Perelman & Olbrechts-Tyteca, 1969). 또한, 다양한 층위의 독자가 서로 분리되어 양립하는 것이 아니라 필자가 언어와 텍스트를 통해 "독자 개념을 구현"하

의 독자와 상호작용함으로써 여러 층위의 독자와 소통하며 '내용지식(다문화사회)'에 대한 '심층적 이해'와 더불어 '자기 이해'가 깊어지는 과정을 경험하는 것이다.

학습자들은 '다문화적 역량을 향상하는 다양한 텍스트'를 통해 '개인-사회'의 관계를 해석하고, 이 내용을 다양한 층위의 독자와 소통하며 상호문화 감수성 향상을 도모하는 교수·학습이다. 매 단계 개별학습(과정일지와 에세이 작성)과 협력학습(토의와 토론, 협력적 글쓰기 등)을 번갈아 진행하여 '자기 이해'와 '타자 이해'는 물론 '사회에 대한 비판적 인식' 향상을 동시에 도모하며 학습자들은 최종적으로 '바람직한 미래 다문화 공동체'를 모색하게 된다. 교육 프로그램 구성을 위한 필수적 구성요소는 다섯 가지다.

[그림 11-1]과 같이, '다문화교육 내용'에는 '다문화적 역량을 강화하는 텍스트', '사회지식에 대한 비판적 능력 개발', '편견을 넘어선 사회

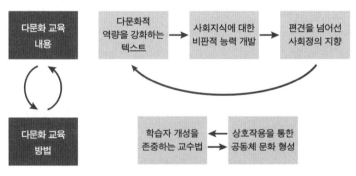

[그림 11-1] 소통 중심 다문화교육 구성요소

고 생명력을 불어넣을 수도 있다(Ede & Lunsford, 1984). 예를 들어, 소통 중심 다문화교육의 결과물로 '바람직한 다문화 공동체'에 대한 의견제시형 에세이(Opinion Essay)를 작성한다고 할 때, 필자는 자아 독자, 교실 안의 실제적 존재인 수신된 독자 이외에 "타자를 존중하고 다양성을 존중하는 정의로운 자아"로 독자의 역할을 창조할 수 있다.

정의 지향' 등이 해당하고, '다문화교육 방법'에는 '학습자 개성을 존중하는 교수법', '상호작용을 통한 공동체 문화 형성'이 해당한다. 각 요소의 위계를 설정한 것이 아니며, 각 요소가 서로 연결되어 서로 영향을 주고받고 있음을 나타낸다. 내용 요소들은 서로 영향을 통해 학습자가 사회에 대한 비판적 인식과 관점을 형성하고, 다문화교육의 목표(사회정의 지향)를 추구할 수 있도록 한다. 이때 내용을 학습하는 방법을 통해 학습자의 개별적 특징을 존중하는 교수법과 상호작용을 통해 새로운 공동체 문화를 형성해나가고자 한다.

첫 번째 구성요소는, '다문화적 역량을 강화하는 텍스트'다. 다양한 매체의 텍스트를 활용하여 '현재 우리 사회'에 존재하는 상호문화적 소통 상황에 대한 이해를 높이고 학습자의 다문화적 역량을 향상하도록 유도하는 것을 의미한다. 문어 자료, 구어 자료, 복합 양식 자료 등을 활용하여, 학습자가 현재 우리 사회의 문제 혹은 과거 사례나 역사적 사실 안의 '상호문화적 소통 상황'에서 발생하는 문제를 직·간접적으로 마주하여 학습자의 편견을 타파하고 객관적 관점을 세울 수 있도록 유도하는 차원의 구성요소다.

텍스트 내용 안에 인종·문화·언어적 차이나 사회 전반의 불평등 문제는 물론이고 사회적 소수자의 사례 등 폭넓은 주제를 표현 매체의 특성을 살려 제시한다. 이 요소를 통해 '한국 다문화사회'에 대한 인식을 높이고 실제적 대안을 모색할 수 있도록 유도했다.

두 번째 구성요소는, '사회지식에 대한 비판적 능력 개발'이다. 학습자들이 사회의 '지식'에 포함되어 있는 암묵적 문화나 준거 틀, 사회를 지배하는 관점, 편견 등을 이해하고 객관적 관점에서 비판적으로 인식할 수 있도록 돕는 것을 의미한다. 앞선 구성요소에서 '텍스트'라는 틀을 이야기했다면 여기서는 '텍스트 내용을 분석하는 능력'을 논하고자 한다. 교수자가 제시한 텍스트에는 표면적으로 드러나지 않은 우리 사회의 암묵적 편견, 다수자의 관점이 담겨 있다. 학습자는 사회에 내재된 다양한 집단의 가치관이나 입장을 실제·비판적으로 이해하고 '왜' 이러한 현상이 일어났는지 고민하게 된다. 그리고 이 과정을 통해 학습자는 '사회의 불평등'의 근원적인 이해에 도달하고 민주사회의 시민으로서 갖추어야 할 기본 자세를 학습하게 된다. 이때, 교수자는 학습자에게 각 문화집단의 우열이나 옳고 그름의 가치판단을 가르치는 것이 아니라 사회의 문화와 현상이 발생한 원인을 전하는 '전달자'의 역할을 한다. 이미 정교하게 만들어진 사회구조 안에서 교육받은 학습자가 스스로 그 안에 숨겨진 주류 집단의 준거와 문화를 도출하기는 힘들기 때문이다.

교수자는 '전달자' 혹은 '매개자'로서의 역할만 하고, 이를 토대로 학습자들은 문화 현상의 원인을 비판적으로 분석하고 해석하며 '올바름'인지 판별하고 자신의 가치관을 정립하는 것이다. 특히 한국 다문화사회 문제(인종, 민족, 종교, 언어, 성별, 사회적 약자 등 모든 다문화적 가치를 포함)를 탐구하고 내포된 의미를 유추하여 새로운 대안을 모색하게 된다.

세 번째 구성요소는, '편견을 넘어선 사회정의 지향'이다. 학습자가 소통 중심 다문화교육을 통해 '사회정의', '사회 행동 실천'에 도달하길 바라는 궁극적 지향점을 의미한다. 소통 중심의 다문화교육에서는 학습자들이 '편견과 차별', '사회의 고정관념'에 대한 비판적 인식을 통해 나의 현재 사회를 충분히 성찰하고 이해한 뒤, 미래 공동체의 이상을 '사회정의'에 두고 지향하도록 체계적인 학습의 구조를 유도한다. 이미 두 번째 구성요소를 통해 사회에 대한 비판적 지식을 기르며 '사회의 암묵적 준거'나 '주류 집단의 편향된 가치관'을 이해한 학습자들은, 타자의 문화를 존중하고 공감할 수 있는 문화적 다양성 추구를 넘어서 '정의, 공정'과 같은 민주주의의 가치를 추구하게 되는 것이다.

이 요소는 다문화교육의 목표이면서도 포스트 코로나 시대를 맞이하는 현재 우리 교육 현장이 반드시 고려해야 할 사항이기도 하다. 코로나19라는 세계적 재난(Pandemic) 이후 국제사회의 실제 교류는 잠시 주춤해졌으나, 특정 민족·인종이나 종교를 향한 '차별과 혐오', '편견과 배제'의 문제는 나날이 심각해지고 있기 때문이다(변종헌, 2021). 이를 해결하기 위해 우리 교육은 학습자들에게 '실제 문제'나 이를 내포한 교육 내용을 제공하여 학습자들이 스스로 실제적 대안을 모색해나갈 수 있도록 해야 할 의무가 있다.

네 번째 구성요소는 '학습자 개성을 존중하는 교수법'이다. 학습자의 다양한 민족·언어적 배경을 고려하여 개별 수준에 맞는 수업을 제공하고, 다양한 문화적 비계를 설정하여 학습자의 상호문화 역량 향상을 유도하는 교수법을 의미한다. '과정일지'나 '에세이' 작성 시에 이루어지는 '개별학습'을 통해 구현된다. 교수자의 '상호문화 역량'이 특히 강조되는 요소다. 교수자는 학습자의 개별 학업 수준과 문화·사회적 맥락을 이해하고 교수·학습을 구안해야 하고 학습의 매개자(전달자)로서 다양한 문화의 특징, 가치관을 이해하고 학습자의 관점에서 활용할 수 있어야 한다.

게이(Gay, 2002)는 '문화 감응 교수'라는 명칭으로 이를 강조하고 있으며, 소수집단이나 이민족에게 공평성(Equity) 관점에서 '학업 기회의 형평성'과 '학업 수준의 향상'을 의미한다. 소수자의 학업 역량 향상이 '시민성' 향상으로 이어져 민주사회의 동등한 구성원으로서 역할을 다하도록 하여 사회의 근본적 개혁을 이룰 수 있다는 의미가 내포되어 있다. 연구자는 이를 한국적 다문화교육 현실에 맞게 구현하기 위해 '개별 학습자의 자유로운 의견 표현'에 중점을 두었다. 교실 내 학습자 누구나 이해할 수 있는 텍스트를 선정하고, 질문 내용의 난이도를 조절했다. 문어적 담화(과정일지, 에세이)와 구어적 담화(대화나 발표)를 번갈아 활용하여 학습자가 자신의 의견을 자유로이 표현하고 상대방의 의견도 수용할 수 있도록 했다.

'다문화적 역량을 강화하는 텍스트'를 읽고 교수자가 제시한 문화적 비계(Scaffolding)가 적용된 과정일지를 통해 대화, 발표와 같은 구어적 활동을 한다. 이때는 교실 내 실재적 존재(친구나 교수자)와 소통하며 학습자의 상호문화 역량이 향상된다. 또한, 과정일지나 에세이를 작성하는 문어적 활동에서는 개인의 내적 '자아 독자'와 소통이 활발히 일어나는데 이때 앞선 상호작용이 내재화되고 심화된다. 교수자는 학습자가 구어적 활동에서는 소외되는 학습자 없이 상호작용(대화나 발표)이 활발히 진행될 수 있도록 지지자, 조력자의 역할을 하고, 문어적 활동에서는 학습자 글에 대한 첨삭을 통해 조언자 역할을 해야 한다.

끝으로 다섯 번째 구성요소는, '상호작용을 통한 공동체 문화 형성'이다. 교실 수준의 교수·학습에서 학습자들이 '바람직한 미래 공동체'를 모색할 수 있도록 '짝 활동, 발표, 모둠 토의, 전체 토의 등'의 '협력학습'을 통해 구현하고자 한 구성요소를 의미한다. 학습자 간 '상호작용'을 통해 '바람직한 공동체'를 주제로 함께 의논하는 수준으로 논의의 범위를 좁히고자 했다.

엄밀히 설명하면, '개별학습 → 협력학습 → 개별학습'이 번갈아 일어나는 과정에서 '상호작용을 통한 공동체 문화 형성'이 구현된다고 할 수 있어 네 번째 구성요소를 포함하고 있다. '자기 이해 → 타자 이해 → 바람직한 공동체 모색'의 순서가 한 번으로 완성되는 것이 아니라 여러 단계의 활동을 통해 심화하는 '인식론적 순환'을 통해 실현된다. '과정일지'를 통해 '개별학습'만 일어나는 것이 아니듯이 '에세이' 작성에도 '협력학습'의 결과가 반영된다. 학습자들은 교수·학습을 통해 다양한 '경험'을 하고, '인식적 지평'이 확장되어 다문화사회 문제에 대한 '심층적 이해'가 일어나 논리적 글을 작성하며 개인의 생각을 정리하고 바람직한 공동체를 위한 실천적 대안을 모색하는 것이다.

2.
소통 중심 다문화교육 프로그램의 원형

    이 절에서는 소통 중심 다문화교육 요소 다섯 가지를 반영한 5단계의 소통 중심 다문화교육 프로그램을 소개하고자 한다. 이 프로그램은 현장에서 실질적 사용 및 수정이 용이하도록 원형(Prototype)으로 제시했으며, 학습자가 문화·민족·종교적 다양성에 대한 이해와 존중 및 공감을 토대로 사회를 비판적으로 인식하고 '사회정의' 및 '사회적 행동'을 실천하여 미래 공동체를 긍정적으로 이끄는 주역이자 민주 시민으로 성장할 수 있도록 설계되었다. 또한, 다문화적 역량을 향상하는 내용과 역할에 맞게 배치된 다양한 자료 텍스트를 활용한 다문서 문식 활동을 통해 학습자의 인식론적 순환과 자기조절 학습을 촉진하고, 다양한 층위의 독자와 소통하는 사회적 의사소통을 통해 학습 경험의 내용을 통합적인 의미로 구성하고 응집적으로 표상함으로써, '바람직한 다문화 공동체'에 대한 자신의 관점을 세우는 것을 주된 내용으로 한다.

    첫 번째 단계인 '타자에 대한 존중'은 문화·민족·종교적 다양성에 대한 이해와 존중에서 더 나아가 상대방의 관점에 공감하는 것을 학습하

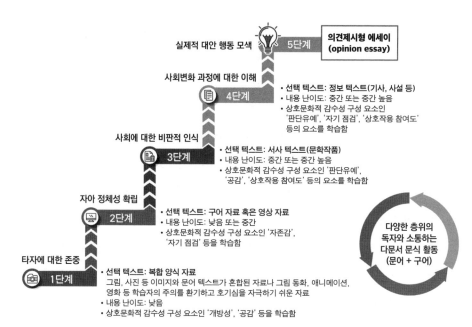

실제적 대안 행동 모색　5단계　**의견제시형 에세이 (opinion essay)**

사회변화 과정에 대한 이해　4단계
• 선택 텍스트: 정보 텍스트(기사, 사설 등)
• 내용 난이도: 중간 또는 중간 높음
• 상호문화적 감수성 구성 요소인 '판단유예', '자기 점검', '상호작용 참여도' 등의 요소를 학습함

사회에 대한 비판적 인식　3단계
• 선택 텍스트: 서사 텍스트(문학작품)
• 내용 난이도: 중간 또는 중간 높음
• 상호문화적 감수성 구성 요소인 '판단유예', '공감', '상호작용 참여도' 등의 요소를 학습함

자아 정체성 확립　2단계
• 선택 텍스트: 구어 자료 혹은 영상 자료
• 내용 난이도: 낮음 또는 중간
• 상호문화적 감수성 구성 요소인 '자존감', '자기 점검' 등을 학습함

타자에 대한 존중　1단계
• 선택 텍스트: 복합 양식 자료
　그림, 사진 등 이미지와 문어 텍스트가 혼합된 자료나 그림 동화, 애니메이션, 영화 등 학습자의 주의를 환기하고 호기심을 자극하기 쉬운 자료
• 내용 난이도: 낮음
• 상호문화적 감수성 구성 요소인 '개방성', '공감' 등을 학습함

다양한 층위의 독자와 소통하는 다문서 문식 활동 (문어 + 구어)

[그림 11-2] 소통 중심 다문화교육 프로그램의 원형

는 단계다. 타자에 대한 개방적 태도를 기반으로 편견이나 선입견 없이 다가가는 행동의 중요성과 이에 대한 상호문화적 소통 상황에 대한 두려움을 극복하는 내용을 학습하도록 한다. 이는 상호문화 감수성 구성요소 중 '개방성'과 '공감'에 해당한다.* 다문화교육에 대한 학습자의 흥미와 주의

---

* 첸과 스타로스타는 연구가 거듭됨에 따라 '상호문화 감수성 구성요소(Components of Intercultural Sensitivity)'에 조금씩 변화를 주었다. 첸과 스타로스타(1996)에서는 '자아 개념(Self-Concept), 개방성(Open-Mindedness), 판단유예적 태도(Nonjudgemental Attitudes), 사회적 이완(Social Relaxation)' 등 네 가지로 제시했다. 첸과 스타로스타(1997)에서는 '자존감(Self-Esteem), 자기 점검(Self-Monitoring), 개방성(Open-Mindedness), 공감(Empathy), 상호작용 참여도(Interaction Involvement), 판단유예(Non-Judgment)' 등 여섯 가지로 제시했다. 가장 최근의 연구인 첸과 스타로스타(2000a)에서도 이는 거의 같지만 '판단유예(Non-Judgment)'의 명칭을 '판단유예(Suspending Judgement)'로 바꾸어 표현했다는 차이점이 있다. 이 연구에서는 1997년 버전을 선택하고 이를 학습자의 쓰기 결과물에서 그 요소를 도출하여 코딩했다.

를 환기하는 단계로 이때 사용하는 텍스트는 복합양식 자료로 정태적 복합양식 텍스트(그림과 문어 텍스트의 혼합 또는 그림동화 등)와 동태적 복합양식 텍스트(애니메이션, 영화 등)를 선택적으로 활용할 수 있다.

　두 번째 단계인 '자아정체성 확립'은 타자와의 긍정적 관계 형성 이후 이를 통해 긍정적 자아를 형성하고 자아정체성을 확립하는 단계다. 학습자는 상호문화적 의사소통에서 자신의 마음가짐과 태도를 점검하고 관계 안에서 심화된 '자아 이해'에 도달하게 된다. 이를 통해 상호문화 감수성 구성요소 중 '자존감'과 '자기 점검' 등을 학습하게 된다. 이 단계에서도 상대적으로 난도가 낮은 자료를 선택하여 학습자의 흥미를 높이고 관심을 집중시키고자 했다. 구어 자료나 영상 자료를 활용할 수 있으며, 이때는 첫 번째 단계의 자료 텍스트보다는 난도가 높아 1차 자료 외에 구어를 문어로 바꾼 2차 자료를 제공해주는 것이 바람직하다. 학습자의 개인적 성향이나 가치관에 대한 '자기 노출'이 가장 높은 단계로, 이때의 내용을 학습자가 밝히거나 소통하는 것을 거부한다면 이를 적극적으로 수용하는 것이 바람직하다.

　세 번째 단계인 '사회에 대한 비판적 인식'은 서사 텍스트(문학작품)을 활용하여 사회를 간접적으로 이해하고, 역사·사회적 맥락과 독자(학습자)의 수용 당시의 상황 맥락을 동시에 학습할 수 있는 단계다. 이를 통해 학습자는 역사를 관통하는 사회의 암묵적 준거 틀이나 편견을 이해하고 이를 비판적으로 인식할 수 있게 된다. 이를 통해 상호문화 감수성 구성요소 중 '판단유예', '공감', '상호작용 참여도'를 학습하며 단순히 상호문화적 소통 상황의 자기 점검 수준이 아닌 사회적 수준을 이해하고 해석하는 능력을 기르게 된다. 이때 활용하는 텍스트는 서사 텍스트로 중·단편의 길이를 선택하여 학습자가 읽기 부담을 느끼지 않도록 해야 한다. 수필이나 소설 등을 선택하여 학습자가 텍스트에 대한 내·외적 소통을 통해 사회를 해석하는 기제로 활용할 수 있도록 유도한다.

네 번째 단계인 '사회변화 과정에 대한 이해'는 사실성이 높은 자료를 통해 현재 사회를 비판적으로 성찰하고 그 변화의 과정과 원인을 학습하는 단계다. 정보 텍스트에 해당하는 기사문이나 사설을 제공하는데 이때는 1차 자료를 3~4개 정도 제공할 수 있으며, 이를 요약하거나 재구성한 2차 자료 형태로 복수의 자료를 구성하는 것이 가능하다. 주로 현재 사회적 갈등 상황에 관한 내용을 선택하기 때문에 상충하는 관점을 담아 각자의 입장을 비판적으로 이해할 수 있도록 하는 것이 바람직하다. 또한, 정규 교과서에서 의도적으로 배제하거나 다룰 수 없는 내용을 학습자의 학업 역량에 맞는 수준에서 제공하여 다양한 학습 경험을 제공하는 것이 가능하다. 이를 통해 상호문화 감수성 구성요소 중 '판단유예', '자기 점검', '상호작용 참여도' 등을 학습할 수 있다.

다섯 번째 단계인 '실제적 대안 행동 모색'은 앞선 활동에서 활용한 텍스트와 과정일지를 자료 텍스트로 활용하여 자신의 관점을 세우고 실제적 대안 행동을 모색하는 '의견제시형 에세이' 쓰기 단계다. 이 단계에서는 추가 자료 없이 자신이 학습한 내용을 회상(Recall)하거나 필자-자료 간 통합을 통해 바람직한 미래 공동체에 대해 자신의 생각을 논리적으로 표현하는 시간이다. 다른 단계보다 학습자의 메타인지를 중점적으로 활용하는 단계로 다문화교육 내용에 대한 '심층적 이해'가 일어난다.

다음으로, 학습 단계별로 사용하는 자료 텍스트의 특징을 [그림 11-3]과 같이 정리했다.

첫째, '흥미·관심 유도 정도'는 학습자가 다문화교육에 대한 흥미를 높이고 관심을 집중할 수 있는 정도를 의미한다. 다문화교육은 범교과 학

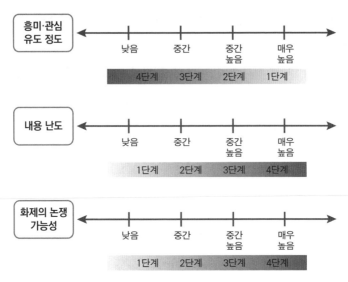

[그림 11-3] 학습 단계별 자료 텍스트의 특징

습에 해당하여 평가 과정이 없기 때문에 학습자의 자발적 참여를 유도하기 위해서 학습 초반 단계에 이 요소가 매우 중요하게 작용한다. 둘째, '내용난도'는 1~4단계로 올라갈수록 조금씩 어려워지도록 선조적으로 구성했다. 끝으로 '화제의 논쟁 가능성' 역시 1~4단계로 올라갈수록 현실의 민감한 내용을 다루기 때문에 조금씩 논쟁 가능성이 올라간다. 다문화교육에서 학습자들에게 요구되는 핵심 요소는 비판적 문식성이다. 옳다고 믿는 현실에 대한 객관적이고 논리적인 탐색을 통해 비판적으로 사고하는 과정이 필요한데, 이는 텍스트의 화제에 대한 구성원 간의 관점이 다를 때, 논쟁 가능성이 높을 때 극대화될 수 있다.

3.
교수·학습 적용의 실제

1) 소통 중심의 다문화교육 프로그램이 베넷(1993)의 상호문화 감수성 발달 모형 향상에 미치는 영향: 초등학습자를 대상으로*

　이 연구는 소통 중심의 다문화 교수·학습 설계의 효과를 살피기 위해 베넷(1993)의 상호문화적 감수성 발달 모형(developmental model of intercultural sensitivity, DMIS)을 토대로 개발된 계량적 척도를 이원집단 사전-사후 검사에 활용했다. 베넷의 상호문화 감수성 발달 모형에서는 상호문화적 감수성의 층위를 자문화중심주의에 해당하는 '부정(Denial), 방어(Defense), 최소화(Minimalization)'와 문화상대주의에 해당하는 '수용(Acceptance), 적응(Adaptation), 통합(Intergation)'의 여섯 가지로 분류한다. 이 연구에서는 소통 중심의 다문

---

*　이 절에서는 장현정·장성민(2021), 「소통 중심의 다문화 교수·학습 설계가 상호문화적 감수성 향상에 미치는 영향: Banks의 이론적 모형의 구현」, 『리터러시연구』 12(6)의 연구방법과 연구결과를 중심으로 다룬다.

화 교수·학습이 문화상대주의에 해당하는 '수용'과 '적응'에 어떻게 영향을 미치는지 살펴봄으로써 그 효과를 분석하고자 한다.*

이 연구의 대상은 수도권 소재 초등학교 두 곳에 재학 중인 5학년 85명(실험집단 40명, 통제집단 45명)으로, 5차시 실험 투입을 포함하는 이원집단 사전-사후 검사 설계를 적용했다. 이 연구가 표집 대상으로 삼은 초등학교 두 곳은 다문화가정 자녀의 비율이 20% 정도 되는 곳이다. 이들 학교에 재학 중인 학생들은 공식적 교육과정 내에서 다문화 교수·학습을 받지 않았으되, 그 관여도가 충분히 높을 것으로 기대되었다.

초등학교 5학년은 인지 발달에 있어 구체적 조작기에서 형식적 조작기로, 문식성 발달에 있어 발생적 문식성에서 유창한 읽기/쓰기로 옮겨가는 시기로서, 문자언어를 사용하여 다양한 층위의 독자와 소통하는 것에 대한 어려움이 현저하게 줄어드는 연령대라 할 수 있다(가은아, 2011). 천경록

---

* 종속변인 측정을 위해 자료 분석에 활용한 10문항은 다음과 같다.

수용 (Cronbach's a =.865)	• 나는 나와 다른 행동들을 볼 때 편견을 갖지 않고 볼 수 있다. • 나라마다 문화가 서로 다른 이유는 그 문화에서 중요하고 가치 있다고 생각하는 것들이 다르기 때문이다. • 다양한 문화에 대해 알아갈수록 그 문화들 사이의 차이점을 더 잘 알 수 있게 된다. • 나는 서로 다른 문화들을 인정하고 존중한다. 문화들이 서로 다르다는 것은 매우 좋은 현상이다. • 말, 표정, 몸짓과 같은 행동들은 문화마다 다양하며, 각 문화의 행동 방식들은 존중되어야 한다. • 내가 중요하다고 생각하는 것들은 다른 사람들이 중요하다고 생각하는 것들과 다를 수 있으며, 이때 어떤 생각이 더 좋다거나 나쁘다고 할 수 없다.
적응 (Cronbach's a =.765)	• 나는 다른 문화를 가진 사람의 입장에서 생각하기 위해 잠시 나의 입장을 포기할 수 있다. • 우리나라에 살고 있는 많은 이민자들은 우리나라의 삶의 방식에 적응하기 위해 최선을 다하고 있다. 그러므로 나도 그들의 삶의 방식을 이해하고 싶다. • 나는 우리나라에서 살아가는 데 필요한 기술들뿐만 아니라 다른 문화에서 살아갈 때 필요한 말, 몸짓, 표정과 같은 새로운 기술들을 길러왔다. • 한 사람이 가진 문화는 그 사람이 태어날 때부터 정해지는 것은 아니다. (문화는 소유하는 것이 아니라 참여하는 것이다)

(2020)은 이 시기의 독자를 "사회적 독자"로 명명하고, 이들을 대상으로 하는 교수·학습에 공감적 독서, 사회적 독서를 주요 특징으로 하는 정서적 반응하기, 몰입하기, 독서 토의·토론하기 등을 활용할 수 있음을 제시한 바 있다. 이 시기에 속한 학습자들은 다문화교육의 핵심능력 가운데 하나인 '관점 취하기(Perspective Taking)'의 차원에 있어서도 서로 다른 관점을 동시에 조망하기 어려운 '주관적 조망 수준'에서 탈피하여, 타인의 관점을 추론하여 자신의 행동과 신념을 숙고할 수 있는 '상호적 조망 수준'에 도달한다(Selman, 2003).

실험집단에 투입한 5차시의 교수·학습의 제재는 다양한 유형의 텍스트(언어 제재, 복합양식 제재/구어 텍스트, 문어 텍스트/정보 텍스트, 서사 텍스트)에서 균형 있게 선정하고자 했다. 1차시 수업에 활용한 구어 자료는 2018년 9월 25일 아이돌 그룹 BTS의 리더가 UN 청소년 지원 행사에 참석하여 "자기 자신을 사랑하라(Love yourself)"라는 주제로 한 연설에 한글 자막을 붙인 연설 동영상이다. "자신이 누구든, 어디에서 왔든, 피부색이 무엇이든, 성 정체성이 무엇이든 간에 상관없이" 자신의 이야기를 하고 자신의 이름, 목소리를 찾기를 바란다는 것이 핵심 내용이다.

2차시 수업에 활용한 복합양식 자료는 기무라 유이치 원작의 동화 『폭풍우 치는 밤에』를 애니메이션으로 제작한 만화 영화로, 학생들은 한국어 더빙판 가운데 일부를 시청했다. 늑대 '가부'와 염소 '메이'가 천둥, 번개가 치는 날 어둠 속에서 친구가 된 후, 주변의 반대에도 불구하고 종족을 초월한 우정을 만들어가는 것이 핵심 내용이다.

3차시 수업에 활용한 문어(서사) 텍스트는 윌리엄 밀러(William Miller) 원작의 동화 『사라 버스를 타다』로, 학생들에게는 수업 전 미리 읽어오도록 안내했다. 미국 흑인 인권운동의 시작점이 된 로자 파크스(Rosa Parks)의 실제 이야기를 토대로 만들어진 동화로, 어린 소녀의 용기를 시작으로 사회 불의를 바꾸어가는 과정을 서술하고 있다.

4차시 수업에 활용한 문어(정보) 텍스트는 "아시아 대상 증오 범죄가 늘어나는 까닭"(전홍기혜 기자, 프레시안, 2021년 4월 6일)과 "'차별금지법 제정 청원' 나선 청소년들"(김정수 기자, 시민일보, 2021년 6월 13일)의 신문기사 두 편이다. 이 두 기사를 통해 학습자들은 다문화사회의 문제점을 인식하고 그 해결방안을 모색할 수 있을 것이다. 5차시 수업에 제시된 프롬프트는 "여러분이 생각하는 '정의로운 사회'는 어떤 모습인가요? 정의로운 사회가 갖추어야 할 기준을 그 이유와 함께 자유롭게 글로 정리해보세요"이다. 실험집단을 대상으로 한 교수·학습은 주 1회, 총 5주에 걸쳐 이루어졌으며, [그림 11-4]와 같이 도식화할 수 있다.

두 집단의 참여자에게는 비슷한 시간적 주기를 두고 종속변인에 대한 사전-사후 측정이 이루어졌다. 종속변인에 해당하는 상호문화적 감수성 측정은 홈(Holm et al., 2009)과 올슨과 크로거(Olson & Kroeger, 2001)의 문항을 한국어로 번안한 조현희(2012)의 문항 가운데 일부를 사용하여 이루어졌다. 조현희(2012)의 도구에는 베넷(1993)이 제안한 상호문화적 감수성 발달의 여섯 요인(부정, 방어, 최소화, 수용, 적응, 통합)을 측정하는 문항이 모두 제시되어 있으나, 이 가운데 자문화중심주의에 해당하는 '부정, 방어, 최소화'와 상호문화적 감수성 발달의 연속적인 스펙트럼으로부터 벗어나 있는 (Hammer, 2011; Hammer et al., 2003; Paige et al., 2003) '통합'은 교수·학습 효과를 측정하는 데 적합하지 않다고 판단했다. 이에 따라 이 연구에서 참여자들의 상호문화적 감수성을 측정할 때에는 '수용'과 '적응'에 해당하는 각 10문항을 1차시 수업 전, 5차시 수업 후에 사전-사후 측정했다.

자료 분석은 두 집단의 사전-사후 점수에 대해 추리통계를 적용하여

차시	교수 · 학습 제재	교수 · 학습 활동
1	구어 자료 [연설 동영상]	**자아정체성 인식** • BTS의 UN 연설 동영상 시청하기(6분 34초) • 연설 내용 중 "자신이 누구든, 어디에서 왔든, 피부색이 무엇이든, 성 정체성이 무엇이든 간에 상관없이"에 대한 과정일지 작성하기 • 각자 작성한 성찰일지에 대해 토의하고 내면화하기
2	복합양식 자료 [애니메이션]	**타자에 대한 존중** • 애니메이션 〈폭풍우 치는 밤에〉 시청하기(10분 내외) • 주인공들이 종족을 초월해 친구가 되는 애니메이션 내용으로부터 다문화사회에서 살아가기 위한 가치관과 자세에 대한 과정일지 작성하기 • 각자 작성한 성찰일지에 대해 토의하고 내면화하기
3	문어/서사 텍스트 [동화]	**사회에 대한 비판적 인식** • 동화 『사라 버스를 타다』의 주요 내용 회상하기 • 동화 속 사회 불의에 대한 과정일지 작성하기 • 각자 작성한 성찰일지에 대해 토의하고 내면화하기
4	문어/정보 텍스트 [신문기사, 2편]	**사회 변화과정에 대한 이해** • 차별금지법에 관한 신문기사 2편 읽기(각 600자 내외) • 다문화사회에서 발생하는 문제점과 해결방안에 대한 과정일지 작성하기 • 각자 작성한 과정일지에 대해 토의하고 내면화하기
5	-	**실제적 대안 행동 모색** • 에세이 과제 및 활동 안내하기 • '정의로운 사회'를 주제로 에세이 작성하기 • 각자 작성한 에세이에 대해 토의하고 내면화하기

[그림 11-4] 실험집단에 투입된 교수 · 학습 설계

실시했다. 본격적인 자료 분석에 앞서 85명의 사전-사후 점수(170건)를 대상으로 요인별 문항 내적합치도(Cronbach's α)를 먼저 확인했으며, 특정 문항을 제거했을 경우의 신뢰도가 상승하는 문항의 측정값을 배제하는 과정을 거쳤다. 그 결과 조현희(2012)가 제시한 문항 가운데 '수용' 6문항, '적용' 4문항의 측정값만을 자료 분석에 활용하게 되었으며, 이들의 요인별 문항 내적합치도는 각각 .865(수용), .765(적용)으로 양호하게 나타났다.

〈표 11-1〉 요인별 사전-사후 점수의 기술통계

구분		수용		적응	
		평균	표준편차	평균	표준편차
실험집단 (n=40)	사전	3.679	.595	3.088	.741
	사후	3.888	.727	3.681	.832
통제집단 (n=45)	사전	3.637	.422	2.950	.445
	사후	3.700	.593	3.144	.712

　　요인별 문항 내적합치도 분석 후에는 레벤(Levene)의 등분산 가정 충족 여부를 검정하고, 그에 따라 적합한 추리통계 기법을 적용하여 집단 간 차이를 검정했다. 요인별로 교수·학습에 따른 차이가 유의한 경우에는 Cohen's F값을 산출하여 효과 크기를 분석했다.

　　연구결과를 요약하면 다음과 같다. 실험집단과 통제집단의 요인별 사전-사후 점수의 평균, 표준편차는 〈표 11-1〉과 같다.

　　레벤의 등분산 가정에 대한 검정 결과, 두 집단 모두에서 사전-사후 점수에 대한 유의확률이 각각 .05를 상회하여 집단 간 분산이 서로 동일한 것으로 볼 수 있었다. 또한 요인별 사전점수에 대해 일원배치 분산분석을 실시했을 경우 집단 간 사전점수의 차이가 두 요인 모두에서 유의하지 않은 것으로 나타나, 사전점수의 영향을 통제하지 않은 채 사후점수의 차이를 분석해도 문제가 되지 않을 것으로 판단했다. 요인별 사후점수에 대한 일원배치 분산분석의 결과는 〈표 11-2〉와 같다.

　　'수용' 요인의 경우 집단 간 차이가 유의하지 않은 것으로 나타났다. 베넷(1993)이 명명한 '수용'은 다른 문화적 맥락 안에서 발생하는 규범, 관습, 행동 등의 차이를 이해하고 존중하는 것을 의미한다. '수용' 요인의 집

<표 11-2> 요인별 사후점수에 대한 일원배치 분산분석 결과

구분		제곱합	자유도	평균제곱	F	유의도
수용	집단 간	.744	1	.744	1.711	.194
	집단 내	36.110	83	.435	–	–
	전체	36.855	84	–	–	–
적응	집단 간	6.102	1	6.102	10.272	.002
	집단 내	49.310	83	.594	–	–
	전체	55.412	84	–	–	–

단 간 차이가 유의하지 않은 것은, 교수·학습 투입 전부터 '수용' 요인의 사전 점수가 이미 3점대 중반에 분포하고 있어 애초부터 향상의 여지가 낮았기 때문으로 추정해볼 수 있다(일종의 천장 효과).

반면 '적응' 요인의 경우 집단 간 차이가 유의했다(p<.01). 베넷(1993)이 명명한 '적응'은 공감과 다원주의를 바탕으로 자신의 문화적 관점을 타인의 관점으로 전환하거나(인지적 적응), 그에 걸맞는 행동을 실제로 수행하는 것을 의미한다(행동적 적응). 이 연구에서는 소통 중심의 다문화 교수·학습을 받은 실험집단의 학습자들이 통제집단의 학습자들에 비해 유의미한 성장을 거둔 것으로 확인되었다. Cohen's F값을 산출하여 효과 크기를 분석했을 경우, F값은 .352로 나와 "중간(Medium)" 정도의 효과 크기를 지닌 것으로 나타났다.

2) 소통 중심의 다문화교육 프로그램이 첸과
스타로스타(2000b)의 상호문화 감수성 척도 ISS 향상에
미치는 영향: 중등학습자를 대상으로*

이 연구에서 소통 중심 다문화교육 프로그램의 교육적 개입으로 인한 학습자들의 상호문화 감수성 변화를 살펴보기 위해 사용한 도구는 첸과 스타로스타(2000b)의 ISS(Intercultural Sensitivity Scale)를 번안 타당화한 장성민(2021)의 17문항이다. 첸과 스타로스타(2000b)는 5요인 24문항으로 제시했으나, 장성민(2021b)의 한국어 도구는 요인분석을 통해 4요인 17문항으로 재구성했다.

첸과 스타로스타(2000b)는 첫 번째 요인을 '상호작용 참여도(Interaction Engagement)' 7문항, 두 번째 요인을 '문화적 차이에 대한 존중(Respect for Cultural Difference)' 6문항, 세 번째 요인을 '상호작용 자신감(Interaction Confidence)' 5문항, 네 번째 요인을 '상호작용 향유도(Interaction Enjoyment)' 3문항, 다섯 번째 요인을 '상호작용 주의도(Interaction Attentiveness)' 3문항으로 제시했다.

장성민(2021b)은 첸과 스타로스타(2000b)의 두 번째 요인과 네 번째 요인을 합쳐서 요인 1 '문화적 차이에 대한 존중 및 상호작용 향유도'로 명명하고 7문항을 제시했다. 이 요인은 연구참여자가 상대방의 문화나 생각을 수용하거나 수용하는 방법에 대해 스스로 어떻게 생각하는지와 연관이 있는 '문화적 차이에 대한 존중'과 다른 문화의 사람들과 상호작용하는 것에 대해 긍정적 혹은 부정적으로 생각하고 있는지와 관련 있는 '상호작용 향유도'가 결합했다는 특징이 있다. 요인 2 '상호작용 자신감'은 5문

---

* 이 절은 장현정(2023)의 박사학위 논문 「중등 국어과 수업에서의 소통 중심 다문화교육프로그램 설계」의 연구방법과 양적 연구결과를 중심으로 기술되었다.

항으로 연구참여자가 상호문화적 소통 상황에서 얼마나 자신감을 가지고 행동하는지와 관련이 있다. 요인 3 '상호작용 주의도'는 2문항으로 연구참여자가 다른 문화의 사람들과 상호작용하는 상황에 얼마나 주의를 기울여 이해하려고 노력하는지와 관련이 있다. 요인 4 '상호작용 참여도'는 3문항으로 참여자들이 다양한 문화가 공존하는 상황에서 갖는 느낌과 관련이 있다.

(1) 연구대상

이 연구의 대상은 중등학습자 중에서 고등학교급 학습자를 주 연구대상으로 하고 있다. 에릭슨(Erikson, 1994)은 이 시기의 청소년이 정체성(Identity)의 확립과 정체성 혼돈 사이에서 자신이 사회에서 어떠한 역할을 할 수 있는지 고민하고, 사회와 자아의 관계를 통해서 건강한 자아정체성을 확립해나간다고 설명한다. 연구자는 상호문화 소통 상황에서 무엇보다 우선시되어야 하는 것은 '자아정체성' 확립이며, 이를 토대로 타문화와의 관계를 형성해나갈 때 바람직한 미래 공동체 문화를 모색할 수 있다고 판단했다. 청소년기의 끝자락에 있는 고등학생 학습자들에게 소통 중심의 다문화교육을 통해 '개인-사회'의 관계를 비판적으로 해석하고, 그 과정에서 긍정적 자아정체성을 확립하도록 유도하고자 했다.

셀먼(Selman, 2003)은 '관점 수용(Perspective Taking)'이라는 용어를 사용하여 아동·청소년의 사회성 발달과 '감정이입'을 결합한 수준을 다섯 단계로 설명한다. 고등학생 학습자는 마지막 수준인 '일반화된 타자 관점 수용'이 가능하여 다문화교육의 목표인 '관점 인식(Perspective Consciousness)'을 원활히 소화할 수 있는 발달 단계에 있는 학습자다. 문학 텍스트 안에 담긴 집단이나 사회에 대한 관점, 문화의 개념을 이해하여 "일반화된 타인 개념을 상정"할 수 있음을 의미한다. 다양한 문학 텍스트의 장르에 대한 인식이나 작품 안에 담긴 문화 양식 즉, 사회적 가치를 이해하고 작품과 관련된 '작가, 작품, 환경, 상호 텍스트성(다른 작품들과의 관계) 등'까지 고려할 수 있는 것이다(고영화, 2007: 23).

또한, 이 시기의 청소년 학습자는 텍스트에 대한 표면적 이해뿐만이 아니라 텍스트가 생산된 맥락과 그와 연관된 사회문화적 맥락에 주목하고 분석할 수 있는 "비판적 독자(Critical Reader)"이며, 독서(텍스트 수용) 이후 이를 토대로 새로운 텍스트를 생산할 수 있는 "통합적 독자(Integrated Reader)"에 해당한다(천경록, 2020). 이 때문에 '다문서 문식 활동'을 근간으로 하는 소통 중심의 다문화교육 내용도 원활히 이해할 수 있고, 다양한 매체 자료를 종합적으로 해석하여 '심층적 이해'에 도달할 수 있을 것으로 상정했다.

끝으로, 이 시기의 학습자들은 베레이터(Bereiter, 1980)가 주장한 '쓰기 발달 단계' 중 중간 단계인 다양한 층위의 독자를 가정하고 이에 맞는 텍스트를 생산할 수 있는 '의사소통적 쓰기(Communicative Writing)' 단계에 있다고 상정했다. 그리고 이를 토대로 다른 사람의 관점은 물론이고 독자로서의 필자(자아 독자)의 관점을 고려하여 글을 비판적으로 분석하고 개선할 수 있는 '통합적 쓰기(Unified Writing)'까지도 가능하다고 판단했다. 이 단계의 학습자들이 소통 중심의 다문화교육을 통해 '자아-타자-사회'를 성찰하고 심층적으로 이해하여 새로운 관점을 세울 수 있도록 유도했다.

(2) 연구참여자와 연구의 과정

이 연구의 참여자는 수도권 소재의 남녀공학 고등학교 한 곳의 1학년 학생 전체다. 이 학교는 1학년이 총 8학급으로 구성되어 있어, 실험집단에 세 개 반 86명, 대조집단에 세 개 반 87명, 통제집단에 두 개 반 55명을 무선 배치했다. 국어과 정규 수업시간에 연구가 진행되어, 실험집단은 소통 중심의 다문화 교수·학습을 진행하고, 대조집단*은 다문화교육 요소를 결합한 교수·학습을 진행했으며, 통제집단은 아무런 적용 없이 일반 국어 수업만을 진행하고 상호문화 감수성 검사만 진행했다. 1학년 학생 전체가 연구에 참여한 경우이기 때문에 지연검사까지 마친 뒤, 대조집단과 통제집단의 학습자들에게도 소통 중심 다문화 교수·학습을 제공하여 수업 환경의 형평성을 맞추려 노력했다. 실험이 시작되기 전에 상호문화 감수성 척도(ISS)를 측정하여 사전검사를 진행하고, 총 5차시의 수업을 마치고 사후검사를 진행했으며, 2주 뒤에 지연검사를 진행했다.

(3) 프로그램의 실제

교육 프로그램은 총 5단계로 2장에서 제시한 소통 중심 다문화교육

---

* 기존의 국어과 정규 수업 내용에 다문화적 요소를 결합한 수업을 구안하기 위해, 2015 개정 교육과정이 적용된 고등학교 국어(좋은책 신사고)의 '대단원 1. 문학, 쓰기, 읽기와의 첫 만남' 내용에 김용신·김정호(2009)가 개발한 다문화 수업 모형(Contributive · Addictive · Transformative: CAT 모형)을 적용했다. CAT 모형은 대부분의 '다문화사회 교수방법론' 교재에 실려 있으며 대중적으로 사용되는 다문화교육 모형이다. 1, 2차시에는 다문화 부가적 접근모형(Multicultural Addictive Approach: MAA)을 사용했다. 수업의 전개 단계에서 다문화 관련 자료나 텍스트를 제시하고 20분 이내로 수업을 진행했다. 3, 4, 5차시에는 다문화 변환적 접근모형(Multicultural Transformative Approach: MTA)을 사용했다. 이 교수 방법은 교사의 주도로 다문화와 직접 관련이 있는 수업에 적용하여 "주류학생들을 대상으로" 학습자들의 편견을 해소하고 다양한 민족집단의 입장을 이해하고 실천하는 능력을 기르도록 유도한다. 소통 중심 다문화 교수·학습에서 사용한 정보 텍스트를 사용하고, '정의로운 사회'를 주제로 한 의견제시형 에세이 쓰기(Opinion Essay)를 진행했다는 공통점이 있다. 이 외에 교과서에 수록된 윤동주의 「자화상」과 『최척전』을 학습 자료로 활용했다.

프로그램의 원형을 기반으로 설계되었다.

1차시에는 '서로를 이해한다는 것'을 학습 주제로 선정하여, 동태적 복합양식 매체에 해당하는 '복합양식 자료'인 '애니메이션(〈폭풍우 치는 밤에〉 한국어 더빙판)'을 사용했다. 〈폭풍우 치는 밤에〉는 기무라 유이치와 아베 히로시가 만든 동화『가부와 메이 이야기』시리즈를 원작으로 한 스기이 기사부로 감독의 극장판 애니메이션(2005년 作)이다. 원작이 어린이를 대상으로 한 동화임에도 성인들에게 큰 호응을 얻었다. 동화에서 전달하고자 하는 주된 의도는 각박한 현실 속에서도 타자(늑대와 염소라는 천적관계임에도 불구하고)에 대한 소통과 공감의 과정을 통해 갈등을 해결하고, 서로를 보듬는 세상의 아름다움을 보여주는 것이다. 이를 통해 독자는 삶의 고통에서 위로받고 희망을 얻을 수 있기에 청소년 학습자들을 위한 교육자료로서의 효용성도 높았다. 텍스트의 원전은 정태적 복합양식 매체(그림동화)였으나 이를 동태적 복합 매체(애니메이션)로 변경하더라도 함의된 의미와 감동은 다르지 않으며, 오히려 학습자들의 관심과 호응도가 높아진다는 장점이 있었다.

수업 전 '자율활동 시간'에 전체 내용을 1차 자료로 보여주고, 수업 시에는 핵심 내용을 교수자가 요약한 2차 자료를 제공하여 학습의 편의를 돕고 학습자의 기억을 상기시키고자 했다. 수업 시간에 요약하여 반복적으로 보여준 부분은 늑대 가부와 염소 메이가 폭풍우 치는 밤에 어둠 속에서 친구가 되던 장면과 주변의 반대에도 종족을 초월한 우정을 만들고 서로를 위해 진심을 다하는 부분이었다. 학습에 활용한 프롬프트는 다음과 같다.

학습 주제: 서로를 이해한다는 것 – '폭풍우 치는 밤에'	학습 형태
1. 요약 영상을 보며, '가부'와 '메이'가 생각하는 친구의 의미에 대해서 간단히 정리해 봅시다.	개별학습/발표
2. 요약 영상을 잘 보고 답을 정리해봅시다. ① 둘이 서로의 얼굴을 보지도 않고 친구가 될 수 있었던 이유는 무엇인가요? ② 가부와 메이가 비밀 친구를 할 수 있었던 이유는 무엇일까요? ③ 함께하면서 둘은 왜 싸운 걸까요?	개별학습/발표
3. 우리가 본 영상에서 '가부'와 '메이'는 종족, 겉모습, 식습관, 성격 등 모든 것이 다른데도 불구하고 진정한 친구가 되었습니다. '가부'와 '메이'처럼 나와 성격, 인종, 종교, 문화가 완전히 다른 사람과 친구가 된다면 나는 어떻게 행동할까요? 친구들과 토의한 내용을 자유롭게 적어봅시다.	협력학습 (조별 토의) 이후 개별학습
4. 여러분이 생각하는 '다문화사회'의 의미는 무엇인가요? 생각을 이유와 함께 적어봅시다.	개별학습 이후 협력학습 (전체 토의)

    2차시에는 '내가 나와 마주하기'를 주제로 진행되었다. 교수·학습에 사용한 텍스트는 2018년 9월 25일 UN 청소년 지원 행사에 참석한 그룹 BTS의 리더 RM이 "자기 자신을 사랑하라(Love yourself)"라는 주제로 연설한 영어 동영상이다. 청소년들이 "자신이 누구든, 어디에서 왔든, 피부색이 무엇이든, 성 정체성이 무엇이든 간에 상관없이" 당당한 주체로 서기 바란다는 핵심 내용을 담고 있다. 연설자가 전 세계적으로 유명한 아이돌로 학습자들에게 공신력을 주는 존재이고, 성실하게 자신의 꿈을 찾아서 주체적인 삶을 찾아가라는 내용의 논리적 적합성으로 청소년기의 독자들을 위한 교육자료로 활용하기에 유용했다. 1차 자료로 한글 자막이 포함된 영상을 그대로 제공했고, 2차 자료로 연설문의 내용을 문어 텍스트로 변환·요약해 제공하여 학습자의 이해를 도왔다. 학습에 활용한 프롬프트는 다음과 같다.

학습 주제: 내가 나와 마주하기	학습 형태
1. 우리도 나의 이야기를 친구들에게 들려줘볼까요? 첫 번째 질문입니다. 내가 생각하는 나는 어떤 모습인가요? 글로 써도 되고 어려우면 내가 생각하는 나의 모습을 그림으로 그려도 됩니다. 시로 표현해도 좋습니다. 나의 모습을 자유롭게 표현해봅시다.	개별학습/발표
2. RM의 연설을 들어보니, 그는 "다른 사람이 나를 어떻게 생각하는지를 걱정하기 시작했던 것 같습니다. 그리고 타인의 눈으로 나를 바라보기 시작했습니다"라는 고민을 했던 것 같아요. 여러분도 그런 고민을 한 적이 있나요? "진정한 나 vs. 다른 사람의 시선을 의식한 나" 사이의 차이점을 생각해보고, 그 안에서 느낀 자신의 감정을 자유롭게 적어봅시다.	개별학습/발표
3. 친구들의 발표를 들으면서 어떤 생각을 했나요? 친구들의 '나의 이야기'를 듣고 난 뒤, 자신에 대한 생각이 달라지지는 않았나요? 다음 세 가지 중 마음에 드는 것을 하나 골라 적어봅시다. (① '나'를 바라보는 나의 생각 변화, ② 친구들 이야기로 인한 생각 변화, ③ 수업에 대한 자유로운 생각)	개별학습
4. 우리나라는 '다문화사회'에 진입했다고 생각하나요? 조별 토의를 하고, 내용을 이유와 함께 적어봅시다.	개별학습 이후 협력학습 (조별 토의)

3차시에는 '우리의 사회를 바라보기: 『씬짜오, 씬짜오』'를 학습 주제로 선정하여, 단일 매체에 해당하는 '문어 자료'인 '서사 텍스트(『씬짜오, 씬짜오』)'를 사용했다. 『씬짜오, 씬짜오』는 최은영이 2016년에 발표한 단편소설로 2015 개정 교육과정이 적용된 문학 교과서(금성교과서)에 수록된 작품이다. 소설은 공간적 배경을 '독일'로 설정하여 그 안의 이방인들인 베트남인 가족들과 주인공의 한국인 가족들 사이의 이야기를 담담히 풀어내며, 두 나라의 국민에게 서로 다른 아픔으로 존재하는 '베트남 전쟁'을 객관적으로 모두가 서로를 이해할 수 있도록 풀어내고 있다. 특히, 학습자들이 한국인 주인공이 소수자의 입장에서 느끼는 감정을 교실 안에서 간접 경험할 수 있게 하여, 교육 자료로서 다수자인 '현재의 우리'를 생각해보기에 적합했다.

수업의 일주일 전에 학습자들에게 소설책을 1차 자료로 제공하고 수업 시간에는 2차 자료로『문장웹진』2016년 5월호에 실린 이경진 문학평론가의 비평문을 제공했다. 비평문에 제시된 학문적 어휘가 학습자들에게 어려울 수 있어 이를 보완하기 위해 따로 각주를 달아 학습자의 이해를 높이고자 했다. 학습에 활용한 프롬프트는 다음과 같다.

학습 주제: 우리의 사회를 바라보기 – 『씬짜오, 씬짜오』	학습 형태
1. 여러분 책은 잘 읽어보았나요? 소설 속의 주인공은 부모님과 응웬 아줌마 가족의 대화 도중에 "한국은 다른 나라를 침략한 적 없어요"라고 말하고 있습니다. 주인공이 생각한 '한국'과 응웬 아줌마 가족이 느낀 '한국'은 큰 차이가 있습니다. 주인공이 생각하는 한국 사회에 대한 이미지가 현실과 어떻게 달랐는지 정리하고 그것이 주인공에게 어떠한 영향을 미쳤는지 정리하여 봅시다.	개별학습/발표
2. 우리 주변에는 우리도 모르는(미처 파악하지 못한) '고정관념과 편견'의 예가 존재합니다. 자신의 신념과 반대되는 사실과 마주했을 때, 여러분은 어떠한 생각을 하는지 자유롭게 적어봅시다. 여러분이 소설 속 주인공의 상황이라면, 여러분은 어떠한 생각과 감정을 느꼈을지 자유롭게 적어봅시다.	개별학습
3. 소설 속 독일 학교의 '선생님'과 반장 '잉가'가 "베트남 전쟁"을 바라보는 시각과 '투이', '주인공'이 바라보는 각각의 시각과 생각이 다릅니다. 표에 등장인물의 생각을 정리해봅시다.	개별학습
4. 위의 글은 우리가 읽은『씬짜오, 씬짜오』를 읽고 쓴 '비평문'입니다. 저 글의 필자는 최영은 작가가 현실의 사회 문제를 자신의 관점에서 해석하고, 이를 작품 안에 녹여내었다고 평가하고 있습니다. '베트남 전쟁'을 대하는 작가의 시선은 무엇이었는지 조별 토의를 통해 글로 정리해봅시다.	협력학습 (조별 토의)
5. 소설을 통해 생각한 내용을 바탕으로, '다문화사회'를 살아가는 '사회 구성원'에게 필요한 자세와 마음가짐을 이유와 함께 적어봅시다. (500자 내외)	협력학습 (조별 토의)

4차시에는 '사회가 변화하는 과정 알아보기'를 학습 주제로 선정하여, 단일 매체에 해당하는 '문어 텍스트'인 '정보 텍스트(기사문 세 편)'를 사용했다. 1차 자료로 코로나19 이후 증가한 증오 범죄와 그 원인을 탐색한 기

사 두 편[① "코로나 원인은 동양인… 아시아 증오 범죄 캐나다 세 배 증가 · 미국 1만 건"(손희정 기자, 쿠키뉴스, 2022년 3월 19일), ② "아시아 대상 증오 범죄가 늘어나는 까닭"(전홍기혜 기자, 프레시안, 2021년 4월 6일)], 사회의 차별을 극복하기 위한 청소년들의 노력을 담은 기사 한 편[③ "'차별금지법 제정 청원' 나선 청소년들"(김정수 기자, 시민일보, 2021년 6월 13일)]을 사용했다. 학습자의 이해를 돕기 위해 2차 자료로 현재 우리 사회의 외국인 혐오 사례를 담은 "외국인은 바이러스가 아닙니다(김정수 기자, 시민일보, 2021년 3월 22일)"의 부분 발췌 및 요약한 내용(216자)을 제공했다.

1~3차시의 텍스트들에 비해 상대적으로 지문 구조의 복잡도, 어휘의 난도, 지식의 수준이 상대적으로 높아, 중등학습자가 이해할 수 있는 수준의 일상적 어휘가 적절히 포함된 기사문 위주로 선정했다. 600~700자 내외로 비교적 짧은 기사문을 선택하여 학습의 부담을 덜어주고자 했다. 코로나19 이후 증가한 사회의 '차별과 혐오'의 국내외의 실제 사례를 제공하여 학습자가 다양한 관점에서 문제점을 비판적으로 인식하고 대안을 모색할 수 있도록 배치했다. 학습에 활용한 프롬프트는 다음과 같다.

학습 주제: 사회가 변화하는 과정 알아보기	학습 형태
1. '코로나19'라는 위기 상황이 우리를 비롯한 국제사회원 모두에게 끼친 영향은 무엇인지 자유롭게 적어봅시다.	개별학습/발표
2. '인종차별'과 '증오범죄' 사이에 어떠한 연관관계가 있다고 생각하는지 조별 토의를 통해 글로 정리해봅시다.	개별학습/ 발표
3. '코로나19'가 유행한 이후 우리나라에서도 아시아계 등의 외국인에 대한 차별이 발생하고 있습니다. 우리의 행동과 서구지역의 차별과 혐오는 어떠한 차이가 있을지 조별 토의를 통해 글로 정리해봅시다.	개별학습 이후 협력학습 (조별 토의)
4. 세 편의 기사를 읽고 우리 사회의 '차별과 혐오'에 대해 자신의 생각이 어떻게 변화했는지 정리하고, 해결방안을 자유롭게 글로 정리해봅시다. (변화가 없다면, 없는 이유와 함께 '차별과 혐오'에 대한 해결방안을 적어봅시다)	개별학습 이후 협력학습 (조별 토의)

5차시에는 '정의로운 사회란'을 학습 주제로 선정하여, 의견제시형 에세이를 작성했다. 학습에 활용한 프롬프트는 다음과 같다.

학습 주제: "정의로운 사회"란	학습 형태
우리는 4시간에 걸쳐서 우리 '나'-'타자'-'사회'의 모습을 다른 시각에서 바라보고 생각하는 시간을 가졌습니다. 여러분이 살아갈 미래 공동체의 바람직한 모습은 어떤 모습일까요? 선생님은 미래 다문화사회의 바람직한 모습을 "정의로운 사회"라고 부르고자 합니다. "정의로운"이라는 단어 안에는 다양한 의미가 들어 있고, 여러분 각자의 생각도 모두 다르다고 생각합니다. 지금까지 읽은 자료와 여러분의 글쓰기 내용을 토대로, "정의로운 사회"란 무엇인지 이유와 함께 자유롭게 적어봅시다. 조건) 1. 다른 사람(나와 의견이 다른 사람이라 할지라)도 내 생각을 받아들일 수 있도록 쓸 것 　　　2. 반드시 제목을 붙이되, 형식은 자유롭게 쓰기 　　　3. 1,000자 내외	협력학습 (전체 토의) 이후 개별학습

3) 상호문화 감수성(ISS)의 변화 분석 결과

(1) 기초 통계 분석

첫째로, 상호문화 감수성의 네 가지 하위 구인의 내적 일관성 검증을 위해 신뢰도 분석(Reliability analysis)을 실시했다. 주로 Cronbach`α 계수로 신뢰도를 판단하는데, 일반적으로 0.7 이상이라면 신뢰도가 양호한 것으로 판단한다.

<표 11-3> 사전검사의 신뢰도 분석 결과 요약

종속변수	Cronbach` α			항목수
	사전	사후	지연	
문화적 차이에 대한 존중 및 상호작용 향유도	.903	.922	.924	7
상호작용 자신감	.898	.919	.921	5
상호작용 주의도	.905	.923	.925	2
상호작용 참여도	.899	.920	.923	3

두 번째로, 기술통계 및 효과 크기를 살펴보면 다음과 같다. 실험집
단, 대조집단, 통제집단에 대해 사전·사후·지연 시기에 측정한 상호문화
감수성의 하위 구인별 평균(M) 및 표준편차(SD)를 〈표 11-4〉에서 확인할

〈표 11-4〉 사전 · 사후 · 지연 시기 상호문화 감수성(ISS) 측정 결과

구분		실험집단(N=83)			대조집단(N=81)			통제집단(N=53)		
		사전	사후	지연	사전	사후	지연	사전	사후	지연
문화적 차이에 대한 존중 및 상호작용 향유도	평균	4.38	4.57	4.47	4.36	4.43	4.27	4.26	4.1	4.05
	표준편차	.52	.44	.48	.47	.52	.48	.51	.52	.53
상호작용 자신감	평균	3.27	3.91	3.90	3.33	3.63	3.55	3.24	3.31	3.44
	표준편차	.75	.74	.76	.83	.82	.76	.78	.70	.62
상호작용 주의도	평균	3.66	4.09	4.07	3.74	3.88	3.83	3.82	3.71	3.57
	표준편차	.77	.73	.73	.75	.83	.72	.82	.87	.85
상호작용 참여도	평균	3.61	4.25	4.17	3.61	3.86	3.86	3.67	3.58	3.66
	표준편차	.78	.57	.61	.79	.60	.69	.64	.60	.61

수 있다. 기초 통계 분석결과 실험집단이 세 번의 검사 결과 다른 집단에 비해 상호문화 감수성이 높게 나타났으며, 지연 효과 검사에서도 그 결과가 유지되었음을 알 수 있다.

(2) 소통 중심 다문화교육의 효과[*]

연구참여자들의 사전·사후·지연 시기 상호문화적 감수성(ISS) 측정 결과를 요약하면 다음과 같다. 첫째, 사전 시기 검사결과 세 집단은 모든 하위 구인에서 유의한 차이를 보이지 않아 같은 수준에서 실험이 시작되었음을 알 수 있었다. 둘째, 사후 시기 검사 결과 하위 구인 중에서 요인 4 '상호작용 참여도'에서만 '실험집단 > 대조집단 > 통제집단' 순으로 집단 간 차이가 통계적으로 유의한 것으로 나타났다. 사후 검정 결과만으로는 소통 중심 다문화교육의 기존의 교육적 개입과의 변별적 차이가 크지 않다고 해석할 수 있었다. 셋째, 지연 검사 측정값에 대한 Scheffe 검정결과 요인 3 '상호작용 주의도'만 제외하고 실험집단이 대조집단, 통제집단과의 평균 차이가 통계적으로 유의한 수준에서 높게 나타났다. 이를 통해 소통 중심 다문화교육이 기존의 교육적 개입보다 '교육의 지속성' 측면에서 효과성이 높다고 유추할 수 있었다.

소통 중심 다문화교육의 효과를 집단과 측정 시기의 상호작용 효과(Interaction Effect)를 중심으로 검증하기 위해 실시한 반복측정 분산분석 (Repeated Meaures ANOVA) 결과는 다음과 같이 요약할 수 있다. 이 변화 추이는 [그림 11-5]와 같다.

---

[*] 상호문화 감수성 측정 결과의 구체적인 수치와 변화는 장현정(2023)의 박사학위 논문 「중등 국어과 수업에서의 소통 중심 다문화교육프로그램 설계」, 141~175쪽을 참고.

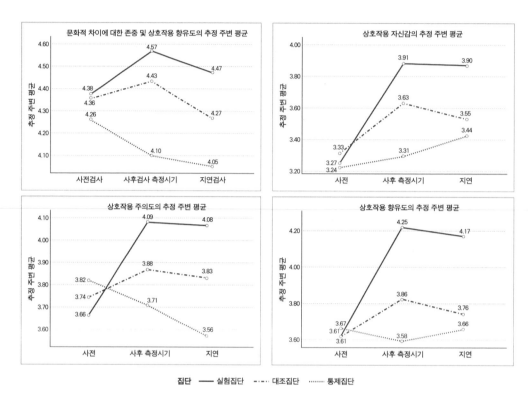

[그림 11-5] 측정 시기별 하위 구인에 대한 추정값 비교

첫째, 요인 1 '문화적 차이에 대한 존중 및 상호작용 향유도'를 확인
한 결과, 이미 사전검사 시기에 모든 집단이 5점 만점의 리커트(Likert) 척도
값에서 4점 이상으로 측정되어 다른 ISS의 하위 구인의 점수가 3점대 초
중반인 것과 차이를 보이는 일종의 '천장 효과'가 나타나 향상의 여지가
상대적으로 낮았음을 알 수 있었다. 이는 사후검사 시기에도 영향을 미쳤
을 것으로 판단되었다. 그러나 지연검사 시기에는 실험집단의 검사결과
가 타 집단과 통계적으로 유의한 차이를 보이며, '높은 학습자 수준'에도

불구하고 교육적 개선의 여지는 있는 것으로 이해했다.

둘째, 요인 2 '상호작용 자신감'도 요인 1과 마찬가지로 교육적 개입이 진행된 직후 사후 시기에는 효과의 차이가 실험집단과 통제집단 사이에서만 유의미했고, 대조집단과 통제집단 사이에서는 유의미하지 않았다. 그러나 지연검사 시기에는 실험집단의 결과가 통계적으로 유의미한 차이가 있는 것으로 나타났다. 이를 통해 소통 중심 다문화교육이 상호문화적 의사소통 상황에서 꾸준히 자신감을 잃지 않고 행동할 수 있는 기반을 마련하는 데 도움을 줌을 유추할 수 있었다.

셋째, 요인 3 '상호작용 주의도'는 상호문화적 의사소통 상황에서 어떤 일이 일어나고 있는지 학습자가 주의 깊게 관찰하거나 이에 대해 이해하려는 의지와 관련되어 인지적 지향이 상대적으로 높은 하위 구인이다. 유일하게 이 하위 구인만이 사후·지연 모든 시기에 실험집단과 통제집단 간 유의한 차이를 보일 뿐 대조집단과는 유의한 차이를 보이지 못했다. 소통 중심의 다문화교육이 '다문서 문식 활동'을 기반으로 학습자의 메타인지를 활용하는 교육적 개입임에도 불구하고, 실증적 결과에서 그 효과가 뚜렷이 나타나지 않아 추후 보완해야 할 부분이라고 해석했다.

끝으로, 요인 4 '상호작용 참여도'는 소통 중심의 다문화교육 결과 학습자의 가장 유의미한 변화를 유도한 요소에 해당한다. 사후-지연 모든 시기에 실험집단의 검사결과가 타 집단과 유의한 차이를 보였기 때문이다. 이를 통해 소통 중심 다문화교육이 상호문화적 소통 상황에서 학습자로 하여금 주체적이고 능동적으로 참여할 수 있는 능력 향상에 기여하고 있음을 확인할 수 있었다.

4.
소통 중심 다문화교육 프로그램의 전망

　　이 연구의 생산적 발전과 확장을 위해 다음과 같은 제한점에 대한 추가 논의가 필요하다. 첫째, 이 연구는 고등학교 1학년 학습자를 대상으로 교수·학습을 진행하여 자료를 수집하고 분석했다. 이를 중등학습자 전체, 중학교급과 고등학교급 다른 학년으로 확대했을 때, 상호문화 감수성의 변화와 텍스트 유형별 근거 활용 양상의 차이, 학습자가 생각하는 바람직한 공동체의 모습을 분석하는 것이 필요하다. 또한, 이때 학교급별 활용 텍스트를 새롭게 채택하여 프로그램을 발전 및 확장할 필요가 있다. 이 글은 텍스트 선정과 배치의 원리를 자세히 제시하고 있어 이에 따라 프로그램의 내용을 변경하고 발전시키는 것에는 무리가 없을 것으로 판단했다.

　　둘째, 소통 중심 다문화 교수·학습이 남녀·지역별 조건에 따라 어떻게 다른 영향을 끼치는지 후속 연구를 통해 증명할 필요가 있다. 이 글에서는 실험·대조·통제 집단에 대해서만 변별을 두고 상호문화 감수성 변화를 분석했기 때문이다. 「2019 KEDI 학생 조사 연구」에 따르면, 여학생이 남학생에 비해 다문화수용성 점수가 높게 측정되었고, 광역시의 청소년들이 중소도시나 읍면지역의 청소년보다 다문화수용성이 높게 측정되었기 때문이다(권희경 외, 2019: 60). 후속 연구를 통해 남학생과 여학생에게 상호문화적 소통 상황이 어떻게 다르게 느껴지는지 연구하고, 프로그램을 적용했을 때 그 결과를 비교 분석할 필요가 있다. 또, 수도권에서 진행했기 때문에 다문화 학생 비율이 더 높은 비수도권 지역에서 연구를 진행하여 효과를 분석할 필요가 있다. 이 두 조건을 충족하기 위해서는 전국 단위의 대규모 연구참여자를 모색하여 후속 연구를 진행하는 것이 필요하다.

끝으로, 이 연구는 '타인에 대한 존중 – 자아정체성 확립 – 사회에 대한 비판적 인식 – 사회변화 과정에 대한 이해 – 실천적 대안 행동 모색' 순으로 소통 중심 다문화교육 프로그램을 설계하고 효과성을 분석했다. 다문화교육의 목적을 '타자 이해를 통한 자기 이해 심화'에 있다는 것을 상기해보면, 프로그램의 순서를 다르게 진행했을 때 교육적 효과의 차이가 있을 수 있다. 예를 들어, '타자성'을 타자의 맥락에서 온전히 이해하기 위해 '사회에 대한 비판적 인식 – 사회변화 과정에 대한 이해'를 먼저 실시하고 '타인에 대한 존중 – 자아정체성 확립'을 진행한다면 타자에 대한 이해와 존중과 자기 이해의 정도가 달라질 수 있기 때문이다. 이는 프로그램의 순서를 달리하여 효과를 측정하거나, 1회기에는 원래대로 진행하고 2회 이상 반복할 때 프로그램의 순서를 달리하는 등으로 프로그램을 변형하여 후속 연구에서 교육 효과의 변별적 차이를 살펴볼 필요성이 있다.

이와 같은 논의는 진정한 다문화교육은 인종이나 종교 등에 함몰될 것이 아닌 교실 구성원들과 사회구성원들 간의 상호문화적 의사소통 상황 모두에 해당한다는 것으로 교육적 의미를 확장했다는 의미가 있다. 다문화교육에 국어의 도구적 기능을 충분히 활용하여 새로운 교육적 가능성을 제시했으며, 향후 이루어질 고등학교급 학습자들을 위한 체계적 다문화교육 프로그램 개발을 위한 이론적 토대가 될 것으로 기대한다.

12장

다문화가족지원센터
상호문화 실천 프로그램의
운영실태와 요구

이 장은 황해영 외(2024), 「가족센터 상호문화 실천 프로그램 요구에 대한 탐색적 연구」, 『교육 문화연구』 제30권 3호를 이 책의 내용에 맞게 수정 및 보완한 것이다.

1.
다문화가족지원센터의 역할

    정부는 국내 이민인구의 증가에 따라 2000년대 중반부터 급격히 국내 다문화가족을 위한 다양한 법·정책적 체계를 구성해왔다. 2005년부터 정부는 여성가족부, 법무부, 행정안전부, 문화체육관광부, 교육부 등 범부처 차원에서 여성 결혼이주민을 대상으로 한국 내 적응과 한국어교육 지원사업을 실시하면서 이민자의 사회통합을 위한 정책을 도입했다. 특히 결혼이민자를 위한 다문화가족지원센터를 중심으로 단기간 내 전국을 단위로 하는 서비스 제공기관과 전달체계를 마련했다. 또한, 중앙정부와 더불어 자치단체별로 조례제정 및 다양한 지원정책이 추진되고 있으며 정기적인 실태조사를 통해 다문화가족의 현황과 욕구에 대한 조사도 지속적으로 진행하고 있다.

    여성가족부는 다문화가족 정책의 주무부처로 총괄업무를 담당하고 있다. 여성가족부에서는 '다문화가족들을 위한 가족교육, 상담, 문화교육 프로그램 등의 지원서비스 제공을 통해 결혼이주여성들의 한국 사회 생활의 조기 적응 및 다문화가족들의 안정적인 가족생활지원'을 지원정책의 기본방향으로 하기 위해 다문화 역량강화 서비스 '생애주기별(결혼준비기, 가족형성기, 자녀양육기, 가족역량강화기, 가족해체기) 맞춤형 지원정책'을 4단계에 걸쳐 제공하고 있다. 2008년 다문화가족지원법이 제정됨에 따라 결혼이민자가족지원센터가 다문화가족 지원센터로 명칭을 변경했고 해마다 증설되면서 전국의 다문화가족지원센터는 2023년 기준 가족센터(건강가정지원센터와 다문화가족지원센터의 통합센터) 211개, 다문화가족지원센터 20개로 총 231개가 있다(여성가족부, 2023).

이처럼 많은 다문화가족지원센터가 있지만 결혼이주여성에 대한 정책적 부처별 사업이 조정 없이 중복적으로 시행되다 보니 특정 사업에 집중되어 중복수혜자가 발생하기도 하며, 서비스 접근이 어려운 대상의 경우에는 수혜의 사각지대가 발생하고 있다(유진희, 2020)는 문제점이 나타났다. 또한, 관 주도식 서비스 전달체계로 인해 각 지역의 특성 및 지역 내 다문화가족의 상이한 특성 및 욕구를 반영하지 못하고 있으며, 특히 다문화가족을 대상으로 하는 정책·서비스의 경우 이런 획일적인 서비스 접근은 서비스 대상자의 민족적 배경과 특성을 전혀 고려하지 않고 기획되고 제공된다는 점에서 크게 문제가 된다고 볼 수 있다(김혜미, 2013)는 비판도 받고 있다. 따라서 정책의 주요 전달체계인 다문화가족지원센터에서 근무하는 기관운영자*들의 실천 경험을 통해 현재 진행 중인 프로그램에 대한 인식 그리고 상호문화 실천 프로그램에 대한 요구를 연구하는 것은 중요한 의의가 있을 것이다.

다문화가족지원센터의 운영자는 다문화정책의 주요한 접촉지점에 위치한 실질적인 정책행위자이며 서비스 전달자다. 다문화가족지원센

---

* 기관운영자란 다문화가족지원센터내 센터장, 팀장, 팀원, 통·번역사, 한국어강사, 방문지도사, 상담사, 언어치료사 등 프로그램 계획 및 운영 담당자 등 종사자들.

터의 운영자는 정부정책과 이주 외국인 사이의 중간매개자 및 소통자로서 다문화정책 서비스를 생산 및 전달한다(강기정 외, 2011; 이화숙, 2011; 김이선 외, 2013; 김혜숙 외, 2012; 강휘원, 2015). 기관 운영자들은 내국민과 이주자 간 중간 매개자·소통자로서의 역할을 담당하는 중요한 인적 자원으로 이들은 한편으로 이주자를 상담하거나 교육하는 등 지원활동을 하고, 다른 한편으로는 내국민을 교육하고 같이 활동하면서 양 문화 간 소통과 교류, 혹은 문화접촉자 및 문화촉진자 등의 역할을 수행한다(강기정 외, 2011). 다문화가족지원센터 운영자는 다문화정책 서비스의 전달자이며 이주외국인과 접촉자라는 점에서 일선관료(Street-Level Bureaucrat)의 성격을 갖는다. 종사자들은 이주 역사가 짧은 한국 사회에서 인종·문화적으로 생경한 정책 대상인 이주민에게 서비스를 제공한다는 점에서 이전에 경험하지 못한 불확실성과 다변적인 상황에 놓여 있다고 볼 수 있다. 따라서 그들의 경험에 대한 연구는 실질적인 정책과 운영에 새로운 아이디어와 현실적인 대안을 마련할 수 있을 것이다.

국내 가족센터 운영자의 서비스 제공 경험에 대한 연구로는 다문화가족 상담모델과 사례관리모델을 연구한 강기정·이무영·강복정(2011)의 연구가 있다. 이들 연구에서는 구체적인 상담 및 사례관리 모델 개발을 위해 실무자들이 다문화가족을 대상으로 상담할 때 경험하는 고충 및 환경적 어려움에 대해 탐색했다. 김혜미(2013)는 농촌지역 가족센터에서 근무하는 서비스 제공자들과의 면접을 통해 서비스 제공 경험 및 어려움에 대해 탐색하면서 적절하지 않은 교육 내용 및 자료에 대해 지적했다. 이경란·최정숙(2020)에서는 다문화가족 사례관리자의 직무경험에 대한 연구를 통해 이용자 욕구보다 기관을 우선시하고, 업무상 적당선에서 타협지시를 수용하고, 법인 행사 등 비자발적 참여를 당연시하고, 실적과 운영에

만 전전긍긍하며, 잦은 운영법인 변경에 눈치 보는 등 한계점을 지적했다. 이렇듯 기관운영자의 현장에서의 실천적 경험은 이렇게 다양하게 실태조사, 정책적 제언을 위한 연구에 활용되고 있다. 따라서 기관운영자의 실천적 경험을 통해 가족센터에서 진행하는 다양한 실천적 프로그램에 대한 개발 방향을 탐색하는 것은 현시점에서 필요한 연구다.

　여성가족부(2022) 다문화가족실태조사를 살펴보면 국내 결혼이민자의 증가세가 둔화되고 있지만 국내에서 5년 이상 중장기 거주 결혼이민자·귀화자는 80% 이상을 차지하고 있었다. 정착이 장기화될수록 결혼이민자·귀화자는 언어소통과 문화적 생소함에서 벗어나 경제적 어려움, 자녀양육 및 교육, 사회적 편견과 차별의 어려움 등 새로운 어려움에 직면하게 된다(최윤정 외, 2018: 66-68). 김선정·강현자(2019)의 연구에서는 가족센터 운영진을 대상으로 결혼이민자를 위한 한국어교육 프로그램 구성에 대한 요구를 분석했다. 연구에서는 기존의 한국어 프로그램으로는 변화된 결혼이민자의 요구를 충족시킬 수 없기에 결혼이민자들의 다양한 요구를 반영한 여러 교육 프로그램에 대해 고민할 때라고 밝혔다. 따라서 다문화가족센터 프로그램에 대한 기관운영자의 인식 및 새로운 프로그램 개발에 대한 수요가 대두된다.

　2000년대에 이르러 다문화주의에 대한 회의적인 비판들이 등장하면서 국내에서도 상호문화주의에 기반한 다양한 이론들에 관심을 갖게 된다. 상호문화주의는 주류문화와 소수문화라는 이분법적인 사고를 버리고, 두 화자의 의사소통을 중요하게 생각한다(De Carlo, 2011). 다문화사회에서 상호문화 실천에 대한 연구의 필요성은 국제적인 다양성의 증폭 현상, 그에 반한 이주민과 선주민 간의 이해, 공감, 소통, 협력의 부재에 대한 비판적인 시각들에서 비롯된다. 이러한 비판적 시각은 그동안의 다문화정책과 교육의 한계를 지적하면서 그 대안으로 상호문화 실천 개념의 중요성을 강조하게 된다(김영순·황해영, 2023). 따라서 이주민과 가장 밀착하여 접촉하고, 상호문화 실천이 가장 활발하게 이루어지는 가족센터에서도 적응을 넘어선 공존과 화합을 위한 다양한 프로그램을 제공해야 할 것이다. 이러한 프로그램을 개발하기 위해서 다문화정책의 수행에 있어 실질적인 전달자 역할을 수행하고 있는 가족센터 운영자를 대상으로 상호문화 실천 프로그램에 대한 요구를 조사하는 것은 시의적절한 연구라고 볼 수 있다.

2.
설문조사 자료의 수집

이 연구에서는 가족센터 운영자의 프로그램에 대한 요구를 분석하기 위해 온라인 설문지(Google)를 제작하여 가족센터에 이메일로 전송했다. 질문지 구성은 연구진이 공동 선행연구를 기반으로 구조화된 질문지를 구성했다. 가족센터 상호문화 실천 프로그램에 대한 요구를 알아보기 위해 연구진은 초기 설계 단계부터 상호문화 실천 프로그램을 인권, 소통, 문화, 복지의 네 개 영역으로 나누어 구성했다. 질문지는 연구진이 각각 영역별 담당을 맡아 구성하고 교차 검토 후 내부 자문위원 감수를 통해 수정·보완했다. 조사에서 사용된 질문지는 영역별 7~8개 문항이었다. 주요 질문은 가족센터 프로그램 운영 실태에 대한 것이고, 해당 영역 프로그램에서 중요하게 다루어야 하는 내용이 무엇인지에 대한 기관사용자들의 요구를 살펴볼 수 있는 내용으로 구성했다. 자료는 2023년 1월부터 3월 사이에 온라인 질문지를 직접 수집하는 방법으로 수집되었다. 설문지 문항은 기관생명윤리위원회의(IRB) 심의를 통과했고 승인번호는 221128-4A이다.

1) 연구대상

설문 분석대상은 가족센터 기관운영자(센터장, 팀장, 팀원, 통·번역사, 한국어 강사, 방문지도사, 상담사, 언어치료사) 113명의 설문조사 결과자료다. 설문에 응답한 기관운영자들의 인적사항은 다음과 같다. 성별은 113명 중 여성이 103명(91.1%), 남성이 10명(8.8%)이다. 국적별로는 한국이 98명(86.7%)으로 가장 많았고, 외국이 15명(13.3%)이었다. 가족센터 근무 기간은 1~5년이 59명(52.3%)으로 가장 많았고 5년 이상도 36명(31.9%)이었고, 1년 미만은 18명(15.9%)으로 나타났다. 지역별로는 수도권이 87곳(77%)으로 가장 많이 참여했다.

〈표 12-1〉 연구참여자의 인구통계학적 특성

구분		인원수	%
성별	여	103	91.2
	남	10	8.8
국적	한국	98	86.7
	외국	15	13.3
근무 기간	1년 미만	18	15.9
	1~5년	59	52.3
	5년 이상	36	31.9
지역	인천	55	49
	서울	23	20
	충청	10	9
	경기	9	8
	기타 지역	18	16

2) 자료 분석

(1) 합의적 질적 연구 CQR-M

이 조사를 통해 수집된 결과는 CQR-M(Consensual Qualitative Research-Modified)으로 분석했다. CQR-M은 합의적 질적 연구(Consensual Qualitative Research, 이하 CQR)에서 파생된 연구방법이다. 먼저, CQR은 양적 연구방법과 질적 연구방법이 가진 각각의 장점을 결합한 것으로, 소수의 개별적 사례에 대한 깊이 있는 분석이 가능하고, 모든 사례를 연구자들 간의 합의를 통해 객관적으로 수치화할 수 있기 때문에 결과의 타당성과 신뢰성을 확보할 수 있는 연구방법이다(Hill, 2012). 그중 CQR-M은 CQR의 합의적 질적 방법의 구성요소와 발견지향적이고 탐색적인 접근방법을 융합시킨 질적 연구방법이다(Spangler, Liu & Hill, 2012). 즉, 상대적으로 간단한 데이터를 합의팀의 합의를 사용하여 범주에 직접 코딩할 수 있도록 하는 방법이다. 또한, CQR-M은 새롭고 기대하지 않은 아이디어를 얻기 위해 현상을 탐색하는 효과적인 연구방법으로서, 탐색과 발견뿐만 아니라 거의 연구되지 않은 현상을 기술하는 데에 적합하고 그러한 결과는 지식 기반을 확장시켜 추후 연구에 도움을 줄 수 있을 뿐만 아니라 양적 연구와 결합하여 연구주제에 대해 더 풍부한 이해를 얻을 수 있도록 도울 수 있다(Hill, Spangler, Sim & Baumann, 2007). 또 다른 연구자들은 CQR-M이 큰 숫자로부터 간단한 데이터를 다루는 데에 특히 유용한 접근방법으로서 현상에 대한 다차원적인 관점을 통해 관심 있는 주제에 대한 더 나은 이해를 제공해준다고 주장하고 있다(Heppner, Kivlighan & Wampold, 1999). CQR-M은 자료를 요약하는 핵심개념 또는 핵심주제 구성과 감수 절차를 따로 거치지 않고, 다수의 표

집에서 얻은 짧은 자료를 가지고 연구자들 간에 합의하여 바로 범주를 만들고 자료를 코딩한다(Hill, 2016).

데이터 분석단계는 첫째, 영역을 개발하고 범주를 목록화하며 둘째, 코딩팀을 구성하고, 셋째, 영역과 범주를 수정하고, 넷째, 데이터를 범주에 코딩한다. 따라서 이 연구에서는 다문화정책의 주요한 접촉지점에 위치한 실질적인 정책행위자이며 서비스 전달자인 기관운영자들의 실천적 경험을 통한 프로그램에 대한 요구조사를 통해 프로그램 개발 방향에 대한 아이디어를 얻고 프로그램을 확장하기 위해서는 CQR-M의 연구방법을 활용하는 것이 적합하다고 판단했다.

(2) 분석팀

이 연구의 자료들을 분석하기 위해 참여한 연구진은 공동연구진 4인과 교육학 석사 1인이다. 연구진은 각각 문학박사, 교육학 박사 학위를 소지하고 현재 관련 분야에서 연구 및 강의를 하고 있으며 질적 연구로 다수의 논문을 집필했고 그중 1인은 양적 연구와 질적 연구를 혼합한 혼합연구방법으로 학위논문을 집필했다. 연구진 중 1인은 CQR 및 CQR-M을 사용한 교육 관련 주제를 질적 연구방법으로 수행한 경험을 3회 이상 가지고 있으며, 기타 연구진은 학술연구 및 프로젝트 등을 통해서 질적 연구를 5회 이상 수행한 적이 있다. 이 연구의 분석을 위해 분석팀 4인은 CQR-M 관련 서적과 논문을 토대로 CQR-M 연구방법에 대한 스터디를 했다. 분석팀은 총 3회에 걸쳐 원자료를 분석했고 1회당 평균 2시간 정도 합의 시간을 가졌다. 이 연구에서는 수집된 113개 질문지를 분석대상으로 했다. 자료를 연구자들이 각자 읽고 하위영역과 범주 1차로 구성했다. 1차 분석 틀은 최대한 이해하기 쉽고 자세하게 구성하고 네 명이 모여 합의하여 네 가지 영역에 대해 통합과 수정의 과정을 진행했다. 이후 반복적인 합의과정을 거쳐 12개 하위영역, 53개 범주를 구성했다. CQR-M의 연구방법을 사용해 분석된 자료의 경우 비교적 간단하고 맥락의 영향을 덜 받기 때문에 평정자들 간의 불일치에 대한 합의가 쉽게 해결되므로, 일반적으로 감수과정을 필수적으로 진행하지는 않는다(Spangler et al., 2012).

3.
가족센터 상호문화 실천 프로그램에 대한 기관 운영자의 요구

이 연구에서는 가족센터 상호문화 실천 프로그램에 대한 기관운영자의 요구를 알아보기 위해 113명의 참여자가 작성한 응답을 분석했다. 분석결과 네 개 영역에서 12개 하위 영역, 53개 범주가 개발되었다. 영역별 구체적인 범주와 내용은 표에 정리했다.

1) 인권교육 영역

가족센터에서 진행하는 인권교육 영역의 경험과 요구에서는 세 개 영역과 12개 범주가 도출되었다. 첫 번째 영역인 '인권교육에 대한 인식'에서는 가족센터 기관운영자 인권교육에서 인권교육을 받아본 경험이 있었다(75.7%). 가족센터 사용자를 위한 인권교육의 필요성에 있어서는 대부분이 필요하다고 응답했다(90.9%). 그리고 응답자들은 이주민뿐만 아니라 전체 국민을 위한 인권교육이 필요하며(36.9%), 지역사회 주민을 위한 인권교육의 필요성을 느끼고 있었다(24.3%). 설문결과에서는 인권교육을 받아본 경험이 전혀 없음(24.3%)도 적지 않은 숫자로 나타나서 가족센터에서 인권교육의 보편화에 대한 필요성을 알 수 있었다.

또한, '인권교육에 대한 만족'에서는 긍정적인 평가가 과반수였다(75.7%). 교육 내용에서 좋았던 부분은 무의식적인 오류를 바로잡을 수 있어서 만족스럽다(30.4%), 다양한 영역을 다루는 인권교육 내용(75.7%)에 대한 만족도가 높았고, 인권에 대한 무의식적인 오류를 수정하는 데 도움(30.4%)이 되었다는 응답도 유의미하다. 또한, 교육 내용에서 인권 관련 현안 주제를 다루어주기에 도움이 되었다는 응답(20.5%)도 많았다. 그럼에도

〈표 12-2〉 인권교육에 대한 경험

하위영역	범주	빈도	%
인권교육에 대한 인식	인권교육을 받아본 경험 있음	84	75.7
	사용자 인권교육(대상의 확대)의 필요성	101	90.9
	지역사회 주민을 위한 인권교육(내용의 구체성)의 필요성	27	24.3
	인권교육을 받아본 경험이 전혀 없음	27	24.3
	인권교육의 필요성을 못 느낌	8	7.2
인권교육에 대한 만족	다양한 영역을 다루는 인권교육 프로그램에 만족함	64	75.7
	인권에 대한 무의식적인 오류 수정에 도움	34	30.4
	인권 관련 현안 주제를 다루어주기에 도움	23	20.5
	내용이 평범하고 현장에 맞지 않아 교육의미를 찾을 수 없음	14	12.5
인권교육에 대한 요구	인권과 인권 감수성에 대한 개념 및 중요성 교육	40	36.1
	사례를 통해 인권침해(폭력, 차별, 괴롭힘 등) 및 대처방안에 대한 교육 및 적용	36	32.0
	인권 실천(상호이해, 경계 지키기, 편견, 개선, 배려 등)에 대한 구체적 내용	26	23.2

일부 응답자들은 제한점으로 내용이 평범하고, 지루하며 현장성, 다양성이 부족하다고(12.5%) 응답했다.

'인권교육에 대한 요구' 영역에서 기관운영자들은 인권 지식과 인권 감수성에 대한 내용이 필요하다(36.1%)고 응답했고 인권 지식은 인권에 대한 이해, 존중, 노동인권에 대해 교육해야 한다고 응답했다. 두 번째는 폭력, 차별, 괴롭힘에 대한 구체적인 사례를 통해 인권 침해와 응대방법(32.0%)에 대한 요구도 높았다. 마지막으로 인권 보호에 있어서 실천적인 부분에 대한 내용을 교육해야 한다고 인식하고 있었다. 실천적인 부분에서는 상호이해, 경계 지키기, 편견, 개선, 배려 등 상호작용에 대한 사례 및 대처방안들이 인권교육 내용에 꼭 포함되어야 하는 내용(23.2%)이 가장 많았다.

2) 문화교육 영역

가족센터에서 진행하는 문화교육 영역의 경험과 요구에서는 세 개 하위영역과 12개 범주가 도출되었다. 첫 번째 영역인 '문화교육 프로그램에 대한 인식'에서는 가족센터 기관운영자 문화교육에서 문화교육업무에 참여한 경험이 있었다(58%). 가족센터 사용자를 위한 상호문화교육의 필요성에 있어서는 대부분이 필요하다고 응답했다(92.8%). 그리고 응답자들은 현재 상호문화교육 프로그램이 개선되어야 할 필요가 있다고 응답했다(46.5%).

'문화교육 프로그램에 대한 만족도'에 있어서 교육 내용이 결핍되는 영역에 대한 지식 습득, 한국 사회문화 습득에 도움이 된다(29.5%)로 가장 많았고 다음으로 문화 다양성에 대한 이해를 통해 차별, 편견, 오해에서 벗어날 수 있었다(25.9%)가 두 번째로 많았다. 그리고 문화교육 프로그램을 통해 상호소통, 상호이해, 친목 도모, 정보교류 등 상호소통에 유익하다가 세 번째로 많았다(18.8%).

'문화교육 프로그램에 대한 요구'에서는 현재 진행 중인 문화교육 프로그램에 대한 개선점으로 재정 지원을 통해 문화교육 프로그램을 확대시켜야 한다(51.8%)가 가장 많았다. 그 밖에 교사역량 강화, 프로그램 내용 등에 대한 개선이 필요하다(33.9%)는 두 번째로 많았다. 그리고 기관운영자들은 문화 다양성에 대한 프로그램(33%)에 대한 요구도 높았다. 그들은 한

<표 12-3> 문화교육 영역에서의 경험

하위영역	범주	빈도	%
문화교육 프로그램에 대한 인식	문화교육 업무에 참여한 적 있음	65	58.0
	문화교육 업무에 참여한 적 없음	47	42.0
	서로를 위한 상호문화교육 필요	104	92.8
	현재 프로그램을 개선할 필요가 있음	52	46.5
문화교육 프로그램에 대한 만족도	결핍되는 영역에 대한 지식 습득, 한국 사회문화 습득에 도움이 됨	33	29.5
	문화 다양성에 대한 이해를 통해 차별, 편견, 오해에서 벗어날 수 있었음	29	25.9
	상호소통, 상호이해, 친목 도모, 정보교류 등 상호소통에 유익	21	18.8
문화교육 프로그램에 대한 요구	재정 지원을 통해 문화교육 프로그램 확대	58	51.8
	교사역량 강화, 프로그램 내용 등에 대한 개선 필요	38	33.9
	한국문화, 외국 문화 등 문화 다양성에 대한 프로그램 필요	37	33.0
	답사, 체험을 통한 문화 프로그램이 필요함	11	9.8
	가족 프로그램	10	8.9

국문화뿐 아니라 이주민 국가문화, 기타 외국 문화 등 다양한 문화교육 프로그램이 필요하다고 응답했다. 그리고 답사, 체험을 통한 문화 프로그램이 필요하다(9.8%), 가족 프로그램(8.9%)에 대해서도 긍정적으로 추천했다.

3) 상호문화 소통 영역

가족센터에서 진행하는 상호문화 소통 영역의 경험과 요구에서는 세 개 하위영역과 14개 범주가 도출되었다. 첫 번째 영역인 '상호문화 소통 프로그램에 대한 인식'에서 가족센터 기관운영자들은 상호문화 소통 프로그램 업무에 참여한 경험이 있었다(44.6%). 그들은 가족센터 사용자를 위한 상호문화 소통 프로그램이 필요하다고 대부분이 응답했다(92.9%). 그리고 응답자들은 현재 상호문화교육 프로그램이 개선되어야 할 필요가 있다고 응답했다(51.8%).

'상호문화 소통 프로그램의 어려움' 부분에서 시민성 함양을 위한 상호문화 소통 프로그램(47.3%)이 필요하다고 응답했고, 현재 진행하는 상호문화 소통 프로그램의 문제점으로는 인식의 문제(51.8%), 재정지원의 문제(42.0%), 홍보의 문제(40.2%), 프로그램 진행 전문가들의 역량강화(28.6%)가 필요하다고 응답했다.

'상호문화 소통 프로그램에 대한 요구'에서 문화체험, 탐방, 외국 문화 배우기(25.9%)가 가장 많았고, 어울림 프로그램을 통한 상호소통 경험 증진(11.6%)으로 두 번째로 많았다. 그리고 가족의 소통을 위한 다양한 문화 프로그램(8.9%), 자조모임을 통한 상호문화 소통경험 프로그램도 필요

<표 12-4> 상호문화 소통 영역에서의 경험

하위영역	범주	빈도	%
상호문화 소통 프로그램에 대한 인식	이주민 대상의 상호문화 소통 프로그램 운영 경험 있음	50	44.6
	이주민 대상 상호문화 소통 프로그램이 필요함	104	92.9
	현재 진행되는 상호문화 프로그램은 개선될 필요가 있음	58	51.8
	이주민들의 건강한 자아 정체감 형성을 위해 필요함	2	1.8
	상호문화 소통 프로그램의 필요성을 못 느낌	9	8.0
상호문화 소통 프로그램의 어려움	상호문화 소통 프로그램 필요성에 대한 인식 부족	58	51.8
	상호문화 소통 프로그램 운영에 대한 재정적 지원 부족	47	42.0
	상호문화 소통 프로그램에 대한 홍보의 어려움	45	40.2
	상호문화 소통 관련 역량 있는 전문가 부족	32	28.6
	프로그램에 상호문화 소통에 대한 실제적 내용 부족	29	25.9
상호문화 소통 프로그램에 대한 요구	상호문화 소통 이해를 위한 교육(문화 다양성, 시민성 함양, 차별, 편견 등)	53	47.3
	상호문화 소통 관련 활동(문화체험, 탐방, 외국 문화 배우기 등)	29	25.9
	기관운영자와 사용자가 함께 참여	13	11.6
	다양한 기관사용자들(자조모임, 다문화가족, 같은 나라에서 온 이주민 구성원 등)이 함께 참여	10	8.9

하다(5.4%)고 응답했다. 이 밖에도 프로그램 내용에 차별에 대한 내용, 이주민의 니즈, 문화 등을 담아야 한다(5.4%)는 의견도 있었고, 건강한 자아 형성을 위해(1.8%) 상호문화 소통 프로그램이 필요하다는 응답도 있었다.

4) 복지 영역

　　참여자들은 가족센터에서 진행하는 복지영역의 경험과 요구에서는 세 개 하위영역과 13개 범주가 도출되었다. 첫 번째 영역인 '경험'에서는 절반 이상이 가족센터 복지 프로그램 운영 업무에 참여한 경험이 있었다 (54.5%). 가족센터 사용자를 위한 복지 프로그램 필요성에 있어서는 대부분이 필요하다고 응답했다(82.1%). 가족센터에서 복지 프로그램이 필요한 이유는 다양한 어려움 해소(44.1%)라고 했으며 그 어려움에는 경제적 어려움, 정서적 어려움, 취업의 어려움, 적응의 어려움, 정보 부족의 어려움을 꼽았다. 다음으로 지식적인 부분에서 "보편적인 복지, 법률에 대해 알고 자신의 권리를 주장할 필요가 있다"(15.1%)가 있었고, 대상자 부분에서 사각지대에 있는 다문화 취약가정을 위한 복지 프로그램이 필요하다(11.8%)고 응답했다. 복지 프로그램을 개선해야 할 이유에 대한 응답으로는 현재 충분히 잘 운영되고 있기에 개선할 필요가 없다(40.9%)고 응답한 사람이 가장 많았다. 그리고 복지 프로그램 대상의 다양화, 프로그램의 다양화, 내용의 다양화(29.0%)에 대한 요구가 있었고, 한계점으로 현재 진행 중인 복지 프로그램에 있어서 대상자의 중복수혜, 이벤트성 행사, 지원예산의 부족(20.4%)을 꼽았다. 일부는 이주민의 경제적 어려움을 직접 해결해줄 수 없는 부분(5.4%)을 문제점으로 지적했다. 기관운영자들이 추천하는 복지 프로그램에 있어서 법률상식 교육, 다문화교육 자격증 등 취업교육, 부모교육에 대해 가장 많이 추천해주었다(29.0%). 그리고 아직 복지 프로그램에 대해 잘 모르거나 없다 또는 미기재한 응답(28%)이 적지 않게 나왔고, 복지 프로그램을 통한 경제적 지원으로 취업 지원, 물품후원(17.2%)이 있었다.

<표 12-5> 복지 영역에서의 경험

범주	내용	빈도	%
복지 프로그램에 대한 인식	가족센터 복지 프로그램 운영업무에 참여한 적 있음	61	54.5
	가족센터에서 복지 프로그램이 필요하다고 생각함	92	82.1
	다양한 어려움 해소를 위해 복지 프로그램이 필요함 (경제, 정서, 취업, 적응, 정보 부족)	41	44.1
복지 프로그램의 문제점	개선내용이 딱히 없음(잘 운영되고 있고 충분함)	38	40.9
	복지 프로그램 대상의 다양화, 프로그램의 다양화, 내용의 다양화	27	29.0
	중복수혜, 이벤트성, 지원예산의 부족 등의 한계점이 있음	19	20.4
	이주민 대상 복지 프로그램에 대해 잘 모름	14	15.1
	경제적 어려움을 직접 해결해줄 수 없는 부분	5	5.4
복지 프로그램에 대한 요구	법률상식 교육, 다문화교육 자격증 등 취업교육, 부모교육에 대한 프로그램 필요	27	29.0
	없음 또는 모름 그리고 미기재	26	28.0
	경제적 지원으로 취업 지원, 후원 물품에 대한 요구	16	17.2
	지식적인 부분에서 보편적인 복지, 법률에 대해 알 필요가 있음	14	15.1
	대상자에서 사각지대에 있는 다문화 취약가정을 위한 복지 프로그램 필요	11	11.8

4.
가족센터 상호문화 실천 프로그램을 위한 제언

    이 연구는 가족센터 기관운영자들의 실천적 경험을 바탕으로 가족센터 내 상호문화 실천 프로그램에 대한 요구에 대해 탐색하고자 했다. 이를 기반으로 영역별 프로그램의 추후 보완해야 하는 점은 무엇인지에 대해서 논의하고자 했다.

    분석결과 가족센터 기관운영자들은 기관사용자를 위한 상호문화 실천 프로그램 네 가지 영역인 인권교육 영역(90.0%), 문화교육 영역(92.8%), 상호문화 소통 영역(92.9%), 복지 영역(82.1%)에서 모두 필요한 프로그램이라고 응답했다. 그중에서 상호문화 소통 영역이 가장 많은 응답자들이 필요한 영역이라고 응답했고, 문화교육 영역과 인권교육 영역은 미세한 차이로 조금 적게 나왔고, 복지 영역 프로그램에 대한 수요가 가장 적었다. 기관운영자들은 가족센터에서 한국어교육 이외에도 다양한 상호문화 실천을 위한 프로그램이 필요하다고 인식하고 있었다. 특히 인권교육 영역에서는 기관사용자를 위한 인권교육뿐만아니라 이주민 인권을 지켜주기 위해서 전체 국민, 그리고 지역사회 주민들을 위한 인권교육도 필요하다

(71.2%)고 응답한 것으로 나타났다. 네 가지 영역 중에서 복지 영역의 필요성이 가장 적게 나타났다. 이는 응답자들 중 일부가 복지 영역 프로그램에 대해 잘 모르고 있었고(15.1%), 물품이나 경제적 지원으로만 이루어진다고 응답했고, 가족센터 내에서 이미 다양한 프로그램이 운영되고 있기에 복지 영역 프로그램에 대한 수요가 적었던 것으로 판단된다.

　　기관운영자들은 인권교육 프로그램 내용에서 무의식적인 오류 바로 잡기, 이슈가 되는 필요한 주제의 교육, 다양한 측면에서 생각할 수 있는 교육 내용을 선호했고, 평범하고 지루하고 현장성, 다양성이 부족한 프로그램에 대해서는 의미가 없었다는 의견이었다. 또한, 인권교육에서 상호 이해, 선 지키기, 편견에 대한 개선, 배려 등을 중요한 내용으로 꼽았고, 권리에 대한 이해 및 폭력, 차별 등 사례에 대한 이해와 방지 방안에 대해서 교육을 통해 인지해야 한다고 응답했다. 문화교육 프로그램에서도 결핍되는 영역에 대한 지식 습득, 한국 사회문화 습득에 도움이 되는 내용을 가장 많이 선호했고, 문화 다양성에 대한 이해가 차별 편견 오해의 소지를 해소한다고 응답했다. 상호문화 소통 영역에서는 상호문화 소통 프로그램을 통해 시민성을 함양해야 한다고 했고, 원활한 상호작용을 위해 상호문화 소통 프로그램이 필요하다고 응답했다. 복지 영역에서는 법률상식, 각종 자격증, 부모교육, 취업교육이 필요하다고 응답했다.

　　개선해야 할 부분으로 문화교육 그리고 상호문화 소통 영역에서 공통적으로 재정지원을 확대해야 한다고 응답했고, 참여자들의 프로그램에 대한 인식 개선, 그리고 교사의 역량 강화 프로그램 내용에 대한 개선점을 들었다. 또한 대상의 다양화, 내용의 다양화, 프로그램의 다양화에 대해 요구하고 있었다. 이 중 복지 영역에서는 개선내용이 딱히 없다(40.9%)고 응답하여 이는 중복수혜에 대한 문제점(20.4%)에 대한 것과 연관 있으며 사각지대에 있는 취약계층 대상자 발굴(11.8%)의 필요성에 대한 응답과도 같은 맥락으로 이해할 수 있다.

이 연구는 국내 다문화 현상의 가속화와 이주민 거주의 장기화 현상을 나타내고 있는 현 상황에서 가족센터 기관운영자의 경험을 바탕으로 상호문화 실천 프로그램에 대한 아이디어를 얻기 위해 진행되었다. 분석 결과를 바탕으로 다음과 같은 시사점을 논의하고자 한다.

첫째, 인권 영역 프로그램에 있어서 다문화 인권교육은 다수가 소수자에 대해 편견을 갖지 않도록 함으로써 사회통합을 지향하는 시민교육이어야 한다는 점에서, 특정 소수집단만을 대상으로 하거나 이들만을 위한 분리주의적 시혜교육이어서는 안 되고 모든 학생과 시민을 대상으로 해야 한다(정상우, 2017). 따라서 가족센터에서는 기관운영자, 기관사용자 모두에게 다문화 인권교육을 의무화할 필요가 있다. 또한, 사용자를 위한 인권교육에서 지식적인 내용뿐 아니라 다양한 인권침해 사례에 대한 소개, 그리고 그 상황을 바로 인식하고 대처할 수 있는 역량을 강화시키는 교육이 필요하다. 따라서 인권감수성 교육을 통해 주어진 상황을 문제 상황으로 인식하는 능력, 결과 지각능력, 이슈에 대한 책임감을 강화시키는 인권감수성 교육이 필요하다.

둘째, 상호문화교육 프로그램에 있어서 상호문화 실천을 위한 문화다양성 교육을 이주민 그리고 가족, 지역사회 주민, 학교 선생님, 공무원 모두를 대상으로 하는 교육 프로그램으로 그 대상을 확대해 실행되어야 한다. 그리고 공통의 가치를 창조하기 위한 상호문화교육 프로그램, 자조모임을 통한 문화교류 프로그램도 확장되어야 할 것이다.

셋째, 상호문화 소통 프로그램에 있어서 가족센터는 기관운영자와 사용자 간 협력을 통한 상호문화 소통 실천의 장(場)이 되어야 한다. 이를 위해 기관운영자와 사용자가 함께 참여하는 상호문화 소통 프로그램 개발이 필요하다(김진선 · 김영순 · 김도경, 2023). 상호문화 소통은 문화의 중첩 상황에서 자신의 문화를 이해하고 타자의 입장이 되어 타자의 문화를 수용하는 과정으로서 다름을 전제하는 동시에 보편성을 추구하는 것이다(박인철, 2017). 따라서 상호문화 소통 프로그램은 건강한 시민성 함양을 위한 세계시민교육의 일환으로 진행할 필요가 있다. 상호문화 소통 이해를 위한 교육과 이를 기반으로 한 상호문화 소통 프로그램이 필요하다. 프로그램 운영은 역량 있는 전문가가 해야 하며, 프로그램 내용은 상호문화 소통을 경험할 수 있는 것으로 구성되어야 한다. 현재 문화 소통 관련 프로그램이 진행되고 있으나 가족센터 구성원들은 선주민과 이주민, 이주민들 간의 소통 발전에 미흡하다고 인식하고 있다. 나아가 이와 같은 프로그램 운영이 불필요하다고 하는 부정적 인식까지도 가지고 있다. 현재 진행되고 있는 프로그램에 대한 부정적 인식의 원인으로 ① 역량 있는 상호문화 소통 전문가가 부족한 상황, ② 상호문화 소통을 경험할 수 있고 적용할 수 있는 프로그램 내용의 한계, ③ 상호문화 소통 프로그램을 홍보하고 지원할 재정의 부족을 꼽을 수 있었다. 이를 통해 상호문화 소통 프로그램은 기관운영자와 사용자, 또는 다양한 사용자 구성원들이 참여할 수 있도록 구성되어야 한다는 시사점을 얻을 수 있다.

마지막으로 다문화가족을 위한 프로그램은 복지 차원에서는 개개의 프로그램보다 공유 영역을 찾아 확대하는 통합적인 접근의 필요성을 알 수 있었다. 즉 프로그램 개발에 있어서 언어, 문화, 소통, 상담, 레크리에이션, 교육, 심리치료 능 각종 지역사회 전문가를 활용한 다학문적인 요소들을 프로그램에 융합시켜 전체 프로그램을 구성하는 것이 필요하다.

참고문헌

가은아(2011).「쓰기 발달의 양상과 특성 연구」. 한국교원대학교 박사학위 논문.

갈라노바 딜노자·김영순(2021).「재한 우즈베키스탄 유학생이 경험한 상호문화 소통의 공간별 의미 탐색」.『문화교류와 다문화교육』10(3), 65-87.

강기정·박수선·손서희(2013).「다문화가족지원센터 운영활성화를 위한 전략개발 기초연구」. 『가정과삶의질연구』31(4), 33-45.

강기정·이무영·강복정(2011).「다문화가족상담모델 개발을 위한 탐색적 연구: 다문화가족지원센터의 포커스 그룹 인터뷰를 중심으로」.『한국가족복지학』16(3), 225-245.

강기정·이무영·정은미(2013).「다문화가족 사례관리모델 개발을 위한 탐색적 연구: 다문화가족지원센터의 포커스 그룹 인터뷰를 중심으로」.『한국가족복지학』18(2), 149-171.

강미옥(2014).『보수는 왜 다문화를 선택했는가』. 상상너머.

강비아(2019).「서울시 다문화가족지원센터의 다문화 인식개선사업 현황과 과제」. 이화여자대학교 대학원 석사학위논문.

강현화(2020).「교육에서의 다문화 정책 방향성 모색: 세계시민 역량 제고」.『통합인문학연구』12(2), 한국방송통신대학교 통합인문학연구소, 7-32.

강혜정·임은미·김순미·김지영·장강희(2018).「다문화교육프로그램에 참가한 예비교사의 경험에 대한 합의적 질적 분석」.『한국교원교육연구』35(1), 83-111.

강휘원(2006).「한국 다문화사회의 형성요인과 통합정책」,『국가정책연구』20(2), 5-34.

_____(2015).「다문화가족지원센터의 성과측정지표 개발 연구」.『국가정책연구』29(1), 27-51.

고부응(2005).「균열된 상상의 공동체: 베네딕트 앤더슨의 민족과 민족주의 이론」,『비평과 이론』10(1), 59-82.

고영화(2007).「시조 교육의 위계화 연구」. 서울대학교 박사학위 논문.

고종환(2020). 「반다문화주의 극복을 위한 새로운 방향 고찰: 미국과 프랑스어권 캐나다의 정책 비교」. 『프랑스문화연구』 45, 87-121.

고지원·노지혜·문성호(2020). 「다문화청소년의 차별경험이 주관적 행복에 미치는 영향과 상호문화 역량의 조절효과」. 청소년 문화포럼, 62, 5-28.

곽미혜·김민규(2022). 「다문화학생을 위한 교육행정직공무원의 상호문화 감수성 및 상호문화 역량에 관한 연구」. 『문화교류와 다문화교육』 11(4), 27-47.

곽정임·서미아(2015). 「갈등관계에 있는 다문화가정의 부부를 대상으로 한 정서중심 상담 적용연구」. 『다문화콘텐츠연구』 (18), 157-223.

교육부(2022). 2022년 교육기본통계 주요내용.

구견서(2003). 「다문화주의의 이론적 체계」. 『현상과 인식』 30, 29-53.

구도완(2018). 『생태민주주의』. 한티재.

구자광(2008). 「"도래할 민주주의": 지젝 vs. 데리다」. 『현대정신분석』 10(2), 7-26.

권인욱·이병권·김수영(2020). 「결혼이주여성의 건강가정다문화가족지원센터에서의 소외경험」. 『복지와 문화 다양성 연구』 2(2), 41-73.

권희경·김주아·박경호·안해정·최인희(2019). 「2019 KEDI 학생역량 조사 연구」. 한국교육 개발원.

김남준(2008). 「다문화시대의 도덕 원리 논쟁: 관용과 인정」. 『철학논총』 54, 147-166.

김명현(2014). 「다문화가족지원센터의 특성화 방안」. 『다문화와 인간』 3(1), 147-177.

김명희·김영순·서민희·이은주·김도경(2022). 「다문화교육 교양수업에 참여한 간호대학생의 상호문화 감수성에 관한 혼합연구」. 『교육문화연구』 28(5), 323-341.

김문정(2016). 「다문화사회와 관용, 그리고 '비지배자유'」. 『철학논총』 83, 33-52.

김미승(2020). 「교양수업에서 문화 간 탄템학습으로 상호문화 역량을 함양하는 방안」 『독일어문학』 91(-), 297-319.

김미점(2014). 「청양군 다문화 센터의 프로그램 현황 분석」. 『고령자·치매작업치료학회지』 8(2), 21-26.

김민석(2016). 「상호문화주의적 관점에서의 국내 다문화 정책: 캄보디아 출신 이주자를 대상으로 한 정책 사례 연구」. 한국사회학회 사회학대회 논문집, 393-401.

김민영(2022). 「배려 윤리의 비판적 고찰」. 『철학연구』, 고려대학교 철학연구소, 49-70.

김병곤(2022). 「이주, 환대 그리고 민주적 반추」. 『인문사회 21』 13(6), 49-62.

김병곤·김민수(2015). 「이주민 시민권으로서의 다문화주의 시민권의 한계와 대안」. 『평화연구』 23(1), 295-328.

김복태(2019). 「다문화가족지원센터의 결혼이민자 취업지원서비스: 현황과 발전방향」. 『한국이민정책학회보』 3(2), 79-98.

김상무(2015).「독일 상호문화교육정책의 현황과 이론적 기초에 관한 연구」.『교육사상연구』29(1), 25-46.

김선규(2015).「자유주의적 다문화주의에서 문화와 관용의 문제: 킴리카의 다문화주의 시민권을 중심으로」.『다문화콘텐츠연구』18, 225-254.

김선정(2018).「결혼이민자 대상 한국어교육프로그램 개선 방안: 프로그램 구성과 운영 방안을 중심으로」.『언어와 문화』14(4), 33-54.

김선정·강현자(2019).「결혼이민자를 위한 한국어문화교육프로그램 담당자 대상 요구분석 연구: 다문화가족지원센터 운영진을 대상으로」.『교육문화연구』25(2), 857-876.

김성숙·홍성희(2010).「다문화가족지원센터의 종사자 관점에서 본 사업 운영에 대한 평가와 개선방안」.『가족자원경영과 정책』14(2), 35-58.

김수정·마경희·윤성은(2020).「다문화가족지원센터의 코로나19 대응 및 과제 탐색: 센터장 대상 포커스 그룹 인터뷰를 중심으로」.『생명연구』58, 245-271.

김수현(2020).「청소년 문화지능 척도의 개발과 타당화」. 중앙대학교 박사학위 논문.

김순임·민춘기(2014).「상호문화능력학습을 위한 교양 교과목 개발을 위하여」.『교육교육연구』8(5), 517-555.

김애경(2008).「중국의 부상과 소프트파워 전략: 대 아프리카 정책을 사례로」.『국가전략』14(2), 143-168.

김애령(2008).「이방인과 환대의 윤리」.『철학과 현상학 연구』39, 175-205.

김연숙(2001).「레비나스 타자윤리학과 탈현대윤리학」.『철학논총』23, 33-52.

김영순(2021).『시민을 위한 사회문화 리터러시(현재를 읽는 시민을 위한 안내서)』. 경기: 박이정.

김영순·김도경(2022).「결혼이주여성이 참여한 자조모임 공동체의 상호문화 소통에 관한 연구」.『다문화사회연구』15(2), 5-37.

김영순·김은희(2022). A Qualitative Study on Married Migrant Women's Experience of Participation in Self-help Groups from the Perspective of Transformative Learning.『다문화와 교육』7(1), 123-147.

김영순·문희진(2022).「결혼이주여성의 통·번역 자조모임 참여 경험에 관한 사례연구」.『한중인문학연구』75, 95-119.

김영순·윤현희·이영희(2018).「FGD 활용 교육 선진국의 미래 교육 동향 탐색」.『열린교육연구』26(4), 한국열린교육학회, 1-21.

김영순·최수안(2022).「'생성'으로서의 자조모임에 참여한 결혼이주여성의 경험에 관한 연구」.『아시아여성연구』61(1), 127-174.

김영순·최승은(2016).「상호문화학습의 실천적 내용에 관한 탐색적 연구」.『언어와 문화』12(2), 1-27.

김영순·최유성(2020).「사회통합을 위한 결혼이주여성의 상호문화 소통 탐색」.『현대사화와 다문화』
10(4), 91-126.

김영순·황해영(2023).「상호문화 실천의 개념 및 내용에 관한 연구: 초점집단토론(FGD) 방법을
중심으로」.『언어와문화』19(2), 31-63.

김영옥(2010).「인정투쟁 공간/장소로서의 결혼이주여성 다문화공동체: '아이다'마을을 중심으로」.
『한국여성철학』14, 31-64.

김영진(2016).「상호 이해를 위한 공감적 대화」.『철학과 현상학 연구』68, 113-139.

김영필(2012).「'한국 (지역) 맞춤형'다문화가족 모형을 지향하며」.『철학논총』69, 43-61.

_____(2013).「하버마스 의사소통행위이론의 상호문화주의적 함의: '한국적'다문화교육모형 구축을
위한 하나의 대안」.『철학논총』71, 3-27.

김용신·김정호(2009).「사회과 다문화 수업을 위한 CAT 모형의 구안」.『사회과교육』48(2), 65-77.

김유진·유전양(2018).「중국 결혼이민여성의 참여 경험을 바탕으로 살펴본 국내 다문화 자원봉사
사업의 명암(明暗)」.『사회과학연구』29(1), 239-257.

김은영(2023).「상호문화역량 교육을 위한 프로그램 개발 연구」.『일본어교육』104, 15-28.

김은재·최현미(2019).「다문화가족지원센터 사례 관리사들의 현장 실천 경험에 관한 사례연구」.
『한국케어매니지먼트연구』0(33), 121-152.

김은정(2015).「다문화가족지원센터 사례관리자의 실천경험에 관한 연구」.『사회복지연구』46(3),
5-34.

김은희·김영순(2022).「토론기반 교양수업에 참여한 대학생의 상호문화성 함양 경험에 관한 연구」.
『한국교육문제연구』40(1), 99-120.

김이선·이아름·이은아(2013).「결혼이주여성의 사회통합 진전 양상과 정책 수요 분화에 관한 연구」.
한국여성정책연구원 연구보고서, 2013(21), 1-234.

김이선·최윤정·정연주·장희영·이명진·양계민(2022).「2021년 국민 다문화수용성 조사」.
여성가족부.

김정현(2017).「다문화주의와 상호문화주의의 차이에 대한 한 해석: 찰스 테일러의 견해를 중심으로」.
『코기토』(82), 70-99.

김종기(2017).「해체 이후 거대 서사의 가능성과 아감벤: 아감벤의 '벌거벗은 생명'과 '도래하는
공동체'를 중심으로」.『대동철학』81, 103-136.

김종훈(2016).「관용을 넘어 정의로」.『다문화교육연구』9(4), 119-137.

김진(2011).「데리다의 환대의 철학과 정치신학」.『철학연구』, 59-93.

김진선·김영순·김도경(2023).「가족센터 구성원 간 상호문화소통 경험에 관한 질적 메타분석」.
『교육문화연구』29(2), 657-683.

김진희(2019).「사회복지사의 상호문화 역량 영향 요인」.『문화예술교육연구』14(4), 1-26.

_____(2021).「지역아동센터 아동의 상호문화 역량에 관한 혼합연구」.『문화교류와 다문화교육』
　　　10(6), 141-174.

_____(2023).「지역아동센터 종사자의 상호문화적 경험에 관한 현상학적 연구」.『문화교류와
　　　다문화교육』12(5), 81-108.

김진희·정지은·최경순(2022).「한국어 교사의 인권의식이 상호문화 역량에 미치는 영향: 자기
　　　효능감과 직무만족의 이중매개효과를 중심으로」.『문화교류와 다문화교육』11(5), 35-64.

김창환·송훈섭(2022).「프레이리의 프락시스 개념이 지리수업에 주는 함의」.『한국지리학회지』
　　　11(1), 한국지리학회, 15-27.

김태원(2012).「다문화사회의 통합을 위한 패러다임으로서의 유럽 상호문화주의에 대한 이론적
　　　탐색」.『유럽사회문화』9, 179-214.

김현미(2019).「예멘 난민 '위기'를 통해 본 인종화와 신인종주의」. 제63차 사회인문학포럼
　　　신인종주의와 난민 자료집, 3-12.

김형민·이재호(2017).「유럽의 상호문화주의」.『시민인문학』32, 9-39.

김혜미(2013a).「농촌지역 다문화가족지원센터 실무자의 서비스 전달 경험에 관한 질적연구:
　　　경상북도 농촌지역을 중심으로」.『농촌사회』23(2), 225-270.

김혜미(2013b).「다문화가정 외국인 배우자의 서비스 이용에 관한 연구」.『사회복지연구』44(4), 57-
　　　94.

김혜숙·이효영·박성미·임혁(2012).「다문화가족지원센터 종사자의 직무교육프로그램 개발을 위한
　　　델파이 분석」.『직업교육연구』31(1), 155-175.

나원주·김영규(2016).「한국어 교사의 상호문화 인식 조사 연구」.『한국어교육』27(30), 49-80.

나장함(2008).「장애인의 직업 경험에 관한 질적 메타분석: 질적 메타분석의 적용과 이슈를
　　　중심으로」.『장애와 고용』18(2), 135-158.

남정연·김영순(2022).「다문화가정 방문교육지도사의 돌봄 서비스: 실천에 관한 의미 탐색」.
　　　『문화교류와 다문화교육』11(2), 179-205.

노상우·안오순(2008).「'타자성 철학'의 현대교육학적 함의: Derrida를 중심으로」.『교육철학연구』
　　　42, 135-156.

노영희·전현옥(2020).「결혼이주여성을 위한 인문학 기반 신체활동 프로그램에 관한 효과성 연구」.
　　　『인문사회 21』11(3), 635-650.

로즈마리 샤브·리오벨 파비에·스와직 펠리시에(2012).『알기 쉬운 교실 상호문화교육』. 서영지 옮김,
　　　북코리아.

류경애(2015).「다문화가족의 한국어 학습 어려움과 수업개선에 대한 실증연구」.『다문화교육연구』
　　　8(1), 29-47.

류이현(2022).「캐나다 난민정책의 경로의존에 관한 연구: 다문화주의 선언 이후」.

『한국이민정책학보』 5(2), 51-70.

마효정(2015). 「청소년의 상호문화 소통을 위한 연극학습모형 개발」. 춘천교육대학교 교육대학원
　　석사학위논문.

모경환(2009). 「다문화 교사교육의 현황과 과제」. 『한국교원교육연구』 26(4), 245-270.

문성원(2011). 「안과 밖, 그리고 시간성: 현상에서 윤리로」. 『시대와 철학』 22(2), 75-101.

문성훈(2011). 「타자에 대한 책임, 관용, 환대 그리고 인정: 레비나스, 왈쩌, 데리다, 호네트를
　　중심으로」. 『사회와 철학』 21, 391-418.

문정원(2022). 「유아교사의 문화지능이 상호문화 역량에 미치는 영향」. 『인문사회 21』 13(6), 3219-
　　3234.

문정원·임영심(2021). 「유아교사 상호문화 역량 측정도구 개발 및 타당화」. 『열린유아교육연구』
　　26(5), 121-154.

문정희(2019). 「다문화정책서비스 질의 영향요인: 다문화가족지원센터 종사자의 인식을 중심으로」.
　　『정책분석평가학회보』 29(1), 47-79.

민가영(2010). 「탈식민주의적 관점에서 본 다문화교육」. 『문화와 사회』 (9), 101-131.

민웅기·김상학(2018). 「결혼이주여성들의 여가활동 특성에 대한 비판적 고찰: 지속가능한
　　문화융합사회로의 진입을 위한 인본주의적 가치실현의 전망」. 『문화와 융합』 40(3), 29-62.

박규택(2016). 「중층적 관계공간에 위치한 이주자와 수행적 시민권」. 『한국도시지리학회지』 19(1),
　　43-55.

박도순(2020). 『교육연구방법론』. 교육과학사.

박미경·차용진·이홍재(2019). 「다문화가족지원센터 이용 경험이 다문화 청소년의 이중문화
　　정체성에 미치는 영향: 성향점수매칭을 중심으로」. 『다문화사회연구』 12(3), 107-140.

박상욱·함은혜·이은영(2021). 「다문화가족지원센터가 결혼이주여성의 지역공동체의식에 미치는
　　영향: 조절효과를 중심으로」. 『교육문화연구』 27(3), 435-454.

박연진·박윤조(2022). 「건강가정 다문화가족지원센터사업의 활성화를 위한 방안 모색」.
　　『사회과학리뷰』 7(1), 69-88.

박우철·강혜성(2023). 「12~24개월 걸음마기 대상 양육자-자녀관계검진 프로그램 개발 연구:
　　가족센터 적용을 중심으로」. 『한국가족관계학회지』 27(4), 121-153.

박인옥(2022). 「상호문화주의 관점에 기초한 건강가정·다문화가족지원센터의 사업 분석」.
　　『문화교류와 다문화교육』 11(6), 1-21.

박인철(2010). 「상호문화성과 윤리: 후설 현상학을 중심으로」. 『철학』 103, 한국철학회, 133-134.

　　　　(2012). 「공감의 현상학: 공감의 윤리적 성격에 관한 후설과 셸러의 논의를 중심으로」.
　　『철학연구』 99, 101-145.

　　　　(2017). 「상호문화성과 동질성」. 『고기토』 -(82), 34-69.

박충구(2009). 「독일 다문화사회 이행과정이 한국사회에게 주는 함의」. 한/독 민주시민 교육
　　　국제심포지엄 자료집(중앙선거관리위원회, 선거연수원), 103-129.

박치완(2018). 「4차 산업혁명에서 4차 공유혁명으로」. 『동서철학연구』 87, 321-346.

박현주(2020). 「한국어 교육에서의 상호문화교육내용 개발 연구: 한국어 교사 교육을 중심으로」.
　　　중앙대학교 대학원 박사학위논문.

백아명·김중수(2022). 「한국어 교육에서 문법 분야의 연구 동향 분석: 토픽 모델링(Topic
　　　Modeling)과 네트워크 분석을 중심으로」. 『리터러시 연구』 13(6), 241-268.

백연선(2023). 「이주민의 상호문화역량 측정도구 개발 연구」. 『현대사회와 행정』 33(4), 35-66.

법무부(2018). 제3차 외국인정책 기본계획 수립 연구.

_____(2023. 12). 출입국·외국인출입국 통계월보.

_____(2024). 제4차 외국인정책 기본계획. 법무부 출입국·외국인정책본부.

법무부 출입국·외국인정책본부(2022). 출입국·외국인정책 통계월보. 3월호.

변종헌(2021). 「포스트 코로나 시대 다문화 시티즌십의 내용」. 『윤리연구』 133, 193-214.

봉진영·권경숙(2013). 「결혼이주여성의 임파워먼트와 다문화 지원기관의 상호작용」. 『가족과 문화』
　　　25(2), 234-269.

빈부격차·차별시정위원회(2006. 4. 26). 혼혈인 등 소수의 사회통합지원방안.

서윤호(2014). 「이주사회에서의 정치적 성원권: 벤하비브의 논의를 중심으로」. 『통일인문학』 58,
　　　195-223.

서윤호(2019). 「이주 사회에서의 환대의 권리」. 『비교문화연구』 56, 65-86.

서정원·민윤경(2021). 「취업 적응 지원 사업에 참여한 결혼이주여성 종사자의 역할학습에 대한
　　　사례연구: 수도권 북부의 다문화가족지원센터를 중심으로」. 『질적탐구 III』 7(3), 491-529.

선곡유화·이영선·서우석(2016). 「청소년의 다문화 자기효능감 척도 개발 및 타당화」.
　　　『교육문화연구』 22(6), 483-511.

설한(2014a). 「배리(B. Barry)의 다문화주의 비판과 평등주의적 자유주의」. *OUGHTOPIA*, 29(2),
　　　33-64.

_____(2014b). 「다문화주의의 이론적 퇴조 원인 분석: 문화 개념과 규범성 문제를 중심으로」.
　　　『현대정치연구』 7(1), 83-106.

성기열(1982). 『韓國口碑文學大系』 1-7. 韓國精神文化研究院.

손재현(2021). 「소외당하는 이주민에 대한 타자윤리학적 접근」. 『도덕윤리과교육』 73, 449-473.

손철성(2008). 「다문화주의와 관련된 몇 가지 쟁점들」. 『철학연구』 107, 1-26.

신동일(2016). 「다중언어 사용자와 단일언어주의 기반의 평가활동에 관한 비판적 이해」.
　　　『학습자중심교과교육연구』 16(4), 87-118.

신미정·송민경(2022). 「상호문화 역량과 직업전문성의 관계: 서비스 질과 직무만족의 매개효과를 중심으로」. 『청소년학연구』 29(7), 173-197.

신상규·이상욱·이영의·김애령·구본권·김재희·하대청·송은주(2020). 『포스트휴먼이 몰려온다』. 아카넷.

신용식(2021). 「상호문화적 다문화교육의 철학적 근거 모색: 현상학과 의사소통행위 이론을 중심으로」. 부산외국어대학교 일반대학원 박사학위논문.

신현군·김정은·강보희(2017). 「다문화 가정 부모-자녀의 강강술래 동반참여 경험」. 『학습자중심교과교육연구』 17(9), 403-422.

신혜정·최수안(2022). 「다문화가정 방문교육지도사의 관계맺기 경험에 관한 내러티브 연구」. 『문화교류와 다문화교육』 11(5), 149-174.

안지민·장흔성(2021). 「다문화가정 자녀의 고등직업교육기관직업체험프로그램 참여 경험에 관한 연구: 경상북도 중도입국 청소년을 중심으로」. 『대구경북연구』 20(2), 191-213.

안진숙·김영순(2019). 「다문화 스토리텔링 프로그램에 멘토로 참여한 청소년의 다문화 멘토링 경험에 관한 연구」. 『한국교육문제연구』 37(2), 87-111.

양민정(2018). 「설화를 활용한 다문화 가정의 상호문화 소통과 이해: 한국, 중국, 베트남을 중심으로」. 『한국고전연구』 -(40), 163-199.

양영희(2022). 「교사와 학습자의 요구를 반영한 기관별 한국어 교육의 요구 분석」. 『우리말글』, 94, 263-291.

양은주(2007). 「교육철학의 '교사' 연구 동향과 교사」. 양은주 엮음, 『교사를 일깨우는 사유』, 서울: 문음사, 451-477.

양주희(2014). 「한국어 교사의 문화간 감수성 측정 연구」. 이화여자대학교 교육대학원 석사학위논문.

여성가족부(2010). 제1차 다문화가족지원정책 기본계획.

＿＿＿＿(2012a). 2012년 다문화가족지원 사업안내.

＿＿＿＿(2012b). 제2차 다문화가족지원정책 기본계획.

＿＿＿＿(2016). 2016년 건강가정·다문화가족지원센터 통합서비스 사업설명회 자료집. 서울: 여성가족부.

＿＿＿＿(2018). 제3차 다문화가족지원정책 기본계획.

＿＿＿＿(2019). 2018년 전국다문화가족실태조사 연구. 한국여성정책연구원.

＿＿＿＿(2021). 2021년 가족사업안내(I). 여성가족부 가족정책과.

＿＿＿＿(2022). 「2021년 전국 다문화가족실태조사」. 한국여성정책연구원.

＿＿＿＿(2022. 3. 31.). 「2021년 국민 다문화수용성 조사」 결과 발표.

＿＿＿＿(2023). 2023년 가족사업안내(I).

오경석(2007).「어떤 다문화주의인가? 다문화사회 논의에 관한 비판적 조망」. 오경석 엮음,
『한국에서의 다문화주의』, 한울.

오세경·김미순(2016).「다문화 멘토링에 참여한 멘토의 상호문화 역량 탐색」.『다문화와 평화』
10(2), 116-133.

오연주(2018).「다문화가정 초등학생 자녀의 학교적응에 있어 다문화가족지원센터의 역할」.
『문화교류와 다문화교육』 7(3), 79-99.

오정은(2012).「유럽의 상호문화정책 연구: 상호문화도시 프로그램을 중심으로」.『다문화와 평화』
6(1), 38-62.

용삼(2010).「타자의 권리에 대한 민주적 반추(서평)」.『로컬리티 인문학』 4, 381-391.

원숙연·문정희(2016).「다문화 역량의 다차원성과 영향요인: 다문화가족지원 센터종사자를
대상으로」.『지방정부연구』 19(4), 143-165.

유진희(2020).「결혼이민자를 위한 정책현황 분석 및 개선방안」.『한국비교정부학보』 24(4), 199-
218.

윤영(2019).「해외 파견 한국어교원의 이문화 이해 및 적응을 위한 교육프로그램 방안」.
한국언어문화교육학회 제14차 국제학술대회 자료집, 220-228.

이가옥·장묘욱(1993).「주제별 집단토의 방법론(Focus Group Discussion)」.『보건사회논집』
13(1), 84-98.

이경·강현주·김수은(2022).「한국어 교원의 상호문화 교수 역량 강화를 위한 재교육 프로그램 개발
사례 연구: 미주 지역 K-12 및 세종학당 교원을 대상으로」.『한국언어문화학』 19(1), 87-124.

이경란·류지성(2019).「다문화가족지원센터 사례관리사 직무경험에 관한 질적 사례연구: 정책
집행기관의 개선 및 시사점을 중심으로」.『다문화사회 연구』 12(2), 35-83.

이경란·최정숙(2020).「다문화가족 사례 관리사의 직무 경험에 관한 근거이론 연구」.
『한국사회복지행정학』 22(1), 161-218.

이광석·이정주(2017).「지역사회에서 다문화이주민의 인정투쟁에 관한 연구」.『지방행정연구』
31(2), 117-144.

이남인(2004).「현상학과 해석학: 후썰의 초월론적현상학과 하이데거의 해석학적 현상학」. 서울:
서울대학교출판부.

이문숙·김재운(2014).「다문화가정 부부의 여가활동 프로그램 참가가 가족탄력성 및 가족스트레스와
가족적응에 미치는 영향」.『한국여가레크레이션학회지』 38(1), 17-32.

_____(2020).「스포츠스태킹 참가 청소년의 여가태도와 위험행동 및 적응유연성과의 구조적 관계」.
『한국여가레크레이션학회지』 44(3), 99-112.

이미선(2021).「한국어 원어민 교사의 상호문화 간 소통 역량: 학문 목적 학습자의 관점에서」.
『문화교류와 다문화교육』 10(3), 229-254.

이미정(2021). 「한국어 교원 상호문화 역량 척도 개발 연구」. 한국외국어대학교 대학원 박사학위
　　　논문.

이민경(2007). 「프랑스 다문화교육의 배경과 쟁점」. 『교육과정평가 연구』 10(2), 53-76.

이병준(2017). 「평생교육, 마을만들기를 통해 공간을 배우다: 공간담론과 교육담론의 연결고리 찾기」.
　　　『성인계속교육연구』 8(3), 1-18.

이병준·석영미(2015). 「다문화가족지원센터 실무자의 직업생애사 연구: 문화적 학습을 통한
　　　전문성형성과정을 중심으로」. 『다문화콘텐츠연구』 18(18), 329-362.

이병준·손현미·최말옥·한현우(2017). 「상호문화 역량 측정 도구 개발 연구」. 『문화예술교육연구』
　　　12(1), 39-60.

이병준·한현우(2016). 「상호문화 역량의 개념 및 구성요소에 관한 연구」. 『문화예술교육연구』 11(6),
　　　1-24.

이보름(2021). 「한국어 교원의 상호문화 감수성 및 발달 방안 연구」. 『인문사회 21』 12(2), 1263-
　　　1272.

이성숙(2019). 「초등 예비교사의 지속가능발전과 상호문화 역량에 관한 연구」. 『한국실과교육학회지』
　　　32(4), 181-199.

이성희(2021). 「다문화공동체의 타자 윤리」. 『인문사회 21』 12(1), 2925-2940.

이수민·김경식(2020). 「교사의 전문적학습공동체 실천에 관한 질적메타분석」. 『교육사회학연구』
　　　30(1), 143-177.

이숙진·김안나(2013). 「결혼이주여성의 임파워먼트와 다문화 지원기관의 상호작용」. 『가족과 문화』
　　　25(2), 234-269.

이영선·서우석(2016). 「청소년의 다문화 자기효능감 척도 개발 및 타당화」. 『교육문화연구』 22(6),
　　　483-511.

이용재(2010). 「관용에 대한 두가지 해석: 구성적 관용과 통합적 관용 개념을 중심으로」.
　　　『대한정치학회보』 18(2), 1-26.

이은경(2017). 「다문화가정의 통합을 위한 한국어·한국문화 교육 방안: 서울 지역 다문화 프로그램
　　　개발 사례를 중심으로」. 『언어사실과 관점』 42, 267-289.

이정은(2017). 「다문화주의와 상호문화주의의 대결: 한국적 적용을 위한 연구」. 『시대와 철학』 28(1),
　　　191-234.

이종관(2017). 『포스트휴먼이 온다』. 사월의책.

이진이(2015). 「'체화된 인지' 개념에 근거한 부봉에서의 경험과 공감의 연구」. 국민대학교 대학원
　　　박사학위 논문.

이춘양·김기화(2018). 「다문화가족의 난타 여가활동 경험에 관한 연구」. 『여성학연구』 28(2), 123-
　　　147.

이현미(2017). 「다문화사회에서의 사회통합에 관한 사례연구: 독일 유아교육기관의 상호문화교육을 중심으로」. 『한국인간복지실천연구』 18, 87-123.

이현아(2020). 「건강가정다문화가족지원센터의 아버지참여 프로그램 효과 분석」. 『현대사회와 다문화』 10(2), 143-175.

_____(2022). 「지역사회 아버지대상 프로그램의 참여와 아버지 삶의 변화: 건강가정다문화가족지원센터 참여 아버지에 대한 FGI 분석」. 『가족자원경영과 정책』 26(1), 1-14.

이현정(2009). 『우리의 미래 다문화에 달려 있다: 한국의 다문화, 갈등을 넘어 소통으로』. 소울메이트.

이현주·여영훈(2017). 「결혼이주 근로여성의 문화적응 스트레스: 도시·농촌지역 차이를 중심으로」. 『예술인문사회융합멀티미디어논문지』 7, 709-716.

이화숙(2011). 「다문화가족지원센터 종사자의 역량강화 방안」. 『인문과학연구』 (16), 161-184.

이효영·한희창(2021). 「상호문화 역량 교육을 위한 한중탄뎀 수업 사례와 효과」. 『중국문학연구』 83, 157-180.

이희진·김진희(2016). 「문화 다양성관점으로 본 다문화가족지원센터 교육 실태」. 『예술인문사회융합멀티미디어논문지』 6(1), 281-288.

인문브릿지연구소(2020). 『인간은 기계보다 특별할까?』. 갈라파고스.

임은미·구자경(2019). 『다문화사회정의 상담』. 서울: 학지사.

임재해(1984). 「元龍溪 마을의 性格과 說話의 傳承 I」. 『安東文化』 5, 安東大學 安東文化研究所.

_____(1992). 『민족설화의 논리와 의식』. 지식산업사.

_____(2002). 『민속문화의 생태학적 인식』. 당대.

_____(2006). 「민속문화의 생태학적 성격과 문화 다양성의 세계화」. 『한민족연구』 2, 147-178.

_____(2019). 『지역에서 일구는 미래, 공동체문화 재생의 동력과 실천들』. 공동체문화연구사업단 (안동대학교 민속학연구소).

_____(2020). 「설화에서 공유된 자연생명의 생태학적 재해석과 재창작」. 『남도민속연구』 41, 133-201.

장성민(2021a). 「상호문화적 감수성 발달 척도 개발, 타당화 및 심플렉스 가정 검증」. 『다문화교육연구』 14(4), 1-27.

_____(2021b). 「상호문화적 감수성 측정 도구 개발 및 타당화」. 『리터러시연구』 12(5), 303-328.

장영신·전경미(2014). 「다문화가족지원센터 상담종사자의 다문화가족 상담에 관한 경험 연구: '가족'상담 중심으로」. 『문화교류와 다문화교육』 3(1), 109-131.

장한업(2017). 『유럽의 상호문화교육』. 서울: 한울아카데미.

_____(2019). 「다문화사회 한국과 상호문화주의」. 다문화사회 한국과 아시아 대토론회.

_____(2020). 『상호문화교육: 한국 다문화사회의 교육적 대안』. 박영사.

장한업 외(2019). 「경기도 교육국제화특구지역을 위한 상호문화적 교육과정 및 교수 학습자료개발 연구」. 경기도교육청·이화다문화연구소.

장혁준(2019). 「68운동 이후 대안적 시민성의 철학적 성립기반으로서 보편적 권리화」. *Homo Migrans*, vol. 20 (Nov.), 이주사학회, 64-113.

장현정(2023). 「중등 국어과 수업에서의 소통 중심 다문화교육프로그램 설계」. 인하대학교 박사학위 논문.

장현정·장성민(2021). 「소통 중심의 다문화 교수·학습 설계가 상호문화적 감수성 향상에 미치는 영향: Banks의 이론적 모형의 구현」. 『리터러시연구』 12(6), 37-58.

장회익(1998). 『삶과 온생명』. 솔.

전미경·강복정·손서희·이은주(2016). 「다문화가족지원센터 종사자의 가족영역 지원 사업 인식 및 가족생활주기별 다문화가족 프로그램 필요도에 관한 연구」. 『가정과삶의질연구』 34(3), 147-163.

전성민(2016). 「다문화사회의 청소년활동프로그램 설계와 운영」. 『다문화아동청소년연구』 1(1), 33-55.

전정미·조순정(2021). 「상호문화교육의 관점에서 살펴본 충남도 다문화가족지원센터 교육 프로그램의 현황과 개선 방안 연구」. 『문화예술교육연구』 16(1), 39-66.

전형권(2014). 「다문화주의의 정치사상적 쟁점: '정의'와 '인정' 그리고 '소통'으로서의 담론화정책」. 『21세기 정치학회보』 24(1), 245-268.

정경희·황상심·배소영·김미배(2015). 「다문화가족 자녀 언어촉진교육 효과에 대한 질적 연구」. 『언어치료연구』 24(4), 361-378.

정다은·정성은·장혜정(2022). 「팬데믹 시기의 대인 소통과 관계 친밀감 변화」. 『한국소통학보』 21(1), 203-252.

정명혜(2017). 「한국어교육 정책에 대한 고찰」. 『한국어교육연구』 7, 135-161.

정미라(2005). 「문화다원주의와 인정 윤리학」. 『범한철학』 36, 211-233.

정상우(2017). 「다문화인권교육 활성화를 위한 법제도 개선방안」. 『법과인권교육연구』 10(3), 45-69.

정성헌(2018). 「한국어능력시험 고급 쓰기 문항에 대한 교사와 학생의 인식 연구」. 『현대사회와다문화』 8(2), 186-207.

정영근(2006). 「상호문화교육의 일반교육학적 고찰」. 『교육철학』 37, 29-42.

정의철(2021). 「감염병 위기 속 '시민 됨'에 대한 인문사회과학적 성찰: 불평등에 맞선 '보건소통연구'의 역할 탐색」. 『커뮤니케이션 이론』 17(2), 171-222.

정지은·김진희(2023). 「해외선교사의 상호문화역량 영향 요인」. 『문화와 융합』 45(12), 903-913.

정지은·김진희·최경순(2022).「한국어 교사의 성격 특성이 상호문화 역량에 미치는 영향: 자기효능감의 매개효과를 중심으로」.『문화와 융합』44(4), 55-80.

정진경·양계민(2004).「문화적응 이론의 전개와 현황」.『한국심리학회지: 일반』, 23(1), 한국심리학회, 101-136.

정혜승(2013).『독자와 대화하는 글쓰기: 대화적 문식성 교육을 위한 작문 과정과 전략 탐구』. 사회평론아카데미.

정훈(2011).「교육 시장화 시대의 교사 전문성」.『교육철학연구』33(3), 161-185.

조관연·김민옥(2021).「타문화 이해와 소통 과정을 통한 로컬 지식의 상호작용적 확장」. 『다문화사회연구』14(2), 123-150.

조동일·임재해(1980).『韓國口碑文學大系』7-2. 韓國精神文化研究院.

조성남(2006).「노인부모 부양에 관한 기혼자녀세대의 인식: 초점집단토론(FGD) 자료분석을 중심으로」.『한국인구학』29(3), 139-157.

조영제·김용환(2000).「중등학교 학생의 기본권에 대한 인식과 법교육적 함의: 이해갈등 발생 가능자에 대한 태도를 중심으로」.『시민교육연구』31, 319-344.

조용길(2015).「'상호문화성 Interkulturalität' 배양을 위한 토론교육 방안」.『獨語教育』62(62), 81-102.

조철기(2015).「글로컬 시대의 시민성과 지리교육의 방향」.『한국지역지리학회지』21(3), 618-630.

_____(2016).「새로운 시민성의 공간 등장: 국가 시민성에서 문화적 시민성으로」. 『한국지역지리학회지』22(3), 714-729.

조현희(2012).「문화 간 감수성 발달을 위한 사회과 다문화교육과정의 설계 및 적용: Bennett의 다문화교육과정 모델을 중심으로」. 이화여자대학교 석사학위 논문.

주광순(2017).『다문화시대의 상호문화철학』. 부산: 부산대학교출판부.

주성훈, "연방정치교육원(Bundeszentrale für Politische Bildung)". https://nas.na.go.kr/ flexer/index2.jsp?ftype=hwp&attachNo=461755

천경록(2020).「독자 발달과 독자 발달의 단계에 대한 고찰」.『국어교육학연구』55(3), 313-340.

초오보밍(2017).『새와 짐승의 말을 알아듣는 사람』. 우광훈·이다연 옮김, 바닷바람.

최권진·송경옥(2014).「결혼이주여성 대상 한국어교육의 현황 및 발전 방향: 다문화가정지원센터에서의 한국어 교재와 쓰기 교육을 중심으로」.『한국언어문화학』11(3), 247-269.

최병두(2009).「다문화공간과 지구-지방적 윤리」.『한국지역지리학회지』15(5), 635-654.

_____(2011).「다문화사회와 지구지방적 시민성: 일본의 다문화공생 개념과 관련하여」. 『한국지역지리학회지』17(2), 181-203.

_____(2012).「이방인의 권리와 환대의 윤리: 칸트와 데리다 사상의 지리학적 함의」.『문화역사지리』

24(3), 16-36.

_____(2014).「상호문화주의로의 전환과 상호문화도시 정책」.『현대사회와 다문화』4(1), 83-118.

_____(2018).『초국적 이주와 환대의 지리학』. 푸른길.

_____(2023).「난민의 소외와 '장소를 가질 권리'로서 환대」.『인간과 평화』4(1), 111-155.

최봉도(2022).「대학생의 다문화 감수성 향상을 위한 교육의 필요성과 상호문화 역량 인식에 관한 연구」.『인문사회 21』13(1), 1325-1338.

최샘·정채연(2020).「데리다의 환대의 윤리에 대한 법철학적 성찰」.『중앙법학』22(1), 49-91.

최선영(2022).「외국인 이주민 집단 주변화의 제도적 속성으로서 지방정부의 신자유주의적 다문화주의 정책에 대한 고찰」.『한국도시지리학회지』25(2), 99-113.

최수안·김영순(2021).「한부모 이주여성의 자립경험에 관한 질적 메타분석」.『여성학연구』31(1) 7-40.

최승호(2019).「결혼이주여성 교육프로그램 요구분석」.『인문사회 21』10(2), 701-712.

최윤정 외(2018).「2018년 전국다문화가족실태조사 연구」. 여성가족부.

최재식(2006).「상호문화성의 현상학: 문화중심주의를 넘어 상호문화성으로」.『현상학과 현대철학』 30, 1-30.

_____(2017).「상호문화주의에 대한 철학적 이해: 현상학적 측면에서 본 상호문화주의 철학」. 『시민인문학』32, 72-106.

최종렬(2009).「탈영토화된 공간에서의 다문화주의: 문제적 상황과 의미화 실천」.『사회이론』, 봄/여름, 47-78.

_____(2014).「정의와 다문화주의: 킴리카의 자유주의적 다문화주의의 사용」.『사회와 이론』25, 245-295.

_____(2015).「낸시 프레이저의 정의론과 다문화주의」.『현상과 인식』39(4), 197-225.

최항석·김성길(2022).「평생교육기반 공동체 구축을 위한 역량 함양 연구」. *Andragogy Today: International Journal of Adult & Continuing Education (IJACE)*, 25(1), 83-102.

최현덕(2006).『상호문화철학의 문제들』. 광주: 전남대학교.

_____(2009).「경계와 상호문화성: 상호문화 철학의 기본 과제」.『코기토』66, 301-329.

최혜원·최연실(2019).「다문화가족 학령기 아동의 사회적 기술 향상을 위한 해결중심 집단미술치료 프로그램의 효과성 검증」.『가족과 가족치료』27(4), 549-570.

피터 톰킨스·크리스토퍼 버드(1992).『식물의 신비생활』. 황금용·황정민 옮김, 정신세계사.

하용삼(2010).「모던·포스트모던문화 그리고 로컬문화」.『대동철학』(52), 89-115.

하종천·오영훈(2021).「외국인 노동자와 근무하는 한국인 노동자의 상호문화 소통에 관한 사례연구」. 『문화교류와 다문화교육』10(1), 83-102.

한승준(2008). 「프랑스 동화주의 다문화정책의 위기와 재편에 관한 연구」. 『한국행정학보』 42(3), 463-486.

한하림(2022). 「외국인 유학생의 상호문화 역량 연구」. 『배달말』 71, 405-429.

허영식(2017). 『다양성과 세계시민교육』. 서울: 박영스토리.

허용·강현화·고명균·김미옥·김선정·김재욱·박동호(2009). 『외국어로서의 한국어 교육학 개론』. 서울: 박이정.

홍성수(2015). 「혐오표현의 규제: 표현의 자유와 소수자 보호를 위한 규제 대안의 모색」. 『법과 사회』 50, 287-336.

홍성욱(2019). 『포스트휴먼 오디세이』. 휴머니스트출판그룹.

홍은영(2012). 「포스트식민적 관점에서 본 상호문화교육」. 『교육의 이론과 실천』 17(1), 143-162.

『論語』, 子路篇, "子曰 君子和而不同, 小人同而不和."

Abdallah-Pretceille, Martine (2010). L'éducation interculturelle. 장한업 옮김.

Adorno, Th. W. (1971). Erziehung zur Mündigkeit. 홍은영 옮김(2021), 『성숙을 위한 교육』, 용인: 문음사.

Agamben, G. (2001). La comunita che viene. 이경진 옮김(2014), 『도래하는 공동체』, 서울: 꾸리에북스.

Allemann-Ghionda, C. (2009). From intercultural education to the inclusion of diversity: Theories and policy in Europe. In Banks, J. (Ed.). The Routledge international companion to Multicultural Education. Oxford: Routledge and Taylor & Francis, 134-145.

Altenberger, S. (2020). Kategorien entwickeln. Kritik als Prozess des Verlernens. In Bücken, S., Streicher, N., Velho, A. & Mecheril, P. (Hg.). Migrationsgesellschaftliche Diskriminierungsverhältnisse in Bildungssettings, Wiesbaden: Springer, 43-66.

Amin, A. (2002). Ethnicity and the multicultural city: living with diversity. Environment and planning A, 34(6), 959-980.

Anderson, B. (1983/1991). Imagined Communities: Reflections on the Origin and Spraed of Nationalism. 윤형숙 옮김(2007), 『상상의 공동체』, 파주: 나남.

Antoine de Saint-Exupery. (2012). 『인간의 대지』. 김모세 옮김, 부북스.

Appiah, K. A. (2008). 『세계시민주의: 이방인들의 세계를 위한 윤리학』. 바이북스(Appiah, K. A., 2006, Cosmopolitanism: Ethics in a World of Strangers, Allen Lane).

Arslan, H., & Rata, G. (2013). Multicultural Education: From Theory to Practice. Cambridge Scholars Publishing.

Banks, J. A. (2004). Teaching for social justice, diversity, and citizenship in a global world.

The Educational Forum, 68(4), 296-305.

Barrett, M. (2013). Interculturalism and Multiculturalism: Similarities and Differences, Strasbourg: Council of Europe.

Beck, U. (2006). Cosmopolitan Vision. Polity Press, Camblridge.

Benhabib, S. (2004). The Rights of Others: Aliens, Residents, and Citizens. Cambridge U.P [이상훈 옮김(2008), 『타자의 권리: 외국인, 거류민 그리고 시민』, 철학과 현실사].

_____(2006). Another cosmopolitanism. In Benhabib, S., Waldron, J., Honig, B., & Kymlicka, W. R. Post (Eds) Another Cosmopolitanism, OUP, Oxford.

Bennett, J. M. (2009). Cultivating Intercultural Competence: A Process Perspective, In Darla K. Deardorff (Ed.), The SAGE Handbook of Intercultural Competence, Thousand Oaks, CA: Sage, 121-140.

Bennett, M. J. (1986a). A Developmental Approach to Training for Intercultural Sensitivity. International Journal of Intercultural Relations, 10, 179-196.

_____(1986b). Towards ethnorelativism: A developmental model of intercultural sensitivity. In R. M. Paige (Ed.), Cross-cultural orientation: New conceptualizations and applications (pp. 27-69). New York, NY: University Press of America.

_____(1993). Towards ethnorelativism: A developmental model of intercultural sensitivity. In R. M. Paige (Ed.), Education for the intercultural experience (pp. 21-71), Yarmouth, ME: Intercultural Press.

Bereiter, C. (1980). Development in writing. In L. W. Gregg & E. R. Steinberg (Eds.) Cognitive Processes in Writing. (pp. 73-93), Hillsdale: Erlbaum.

Berry, J. W. (2006). Acculturative stress. In Handbook of multicultural perspectives on stress and coping, Springer, Boston, MA.

Bhawuk, D. P., & Brislin, R. (1992). The measurement of intercultural sensitivity using the concepts of individualism and collectivism. International Journal of Intercultural Relations, 16(4), 413-436.

Birzea, C. (2003). Learning Democracy. Education Policies within the Council of Europe, Session of Standing Conference of European Ministers of Education on Intercultural education: managing diversity, strengthening democracy, Athens, Greece, November, 10-12.

Blue, J., Kapoor, S., & Comadena, M. (1990-1997). Using cultural values as a measure of intercultural sensitivity. Intercultural Communication Studies, 6, 77-94.

Borradori, B. (2004). 『테러시대의 철학: 하버마스, 데리다와의 대화』. 손철성 외 옮김, 문학과 지성사[Borradori, G. (2004), Philosophy in A Time of Terror: Dialogues with Jürgen Habermas and Jacques Derrida, University of Chicago Press, Chicago).

Bourdieu, P. (1990). *The logic of practice*. Stanford university press.

_____(2005). Principles of an economic anthropology. *The handbook of economic sociology*, 2, 75-89.

Braidotti, R. (2015).『포스트휴먼』. 이경란 옮김, 아카넷.

Bruner, J. S. (1960). *The process of education*. Cambridge, MA: Harvard University Press.

Brunner, M. & Ivanova, A. (2015). *Praxishandbuch Interkulturelle Lehrer/innenbildung*. Schwalbach Ts.: Wochenschau Verlag.

Buber, M. (1947). *Tales of the Hasidim: The Early Masters*. New York: Schocken Books.

_____(1970). *I and thou*. Free Press.

_____(2007). Multiculturalism Fails in Germany. *World News Commentary* (July 13).

Byram, M. (1987). *Teaching and Assessing Intercultural Communicative Competence*. New york: Multilingual Matters (Series).

_____(1997). *Teaching and Assessing Intercultural Communicative Competence*, Clevedon: Multilingual Matters.

Cantle, T. (2012). Interculturalism: The New Era of Cohesion and Diversity. Palgrave Macmillan, a division of Macmillan Publish.

_____(2020).『상호문화주의: 결속과 다양성의 새로운 시대』. 홍종열·김성수·김윤재·김정흔 옮김, 꿈꿀권리.

Castles, S. (2000). Underclass or exclusion: social citizenship for ethnic minorities. *Citizenship, community and democracy*, 22-44.

Castles, S., & Miller, M. J. (2009). Migration in the Asia-Pacific region. *Migration Information Source*, 10.

Castro Varela, M. d. M. (2002). Interkulturelle Kompetenz – ein Diskurs in der Krise, In Auernheimer, G. (Hg.). *Interkulturelle Kompetenz und pädagogische Professionalität*, Opladen: Leske Budrich, 35-48.

Chang, S. (2023). Validation of intercultural sensitivity and respect for diversity scale (RDS) in a Korean sample. *Multicultural Education Review*, 15(2), 122-138.

Chen, G. M., & Starosta, W. J. (1996). Intercultural communication competence: A synthesis. In B. R. Burlesom (Ed.), *Communication Yearbook*, 19, 353-383.

_____(1997). A review of the concept of intercultural sensitivity. *Human Communication*, 1, 1-15.

_____(2000a). The development and validation of the intercultural sensitivity scale.

Human Communication, 3, 1-15.

_____(2000b). Intercultural Sensitivity. In L. A. Samovar, & R. E. Porter, (Eds.), *Intercultural Communication: A Reader* (pp. 406-414). Belmont, CA: Wadsworth Publishing Company.

Coffey, A. J., Kamhawi, R., Fishwick, P., & Henderson, J. (2013). New media environments'comparative effects upon intercultural sensitivity: A five-dimensional analysis. *International Journal of Intercultural Relations*, 37(5), 605-627.

Council of Europe (2015). *Guidelines for intercultural dialogue in non-formal learning/education activities*. Council of Europe Publishing.

Council of Europe (2016). *Education Pack: All Different All Equal*. Council of Europe.

Cresswell, T. (2013). Citizenship in worlds of mobility. In Soderstrom, O., Randeria, S., D'Amato, G., & Panese, F. (eds.), *Critical Mobilities*, EPFL Press, Lausanne, 81-100.

Crutzen, P. J. (2002). Geology of Mankind. *Nature*, vol. 415, no. 6867, 1월호.

De Carlo, M. (2004). La technologie peut-elle servir l'interculturel. *Repères & applications* (IV), 59-71.

_____(2011). 『상호문화 이해하기』(*L'interculturel*). 장한업 옮김, 서울: 한울아카데미(원전은 1998년에 출판).

Deardorff, D. K. (2020). *Manual for Developing Intercultural Competencies: Story Circles*. UNESCO Publishing.

_____(2006). Identification and Assessment of Intercultural Competence as a Student Outcome of Internationalization. *Journal of Studies in International Education*, 10, 241-266.

_____(Ed.). (2009). *The SAGE Handbook of Intercultural Competence*. Los Angeles, London, New Delhi, Singapore, Washington D.C. SAGE.

Deardorff, D. K., Wit, H. D., Heyl, J. D. & Adams. T. (2012). *The SAGE handbook of international higher education*, SAGE.

Derrida, J. (2005). *On touching—jean-luc nancy*. Stanford University Press.

(2004). 『환대에 관하여』. 남수인 옮김, 동문선[Derridia, J. (1997), *De l'hospitalité*. Clamann-Lévy).

Dewey, J. (1896). The reflex arc concept in psychology. *Psychological review*, 3(4), 357.

Dirim, I. & Mecheril, P. (2010). Die Schlechterstellung Migrationsanderer. Schule in der Migrationsgesellschaft. In Mecheril, P. u.a. (Hg.). *Migrationspädagogik*, Weinheim und Basel: Beltz, 121-149.

Ede, L., & Lunsford, A. (1984). Audience addressed/audience invoked: The role of audience in composition theory and pedagogy. *College Composition and Communication*, 35(2), 155-171.

Ehrkamp, P. & Leitner, H. (2006). Rethinking immigration and citizenship: new spaces of migrant transnationalism and belonging. *Environment and Planning A*, 38(9), 1591-1597.

Erdogan, I., & Okumuslar, M. (2020). Intercultural sensitivity and ethnocentrism levels of theology students in a Turkish university sample. *Religions*, 11(5), 237.

Erikson, E. H. (1994). *Identity and the life cycle*. WW Norton & company.

Ernst, C. M. (Hrsg.). (2008). *Arbeitsbuch zur Politischen Bildung: Sekundarstufe I Brandenburg*. Cornelsen.

Fantini, A. & Tirmizi, A. (2006). *Exploring and Assessing Intercultural Competence*. World Learning Publication.

Fiske, A. P., Kitayama, S., Markus, H. R., & Nisbett, R. E. (1998). *The cultural matrix of social psychology*.

Fraser, N. & Honneth, A., (2003). *Redistribution or Recognition*. Verso, London.

Frey, C. B., & Osborne, M. A. (2013). The Future of Employment: How Susceptible Are Jobs to Computerisation? [URL]. Accessed 12 August 2015.

_____ (2017). The future of employment: How susceptible are jobs to computerisation?. *Technological forecasting and social change*, 114, 254-280.

Fritz, W., Graf, A., Hentze, J., Möllenberg, A., & Chen, G. M. (2005). An examination of Chen and Starosta's model of intercultural sensitivity in Germany andthe United States. *Intercultural Communication Studies*, 14(1), 53-65.

Fritz, W., Möllenberg, A., & Chen, G. M. (2002). Measuring intercultural sensitivity in different cultural contexts. *Intercultural Communication Studies*, 11(2), 165-176.

Gay, G. (2002). Preparing for culturally responsive teaching. *Journal of teacher education*, 53(2), 106-116.

Geier, T. & Messerschmidt, A. (2020). Schulpraktika in alltagsrassistischen Dominanzverhältnissen. In Bücken, S., Streicher, N., Velho, A. & Mecheril, P. (Hg.). *Migrationsgesellschaftliche Diskriminierungsverhältnisse in Bildungssettings*, Wiesbaden: Springer, 199-212.

Gendlin, E. T. (1961). Experiencing: A variable in the process of therapeutic change. *American journal of psychotherapy*, 15(2), 233-245.

Giddens, A. & Giddens, A. (1982). Power, the dialectic of control and class structuration. *Profiles and critiques in social theory*, 197-214.

Glazer, N. (1998). *We are all multiculturalists now*. Harvard University Press.

Gogolin, I. (2008). *Der monolinguale Habitus der multilingualen Schule*. Muenster: Waxmann Verlag.

Graf, A., & Harland, L. K. (2005). Expatriate selection: evaluating the discriminant, convergent, and predictive validity of five measures of interpersonaland intercultural competence. *Journal of Leadership and Organizational Studies*, 11(2), 46-62.

Gudykunst, W. B. (1993). Toward a theory of effective interpersonal and intergroup communication: An anxiety/uncertainty management (AUM) perspective. In R. L. Wiseman & J. Koester (Eds.), *Intercultural communication competence* (pp. 33-71). Sage Publications, Inc.

Gutierez, L., R. Parsons, E. Cox. (1998). *Empowerment in Social Work Practice*. 김혜란 외 옮김(2006), 『사회 복지실천과 역량강화』, 서울: 나눔의 집.

Habermas, J. (1981). *Theorie des Kommunikativen Handelns*. 2 Bde. Frankfurt am Main: Suhrkamp.

_____ (1998). *On the pragmatics of communication*. MIT press.

Hammer, M. R. (1999). A measure of intercultural sensitivity: The intercultural development inventory. In S. M. Fowler, & M. G. Fowler (Eds.), *The intercultural sourcebook: Cross-cultural training methods* (pp. 61-72), Yarmouth, ME: Intercultural Press.

_____ (2011). Additional cross-cultural validity testing of the Intercultural Development Inventory. *International Journal of Intercultural Relations*, 35(4), 474-487.

Hammer, M. R., & Bennett, M. J. (1998). *The intercultural development inventory (IDI) manual*. Portland, OR: Intercultural Communication Institute.

Hammer, M. R., Bennett, M. J., & Wiseman, R. (2003). Measuring intercultural sensitivity: The intercultural development inventory. *International Journal of Intercultural Relations*, 27(4), 421-443.

Harari, Y. N. (2015). 『사피엔스』. 조현욱 옮김, 서울: 김영사.

_____ (2017). 『호모 데우스: 미래의 역사』. 김명주 옮김, 서울: 김영사.

Hartmann, D., & Gerteis, J. (2005). Dealing with diversity: Mapping multiculturalism in sociological terms. *Sociological theory*, 23(2), 218-240.

Harvey, D. (2009). *Cosmopolitanism and Geographies of Freedom*. Columbia Univ.

Press.

Harvey, P. (2007). Cash-based responses in emergencies.

Haven, K. (2007). *Story proof: The science behind the startling power of story*. Libraries Unlimited.

_____ (2014). *Story smart: Using the science of story to influence, persuade, inspire and teach*. Libraries Unlimited.

Hegel, G. W. F. (1975), H. B. Nisbet (ed.). *Lectures on the philosophy of world history: Introduction*. Translated by Nisbet, H. B. Cambridge University Press.

Heidegger, M. (1996). *Being and time*. Translated by Joan Stambaugh, SUNY Press.

Heppner, P. P., Kivlighan, D. M., & Wampold, B. E. (1999). *Research design in counseling*. 2nd ed., Belmont, CA: Wadsworth.

Hill, C. E. (2012). Consensual qualitative research: A practical resource for investigating social science phenomena. American Psychological Association.

Hill, C. E., Knox, S., Thompson, B. J., Williams, E. N., Hess, S. A., & Ladany, N. (2005). Consensual qualitative research: An update. *Journal of Counseling Psychology*, 52(2), 196-205.

Hill, C. E., Spangler, P., Sim, W., & Baumann, E. (2007). Interpersonal content of dreams in relation to the process and outcome of single sessions using the Hill Dream Model. *Dreaming*, 17(1), 1.

Holm, G., & Zilliacus, H. (2009). Multicultural education and Intercultural education: Is there a Difference?. In Mirja-Tytti Talib, Jyrki Loima, Heini Paavola, Sanna Patrikainen (Eds.), *Dialogues on Diversity and Global Education*, Frankfurt am Main: Peter Lang, 11-28.

Holm, K., Nokelainen, P., & Tirri, K. (2009). Relationship of gender and academic achievement to Finnish students' intercultural sensitivity. *High Ability Studies* 20(2), 187-200.

Holstein, K.-H. (Ed.). (2006). *Brandenburg 9/10 Political Education*. Cornelsen.

Honneth, A. (2011a). On markets and morals: alternative analyses of Capitalism, *Divinatio*, 33, 39-56.

_____ (2011b). 『인정투쟁: 사회적 갈등의 도덕적 형식론』. 문성훈·이현재 옮김, 사월의 책[Honneth, A. (1995), *The Struggle for Recognition: The Moral Grammar of Social Conflicts*, The MIT press, Cambridge, Mass.).

Hu, F. W., Wang, P., & Li, L. J. (2014). Psychometric structure of the Chinese Multiethnic Adolescent Cultural Identity Questionnaire. *Psychological Assessment*, 26(4),

1356-1368.

Huber, J. (Ed.). (2012). *Intercultural competence for all: Preparation for living in a heterogeneous world*. Strasbourg: Council of Europe Publishing.

Hughes, C. (2011). *Social understanding and social lives: From toddlerhood through to the transition to school*. Psychology Press.

Husserl, E. (1973). *Zur phenomenologie der intersubjektivitat* (On the phenomenology of intersubjectivity).

Kalpaka, A. (2009). "Paraellelgesellschaften" in der Bildungsarbeit – Möglichkeiten und Dilemmata pädagogischen Handelns in 'geschützten Räumen', In Elverich, G., Kalpaka, A. & Reindlmeier, K. (Hg.). *Spurensicherung*. Reflexion von Bildungsarbeit in der Einwanderungsgesellschaft, Münster: Unrast Verlag, 95-166.

_____ (2015). Pädagogische Professionalität in der Kulturalisierungsfalle – Über den Umgang mit 'Kultur' in Verhältnissen von Differenz und Dominanz, In Leiprecht, R. & Steinbach, A. (Hg.). *Schule in der Migrationsgesellschaft*. Band 2, Schwalbach Ts.: Debus Pädagogik Verlag, 289-312.

Kalpaka, A., & Mecheril, P. (2010). "Interkulturelle". Von spezifisch kulturalistischen Ansätzen zu allgemein reflexiven Perspektiven. In Mecheril, P. u.a. (Hg.). *Migrationspädagogik*. Weinheim und Basel: Beltz, 77-98.

Kalter, F. (Ed.). (2008). *Migration und Integration* (Vol. 48). VS Verlag für Sozialwissenschaften.

Kant, I. (2005). *Notes and fragments*. Cambridge University Press.

Karakaşoğlu, Y. & Mecheril, P. (2019). *Pädagogik neu denken!*. Weinheim: Beltz.

Kazantzakis, N. (2018). 『그리스인 조르바』. 유재원 옮김, 문학과지성사.

Kelly, G. (1963). *A theory of personality: The psychology of personal constructs*. New York, NY: Norton.

Kim, Y. Y. (1988). *Communication and cross-cultural adaptation: An integrative theory*. philadelphia: Multilingual Matters.

King, P. M. & Baxter Magolda, M. B. (2005). A Developmental Model of Intercultural Maturity. *Journal of College Student Development*, 46, 571.

Klingovsky, U. (2013). Differenz(en) statt Kompetenz. Anmerkungen zu einer dekonstruktiven pädagogischen Professionalität, Magazin erwachsenenbildung. at. Das Fachmedium für Forschung, Praxis und Diskurs, *Ausgabe* 20, 2-12.

Kurzweil, R. (2007). 『특이점이 온다: 기술이 인간을 초월하는 순간』.

Kymlicka, W. (2005). 『현대 정치철학의 이해』. 장동진·장휘·우정열·백성욱 옮김,

동명사[Kymlicka, W. (2002), *Contemporary Political Philosophy*, 2nd ed, OUP, Oxford].

_____ (2010). 『다문화주의 시민권』. 장동진·황민혁·송경호 옮김, 동명사[Kymlicka, W. (1995), *Multicultural Citizenship: A Liberal Theory of Minority Rights*, Clarendon Press, Oxford].

_____ (2014). The essentialist critique of multiculturalism: theories, policies, ethos, Ethos. May, Robert Schuman Centre for Advanced Studies Research Paper, No. RSCAS 59.

Leiprecht, R. & Steinbach, A. (2015). *Schule in der Migrationsgesellschaft*. Band 2, Schwalbach Ts.: Debus Pädagogik Verlag, 7-24.

Levinas, E. (1986), *"The trace of the other," in deconstruction in context*, M. Taylor (Ed.), Chicago: University of Chicago Press, 356.

Lloyd, J. M. (2003). Application of systematic review methods to qualitative research: Practical issues. *Journal of Advanced Nursing*, 48(3), 271-278.

Loebel, M. P. K., Galvez-Nieto, J. L., & Beltran-Veliz, J. C. (2021). Factor structure of the Intercultural Sensitivity Scale (ISS) in a sample of university students from Chile. *International Journal of Intercultural Relations*, 82, 168-174.

Loo, R., & Shiomi, K. (1999). A structural and cross-cultural evaluation of the inventory of cross-cultural sensitivity. *Journal of Social Behavior and Personality*, 14(2), 267-278.

Lovelock, J. (1995). 『가이아: 지구의 체온과 맥박을 체크하라』. 김기협 옮김, 김영사.

MacIntyre, A. (1997). The Virtues, the Unity of a Human Life, and the Concept of a Tradition. Memory, identity, community, *The idea of narrative in the human sciences*, 241-263.

Martiniello, M. (2002). 『현대사회와 다문화주의, 다르게, 평등하게 살기』, 윤진 옮김, 한울[Martiniello, M. (1997). *Sortir des ghettos culturels*, Presses de Sciences Po. Paris).

Mayeroff, M. (1971). *On caring*. New York: Harper&Row.

Mead, G. H. (1938), *The philosophy of the act*. Morris, W. Charles with John M. Brewster, Albert M. Dunham, & David Miller (Ed.), Chicago: University of Chicago.

Mecheril, P. (2010). Migrationspädagogik. *Weinheim und Basel: Beltz*, 7-22.

_____ (2001). Pedagogiken natio-kultureller Mehrfachzugehörigkeit. Vom "Kulturkonflikt" zur "Hybridität", *Diskurs* 10, 41-48.

_____(2002). "Kompetenzlosigkeitskompetenz". Pädagogisches Handeln unter Einwanderungsbedingungen. In Auernheimer, G. (Hg.). *Interkulturelle Kompetenz und pädagogische Professionalität*, Opladen: Leske Budrich, 15–34.

Mecheril, P., Castro Varela, M. d. M., Dirim, I, Kalpaka, A. & Melter, C. (2010). *Migrationspädagogik*. Weinheim und Basel: Beltz.

Mecheril, P., Thomas–Olalde, O., Melter, C., Arens, S. & Romaner, E. (2013). Migrationsforschung als Kritik? Erkundung eines epistemischen Anliegens in 57 Schritten, *Wiesbaden: Springer*, 7–58.

Mecheril. P. (2016). Migrationspädagogik – ein Projekt. In Mecheril, P. (Hg.). *Handbuch Migrationspädagogik*, Weinheim und Basel: Beltz, 8–31.

Merleau–Ponty, M. J. J. (1962). *Phenomenology of perception*. trans. by Colin Smith, New York: Humanities Press, and London: Routledge & Kegan Paul.

Messerschmidt, A. (2008). Pädagogische Beanspruchungen von Kultur in der Migrationsgesellschaft. Bildungsprozesse zwischen Kulturalisierung und Kulturkritik, *Zeitschrift für Pädagogik*, 54, 5–17.

_____(2013). Vorwort. In Seyss–Inquart, J. (Hg.), *Schule vermitteln*, Wien: Erhard Löcker GesmbH, 9–12.

_____(2016). Involviert in Machtverhältniss – Rassismuskritische Professionalisierungen für die Pädagogik in der Migrationsgesellschaft. In Doğmuş, A. Karakaşoğlu, Y. & Mecheril, P. (Hg.). *Pädagogisches Können in der Migrationsgesellschaft*, Wiesbaden: Springer, 59–70.

Micó–Cebrián, P., & Cava, M. J. (2014). Intercultural sensitivity, empathy, self–concept and satisfaction with life in primary school students/Sensibilidad intercultural, empatía, autoconcepto y satisfacción con la vida en alumnos de educación primaria. *Infancia y Aprendizaje*, 37(2), 342–367.

Morgan, D. L. (2007). Paradigms lost and pragmatism regained: Methodological implications of combining qualitative and quantitative methods. *Journal of mixed methods research*, 1(1), 48–76.

Nathan, G., & Moynihan, D. P. (1997). *We are all multiculturalists now*. Cambridge: Harvard.

Noblit, G. W. & Hare, R. E. (1988). *Meta-ethnography: Synthesizing qualitative studies*. C. A.: Sage.

Nussbaum, M. (2006). *Frontiers of Justice*. Belknap Press, Cambridge, Mass.

Olson, C. L., & Kroeger, K. R. (2001). Global competency and intercultural sensitivity. *Journal of Studies in International Education* 5(2), 116–137.

Paige, R. M., Jacobs-Cassuto, M., Yershova, Y. A., & DeJaeghere, J. (2003). Assessing intercultural sensitivity: An empirical analysis of the Hammer and Bennett Intercultural Development Inventory. *International Journal of Intercultural Relations*, 27(4), 467–486.

Painter, J. (2002). Multi-level citizenship, identity and regions in contemporary Europe. In Anderson, J. (ed.), *Transnational Democracy: Political Spaces and Border Crossings*, Routledge, London, 93–110.

Painter, J. & Philo, C. (1995). Spaces of citizenship: an introduction. *Political Geography*, 14(2), 107–120.

Parekh, Bhikhu. (2006). Europe, liberalism and the 'Muslim question,' in Tariq Modood. Anna Triandafyllidou and Ricard Zapata-Barrero, *Multiculturalism, Muslims and Citizenship: A European Approach*, London: Routledge.

Park, J. Y. & Zitzelsberger, O. (2022). Unverzichtbar: der Beitrag von Migrantinnen*orgranisationen für die Gestaltung der Migrationsgesellschaft. *International Conference - New Normal and Migration*, 102–109.

Paterson, B. I., Thorne, S. E., Canam, C., & Jilling, C. (2001). *Meta-study of qualitative health research*. Thousand Oaks. CA: Sage.

Perelman, C. (1982). *L'Empire Rhetorique: Rhetorique et argumentation* [The Realm of Rhetoric]. Notre Dame: University of Notre Dame Press.

Perelman, C., & Olbrechts-Tyteca, L. (1969). *The new rhetoric: a treatise on argumentation*. Trans. John Wilkinson and Purcell Weaver, Notre Dame, IN: University of Notre Dame Press, , 19.

Peter Tompkins, C. B. (1900). *The secret life of plants*. 황금용·황정민 옮김(1992), 『식물의 신비생활』, 정신세계사.

Petrović, D. S., Starčević, J., Chen, G. M., & Komnenić, D. (2015). Intercultural sensitivity scale: Proposal for a modified Serbian version. *Psihologija*, 48(3), 199–212.

Philo, C. (1993a). Spaces of citizenship. *Area*, 25(2), 194–196.

_____ (1993b). Postmodern rural geography? A reply to Murdoch and Pratt. *Journal of rural studies*, 9(4), 429–436.

Pranis, K. (2005). *The little book of circle processes*. Pennsylvania: Good Books.

Pruegger, V. J., & Rogers, T. B. (1993). Development of a scale to measure cross-cultural sensitivity in the Canadian context. *Canadian Journal of Behavioural Science*, 25(4), 615–621.

Rawls, J. B. (2003). 『정의론』. 황경식 옮김, 이학사[Rawls, J. (1971), *A Theory of Justice*, Harvard Univ. Press).

Reindlmeier, K. (2009). "Alles Kultur" – Der 'kulturelle Blick' in der internationalen Jugendarbeit, In Elverich, G., Kalpaka, A. & Reindlmeier, K. (Hg.). *Spurensicherung. Reflexion von Bildungsarbeit in der Einwanderungsgesellschaft*, Münster: Unrast Verlag, 235-262.

Rey, M. (1986). *Former les enseignants à l'éducation interculturelle?*, Strasbourg: Conseil de l'Europe.

Ricoeur, P. (1981). *Hermeneutics and the human sciences: Essays on language, Action and Interpretation*. edited and translated by John B. Thompson, Cambridge: Cambridge University Press.

Chaves, Rose-Marie, Favier, Lionel & Felici, Swajig (2012). 『알기 쉬운 교실 상호문화교육』. *L'interculturel en classe*, 서영지 옮김, 2019, 북코리아.

Rouse, J. (2007). Practice theory. In *Philosophy of anthropology and sociology* (pp. 639-681). North-Holland.

Safdar, S. Chahar Mahali, S., Scott, C. (2023). A critical review of multiculturalism and interculturalism as integration frameworks: The case of Canada. *International Journal of Intercultural Relations*, 93.

Sandel, M. (1992). The procedural republic and the unencumbered Self. In Avineri, S. & de-Shalit, A. (eds.), *Communitarianism and Individualism*, OUP, Oxford.

Sanhueza, S. (2010). Sensibilidad intercultural: un estudio exploratorio con alumnado de educación primaria y secundaria en la provincia de alicante. *Doctoral Dissertation*, Alicante: University of Alicante.

Sartre, J. P. (1956). *Being and Nothingness*. Trans. Hazel E. Barnes, New York: Philosophical Library, 330.

Schondelmayer, A. -C. (2016). "Aber bei uns gibt es keine Ausländer" Interkulturelle Lernprozesse und Lebensrealitäten von Studierenden. In Doğmuş, A., Karakaşoğlu, Y. & Mecheril, P. (Hg.). *Pädagogisches Können in der Migrationsgesellschaft*, Wiesbaden: Springer, 261-278.

Schultze, G. (1992). Die Bundesrepublik Deutschland auf dem Weg zur multikulturellen Gesellschaft. Zum Eingliederungsprozeß von griechischen Jugendlichen und Türken der ersten und zweiten Generation. na.

Selman, R. L. (2003). *The promotion of social awareness: Powerful lessons from the partnership of developmental theory and classroom practice*. New York, NY: Russell Sage Foundation.

Seyss-Inquart, J. (2013). Professionalisierung pädagogisch denken und kritisch rahmen, In Seyss-Inquart, J. (Hg.). *Schule vermitteln*, Wien: Erhard Löcker GesmbH, 13-22.

504

Shohamy, E. (2013). The discourse of language testing as a tool for shaping national, global, and transnational identities. *Language and Intercultural Communication*, 13(2), 225-236.

Sinicrope, C. & Norris, J. & Watanabe, Y. (2007). Understanding and assessing intercultural competence: A summary of theory, research, and practice, technical report for the foreign language program evaluation project. *Studies in Second Language Acquisition* 26(1), 1-58.

Smith, S., (1990). Society, space and citizenship: a human geography for new times. *Transactions of the Institute of British Geographers*, 14(2), 144-156.

Spangler, P. T., Liu, J., & Hill, C. E. (2012). Consensual qualitative research for simple qualitative data: An introduction to CQR-M In C. E. Hill (Ed.), *Consensual qualitative research: A practical resource for investigating social science phenomena* (pp. 269-284). Washington, D.C.: American Psychological Association.

Spinney, J., Aldred, R., Brown, K., (2015), Geographies of citizenship and everyday (im)mobility. *Geogorum*, 64, 325-332.

Spitzberg, B. H., & Cupach, W. R. (1984). *Interpersonal Communication Competence*. Beverly Hills, CA: Sage.

Steinbach, A. (2015). Forschungen zu Sichtweisen von Lehrpersonen im Kontext der Schule in der Migrationsgesellschaft. Zur Konstruktion einer schulischen 'Nicht-Passung' von Kindern und Jugendlichen mit Migrationshintergrund. In Leiprecht, R. & Steinbach, A. (Hg.). *Schule in der Migrationsgesellschaft*, Band 2, Schwalbach Ts.: Debus Pädagogik Verlag, 335-370.

Steinert, H. (2007). Dialetik der Aufklärung als Ideologiekritik der Wissensgesellschaft, In Zima, P. V. & Winter, R.(Hg.). *Kritische Theorie Heute*, Bielefeld: Transcript Verlag, 207-234.

Stiegler, B. (2018).『고용은 끝났다, 일이여 오라!』. 권오룡 옮김, 문학과지성사.

Stölting, W. (2015). Erziehung zur Mehrsprachigkeit, In Leiprecht, R. & Steinbach, A. (Hg.) *Schule in der Migrationsgesellschaft*, Band 2: Sprache - Rassismus - Professionalität, Schwalbach: Debus Pädagogik, 49-63.

Tamam, E. (2010). Examining Chen and Starosta's model of intercultural sensitivity in a multiracial collectivistic country. *Journal of Intercultural Communication Research*, 39(3), 173-183.

Tamam, E., & Krauss, S. E. (2017). Ethnic-related diversity engagement differences in intercultural sensitivity among Malaysian undergraduate students. *International Journal of Adolescence and Youth*, 22(2), 137-150.

Taylor, C. (1994), *Multiculturalism*. Princeton Univ. Press.

_____(1997). *Cross-purposses: the liberal communitarian debate, Philosophical Arguments*. Harvard University Press, Cambridge.

_____(2012). Interculturalism or multiculturalism?, Vol. 38, Issue. 4–5, https://doi.org/10.1177/0191453711435656, *SAGE journals*.

Theunissen, M. (1977). *Der Andere*. De Gruyter.

Ting-Toomey, S. (1993). *Communicative resourcefulness: An identity negotiation perspective*. In R. L.

_____(2007). Intercultural Conflict Training: Theory–Practice Approaches and Research Challenges. *Journal of Intercultural Communication Research*, 36(3): 255–271.

Trautner, C. (2020). Wie soll ich jetzt überhaupt noch sprechen? Die Begleitung sprachlicher Suchbewegungen von Student_innen als Aufgabe von Hochschullehre. In Bücken, S., Streicher, N., Velho, A. & Mecheril, P. (Hg.). *Migrationsgesellschaftliche Diskriminierungsverhältnisse in Bildungssettings*, Wiesbaden: Springer, 183–198.

UNESCO (2006). *UNESCO Guidelines on Intercultural Education*. UNESCO.

_____(2013). *Intercultural Competences: Conceptual and Operational Framework*. UNESCO PUBLISHING.

UNHCR, (2022). Mid-Year Trends. https://www.unhcr.org/statistics/unhcrstats/635a578f4/mid-year-trends-2022.html.

Utlu, D. (2019). Migrationshintergrund. In Arndt. S. & Ofuatey-Alazard, N. (Hg.). *Wie Rassismus aus Wörtern spricht*, Münster: Unrast, 445–448.

Von Dirke, S. (1994). Multikulti: The German debate on multiculturalism. *German Studies Review*, 17(3), 513–536.

Walsh, D. & Downe, S. (2005). Meta-synthesis method for qualitative research: a literature review. *Journal of Advanced Nursing*, 50(2), 204–211.

Walzer, M. (1997). The politics of difference: Statehood and toleration in a multicultural world. *Ratio Juris*, 10(2), 165–176.

_____(2004). 『관용에 대하여』. 송재우 옮김, 서울: 미토[Walzer (1997), *On Toleration*, Yale Univ. Press, New Have].

Wang, W., & Zhou, M. (2016). Validation of the short form of the intercultural sensitivity scale (ISS-15). *International Journal of Intercultural Relations*, 55, 1–7.

Weißeno, G. (2008). *Politikkompetenz: Was Unterricht zu leisten hat*.

Wells, M. I. (2004). Beyond cultural comperence: A medel for individual and institutional cultural development. *J communuty Health Nurs* 17(4), 189-199.

Wiseman & J. Koester (Eds.), *Intercultural communication competence* (pp. 72-111). Sage Publications, Inc.

Wong, L. P. (2008). Focus group discussion: a tool for health and medical research. *Singapore Med J*, 49(3), 256-260.

Wu, J. F. (2015). Examining Chen and Starosta's model of intercultural sensitivity in the Taiwanese cultural context. *International Journal of Modern Education and Computer Science*, 6, 1-8.

Yildiz, E. (2016). Postmigrantische Perspektiven. In Doğmuş, A., Karakaşoğlu, Y. & Mecheril, P. (Hg.). *Pädagogisches Können in der Migrationsgesellschaft*, Wiesbaden: Springer. 71-86.

Young, I. M. (1990). *Justice and the Politics of Difference*. Princeton, New Jersey, Princeton Univ. Press.

Zahavi, D. (2003). *Husserl's phenomenology*. Stanford University Press.

Zahavi, D., & Gallagher, S. (2008). The (in) visibility of others: a reply to herschbach. *Philosophical Explorations*, 11(3), 237-244.

Zlatev, J. (2014). *The co-evolution of human intersubjectivity*. morality and language.

강아지 음성 번역기 관련 유튜브: https://www.youtube.com/watch?v=QQXfKFo56cY&feature=youtu.be

다문화가족지원포털(2022), https://www.liveinkorea.kr/portal/KOR/page/contents.do. 2022.10.10. 검색.

한겨레, 2019, 4월 8일자 참조. https://www.hani.co.kr/arti/science/science_general/889000.html

찾아보기

저자소개

김영순(金永洵) kimysoon@inha.ac.kr (2장 집필, 4, 12장 공동집필)

중앙대학교를 졸업하고 독일 베를린자유대학교에서 문화변동에 관한 연구로 철학박사 학위를 취득했다. 현재 인하대학교 사회교육과 교수 겸 대학원 다문화교육학과장, 인문융합치료학 전공주임으로 재직 중이며, 인하대학교 부설 다문화융합연구소 소장, 다문화멘토링사업단장, BK21FOUR 글로컬다문화교육연구단장직을 수행하고 있다. 또한, 학문 후속세대를 위해 전국의 대학원생을 대상으로 질적 연구방법론 캠프를 열고 있다. 주요 저서로는 『베트남문화의 오디세이』, 『다문화사회와 공존의 인문학』, 『다문화 현상의 인문학적 탐구』, 『이주여성의 상호문화 소통과 정체성 협상』, 『다양성 경영과 상호문화 경험』 등이 있다.

임재해(林在海) limjh@anu.ac.kr (1장 집필)

영남대학교 문학 박사학위를 취득하고 안동대학교 교수로 재직하다 퇴임했다. (전) 실천민속학회장, 한국구비문학회장, 비교민속학회 회장, 권정생어린이문화재단 이사, 남북역사문화교류협회 공동대표로 활동했다. 주요 저서로는 『민속문화를 읽는 열쇠말』, 『민속문화의 생태학적 인식』, 『마을문화의 인문학적 가치』, 『고조선문명과 신시문화』 등 115편의 저서를 집필했고, 그 외 다수의 학술논문을 발표했다.

최병두(崔炳斗) bdchoi@daegu.ac.kr (3장 집필)

대구대학교 명예교수로 영국 리즈대학교 지리학 박사를 졸업하고 현재 대구대학교 명예교수로 있다. 주요 저서로는 『초국적 이주와 환대의 지리학』, 『인문지리학의 새로운 지평』, 『인류세와 코로나 팬데믹』, 『도시재생과 젠트리피케이션』, 『녹색전환』이 있고 역서로는 『데이비드 하비의 세계를 보는 눈』, 『불균등발전』, 『장애의 지리학』 외 다수의 학술논문도 발표했다.

박충구(朴忠九) pcknpax@gmail.com (8장 집필)

감리교신학대학교 명예교수로 독일 본대학교를 거쳐 미국 Drew 대학교 '종교와 사회' 분야에서 철학 박사학위를 취득한 후 감리교신학대학교 기독교윤리학 교수로 재직했다. 주요 저서로는 『종교의 두 얼굴: 평화와 폭력』, 『기독교 윤리사 I, II, III』, 『예수의 윤리』, 『생명복제-생명윤리』, 『인간의 마지막 권리』, 『대화와 배려의 민주시민 도전기』(공저), 『죽음교육의 이론과 실제』(공저) 등이 있고, 80여 편의 학술연구논문을 발표했다. 현재 생명과평화연구소 소장, '민주사회를 위한 지식인 종교인 네트워크' 공동회장으로 활동하고 있다.

장성민(張性敏) mrch17@inha.ac.kr (5장 집필)

서울대학교에서 학부와 대학원을 졸업하고, 현재 인하대학교 국어교육과 및 대학원 다문화
교육학과 교수로 재직 중이다. 서울문영여자고등학교 교사, 한국교육과정평가원 부연구위
원 등을 거쳤다. 주요 논저로 『리터러시교육론』, 『AI 시대의 글쓰기』 등이 있으며, 다문화교
육 분야의 주요 논저로 "Validation of intercultural sensitivity and respect for diversity
scale (RDS) in a Korean sample", 「고등학생 학습자의 상호문화적 인식에 대한 조사연
구」(공저), 「소통 중심의 다문화 교수 · 학습 설계가 상호문화적 감수성 향상에 미치는 영
향」(공저) 등이 있다.

홍은영(洪銀英) aporia@jnu.ac.kr (7장 집필)

독일 담슈타트 대학에서 교육학과를 졸업하고 동 대학교에서 석사학위를, 독일 칼스루에 교
육대학교에서 비판적 교육의 문제로서의 인종주의에 관한 연구로 철학박사 학위를 취득했
다. 현재 전남대학교 교육학과 교수로 재직하고 있다. 역서로는 아도르노 『성숙을 위한 교
육』이 있으며, 주요 논문으로는 「다문화시대 역사교육의 방향 – 벤야민의 역사철학과 포스
트식민성의 관점을 중심으로」, 「다문화사회에서 임파워먼트 교육의 가능성과 한계」, 「다문
화사회에서 '연대(solidarity)' 개념의 비판적 성찰과 교육의 과제」, 「다문화 시대 교육 전문
성의 재고를 위한 비판적 고찰」, 「반차별 교육의 실천적 모순과 이론적 성찰」 등이 있다.

김진희(金眞嬉) kjhsarah@hanmail.net (6장 집필)

이화여자대학교를 졸업하고 서울신학대학교에서 사회복지사의 상호문화 역량에 관한 연구
로 사회복지학 박사학위를 취득했다. 현재 인하대학교 인문융합치료학 초빙교수로 재직 중
이며, 상호문화학당 대표직을 수행하고 있다. 파독 간호사와 광부 밀집 지역인 독일 루르 지
역에서의 7년간의 이주민의 삶을 통해 '더불어 잘 살아가기' 위한 상호문화 역량 증진을 위한
연구를 이어가고 있다. 사회복지사, 지역아동센터 아동과 종사자, 한국어 교사, 해외선교사
의 상호문화 역량 연구를 수행했고, 최근 이주민 노인으로 연구를 확대해가고 있다.

오정미(吳正美) gina2004@naver.com (9장 공동집필)

건국대학교에서 설화의 문화교육에 관한 연구로 문학박사 학위를 취득했다. 현재 인하대학
교 다문화융합연구소 연구교수로 재직 중이다. 건국대학교 서사와문학치료연구소에서 전임
연구원으로 활동하고, 경인교육대학교, 국민대학교 등에서 문화 및 다문화교육과 상호문화
교육에 관한 강의를 했다. 주요 저서로는 『다문화사회에서의 한국의 옛이야기와 문화교육』,
『미국 한인이주여성의 초국적 삶과 공동체』, 『다문화사회의 인문학적 시선』, 『다문화 현상의
인문학적 탐구』, 『다문화 구비문학대계(총 21권)』 등이 있다.

김진선(金眞善) gracejo2@naver.com (10장 공동집필)

인하대학교에서 상담심리전공으로 교육학 석사학위 취득 후 인문융합치료 전공으로 문학박사 학위를 받았다. 주요 연구영역은 다문화, 청소년, 진로상담 등이다. 현재 인하대학교 다문화융합연구소 연구교수로 재직 중이며 인하대학교 상담심리대학원과 경희사이버대학교에서 강의를 하고 있다. 청소년상담사, 임상심리사로 인하대 청소년 진로지원센터와 다양한 기관에서 상담을 진행하고 있다. 또한 인하대학교상담심리대학원 부설 심리언어센터에서 전문상담연구원과 다문화융합연구소 인문융합치료센터 부연구위원으로 연구를 수행하고 있다. 박사학위논문은 「다문화가정 청소년의 진로집단상담 프로그램 참여경험 사례연구: 인문융합치료를 중심으로」이다. 주요 저서로는 『호모 내러티쿠스: 인문융합치료의 이해』가 있다.

황해영(黃海英) haiying04@hanmail.net (4, 12장 공동집필)

인하대학교에서 다문화교육 전공으로 교육학 박사학위를 받았다. 현재 인하대학교 다문화융합연구소 연구교수로 활동하고 있다. 박사학위 논문으로는 『중국동포 결혼이주여성의 생애경험 탐구: 인정투쟁의 내러티브를 중심으로』가 있으며, 공동 저서로 『결혼이주여성의 주체적 삶과 정체성 협상』, 『중앙아시아계 이주여성의 삶: 이상과 현실 사이』가 있다. 또한 「재한 중국동포 단체 리더의 인정투쟁의 의미」, 「중국결혼이주여성들의 한국에서 양성 평등 경험에 대한 사례 연구」, 「상호문화 실천의 개념 및 내용에 관한 연구」 등 다수의 논문을 발표했다.

장현정(張鉉偵) jjanga_22@naver.com (11장 집필)

인하대학교에서 중등학습자를 위한 상호문화 이해 교육프로그램 개발 연구로 교육학 박사학위를 취득했다. 현재 강원대학교 CRC의료인문케어센터사업단 연구교수로 재직 중이다. 더불어 인하대학교 KLC학과에서 한국문학을 강의하고 있다. 주요 논문으로는 「소통 중심의 다문화 교수·학습 설계가 상호문화적 감수성 향상에 미치는 영향」, 「상호 텍스트적 접근 기반 다문화교육의 효용에 관한 고등학생 인식조사」, 「상호문화교육에 기반한 한국어 문화 교수·학습 설계」, 「한국어 학습자를 위한 상호문화 교수·학습 설계가 문화 지능 향상에 미치는 영향」 등이 있다.

김도경(金島更) inha.kdk@gmail.com (10장 공동집필)

웨스트민스터 신학대학원대학교에서 미술치료학으로 교육학 석사학위를 받았고, 인하대학교에서 문학박사 학위를 받았다. 박사학위논문 주제는 『농촌지역 여성 독거노인의 인문융합치료 프로그램 참여경험에 나타난 자기치유의 의미』가 있다. 주요 논문으로 "Qualitative Research on the Development of the Humanities Therapy Program for the Older Adults Living Alone", 「인문융합치료 프로그램 참여 농촌지역 여성 독거노인의 자아통합에 관한 사례연구」, 「인문융합치료학의 자기치유에 관한 개념화 연구」 등이 있다.

문희진(文熙振) heezzinni@gmail.com (9장 공동집필)

호남대학교에서 한국어교육 전공으로 문학 석사학위를 받았고, 인하대학교에서 다문화교육 전공으로 교육학 박사학위를 받았다. 박사학위논문으로는 『초급 한국어 학습자의 문화지능 향상을 위한 상호문화교육 프로그램 개발 연구』가 있으며, 주요 논문으로는 "The Literary Representation and Intercultural Communication at Vietnam War Novels", 「한국어 학습자 상호문화교육프로그램에 대한 체계적 문헌고찰」, 「가족센터 구성원의 교육 프로그램 참여 경험과 인식에 나타난 상호문화 실천에 대한 연구」, 「K-컬처 콘텐츠를 활용한 교수·학습 설계 및 적용」 등이 있다.